KB123645

Creative
Genius

남과 다른 생각을 인큐베이팅하는 | **크리에이티브 지니어스**

Creative Genius

피터 피스크 저자 | 김혜영 옮김

빅북

창의적인 천재들의 미래여행에 대한 열망이 없었던들 우리가 누리는 모든 것들은 한낱 본능적인 삶의 영역에 그쳤을지도 모른다. 그러나 우리가 살고 있는 세상, 불과 몇 년 전에 상상이라도 해보았는가! 그들은 인류에게 주어진 사명감이나 소명의식에서 출발하였는지 몰라도 무언가를 이루어내기 위해 열정과 헌신을 아낌없이 쏟아냈다.

만약 당신이 성공의 주체자로서 혁신을 주도하고 싶다면 적어도 누군가 창조적인 아이디어를 무기로 과감한 변화와 혁신을 도모할 때 주저하거나 회피해서는 안 될 것이며, 적극적으로 지원하길 바란다. 제품 개발이나 기업 전략, 네트워크, 협업, 조직의 개편 따위에 있어서도 소극적인 태도는 실패에 대한 두려움이나 불확실성에 따른 확신이 없기 때문일 것이다. 따라서 기업의 입장에서는 비즈니스, 고객 관리와 마케팅 서비스가 새로운 혁신의 이슈로 등장하고 있음을 직시해야만 한다.

현대 사회는 공급자인 생산자 중심의 시대라기보다는 소비자인 '컨슈머'에 의해 주도된다고 보아야 할 것이다. 그래서 브랜드에 의해 상품가치가 정해지고, 독점적인 정보기술(IT)에 의해 기업가치가 정해진다고 해도 과언이 아니다.

● 요즘 세대가 선호하는 트렌드나 시대 흐름을 제대로 파악하지 못하면 곧 뒤처진다!
끊임없이 변화를 추구하는 시대에 살아남기 위해서는 그 흐름을 제대로 이해하거나 파악하지 못하게 되는 순간, 개인이나 기업은 정체됨은 물론 뒤처지고 말 것이다.

● 다가올 미래와 사물을 훤히 꿰뚫어보는 능력인 안목이나 통찰력이 없으면 성공할 수 없다!
디지털 세상에서 살아남기 위해서는 수시로 업그레이드되는 정보와 지식을 바탕으로 세상을 똑바로 바라볼 수 있는 안목이나 통찰력을 길러야 한다. 그렇게 함으로써 어느 정도 예측이 가능해짐으로 미래에 능동적으로 대비하고 대처할 수 있게 된다.

● 디지털 생태계에서 살아남으려면 나만의 무기(콘텐츠)를 가져라!

인터넷을 기반으로 하는 디지털 사회에서는 '정보(지식)가 곧 생명'이라고 하는데 탈공업화라는 관점에서 볼 때 4차 산업혁명 시대에는 정보 중심의 사회이므로 자기 자신만의 차별화된 전략을 갖출 필요가 있다.

● 소비의 주도 세력이자 주체인 젊은 세대를 잡아라!

주로 밀레니얼 세대라고 지칭하는 이들은 디지털 기기와 친숙하여 비교적 정보기술에 능통하며 대학진학률에 의해 지적 수준이 높은 편이며, 소비 중심 사회에서는 트렌드를 주도하는 세력으로 급부상하였다.

● 현대 사회에서는 적극적인 현실 참여로 '함께'라는 관념을 지녀라!

현대 사회는 사회구조의 분화로 인하여 다원화된 계층이 공존하고 있고, 한편으로 개인적인 감정이나 이기심이 현실이라는 높은 장벽에서는 부작용을 초래하고 있으므로, 오히려 인터넷을 기반으로 하는 모바일, 소셜네트워크서비스(SNS)에 의해 지배되는 요즘에는 '공생', '배려', '공유', '기부', '협력' 등과 같은 관념과 가치가 더 절실히 요구된다.

창의적인 천재에 의해 빚어낸 물건이나 상품들은 모두 혁신적인 결과를 낳았으며, 인류 발전의 원동력으로 작용하였다. 그러나 아무리 좋은 아이디어라도 그것을 실현하고자하는 누군가의 헌신과 희생이 없었다면 불가능하였을 것이다.

다빈치, 스티브잡스, 미야모토 시게루, 제임스 다이슨 등과 같은 창의적인 천재를 뛰어넘어 무언가 세상에 작은 변화와 혁신을 가져오길 원한다면 이 책을 꼭 읽어보길 바란다. 적어도 우리는 각 분야의 디자이너, 발명가, 혁신가 등이 만들어 놓은 세상을 그저 향유하는 게으름뱅이요, 베짱이와 다름없는 존재일 뿐이다. 그들의 열정과 열망에 감사하고, 고마움을 느낄 수 있는 기회로 삼자.

2019년 6월
꿈을 지닌 열정가에게

Contents

PART 2

아이디어 팩토리; 어떻게 아이디어를 구체화시킬 수 있을까?

PART 3

디자인 스튜디오; 상품으로서의 가치에 영감을 불어넣어라

PART **4**

임팩트 존(아이디어 실현과 가치창출); 아이디어의 보호와 가치 확충전략을 확보하라

PART 5

리더의 임무와 역할; 혁신의 리더가 알아두어야 할 모든 것

일러두기

● 역주는 옮긴이의 주석입니다.

● 다빈치와 디자인 관련 용어는 이탈리아어를 병기하였습니다.

● 전문용어는 독자들의 참고를 위해 영문을 병기하였습니다.

● 이 책에 제시된 각종 데이터와 자료는 미국의 언론에 공개된 자료임을 유의하시길 바랍니다.

크리에이티브 씽킹

상상력과 꿈을 실현시켜 주는
창의적인 세계로 떠나보자

미래 여행으로의 초대장

머리칼은 바람에 흩날리며 발에는 나이키 에어를 신고

웅웅대는 사슴과 이국적인 잉꼬,

역사가 깃든 궁전과 고목 떡갈나무를 지나며

그들이 무엇을 보았을지 또 무엇을 보게 될지 상상해 본다

지금은 생각하고, 꿈꾸고 또 사색할 수 있는 나만의 시간이다

우리는 모두 주변 세계에서, 자연에서, 사람들에게서 영감을 얻는다

예술가, 음악가, 건축가, 발명가와 디자이너, 혁신가와 기업가 같은 창의적인 사람들에게서

자신의 비전과 아이디어에서 나온 것을 비즈니스와 기술로 가능케 하고

새로운 공간과 기회에 대해 더 넓게 생각하며

불가능한 것을 찾아내어 가능하게 만드는 법을 찾아내고

단순히 약간 더 나은 것이 아니라, 사람들이 진정으로 좋아하는 것이 무엇인지에 귀 기울이고

완벽한 해결책을 고안해내어 그것으로 수익을 창출하는 방법을 찾아내고

단순히 경쟁하는 것에서 그치지 않고 한 발 앞서 생각하며

단순히 창조해내는 것이 아니라 자신만의 비전으로 세상을 만들어 나가는 사람들……

창의력은 가장 흥미진진한 활동이다

디자인은 가장 매력적인 활동이다

혁신은 가장 신나는 활동이다

일터와 삶에서 모두가 결코 가능하리라 예상하지 못한 것을 생각하게 함으로써

비범한 일을 하도록 영감을 준다

레오나르도 다빈치의
창의력 혁신코드…
크리에이티브 씽킹의 멘토

CREATIVE BOX

'레오나르도를 천재로 만들어준 것은 단순히 머리 좋은 사람들과
그를 차별화하는 것은 상상력을 지성에 적용하는 능력인 창의력이었다.
그는 보이는 것과 보이지 않는 것을 연결함으로써
예상을 뛰어넘는 도약을 할 수 있었다.'
– 아르놀트 하우저

⬡ ──────── 이탈리아의 르네상스를 꽃피운 위대하고 창의적인 천재, 레오나르도 다빈치의 과학과 예술의 융합적 사고를 체험할 수 있는 과거와 미래로의 시간 여행을 함께 떠나보자.

누군가를 두고 '시대를 앞서 간다'고 말하기는 쉽지만 진정 시대를 앞서간 사람은 지금까지 거의 없었다. 그러나 이러한 사람들은 어느 정도 미래를 예측하거나 내다볼 수 있었다. 그들의 통찰력은 새로운 가능성을 제시했고, 그들의 상상력은 현재에 이르러서야 실현되었으며, 그들의 발명품들은 실로 '미래 여행'으로부터 나온 것이었다.

레오나르도 다빈치(Leonardo da Vinci)는 코페르니쿠스, 갈릴레이, 뉴턴, 다윈 등이 이룬 과학적 발견을 포함해 당대를 앞선 위대한 과학적 업적을 다수 예견했었다. 오히려 그들보다도 앞서나가, 계산기와 헬리콥터, 유체역학에서 태양열 발전에 이르기까지 과학적 원리를 실제로 적용시키기도 했다.

- 레오나르도 다빈치는 코페르니쿠스보다 40년 앞서, 지구가 우주의 중심이라는 믿음을 부정하며 '태양은 움직이지 않는다'고 단언했다.
- 레오나르도 다빈치는 뉴턴보다 200년이나 앞서, 중력이론, 즉 '모든 질량을 가진 물체는 가장 짧은 경로로 지구의 중심을 향해 떨어진다'는 법칙과 '지구는 둥글 것이다'라는 가설을 내세웠다.
- 레오나르도 다빈치는 다윈보다 무려 400년이나 앞서, '사람과 원숭이는 같은 조상에서 유래했으며 우리 주변의 자연 세계가 진화를 통해 이루어진 것이다'라고 주장했다.

그는 어떻게 이런 생각을 했을까? 이에 대한 대답은 과학이나 기술이 아니라, 그가 주위를 바라보는 방식, 그리고 이를 통해 어떤 식으로 '다시 생각'하게 되었는지의 사고의 전환으로 압축할 수 있다. 〈모나리자〉에서 〈최후의 만찬〉에 이르기까지 그의 회화작품들이 많은 주목을 받는 것도, 오늘날 삶의 다양한 모습을 앞서 창조하고, 고안해 내고, 발명할 수 있게 된 것도 모두 이러한 접근 방식 때문이다. 그의 천재적인 창의력이 생겨나고, 만들어지고, 계속될 수 있었던 것은 무엇 때문일까? 우리가 창의력과 혁신을 찾는 과정에서 그의 어떤 재능과 특성에 주목해야 할까?

심리학자이자 유명작가인 마이클 겔브(Michael Gelb)는 다빈치의 이러한 독특한 접근법에는 7가지 요소가 있다고 분석하고, 각각 호기심(curiositá), 감각(sensazione), 예술과 과학(arte e scienza), 연결(connessione), 차이(sfumato), 표현(dimostrazione), 유형성(corporalitá)이라고 이름 붙였다. 이러한 특징들은 시대를 앞선 것이라고는 볼 수 없다. 그렇지만 이로 인해 다빈치가 일반인들과 좀 더 다른 눈으로 주위를 바라볼 수 있었고, 그 결과 창의적이고 혁신적인 것을 생각해낼 수 있었다는 점만큼은 엄연한 사실이다.

그렇다면 이런 아이디어를 오늘날 비즈니스에 접목시키고, 특히 좀 더 효율적인 혁신, 또 '미래 여행'을 통한 혁신에 적용할 수 있는 방법에는 어떤 것들이 존재할까?

다빈치 창의력 혁신코드 무조건 따라잡기

Clue 1 끊임없는 호기심 :

배움에 대한 끊임없는 갈구, 더 나은 답 추구, 자신의 생각을 그림으로 정확하게 나타내어 새로운 가능성을 제시해 보는 것

Clue 2 더 많이 보기 :

모든 감각을 이용해 정보를 더 풍부하게 받아들이고, 관점과 인식을 결합시켜 주위를 관찰함으로써 현상이나 사물을 더 잘 이해하는 것

Clue 3 더 폭넓게 생각하기 :

예술과 과학, 논리와 상상력을 아우르는 철저한 분석을 받아들이면서도 자신의 직관을 신뢰하여 더 넓게 생각하는 것

Clue 4 연결점 만들기 :

서로 연결되지 않은 것들을 연결하고, 자연계와 물질계 사이의 융합과 교차를 수용, 저 하늘의 별에 아주 작은 씨앗을 뿌리는 작업

Clue 5 역설 받아들이기 :

모호성과 불확실성을 즐기고, 미스터리와 깊이를 만들어내거나, 명확한 답이 없는 질문을 끊임없이 던지는 것

Clue 6 대담한 행동 :

항상 자신의 가설을 증명해내려고 하고, 실험해 보며, 아이디어를 현실화시키고, 이전에 아무도 해보지 않았던 일을 해보는 것

Clue 7 진일보한 마음자세 :

정신과 육체의 건강을 끊임없이 추구하며, 새로운 아이디어를 가져다줄 신세계를 탐험하고, 일의 노예가 되지 않으면서도 충실한 삶을 사는 것

레오나르도 다빈치는 끝없는 호기심과 어디에서든 샘솟는 상상력을 지닌 사람이었다. 이러한 촉매와 창의성의 결합으로 그는 현실 세계에서 가장 위대한 기술적 발전이라고 일컬어지는 여러 가지를 이룰 수 있었다.

다빈치가 위대하다고 존경받는 이유는 예술적 재능뿐만 아니라 기술적 독창성까지 갖추었기 때문이다. 과학자로서 그는 특히 해부학, 광학, 기계공학, 유체역학 분야 발전에 크게 기여했다. 그는 헬리콥터, 탱크, 계산기, 이중선체 배부터 판구조론의 기본적인 이론까지 모든 분야에 걸쳐 매우 독창적인 개념을 발전시키고, 이를 완벽하게 묘사한 도안까지 만들어냈다.

다빈치는 많은 사람들에게 뛰어난 예술가로 평가받고 있으며, 현실주의적 회화에 대한 그의 놀라운 접근법은 그가 과학에 큰 매력을 느꼈기 때문에 가능했던 것이다. 과학의 매력에 사로잡힌 그는 주변 세계를 최대한 자세하게 이해한 다음에 기록으로 남겼으며, 수많은 시체를 해부하여 상세한 그림으로 남기기도 했다. 그는 인체에 대해 종국에는 하나하나 이해가 가능하고 복잡한 메커니즘을 가진 일종의 기계라고 생각하였다. 그래서 심장의 펌프작용을 최초로 밝히기도 했다. 또한 다빈치는 근육이 어떻게 뼈와 연결되어 움직이는지를 알아보기 위해 근육 자리에 대신 실을 이용해서 실험해 보기도 했다. 해부학에 대한 그의 이해와 실험은 후대에게 폭넓은 길을 제시해 주었다.

르네상스 시대, 특히 피렌체 지방은 당대 최고의 인물들이 모여 있었던 곳으로 유명하다. 그렇다고 그들이 함께 연구한 것은 아니다. 다빈치는 미켈란젤로가 태어났을 때 23세였고, 라파엘로가 태어났을 당시는 31세였다.

당시 주목해야 할 점은 예술과 과학(즉 당시에 사회철학이라고 했던) 사이의 '크로스오버'를

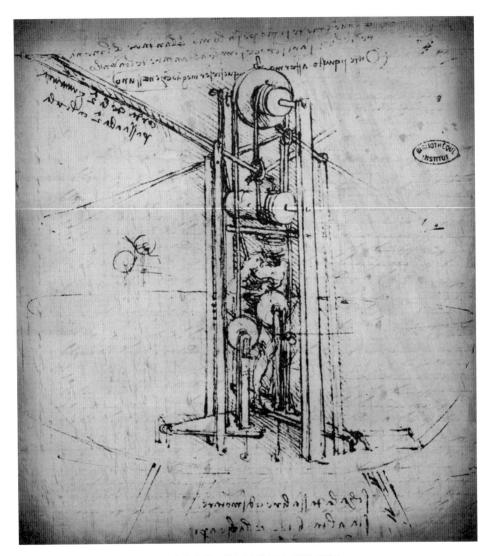

다빈치의 기계는 자연계에서 아이디어를 얻었다

지향하는 후원자와 사상가들의 격려에서 비롯되었다. 이런 경향은 당시의 많은 전통을 위협하면서, 전혀 다른 분야를 서로 분리시키거나 격리시켜 놓지 않고 그 교차점에서 새로운 것을 찾아내는 것이었다. 이를 '메디치 효과'라고 하는데, 메디치 가문과 같은 부유한 후원자가 다양한 분야의 인재들을 함께 모음으로써 이루어질 수 있었다. 다빈치는 크로스오버의 대가였다. 그는 동식물학과 심리학, 패션, 해부학, 건축의 아이디어를 한데 결합시켰다. 그래서 기계를 이해하게 되었고, 수압펌프에서 새로운 악기에 이르기까지 다양한 발명품을 만들어냈다. 또한 그는 유추법을 이용하기도 했다. 한 예로 그는 이솝을 본떠 짧은 우화를 썼는데, 대충 훑어보면 아이들을 위한 내용 같지만 실제로는 어른들에게 탐욕의 위험 등을 전달하는 우화였던 것이다.

그가 고안한 개념 중에 실제 만들어진 것은 거의 없었다. 그러한 개념이 실용적이지 못해서가 아니라, 당시에는 그것을 만들어낼 기술과 자원이 없었기 때문이었다. 하지만 자동 실감개와 철사의 강도를 시험하는 기계 같이 규모가 작은 발명품들은 실제로 만들어지기도 했다.

예를 들어, 1502년에 다빈치는 이스탄불의 오토만 술탄 베야지트 2세를 위한 도시계획 프로젝트의 일환으로 240미터짜리 단일스팬 다리 도안을 작성했다. 이 다리는 보스포루스 해협 초입을 연결하기 위한 것이었다. 베야지트 2세는 그런 다리를 건설하는 것은 거의 불가능하다고 생각하여 프로젝트를 포기했다. 하지만 다빈치의 설계는 2006년 터키 정부가 골든혼(터키 이스탄불의 내항)을 연결하는 다리를 건축하기로 결정하면서 부활되었다.

그렇다면 우리는 레오나르도 다빈치에게서 무엇을 배울 수 있을까? 더 창조적이고,

열린 자세로, 주변 환경에서 영감을 받아, 미래 여행을 통한 혁신을 하는 과정에 그의 삶과 업적들이 어떤 영감을 줄 수 있을까?

스티브 잡스(Steve Jobs)에게는 훌륭한 점들이 많이 있지만, 그도 완벽하지는 않다. 놀라울 수도 있겠지만 선진기술 중에서도 그에게 낯선 것이 많이 존재한다. 그의 기술은 그것을 뛰어넘어서, 바로 사람들, 그 모든 측면에서 사용자 중심으로 디자인의 단순성, 커뮤니케이션의 힘을 이해한다는 것이다. 문자와 숫자가 우리의 커뮤니케이션을 지배하기도 하고 상상력을 제한하는 세계에 사는 우리는 여기서 교훈을 얻을 수 있을 것이다. 무언가 새로운 제안이나 혁신, 투자에 대해 설명할 때는 긴 보고서나 슬라이드 쇼보다는 오히려 한 페이지짜리 포스터로 나타낼 것을 규정하고 있는 P&G의 방침이 맞을지도 모른다.

미래를 좀 더 내다보고 소비자의 세계를 좀 더 깊이 들여다보는 아이디어의 중요성이 요즘에서야 대두되고 있다. 그러나 소비자 몰입(consumer immersion)을 고려한 시나리오 기획 같은 기술은 여전히 찾아보기 힘들다. 소비자와 상생하고, 상품과 서비스가 어떻게 사용되는지를 이해하기 위해서는 추정과 리서치 통계 이상의 무언가가 필요하다. 소비자의 관점에서 도전과 기회를 찾아냄으로써, 사람들이 더 많은 것을 할 수 있도록 하고 그들의 생활을 풍요롭게 유도하라.

이제 다빈치의 일곱 가지 재능이 오늘날 창의력과 혁신에 무엇을 의미하는지, 또 자신만의 창조적 재능을 추구하는 데 어떻게 적용할 수 있을지 좀 더 자세히 알아보기로 하자.

재능1 : 끊임없는 호기심

'Curiositá(꾸리오씨따)'는 이탈리아어로 '삶에 대해 끊임없이 호기심을 갖고 접근하는 것, 그리고 학습에 대한 끊임없는 탐구'라고 번역된다. 이는 자신과 다른 사람들에게 지속적으로 의문을 가지는 능력, 더 좋은 질문을 하는 법을 배우며 지식과 진실을 끊임없이 추구하는 것, 오픈마인드로 가장 어려운 문제를 해결하는 능력이다.

다빈치는 인간이 자연이나 어떠한 주위 환경과도 분리되지 못한다고 믿었다. 그리고 관찰을 할 때는 근거가 있어야 하고 그 결과를 실생활에 적용할 수 있어야 한다고 믿었다. 그는 이것을 창의적인 문제라고 보았다. 이탈리아의 화가이자 미술사가였던 바사리 (Vasari)는 '다빈치는 천재적 재능을 가진 사람들은 발명품을 생각해 내고 마음속에서 완벽한 아이디어를 만든 다음, 손으로 표현하거나 재창조하기 때문에, 때로 가장 적게 일할 때 가장 많은 것을 이루어낸다는 것을 우리에게 가르쳐주었다.'고 했다.

다빈치는 마주하는 모든 것에 대해 많은 호기심을 가졌다. 그의 미완성 노트에는 즉흥적이고 닥치는 대로 그린 그림이 가득 차 있지만 글은 별로 없다. 순간적으로 떠오른 생각을 나타내고, 관찰하고, 생각하고, 상상한 것, 즉 새로운 통찰력이나 발명의 일부를 잡아내고, 현재 나타나는 현상을 더 잘 이해해야지만 미래를 계획할 수 있음을 깨달아서, 더 많은 것을 찾아내려는 것이다.

끊임없는 호기심은 어떻게 창의력을 이끌어내는가?

우리가 사는 세계는 그 어느 때보다도 더 불확실한 세계다. 끊임없이 변화가 일어나고,

새로운 기술이 정신없이 생겨나고, 시장과 소비자 행태도 매우 복잡하다. 신경촬영법은 정신세계에 새로운 시각을 제시해 줄 수 있으며, 우주여행을 통해 우리가 살고 있는 지구라는 행성 밖에서까지 생명체를 찾아 나서고 있다. 최소한 부분적으로라도 이러한 세계를 이해하고자 하면 그 안에서 더 큰 차이를 만들어내는 최고의 단서를 제공받는다.

미래 여행을 통해 생각하는 것은 지금의 관습에 의문을 제기하는 데 도움이 된다. '왜?'냐고 묻는 것이 언제나 '어떻게?'냐고 묻는 것보다 좋은 출발점이다. 맥락을 이해하는 것이 겉으로 드러난 증상 그 자체보다 문제를 이해하는 데 더 유용하다. 그리고 더 나은 제품을 개발하는 것은 그 제품이 실제 어떤 것인지보다 사람들이 그 제품으로 무엇을 하려는지 이해하는 데서 시작된다.

어떻게 보면 레오나르도 다빈치와 조금 엇비슷한 스티브 잡스에게도 많은 재능들을 엿볼 수 있다. 하지만 다빈치가 언어 방면에서는 약점을 가지고 있었던 것처럼, 잡스도 자신보다 기술을 더 잘 이해하는 사람들이 많이 있음을 기꺼이 인정한다. 그러나 그는 이것을 다른 사람들처럼 숨기려 하지 않고 미덕으로 생각한다. 대신 그는 디자인, 사용 가능성, 커뮤니케이션의 모든 측면에 문제를 제기하여 인간적 관점을 드러낸다.

리처드 브랜슨(Richard Branson) 같은 기업가를 보아도 이들은 당신과 당신의 생각, 왜 주변의 것들이 그런 상태인지, 또 어떻게 달라질 수 있는지에 대해 계속해서 호기심을 가진다. 브랜슨의 주머니에는 들어있는 작은 노트는 끄적거린 메모, 정리가 안 된 그림, 질문, 새로운 아이디어들로 항상 가득 차 있다. 모든 상황에서, 사람을 만날 때마다, 매 시간마다, 그는 자신의 생각에 무언가를 조금씩 더하고 있다.

어떻게 끊임없이 호기심을 가질 수 있을까?

어느 한 가지에 너무 집중한 나머지 더 이상 생각할 수 있는 시간이나 공간이 부족한 것 같다고 생각하기가 쉽다. 하지만 아마도 생각하는 데 시간을 보내는 것이 시간을 가장 가치 있게 쓰는 방법일 것이다. 생각하기 위한 동기는 다른 사람들에게서가 아니라 자신의 내부에서 나온다. 다시 말해, 호기심에서부터 시작되는 것이다.

어디를 가든 노트를 가지고 다녀라. 크기가 작고 줄이 없는 것이 가지고 다니기 쉽고 제한을 덜 받는다. 아이디어와 통찰력을 포착하고, 매일매일 단 몇 분만이라도 할애하여 그날 있었던 얘기와 경험을 돌이켜보라. 그러면 자신이 무엇을 창조했는지 돌아볼 수 있게 된다. 명확한 것과 그렇지 않은 패턴을 찾고, 현재 불균형한 것은 균형을 찾게 된다.

가끔은 한 번에 한 가지 주제에 집중하거나, 그 주제에 관해 가능한 많은 아이디어를 만들어 내도록 쥐어짜는 것이 더 쉬울 때가 있다. 이를 '브레인라이팅(brainwriting)'이라고도 하는데 혼자 브레인스토밍을 하는 것으로, 의식이나 흐름을 열어주는 것이다. 단, 몇 분간 생각하는 시간을 가지는 것이 창조적 인간이 되는 최고의 출발점이 될 수 있다.

- 시간과 공간(2장)이 어떠한 기업에서도 시도하지 못했던 곳을 탐구한다.
- 미야모토 시게루(Shigeru Miyamoto)(3장)는 그의 호기심으로 닌텐도 게임기를 바꾸었다.
- 세계의 변화(4장)는 세계의 권력이동과 혁신의 영향으로 나타난다.
- 미래 여행(6장)은 어떻게 주위 사람들이 더 호기심을 가질 수 있도록 하는지 설명해 준다.
- 제임스 다이슨(James Dyson)(9장)은 어떻게 모래언덕 위를 달리면서 진공청소기를

생각해 냈는지 보여준다.

- 필립 스탁(Philip Stark)(11장)은 창의력과 디자인을 통해 우리를 열광하게 한다.

재능 2 : 더 많이 보기

'Sensazione(센사찌오네)'는 감각, 특히 시각은 경험에 생기를 불어 넣어주는 도구로써 계속해서 정교화하는 작업이다. 다빈치는 감각 중에서도 시각에 가장 집중하여, '보는 법 알기(spaere vedere)'라는 방식을 만들었고 이는 그의 모든 작업의 밑바탕이 되었다.

다빈치는 물질적인 것을 묘사하는 자신의 능력에 만족하지 못한 나머지 해부학자 마크 안토니오 델라 토레의 도움을 받아 사람, 그리고 그 움직임을 훨씬 더 깊이 이해하려고 했다. 토레는 눈을 새로운 방식으로 아주 열심히 사용했다.

시각과 인지

다빈치는 오감이 눈 바로 뒤에 있는 '공통 감각(senses communis)'이라는 한 점에 연결되어 있다고 생각했다. 그는 노트에 '이렇게 작은 공간에 온 우주의 이미지를 담을 수 있다는 것을 누가 믿겠는가?'라고 적어놓고 해석하여 이를 〈다빈치 노트〉로 재생산해냈다.

그는 시각을 이용해 더 많은 맥락을 알게 되고, 여러 관점으로 바라보며, 과학적 추론을 할 수 있게 되므로써 오감 중에서 시각이 창의적 재능의 근간이 된다고 하며 가장 우월한 감각이라고 여겼다.

다빈치는 또한 모든 것에는 물리적 형태와 내적 에너지를 모두 발산하려는 힘이 있고,

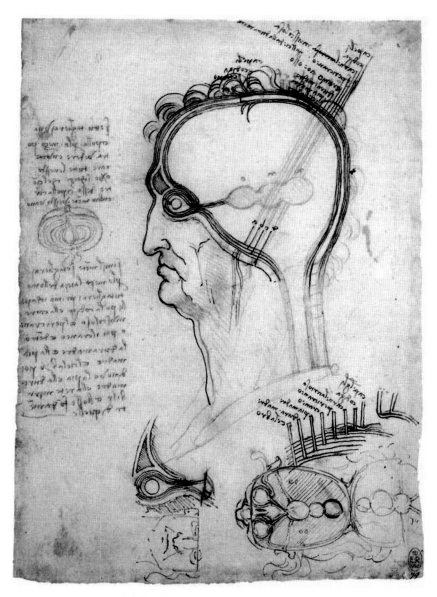

더 많이 보기… 사물과 그 맥락의 연관성을 이해하기

더 가까이 들여다보아야만 사물과 그 주위환경 간의 진정한 교차점을 제대로 볼 수 있다고 믿었다.

빛과 시점

시점은 사물이 서로서로, 또 사물을 바라보는 거리와 각도에 어떻게 연관되어 있는지 보여주는 것으로 다빈치의 작품을 규정하는 원리가 되었다. 기하학과 수학도 그의 예술에서 점점 더 중요해졌다.

하지만 그는 예술이 '책상 앞에 앉아서만 하는 일'이라고 생각하지 않았다. 그는 더 큰 세계와 교감을 하고, 더 넓게 생각하는 것이 중요하다고 믿었으며, 그렇지 않으면 세부 묘사를 하는 데 어려움을 겪을 거라고 생각했다. 그는 예술가들이 시골길을 혼자 걸으며 자연의 아름다움을 더 열심히 감상하도록 권했다.

그는 자연의 모든 측면에 매료되었다. 특히 나무를 중요하게 여겼다. 그는 나무의 구조와 색의 변화, 그리고 나무와 빛의 상호작용에 경이로움을 품었다. 그는 나무 그림자에서 어두운 부분만큼 밝은 부분도, 또 그 맥동과 투명도를 중요하게 생각했다.

더 많이 보는 것이 어떻게 창의력을 이끌어내는가?

우리는 맥락을 파악하거나 올바른 영역에 집중하고 있는지에 관심을 쏟느라 거의 생각을 하지 않고 문제나 기회를 대한다. 우리는 모두 오늘날 또 어쩌면 과거의 사람들까지도 이해하고자 간절히 바라고 있지만, 사람들이 아직 필요하다고 말하지 않거나, 아직 만들어지지 않은 말에는 관심이 덜하다. 우리는 지금 살고 있는 세계는 쉽게 이해하면서도, 새로운 공간에 들어서면 자신감을 잃어버린다.

닫히기 전에 여는 것이 혁신의 열쇠다. 기존 시장이든 신흥시장이든 접근 가능한 시장 탐색, 일어날 수 있는 미래 시나리오를 가정하기보다는 이해하기, 자신의 고객이 되지 않은 이유가 반드시 있으므로 고객이 아닌 사람들을 고객만큼이나 고려하기, 그리고 어떤 선택을 하기 전에 더 많은 아이디어, 선택지, 잠재적 해결책을 병행하여 고려하는 것이 필요하다.

다양한 시각을 고려함으로써 고객, 경쟁자, 기술자, 미래주의자, 예술가 등 다양한 관점에서 기회를 얻을 수 있다. 고객과 더 많은 시간을 보냄으로써 그들의 니즈와 욕구를 넘어선 동기와 열망에 대해 훨씬 더 많이 배울 수 있다. 더 크게 생각하는 데 시간을 투자함으로써 단순히 더 나은 기회가 아닌 최고의 기회, 어떤 일을 제대로 하는 것이 아니라 바로 딱 맞는 일을 하게 될 것이다.

미래 여행을 하면, 제한과 편견이 없이 무한의 가능성을 깨닫게 된다. 그러면 생각하는 데 가장 유용한 시각을 가질 수 있다.

어떻게 더 많이 볼 수 있을까?

그림 그리는 법을 배워라. 그림을 그리면 창의력을 기를 수 있다. 기존의 말과 의미가 없어도 아이디어를 표현하고, 그런 아이디어를 그림으로 발전시키며, 보통 개별적으로 언급되던 아이디어를 서로 연결하고, 이를 독창적이고 개인적인 방식으로 반영하며, 사람들과 좀 더 감성적으로 소통할 수 있게 된다.

무엇보다도, '좌뇌'보다는 '우뇌'의 의식의 흐름에 따라 그리는 것을 배워라. 뇌의 구조는 다소 복잡한데, 간단히 말하면 우뇌는 직관적이고, 즉흥적이며, 총체적이어서 연결고리를 만들고 더 큰 그림을 볼 수 있게 해준다. 하지만, 우리 사고의 대부분은 좌뇌(숫자, 논리, 구조, 초점)의 노예이다. 이 부분도 중요하지만 시작 단계에서는 창의적 사고를 제한하기도 한다. '창의력'은 둘을 연결하는 데서 나온다.

그림을 그릴 때는 모든 감각을 이용하라. 주위의 소리를 듣고, 가장 중요한 아이디어를 떠올려 두드러지게 표현하고 그 주위에 이를 뒷받침하는 아이디어를 연결시켜라. 소리와 보이는 것뿐 아니라 촉감과 냄새에 대해서도 생각하고, 그 느낌까지 묘사하라. 때로는 세부적인 것보다 단순한 것이 더 나음을 기억하라. 그리고 무엇보다도 당신의 그림 실력을 부끄러워하지 마라!

- 사물을 다르게 보는 것(12장)은 또 다른 세계관을 가질 수 있도록 해준다.
- 깊은 몰입(15장)은 고객 열망이라는 직관적인 세계에 몰두하게 해준다.
- 폴 스미스(Paul Smith)(17장)는 고질화, 그리고 유사점과 극단적인 것을 어떻게 수용해야 할지 고민한다.
- 공동 창작(23장)은 자신이 결코 생각해내지 못했을 법한 새로운 아이디어를 더해 준다.
- 존 마에다(John Maeda)(27장)는 그래픽디자인을 이용해 이 복잡한 세계에서 단순성을 발견한다.
- 차이 구어치앙(Cai Guo-Qiang)(45장)은 순수한 새로움을 찾는 예술적 실험을 권한다.

재능3 : 더 폭넓게 생각하기

다빈치는 서로 반대되는 분야와 연관되는 분야, 즉 예술과 과학, 인간과 기계, 논리와 상상력을 결합하여 동료들을 뛰어넘는 생각을 할 수 있었다. 이를 위해서는 새로운 사고방식, 즉 정보를 새로운 방식으로 종합하고, 다양한 측면에서의 유사점을 활용하고, 두 가지 반대되는 관점을 동시에 바라볼 수 있는 능력이 요구된다.

다빈치는 인체의 비율에도 큰 흥미를 느꼈다. 로마의 건축가 비트루비우스가 인체 비율을 기본적인 기하학 원리와 연관시킨 적이 있지만, 다빈치는 거기서 훨씬 더 나아가 '비트루비우스적 인간'이라는 그의 상징과 같은 그림을 만들어냈다.

'… 네 손가락이 손바닥 하나를 이룬다. 손바닥 네 개가 발 하나를 만든다. 손바닥 여섯 개가 1큐빗이다. 4큐빗은 인간의 키, 또 한 보폭이다. 손바닥 24개가 한 사람이다……'.

그는 '사람이 양팔을 쭉 뻗은 길이는 그의 키와 같다', '세 살 때의 키는 최종적으로 성장할 신장의 절반이다' 하는 식의 조화, 대칭, 균형을 찾는 일에 매달렸다.

수학과 예술에서는 모두, 두 개의 숫자(a와 b)가 있을 때 더 큰 값(a)에 대한 둘을 합한 값(a+b)의 비율이 큰 값(a)과 작은 값(b) 간의 비율과 같을 경우를 '황금률'이라고 한다. 이 비율은 수학적 항수로 약 1.6180339887이다. 다빈치의 위대한 업적 중에는 거의 영적인 경지에 이른 이런 기하학의 원리가 숨어 있는 것이 많다.

그의 지적 '영역 뛰어넘기(border crossing)'는 기계에 대한 크나큰 관심에서도 여실히 나타났다. 그는 인체를 꼼꼼히 해부하여 근육 하나하나까지 공부했다. 마치 기계공학의 결정체를 지렛대와 도르래 구조, 그리고 자동화와 비행까지 꿈꾸며 유사한 더 큰 물리적

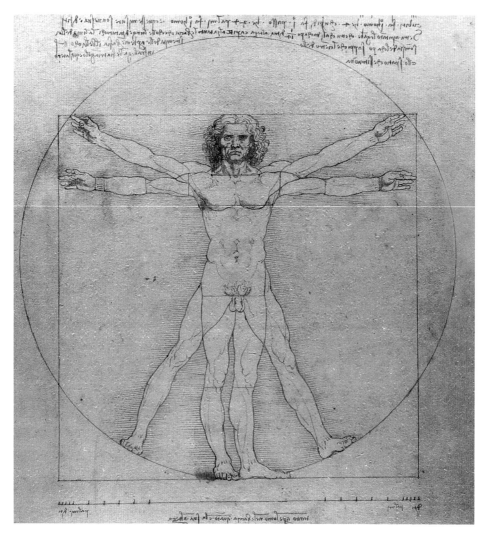

더 폭넓게 생각하기⋯ 비트루비우스적 인간과 황금률

세계에도 적용할 수 있을 것처럼 말이다.

더 크게 생각하는 것이 어떻게 창의력을 끌어내는가?

환원주의, 점진주의, 효율성이 바로 오늘날 비즈니스에서 효율적이면서도 효과적인 혁신의 적이다. 우리는 엑셀파일만 들여다보면서 사소한 세부사항에 집착한다. 겨우 몇 퍼센트 판매량을 높이거나, 경비를 절감하거나, 실적을 올린다. 일을 다른 방식으로 하기 보다는 현재 익숙한 방식으로 최적화시키길 바라며, 실현하기 어려운 아이디어보다는 수량화할 수 있는 아이디어를 고수한다. 더 크게 생각한다는 것은 외부에 있는 사람들 을 이해하고, 내가 속한 지역을 벗어나 전 세계를 공략시장으로 삼으며, 그리고 단기계 획 이상의 기회를 찾는다는 것이다. 한 사람의 주위환경을 먼저 보고 그 사람을, 제품 이 전에 응용을, 행동 이전에 태도를 생각해 보는 것이다. 그리고 알고 있는 것, 낯익고 예상 가능한 것을 넘어서는 상상력을 가지는 것이다.

미래 여행을 통해 생각하면 모든 일을 가능하게 할 수 있으므로 좋은 출발점이 된다.

어떻게 더 크게 생각할 수 있을까?

대답은 바로 이 책에 있다. 당신의 상상력이나 현실을 뛰어넘어 가능성까지 확장한 다 음, 다시 돌아와 더 많은 것을 할 수 있는 방법을 생각해 보는 것이다. 앞으로 다가올 시 간뿐 아니라, 근접한 시장이라는 공간까지도 뻗어보라. 일단 뻗어나가 보면, 다시 현재와 연결시켜 새로 부상하는 시장을 목표로 삼거나 관례를 뛰어넘을 수 있다.

당신의 더 큰 생각을 사람들이 좀 더 잘 수용할 수 있는 방향으로 포장하라. 예를 들어

정신 나간 비현실적인 아이디어라며 무시당하기보다는 '제 가설을 한번 들어보시죠?'라는 식으로 이야기하는 것이다. 가설을 세우는 것은 지나치게 확장하여 생각하는 것일 수 있지만 믿을 만하며, 이런 표현이 괜찮다면 과학적일 수도 있다. 따라서 진위를 증명해 내거나 적어도 더 탐구해 볼 기회는 주어진다.

되도록 엑셀파일은 멀리하라. 무조건 깊은 바다로 뛰어들기보다는, 세부적으로 문제를 분석하기 전에 새로운 영역에 도달할 수 있도록 상상력과 직관을 이용하라. 마찬가지로, 일단 사고의 영역에 들어서면 가장 잠재력 있는 고객이나 상품 같이 최상의 기회를 놓고 평가하고, 가장 중요한 것에 창의력을 집중시켜라.

- 버진 갤럭틱(2장)은 공간의 꿈이 몇 년 후 어떻게 현실이 되었는지 말해준다.
- 팀 버너스 리(Tim Berners-Lee)(12장)는 더 크게 생각하여 그의 웹을 통해 세계를 다시 연결하였다.
- 시나리오 플래닝(14장)는 더 나은 결정을 내리는 데 도움이 되는 대안적 미래를 발전시킨다.
- 맥락 재구성(22장)을 통해 더 강력한 방식으로 상황을 재구성할 수 있다.
- 시장 형성(36장)에서는 혁신이 변화를 위한 출발점으로 여겨진다.
- 자하 하디드(Zaha Hadid)(36장)는 자신의 원대한 아이디어가 실현되도록 끊임없이 노력한다.

재능4 : 연결점 만들기

다빈치는 모든 사물이 서로 연결되어 있다는 점을 매우 잘 이해하고 있었다. 그래서 새로운 연결고리와 조합을 찾아내고, 과학과 철학의 영역에서 완전히 새로운 분야를 개척해 나갈 수 있었다.

'우주 어딘가에 또는 상상력에서나, 또 본질적으로든 눈에 보이는 곳이든 어떤 것이 존재하든 간에, 화가는 먼저 마음속으로 생각한 다음 그림으로 옮긴다. 그리고 이렇게 표현된 것들은 매우 뛰어나서 전체에 대해 균형잡히고 조화로운 관점을 보여주며, 전체를 한눈에 볼 수 있다…….'

메디치 효과

다빈치는 '예술가는 단지 자연을 그대로 흉내 내는 것이 아니라 자연을 이해해야 한다.'고 했다. 그래서 창조적 표현은 작업에 완전히 몰입하고 자연 세계와의 조화를 발견하여 그 세세함까지 보는 데서만이 이루어지는 것이라고 했다.

그는 예술에 수학적 비율 개념을 적용하여 기하학적 원리와 시각화에 혁명을 일으켰을 뿐 아니라, 자신이 다루는 대상에 온전히 '몰입'하는 체계적 접근법을 도입했다. 이렇게 해서 그는 삶이 어떻게 주위의 것들과 상호작용하게 되는지, 또 삶이 조화를 이룰 때 어떻게 더 나아지는지를 이해했다. 다빈치는 예술가의 역할은 자연을 있는 그대로 그리는 것이라고 믿었다.

'예술가는 스스로를 그 앞에 있는 사물만큼이나 다양한 색깔로 바꾸는 거울처럼 행동

해야 한다…무엇보다도 자신의 마음을 거울의 표면처럼 깨끗이 유지해야 한다.'

하지만 그는 과학자로서 자신의 거울에 나타난 사물에 대해 의문을 가짐으로써 그것을 잘 이해해야만 더 잘 판단하고 나아가 더 나은 예술을 할 수 있다고도 생각했다.

그러기 위해서는 거리를 걷고, 사람들과 대화하고, 그들의 행동을 관찰하는 등 실제 사람들과 접촉하면서 지내야만 한다고 생각했다.

'계속 관찰하고, 때로는 산책을 할 때도 만나는 사람들과 지나가는 사람들의 행동 … 따위를 관찰해야 한다.'

하지만 그는 또한 관찰만으로는 충분하지 않으며, 사람들이 왜 그렇게 행동하는지, 다른 사람들과 주위 환경에 어떤 영향을 받는지를 이해하는 것이 더 중요하다고 말했다.

'…사람들이 대화하거나 싸울 때, 혹은 웃거나 서로 주먹다짐을 할 때 그들의 환경과 행동을 잘 살펴보라.'

예술과 과학의 접목

다빈치가 한 일 중 가장 놀라운 점은 예술과 과학을 서로 접목한 것이었다. 그의 관찰 결과와 그림이 결국 경이로운 과학적 발견과 혁신을 이룬 것이다. 하지만 그가 이를 이룰 수 있었던 것은 학계의 한계보다는 예술의 순수함 덕분이었다. 그는 지렛대, 승강장치나 권양기(밧줄이나 쇠사슬로 무거운 물건을 들어 올리거나 내리는 기계)를 이용해서 어떻게 무거운 물건을 들어 올리거나 끌 수 있는지, 또는 깊은 곳에 있는 물을 퍼 올릴 수 있는지 보여주었다. 그는 전통적인 지혜를 거부하고 대신 자신의 눈과 해석을 신뢰하여 있는 그대로의 진실을 받아들였다.

연결점 만들기가 어떻게 창의력을 이끌어내는가?

최고의 아이디어는 작은 생각들의 조합에서 나오는 경우가 많으며, 고객을 위한 최고의 솔루션은 보통 다양한 제품과 서비스의 조합에서 나온다. 따라서 새로운 제품을 만들어내기보다는 문제를 푸는 방법을 찾는 것이 혁신과 훨씬 더 가까운 접근법이다.

더욱 다양한 파트너들과 함께 일을 하게 되면 열린 혁신, 합작벤처, 밀접한 브랜드를 통해 혼자서는 절대 접할 수 없었을 아이디어, 능력, 고객을 접할 수 있다. 특정 능력에 구애받지 말고, 유연성을 발휘하여 끊임없이 변화하는 세상의 리스크를 줄여 나가라. 이런 연결점들은 고객과의 협력, 즉 새로운 방식을 통한 고객과의 '공동 창작(협업)'으로 아이디어를 개발하고, 이를 제품화하고 평가하며, 판매까지 가능하게 해준다.

미래 여행을 통해 생각하면 일상생활에서는 볼 수 없을 잠재적인 연결점과 패턴을 볼 수 있는 더 큰 그림을 얻을 수 있다. 비슷한 문제점이나 어려움이 있는 유사한 분야를 잘 살펴보아라. 건축가는 자연에서, 은행업은 소매업에서, 공공부문은 민간부문에서, 선진국은 개도국에서 배울 수 있다.

어떻게 연결점을 만들 수 있을까?

서로 다른 두 아이디어가 어떻게 더 좋은 아이디어를 만들어 낼 수 있는지 보라. 사회적 네트워크가 어떤 기능을 할 수 있는지 알고 싶다면, 페이스북 같은 것을 생일케이크 같이 완전히 무작위로 선택한 아이디어와 함께 섞어보라. 사람들, 친구, 프로필, 사진, 게임, 초, 케이크장식, 맛, 파티, 연례행사 등 각각의 속성에 대해 생각해 보고, 온라인 친구를 위한 현실 속 파티라든지 친구의 생일을 알려주는 프로필식으로 그 일부를 엮어보라.

완전히 다른 시장에서 비슷한 문제로 고민하는 사람과 대화해 보라. 젊은 고객을 유치하려는 은행이라면 애플이나 H&M 같은 곳과 이야기해 보라. 당신 회사에서 생산하는 신발을 위해 좀 더 주목받는 마케팅을 펼치고 싶다면, 디즈니나 블룸베리사(해리포터 시리즈의 출판사)에서 배울 수 있는 점이 있는지 생각해 보라. 규제완화의 영향을 알고 싶으면, 이미 이를 경험한 다른 업계의 사례를 살펴보라.

이런 방법에 모두 실패하였다면, 완전히 다른 방식을 시도하라. 전혀 모르는 분야에 관한 책을 읽어보라. 다른 TV 채널을 시청하라. 숲으로 산책을 나가거나 전에 한 번도 가본 적이 없는 가게를 찾아다녀라. 아이디어와 당신이 작업 중인 무엇이든 연결점이 생기는 것을 찾아보라.

- 삼성(8장)은 음과 양을 기초로 한 디자인 언어로 전혀 다른 이미지를 보여주었다.
- 극단적인 것과 유사한 것(17장)은 평범하지 않은 연결점을 통해 급진적인 아이디어를 이끌어낸다.
- 개념 결합(26장)으로 더 나은 해결책을 만들어내는 최고의 아이디어를 한 데 모을 수 있다.
- 더 멀리 확장하기(38장) 인접한 시장에서 나온 아이디어를 차용할 수 있는 허가가 필요하다.
- 레고(42장)는 정말 잘 놀 수 있는 아이들에게 자사 연구실을 개방했다.
- IBM(47장)은 사람들과 파트너들이 함께 어울릴 수 있는 '이노베이션잼(InnovationJams)'을 활용한다.

재능 5 : 역설 받아들이기

이탈리아어로 sfumato(스푸마토)는 '모호함, 역설, 불확실성을 수용하려는 의지'를 뜻한다. 이는 다빈치의 작품에 엄청난 신비감을, 다른 이들의 마음속에는 불확실함을 더하기도 했다.

다빈치는 빛에 큰 흥미를 느꼈는데, 빛은 눈을 자극하는 물리적 요소라고 생각하면서도, 비유적으로 마음을 자극하는 것이라고 보았다.

'빛은 어둠을 쫓아내는 것이다. 빛을 바라보고 그 아름다움을 생각해 보라. 눈을 깜빡인 후 다시 그 빛을 바라보라. 그때 보이는 빛은 원래 그곳에 있던 그 빛이 아니며, 그곳에 있었던 빛은 더 이상 존재하지 않는다.'

예술가로서 그는 외부의 빛과 내부의 빛이 만나는 지점을 해석하는 법을 깊이 고찰하여 자신의 그림에 명암을 넣었을 뿐 아니라, 그 의미에 깊이를 더했다. 그래서 그의 그림에는 어둠과 빛 사이에 색채의 무한한 단계별 변화가 나타난다. 그는 빛뿐 아니라 어둠의 힘을 이해하여, 명암법(chiaroscuro)을 완벽히 구사했다.

색채들이 어떻게 섞이고 대조를 이루는지, 또 어떻게 나뉘고 더 많은 의미를 지니게 되는가에 새로이 빠져든 그는 '빛을 많이 받을 때 그 색깔의 진짜 성질이 드러날 것이다'라고 말했다.

즐거워하는 사람

아마도 다빈치의 가장 유명한 창작품일 〈모나리자〉는 루브르박물관에 전시되어 있다.

역설 받아들이기… 밝음과 어두움, 희미함과 선명함

'라 조콘다(La Gioconda)' 혹은 '즐거워하는 사람(The Laughing One)'라고도 알려진 이 그림은 대상의 신비로움, 즉 그림의 주인공 여성의 얼굴에 나타난 희미한 미소로 매우 유명하다. 이는 아마도 다빈치가 모델의 입과 눈 양 끝에 희미한 그림자를 만들어 두었기 때문일 것이다.

사람들의 얼굴은 다빈치에게 모든 것을 말해주었다. 해부학적 측면뿐 아니라 자신의 생각, 감정, 관계, 주위환경을 모두 얼굴로 나타낸다는 점에서 그랬다. 그는 자신의 위대한 작품들에 이런 믿음을 반영시켰다. 바사리는 이 초상화를 두고 '양쪽 눈에 자연스런 광택과 촉촉함이 있다. 입술의 붉은 색과 얼굴 피부색에 잘 조화되어 그림이 아니라 마치 살아있는 사람처럼 보인다. 목 주위를 자세히 들여다보면 마치 맥박이 뛰고 있는 것 같다'고 했다.

이 작품을 유명하게 만든 그림자 기법은 '스푸마토(sfumato, 색을 매우 미묘하게 연속적으로 변화시켜서 형태의 윤곽을 얇은 안개에 싸인 것처럼 점차 없어지게 하는 기법으로, 연기 속으로 서서히 사라지게 한다는 의미)' 혹은 '레오나르도의 연기'라고 알려졌다. 이 작품에서 나타나는 다른 특징으로는 아무런 장식이 없는 드레스, 세상이 온통 끊임없는 변화 상태에 있는 듯한 신비로운 풍광의 배경, 차분하고 은은한 색채 등을 들 수 있다.

역설이 어떻게 창의력을 이끌어내는가?

역설은 혁신의 핵심이다. 반대되는 두 가지를 모두 원하지만 그중 하나를 선택해야 하는 것과 같은 상황에서 근본적인 모순을 해결하는 방법을 찾아내는 것이 중요한 과학적 발견에 기폭제가 될 수 있다. 이런 딜레마를 어떻게 풀어줄 수 있을까?

우리 도처에는 모호함이 존재한다. 업계에서는 다양한 고객의 니즈를 맞추어 주려고 평균 수준의 해결책, 또는 많은 사람이 필요로 하거나 원하지 않는 전반적인 특징을 만들어내는 식으로 반드시 타협해야 될 상황이 종종 생긴다. 다빈치의 그림에 나타나는 명암법 같은 작은 요소가 큰 차이를 만들어 낼 수 있다. 특히 미적 특성이나 고객과의 감성적 교류 등에 있어서는 더욱 그렇다.

미래 여행을 통해 생각해 보면 리스크와 우려를 줄이는 법을 이해함으로써 불확실성에 대처할 수 있다. 이는 작은 불만사항이나 불완전한 점이 장기적으로 보았을 때 큰 문제를 일으킬 수 있다는 것을 이해하는 데 도움이 된다. 그리하여 많은 역설을 일으키는 제약들로부터 벗어나 해결책을 만들어내고, 그것이 오늘날에 실현시키는 방법을 찾을 수 있게 된다.

역설을 어떻게 받아들일 수 있을까?

고객의 생활에서, 제품 구성에서, 시장으로 진입하는 경로에서, 돈을 버는 방식에서 등등 부딪히는 모든 것에서 모호함을 찾아보라. 기존의 제품과 서비스를 자신의 필요에 따라 받아들이는 사람들의 방식에서 주류보다는 주변부를 바라보라. 여행 가방이 전부 똑같이 보이니 자신의 가방에 리본을 묶거나, 조금 닳았거나 색이 바랜 옷이 새 옷보다 더 멋있다는 이유로 일부러 그렇게 만드는 사람들이 그런 예다.

고객의 의견을 듣거나 그들을 연구할 때는, 뭐가 좋은지 또는 무엇을 원하는지를 묻지 말고, 무엇이 별로이거나 맘에 안 드는지를 파악하는 데 집중하고, 그 이유를 알아보라. 고객의 니즈를 통해 어떤 근본적인 모순을 찾거나 실질적인 해결책을 발견할 때까지 고객의 대답을 더 깊이 파고들어라. 그리고 더 나은 상황으로 만드는 방법을 생각해 보라.

명확한 답이 없는 질문을 던져('소크라테스의 방법'이라고도 함) 가능성을 찾아보라. 물론, 괜히 어려운 일을 벌이는 것처럼 생각될 것이다. 그러니 명확한 답이 없다는 것을 알더라도 질문은 던져볼 만하다는 걸 알아둘 필요가 있다.

- 아라빈드안과병원(4장)은 비영리 보건사업 모델로 인도에서 새로운 관점을 제공한다.
- 창의력(7장)은 당신의 생각에 도전하고 마음을 열기 위해 광대를 활용한다.
- 유형과 역설(13장)은 역설과 가능성의 세계를 살펴본다.
- 규칙파괴자(18장)는 정상적 상태를 방해하고 비연속성을 수용할 것을 주문한다.
- 알레시(29장)는 기능과 형태를 연결하는 데 자신만의 비법을 공개한다.
- 테슬라(34장)는 빠른 스포츠카도 환경 친화적일 수 있음을 보여준다.

재능6 : 대담한 행동

다빈치는 단순히 영리한 사상가가 아니었다. 그에게는 항상 무언가를 실현시키는 능력이 있었다. 아이디어를 내는 것과 실현시키는 것은 다르다. 과학적 방법이란 바로 실험과 제안이 실현될 수 있음을 보여주려고 끊임없이 테스트해 보고, 그 과정에서 실수를 통해 더 나은 해결책을 만들어 내는 법을 배우는 것이다.

다빈치의 사고에는 수학이 핵심이었다. 그는 직관적으로 해석할 때도 많았지만, 수학적 분석에 절대적으로 의지해 이를 통해 가설을 뒷받침해서 증명하는 것이라고 보았다. 그는 계속되는 실험으로 자신이 내세운 증거를 뒷받침했고 그런 각고의 노력이 있은 후에만 그 결과를 신뢰했다. 그는 또한 때로 더 깊이 있는 분석과 테스트를 통해 새로운 아이디어가 떠오르기도 하며, 이를 통해 현상의 근원에 더 가까이 다가갈 수 있게 된다는 것을 알게 되었다.

그는 이 모든 것을 자신의 4단계 과학적 방법론에 녹여냈다.

Step 1 관찰하기 : 자신의 눈과 다른 감각을 신뢰하여 사물, 전후 사정을 고려한 그 주변 환경, 그리고 그 환경의 영향을 이해하기

Step 2 해석하기 : 이러한 관찰의 결과를 이해하고, 그로부터 과학적 법칙이 될 수 있는 근거를 가설로 세워보기

Step 3 보여주기 : 수학적 비율과 같은 요소들이 많은 다양한 상황에서 어떻게 발견될 수 있는지, 또 그 함의는 무엇인지 보여주기

Step 4 정확히 표현하기 : 반복되는 실험을 통해 논리를 테스트하고 그 논리를 그림, 도표, 글 또는 숫자로 시각화하기

창의적 엔지니어

다빈치는 그때까지 소개되었던 어떤 기계보다도 엄청나게 복잡한 기계를 고안해냈다. 하지만 그가 주목한 것은 발명 그 자체가 아니라, 당면한 문제를 해결하고 새로운 가능성을 제시해 준 발명품의 기술이었다. 그는 기계장치보다는 거기 숨어있는 과정, 그리고 이를 실제 적용해 사람들에게 더 나은 삶을 만들어 주는 것에 더 관심이 많았다.

그의 창의적 기술은 무게와 힘, 지렛대와 도르래, 톱니와 바퀴라는 신세계를 열었다. 여기서부터 그는 베틀에서부터 방적기, 시간을 지키는 시계까지 모든 것을 만들어냈다.

그는 추진력을 이해하여 최초의 자전거를 고안해 낼 수 있었고, 배수량을 이해하여 잠수함이 어떤 역할을 할 수 있을지 생각해낼 수 있었다.

인간도 새처럼 날 수 없을까?

하늘을 나는 상상은 그 당시 실현 불가능하리라는 꿈에 무모하게 도전한 그의 가장 야심찬 생각이었다. 공기의 흐름을 연구한 그는 새들의 정교한 구조가 중력에 어떻게 저항할 수 있는지 이해하기 위해 새의 비행을 연구했다. 그는 날개라는 자연의 기술에 경탄하고 이를 어떻게 복제할 수 있을지 고심했다.

'새의 날개는 인간의 팔꿈치에 해당하는 부분에서 어깨로 이어지는 아래쪽 부분만 언제나 오목하고, 나머지 부분은 볼록하다. 날개의 오목한 부분에서 공기가 휘감기면, 볼록한 부분이 눌려진다.'

그는 비행중인 물체의 움직임뿐 아니라, 그 물체 주위로 지나가는 공기의 흐름까지 이해하려고 노력했다. 그는 이 문제를 거꾸로 생각해서 공기가 어떻게 훨씬 더 무거운 물체를 계속해서 날 수 있게 하는지를 연구한 결과, 날 수 있는 기계를 만들어내기에 이르렀다.

다빈치가 남긴 〈다빈치 노트(코덱스)〉에 나오는 날개차의 그것이 바로 오늘날 우리가 사용하는 비행기의 원동력이 되었다.

용기가 어떻게 창의력을 이끌어내는가?

미래 여행을 통해 생각해 보려면 용기가 필요하다. 기존의 접근법은 고객 중심적으로,

대담한 행동… 통찰력과 아이디어를 현실적인 디자인으로 만드는 것

고객(또는 고객에 대한 리서치)이 무언가 필요하다고 하면 그것이 올바른 해결책이 되어야 하는 구조다. 아직도 많은 혁신은 고객이 현재 표출하는 니즈와 패러다임에 의해 이루어진다. 하지만 획기적인 아이디어를 얻으려면 고객과 힘을 합쳐서, 사고를 확장하고 도전해서 양적 연구에 그치지 말아야 한다. 또한 통찰력, 상상력, 탁월한 실행이 조화를 이루어야 한다.

좋은 아이디어를 머릿속에만 넣어놓고 빈둥거리는 것과 이를 실현시키는 것은 다르다. 실험과 모델, 또는 실물이나 컴퓨터그래픽을 통해 새로운 아이디어를 테스트해 보라. 이런 테스트 과정을 통해 디자인을 개선하고, 관계자들의 의견을 수렴하며, 고객과 사업 파트너들을 서로 연결하라.

자신의 그림 실력에 자신 있는 사람은 거의 없으며, 모델(모형) 제작 능력은 더욱 자신 없을 것이다. 하지만 이를 실현하려는 의지가 있다면 매우 창의적인 결과를 만들 수 있다. 잡지에서 그림과 슬로건을 스크랩하고, 아이디어를 그림, 만화, 도표 등으로 그려보고, 형태와 느낌을 콜라주로 표현해 보라. 우스워 보일 수도 있지만 새로운 가능성을 설명하는 데 글보다는 훨씬 더 도움이 될 것이다.

어떻게 대담하게 행동할 수 있을까?

자신이 세운 모든 가정을 테스트해 보고 문제를 제기하라. 그런 다음 이를 실제 상황에 적용시켜 보고, 그것이 제품이라면 어떻게 작동할지, 언제 어디서 판매될지, 경쟁자는 누가 될지, 어느 정도가 적당한 가격인지를 잘 생각해 보라. 고객, 동료, 파트너, 친구, 친척들에게도 물어보라. 다양한 의견을 듣는 것이 더 좋으므로 꼭 특정 견해를 가진 전문가에게만 질문할 필요는 없다.

생각한 것을 실행에 옮겨라. 그림을 그려서 벽에 붙여두라. 팀으로 작업을 하고 있다면 화가나 삽화가를 고용해서 이야기하거나 개발된 최고의 아이디어를 포착하고 아이디어의 발전 과정을 시각적 기록으로 남기는 것도 고려해 보라. 그리고 모델을 제작해 보라. 시리얼 상자와 화장지로 만든 아주 조악한 것이라도 좋다. 거기에 사람들을 연관지어 보라. '이것은 60Cm짜리 LCD 스크린이고, 이건 보디센서다.'하는 식으로 말이다.

실패(자신의 것과 다른 사람들의 것 모두)에서 배우고 개선점을 찾아라. 인내심을 가지고 계속 시도하다 보면, 매번 자신의 꿈에 조금씩 다가서게 되고, 현실적인 해결책도 찾을 수 있을 것이다. 결과가 아니라 과정을 즐겨라. 충분히 괜찮은 아이디어라면, 노력한 보람이 있을 것이다.

- 무하마드 유누스(6장)는 무담보 소액대출제도인 마이크로크레디트로 제3세계의 사업 환경을 바꾸고 있다.
- 혼다의 아시모(13장)는 작고 귀여운 로봇으로 미래를 더욱 실현가능하게 만들어준다.
- 론칭(출시)(31장)은 아이디어를 시장에 빠르고 효율적으로 전달하는 데 주안점을 둔다.
- 혁신 프로세스(44장)가 신제품 개발의 과정을 결정한다.
- 레이드 호프만(46장)은 디지털 세계에서 네트워킹과 투자의 대가이다.
- 게임 체인지(49장)는 더 나은 세상을 만드는 것에 대해 계속해서 더 원대한 생각을 하도록 해준다.

재능7 : 진일보한 마음자세

건강한 몸에 건전한 정신이 깃든다. 다빈치는 예술가나 과학자이기보다는 사상가, 철학자였다. 그는 삶과 그 의미, 문제점과 가능성에 대해 깊이 생각했다.

그리고 그는 매우 조용했다. 궁정예술 단원이었던 그는 무대세트와 더불어 여러 가지 상징과 의미로 가득 찬 의상을 디자인하기도 했다. 이런 상징들은 그의 후원자를 의미하기도 했지만, 이 역시 그의 호기심에서 비롯된 또 다른 측면을 보여준 것이었다.

다빈치는 예술단원으로서 뿐만 아니라 자신의 아이디어를 소통하고 확산시키는 하나의 방편으로 스토리텔러가 되었다. 그의 이야기는 깊이가 있을 뿐만 아니라 재미도 있어서 유럽 전역의 왕족과 귀족들이 그의 예술단을 찾아왔다. 그의 작품 중에 가장 유명한, 아니 영원히 남을만한 것은 단순하지만 도발적인 '개미와 수수낟알'이다. 이 이야기는 사람들에게 많은 것을 생각하게 만들었다.

'개미는 수수낟알을 하나 찾았다. 그러자 낟알은 이렇게 말했다. "저에게 재생산의 기능을 완수할 수 있도록 친절을 베풀어 주신다면, 저와 같은 낟알 100개를 돌려드릴게요." 개미는 낟알을 믿었고 결국, 수수낟알은 그 약속을 지켰다.'

다빈치는 지식의 경계를 확장하여, 몇 백년 후까지도 받아들여지지 않거나 실현되지 못한 것들을 탐구했다. 그의 노트는 그가 죽은 지 400년이 지나고서야 출판되었는데, 사람들은 자신이 생각한 것을 이미 오래 전에 누군가가 생각했다는 사실에 놀라지 않을 수 없었다.

다빈치의 동시대인들도 탁월한 재능을 가진 천재, 즉 사물을 다르게 보고 다르게 생각해 낼 수 있는 사람과 함께 살고 있음을 인지했다.

깨우침이 어떻게 창의력을 이끌어내는가?

깨우침은 대단히 정신적인 것으로 들리고, 또 확실히 영적인 영역에 속하는 것으로 인식된다. 이는 매사에 전력을 다하고, 더 넓고 깊게 보며, 더 열심히 듣고 더 잘 해석해내며, 절대 생각해낸 적이 없었던 것을 생각해내고 연결되지 않은 것들을 연결하며, 아이디어 실행을 위한 현실적 해결책으로 바꾸어내는 개인적 에너지이다.

미래 여행을 통해 생각하는 것은 매우 지치면서도 한편으로는 아주 신나는 일이다. 레이싱카 운전자나 테니스 선수처럼, 신체적으로 아주 힘들다기보다는 엄청난 정신력을 요하는 일이다. 어떠한 마법 같은 공식도, 정해진 절차도 없으며, 단지 당신이 아우를 수 있는 수많은 재능이 필요할 뿐이다. 그 나머지, 호기심과 여러 관점, 또 나머지 요소를 수용하는 것은 모두 당신에게 달려 있다. 하지만 한 가지 필수적인 요소가 있는데, 그것은 건강함과 정해진 범위를 넘어서 생각하는 명민함을 갖춘 진일보적인 자세이다.

명민함은 건강한 신체와 마찬가지로 건전한 정신에서 나오는데, 이를 터득하려면 훈련이 필요하다. 예술과 과학, 사업과 개인, 분석과 창조, 큰 그림과 세부사항처럼 여러 가지 방식으로 규칙적인 자극이 필요하다.

어떻게 진일보한 마음자세를 가질 수 있을까?

유산소 운동을 하라. 요가와 춤, 저글링과 헬스 등을 통해 정신과 신체에 대한 인식을 고취하라. 아침에 조깅을 하거나, 점심시간에 수영을 하거나, 저녁에 체육관을 찾아라.

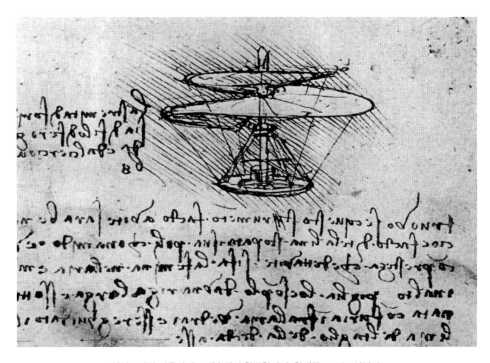

진일보적인 마음자세… 예술에서 항공학까지, 한계를 모르는 상상력

폐나 근육을 격렬히 사용하는 운동보다는 반복적으로 꾸준히 할 수 있는 종목을 택하라. 시작할 때보다 기분이 좋아지는 것이면 되니, 규칙적으로 하라.

신체가 건강하면 정신이 맑아지는 데 크게 도움이 되어, 마음속에 새롭고 흥미로운 자극이 충만해질 수 있다. 일상생활에서 자신의 관심사, 애독 잡지, 만나는 사람들, 회사, 먹는 음식에서도 충분히 이런 과정을 경험할 수 있다.

관습을 깨뜨려라. 매일 한번 이상은 평소에 주로 사용하지 않는 손을 사용하도록 해보

라. 동료들과 팀 내에서 생각을 조금 뒤흔들어 보라. 무작위로 아이디어를 던지고, 주제를 정기적으로 바꾸고, 여러 가지 프로젝트를 동시에 진행하고, 평범하진 않지만 흥미로운 연결점을 만들어 보라.

처음에는 약간 혼란스러울 수 있으나 자신과 관습을 깨뜨려 결국 재미를 느끼고 자극을 받을 것이다.

- 크리에이티브 지니어스(10장)가 오늘날 비즈니스 세계에서 말하는 '천재'의 특질이다.
- 스티브 잡스(10장)는 우리 모두가 배우고 싶어하는 '현실 왜곡 분야'다.
- 데이브 스튜어트(35장)는 록스타에서 노키아의 아이디어창고로 변신했다.
- 창의적인 사람들(45장)은 스스로 창의력을 이끌어내는 특성을 탐구한다.
- 니클라스 젠스트롬(49장)은 항상 다음의 큰 건을 찾아 긴장한다.
- 남겨진 과제(50장) 전략은 현실적이고 유익하게 열정적일 수 있도록 해준다.

미래 여행

다빈치는 사람들의 상상력을 뛰어넘는 미래의 특정한 방식을 만들어냈고, 그 결과 수많은 혁신과 사람들에게 지대한 영향을 끼쳤다. 그는 어느 누구와도 다른 미래를 상상하고 만들어냈다. 그의 동시대인들만이 그의 동료가 될 수 있었던 것이 아니었으며, 그가 생각하는 맥락은 단순히 있는 그대로의 세상이 아니었다. 그는 당대의 과학과 관습을 넘어서 바라보고, 그 누구도 하지 못한 방식으로 사람과 자연을 이해했다. 그는 과학과 기술의 법칙을 새롭게 썼으며, 이중 많은 것들은 지금도 여전히 활용되고 있다.

그의 아이디어는 수백 년을 앞섰으며, 그의 통찰력에는 예전에 접해보지 못한 깊이가 있었다. 이에 따른 결과는 비범한 것 그 자체였다. 현실 문제를 다루고 해결하는 것은 비교적 쉬운 반면에 미래의 특정한 것에 초점을 둔 창의적인 사고는 무에서 유를 창조하는 것만큼이나 어려운 문제가 아닐 수 없다.

02

시간과 공간…
미래 세계 탐험하기

CREATIVE BOX ——————————————

'제자리를 지키려면, 할 수 있는 일은 다 해야 한다는 걸 알겠지.
어딘가 다른 곳으로 가고 싶다면, 적어도 두 배는 빨리 달려야 해.'
– 루이스 캐롤

⬡ ———————— 당신이 만약 시간여행자라고 상상해 보라.

수세기 후의 세계를 돌아다니면서 후손들을 만나고 우리가 살던 세계의 변화된 모습을 보게 될 것이다. 아니면 역사 속으로 되돌아가 위대한 인물들을 만나거나, 심지어는 지나간 과거 역사와 현재라는 세계를 바꿀 만한 일을 할지도 모른다.

대부분의 사람들에게 이런 이야기는 순전히 판타지처럼 느껴진다. 우리는 지금 살고 있는 이 세계에 만족하고 있다. 하지만 지금까지 미래를 예측하는 것이 쉬웠던 적은 한 번도 없었다. 변화가 가속화되고 격동을 예측할 수 없을 때에는 훨씬 더 힘들다. 미래는 더 이상 현재까지의 데이터를 토대로 추정할 수 있는 대상이 아니다. 눈에 보이는 통찰력과 트렌드는 최고의 아이디어나 획기적인 혁신의 원천이 되지 못한다. 도움은 되지만 그 이상의 무언가가 필요하며, 우리의 상상력도 더해져야 한다.

팔로알토에 있는 미래연구원(Institute for the Future) 연구실장인 데이비드 페스코비츠는 최근 영국 〈더타임즈(The Times)〉와의 인터뷰에서 '모든 것이 전보다 더 불안정하며, 우리는 거의 그 시작점에 있다. 월드와이드웹(World Wide Web)은 1993년에 등장한 것으로, 그리 오래된 것이 아니다. 현대는 놀라울 만큼 변화가 계속되는 시대'라고 했다.

다가올 10년 동안 당신이 사는 세계는 어떻게 바뀔까? 최고의 기회는 어디서 얻을 수 있을까? 사람들이 그때도 여전히 지금 당신이 하는 일을 원할까? 어떤 것이 사람들에게 가장 큰 영향력을 미칠까?

우리는 앞을 내다보는 데 시간을 투자하기는커녕, 현재를 따라잡기 위해 애쓰고 있다. 그러면서 미래를 불확실한 것으로 치부해버리는 경향이 있다. 우리는 가장 가까이 있는 기회를 활용하기를 더 좋아한다. 하지만 어디로 가고 있는지를 제대로 바라보지 못한다면, 앞으로 나아갈 수 없다. 시간과 노력을 쏟은 투자와 혁신으로 미래를 담보하지 못하며, 일에서도 위기를 줄이기보다는 오히려 더 많이 맞이하게 된다.

스스로 자신의 세계를 만들어내지 못하고 언제나 다른 이들이 이 세상을 만들어 나가도록 한 발짝 뒤로 물러서 있고 싶어 하는 사람은 아무도 없다.

미 래 의 기 회

쥘 베른과 H. G. 웰스가 미래 세계의 모습을 처음 그려낸 이후, 많은 과학자, 철학가, 작가, 예술가들이 같은 시도를 해왔다. 낙관주의자들은 과학적 연구에 따른 진보로 당면한 문제와 불확실성을 해결하고, 우리의 삶이 계속해서 더 나아질 것이라고 믿는다. 비관주의자들은 프랑켄슈타인 같은 괴물이 결국은 돌아와 그 창조자를 파멸시켜 버리는 것처럼 문제는 내재되어 있고 필수불가결하다고 생각하며, 불완전한 이 세계는 결국 인류가 스스로 자초한 것이라고 말한다.

20세기 초에 자동차, 열차, 비행기가 급속도로 확산되었다. 〈젯슨즈〉(The Jetsons, 1962~1963년에 처음 방영된 미국 만화영화로 먼 미래를 배경으로 하고 있음)에 반영된 1950년대 미래관은 이러한 교통수단의 성장에 힘입은 것이었다. 이 만화에서는 높은 고층건물의 하이테크 주택에 살고 있는 전통적인 가족을 그리고 있다. 아빠는 개인 우주차량을 타고 출근한다. 그리고 회사에서 영상전화로 엄마에게 언제 퇴근할지 이야기한다. 엄마는 집에서 아이들과 지내는데, 요리, 청소에 아이 돌보는 것까지 인조인간 로봇의 도움을 받는다. 아이들은 로봇 개와 엄청나게 빠른 팽이 같은 미래형 장난감을 가지고 논다. 여름

휴가 때는 우주로 달 여행을 떠난다.

그래서 우리는 모든 것이 단순히 더 커지고, 더 빨라지고, 더 강력해지고, 더 효율적으로 바뀔 것이라고 가정하지만, 문화와 사회는 미래 세계에도 기본적으로 똑같이 남아있다. 하지만 1세기 후에도, 우리는 〈젯슨즈〉에서와 같은 삶을 살지 못할 것이다. 여전히 자동차를 운전하고 비행기를 조종하면서, 그 영향에 대해서는 놀라움보다 걱정이 조금 더 늘 것이다. 개인전용 비행기를 가질 사람도 거의 없다. 로봇은 아직 과학소설 속에나 등장할 뿐이고, 달에 한 발짝 상륙하기는 했지만 그곳은 여전히 머나먼 비현실의 공간이다.

어떤 것들은 바뀌었을 것이다. 더 지능적인 세탁기가 개발되어 빨래하는 로봇조차 필요 없을 것이다. 최신 장비 외에도, 더욱 원격으로 일할 수 있는 수단을 찾게 될 것이다. 많은 여성이 남성과 마찬가지로 일을 하게 되면서, 가족과 지역사회의 사회적 역학관계도 변화할 것이다.

따라서 혁신은 단순히 기술의 변화과정, 혹은 현재의 행동양식을 더 빠르고 효율적으로 따라하는 데 초점을 두는 것이 아니다. 문화적 태도, 행동, 욕구, 기대는 더 많이 변화한다. 이에 대한 맥락을 파악하는 것이 혁신 그 자체보다 더 중요할 것이다.

시간은 중요하다. 그렇지만 더 중요한 것은 공간이다.

시공간

시간을 측정하는 것은 쉽지만, 공간은 측정하기가 다소 어렵다. 공간에는 여러 가지 형식과 복합적인 차원이 존재한다. 우리는 공간을 지리학의 측면에서 해석하고 급속히 세계획되는 문화와 시장을 목격할지 모른다. 실생활에서는 수시로 변하는 우선순위에 따라 다양한 사람과 상호작용을 하면서 라이프스타일을 변화시키고 있을지 모른다. 업계에서도 시간의 흐름에 따라 기업과 시장은 변화를 거듭한다. 진화하며 새로이 생겨나는 공간에서의 기회가 시간적 측면의 미래 그 자체보다 훨씬 더 흥미롭다.

물리학에서 '시공간'은 시간과 공간을 같은 맥락, 즉 수학적으로 단일한 연속체로 간주한다. 시공간은 보통 3차원으로 존재하는 공간과 비공간적인 4번째 차원의 역할을 하는 시간으로 해석된다. 물리학에서는 시간과 공간을 연결함으로써 초은하나 원자보다 작은 존재에 이르기까지 수많은 이론을 상당히 단순화시켰다.

고전역학에서 시간은 관측자의 움직임 상태와는 독립적인 항수로 간주된다. 하지만 아인슈타인은 인생이 그렇게 단순하지 않으며 모든 지각은 서로 연관되어 있다고 보았다. 시간은 공간의 3차원에서 분리될 수 없다. 시간의 흐름은 빛의 속도와 관계된 사물의 속도에 따라 또 강력한 중력장의 세기에 따라 달라진다. 이는 시간의 흐름을 느리게 만들 수 있기 때문이다.

영국 BBC의 인기 드라마 〈닥터후(Doctor Who)〉에 등장하는 닥터는 자신을 '최후의 시간의 신'으로 묘사한다. 그는 시간이 충분치 않다고 생각했기 때문에, 대신 '시간과 공간에서의 상대적 영역(time and relative dimensions in space)'을 뜻하는 TARDIS를 타고 수백 년의 시간과 공간을 이동한다. 과학이나 허구로 당신에게 당혹감을 주려는 것은 아니다. 이 말의 요점은 일정이 충분치 않다는 것이다.

미래를 단순히 현재로부터 추정한 것을 근거로 삼아 이해할 수는 없다. 눈을 크게 뜨고 이 복잡하고 변화하는 세계를 잘 바라봐야 한다. 이 세계에서는 우리의 사업 공간, 이

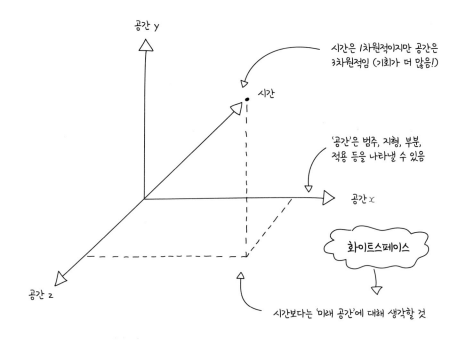

공간 y

시간은 /차원적이지만 공간은
3차원적임 (기회가 더 많음!)

시간

'공간'은 범주, 지형, 부분,
적용 등을 나타낼 수 있음

공간 x

화이트스페이스

공간 z

시간보다는 '미래 공간'에 대해 생각할 것

기회는 시간뿐만이 아니라 공간에서 생겨난다 ... '미래 여행'을 통해 최고의 '화이트스페이스'를 찾을 것

른바 '시장'이 가장 급격히 바뀌고 있는 것 같으니 말이다. 미래연구원은 더 이상 타임라인이나 트렌드에 주목하지 않는다. 대신 새로운 것이 등장하는 흥미로운 영역의 흔적을 찾는다. 새로운 아이디어와 기회의 원천은 미래 그 자체라기보다는 이런 흔적이다. 좀 더 멋진 말로 표현하자면, 당시에 등장하는 '화이트스페이스'를 말하는 것이다.

화이트스페이스

통찰력은 사람들이 현재 원하는 바를 이해하는 것 그 훨씬 이상의 무엇이다. 시장은 기존의 범위보다 훨씬 크며 새로운 기회도 여러 가지 방식으로 나타난다. 현재의 시점을 기준으로 기존에 내려진 정의(그레이스페이스)에 창의적 에너지를 너무 많이 쏟아붓지 말고, 새로이 떠오르는 영역(화이트스페이스)을 찾고 활용하는 데 더 많이 투자해야 한다. 둘의 차이를 아래의 표에 설명하였다.

미래를 예측하는 것은 간단하며 대체로 의미 없는 일이다. 미래는 무한히 다양한 형태를 취할 수 있기 때문이다. 따라서 미래를 만들어내는 것이 훨씬 더 중요하다. 왜 우리가 한 발짝 물러서서 다른 이들이 만들어 주는 미래와 비전에 따라 살아가야만 하는가?

그레이스페이스	화이트스페이스
현재의 제품과 경쟁자로 정의되는 시장에 집중	사람들의 문제를 해결하고 맥락을 다시 정리하는 데 집중하여 상상력으로 정의되는 시장에 집중
기존 고객이 표현하는 니즈와 욕구에 대응	동기와 열정, 고객과 비고객이 표현하는 니즈와 그렇지 않은 니즈까지 대응
현재의 패러다임에 국한된 고객 리서치와 평균치를 반영하는 데이터에 따름	새롭고 중요한 기회를 찾을 많은 지식의 원천을 함께 고려함으로써 더 폭넓고 깊은 '통찰력'에 따름
신속한 브레인스토밍으로 한 가지 아이디어를 실행하고자 함. 전술적이고 수박겉핥기식	더 나은 해결책을 만드는 많은 아이디어를 연결하는 획기적 개념들을 통해 변화를 더 가속화시키고자 함
'무엇'에 관한 혁신을 이룸. 혁신적 제품이나 기술을 만들어냄	'왜, 무엇을 그리고 어떻게'를 혁신함. 혁신의 방법이나 경험, 또는 완전히 새로운 사업을 만들어냄

버진 갤럭틱…
무궁무진한 우주선과 매력

'Zero-G를 타고 비행하는 것, 모두가 이를 경험해 보면 정말 좋을 것이다. 위에서 보는 광경은 말로 표현하기가 힘들다. 감동적이고, 감성적이다.' 지구로 돌아온 존 글렌은 이렇게 회상했다.

지난 45년간 글렌과 그의 많은 동료 우주비행사는 자신들의 엄청난 경험과 우리 세계에 대한 인식이 어떻게 근본적으로 바뀌었는지를 사람들에게 전달하고자 했다. 이제 버진 갤럭틱(Virgin Galactic)사(최초의 민간 우주 여객 회사)는 그 특권을 더 널리 펴고자 한다.

2004년 10월 4일, 버트 루탄(Burt Rutan)의 '스페이스십(SpaceShip) 1'호가 역사적인 발사를 맞으면서, 그는 이전에 세계 3대 강대국만이 올랐던 지위를 개인으로서 이루어내고 1,000만 달러의 상금이 걸린 안사리 X 프라이즈(Ansari X Prize)에 도전하려 했다. 그는 곧 세계 최초의 상용 우주 사업을 시작할 계획이지만, 당분간은 버진사가 지구상에서 대륙 간 여행을 대체하는 상황이 계속될 전망이다. 우주선을 이용한 비행을 여러 시간에서 몇 분 수준으로 단축시키는 것이다.

사실 버진사의 창립자인 리처드 브랜슨을 무엇보다 흥분시킨 것은 '우주 관광'이라는 신기원을 이룰 모험이다. 인터뷰하는 동안 그는 자신의 삶과 사업 경험에 대해 이야기했다. 이는 우리 대부분이 잘 알고 있는 이야기이다. 하지만 내가 우주에 대한 내용을 언급하자, 그의 두 눈은 1969년, 집에 있던 흑백 TV로 인류 최초의 달 착륙 순간을 보던 학생시절의 흥분으로 반짝였다. 바로 그 순간부터 그는 언젠가 자신도 저 우주비행사들을 따라 우주로 가겠노라 다짐했다.

불가능한 것을 가능하게 만들기

브랜슨은 당시에는 불가능해 보였지만 오늘날에 결국 실현하는 방법을 찾게 된 그 도전을 이렇게 묘사했다. '우주여행은 정말로, 믿을 수 없을 만큼 환상적입니다. 영국 회사가 최초로 유료고객을 우주로 보낼 일이 눈앞에 다가왔습니다. 우리는 버진 갤럭틱이라는 이름을 등록하고, 재사용이 가능한 우주선을 만들 잠재력 있는 엔지니어를 찾는 데 십 년이 걸렸습니다.'

'우리는 말도 안 되는 정말 엉뚱한 아이디어를 열심히 연구했고, 그러다 이 분야에서 완벽한 천재인 버트 루탄을 만나게 되었습니다. 그는 우주선을 커다란 셔틀콕으로 바꾸어 위험한 재진입 단계에서 우주선의 속도를 줄이는 아이디어를 생각해 냈죠. 프로젝트 전체에서 이산화탄소가 거의 배출되지 않았습니다. 매 우주비행에서 배출되는 탄소는 뉴욕까지 한 번 비행에서 배출되는 것보다 적습니다. NASA는 뉴욕시 전체에서 사용할 동력으로 스페이스셔틀을 띄우는데 말이죠.'

앞서 1996년, 안사리재단은 X 프라이즈를 만들어 최초의 민간우주비행을 성공하는 이에게 상을 주기로 하였다. 마이크로소프트의 공동창립자인 폴 알렌의 지원으로 버트 루탄이 '스페이스십1' 호를 개발했고, 이후 브랜슨이 합류한 지 한 달 만에 이 우주선은 고도 112킬로미터까지 비행에 성공하여 X 프라이즈를 수상했다.

이후 개발이 계속되며 '스페이스십2(SpaceShipTwo)'호가 나왔는데(이후 그의 '스타트렉' 사랑으로 'VSS 엔터프라이즈'로 이름이 바뀌었음), 이 우주선은 두 배나 크면서도 매우 가볍지만 강한 합성재료로 만들어졌다. 첫 번째 작품의 혁신적인 수직발사 개념을 결합한 이 우주선은 상대적으로 저비용에 소음과 탄소 오염은 훨씬 덜한 발사과정을 거치게 되어 있다. 내부에 있는 바닥부터 천장까지 유리창으로 된 완전가압객실에서 6명의 승객과 2명의 조종사는 특별한 경험을 하게 될 것이다.

에베레스트 등반보다 멋진 우주여행

뉴멕시코 주의 스페이스포트 아메리카에서 처음 발사될 이 우주선에 탑승하는 버진사의 우주여행 고객들은 약 20만 달러를 지불하고 3일간의 여행준비에 들어가게 된다. 고령자에 대한 나이제한은 없지만, 여행 전에는 건강검진이 실시된다. 브랜슨의 아버지 테드는 80대 나이에도 불구하고 처녀상업비행에 함께 하게 된 것에 들떠 있다.

이 모험을 이끌 윌 화이트혼(Will Whitehorn)은 고객들이 지불하는 비용이 에베레스트 산 등반에 드는 비용과 비슷하다고 말한다. 지금은 매년 수백 명이 '환상적이기로 치자면 거의 다름없는' 이 등반에 참여하고 있다. 그의 말로는 더 놀라운 사실은 이 우주여행에 드는 약 20만 달러가 러시아 당국에서 2년간 훈련에 사용하는 비용과 맞먹는다는 것이다. 그는 버진사의 사업이 완전히 궤도에 오르면 이 가격은 절반 정도로 떨어질 것이라고 본다.

공식적으로 상품이 출시되지도 않은 지금 이미 약 300여 명이 이 우주여행에 참가하고자 신청한 상태다. 신청자 중에는 디자이너 필립 스탁, 과학자 스티븐 호킹, 브랜슨의 영웅이자 지구가 단일한 유기체로 기능한다는 가이아 콘셉트를 생각해낸 제임스 러브록도 있다. 이들은 2시간이 소요되는 이 비행 동안 6분간의 무중력 상태를 경험하게 될 것이다. 이 최초의 우주여행을 기념하기 위해, 듀란듀란의 기내 라이브 공연도 펼쳐질 예정이다.

브랜슨은 이렇게 말했다.

"지금까지 단 450명만이 우주에 가 보았다는 것은 정말 놀라운 일입니다. 러시아인, 중국인, 미국인을 전부 더해서 말이에요. 일단 사업이 시작되면 1년 후면 1,000명은 갈 수 있어야겠죠."

03

창의적 태도…
세상을 위한 신사고와 아이디어

CREATIVE BOX —————————————————————

'미래와 관련해서는 세 종류의 사람이 있다. 일이 생기도록 두는 사람,
일을 직접 이루는 사람, 무슨 일이 일어났는지 궁금해 하는 사람이다.'
-존 리처드슨, 미래모델링 분야 개척자

◇ ─────── 우리는 창의적인 세계, 아이디어 경제(ideas economy)가 주도하는 세계에 살고 있다.

이 세계는 사람들이 좀 더 감성적으로 관계를 맺고, 직관이 논리를 이기며, 상상력이 통찰력을 키워주고, 그림이 말보다 더 많은 것을 말해 주며, 형태가 기능만큼이나 중요하고, 아이디어가 가장 가치 있는 자산이며, 창의력이 가장 소중한 재능인 세계이다.

관련 업계에서는 분석용 스프레드시트, 집중, 효율성을 통해서만 최고의 기회를 얻거나, 경쟁적 우위를 확보할 수 있는 것이 아님을 서서히 깨닫고 있다. 오랜 시간 엑셀파일을 들여다보고 있더라도 아이디어와 상상력이 있어야 더 큰 성공을 거둘 수 있음을 깨닫고 있다.

초끈이론(super-string theory)을 연구하는 과학자, 나노기술을 이용하는 엔지니어, 3D 그래픽을 사용하는 디자이너, 디지털 원어민(digital native) 세대를 가르치는 교사, 앰비언트미디어를 활용하는 예술가, 체험극장을 전달하는 소매업자, 소셜네트워커, 블로거, 트위터⋯ 리처드 플로리다(Richard Florida)는 이런 사람들을 '창의 계급'이라고 부른다. 자신의 아이디어로 정의되는 이 사람들은 가치를 창조하는 창의력에 크게 의존하고 있으며, 다른 사람들도 창의력을 발휘할 수 있도록 격려한다. 선진시장에서는 이런 사람들이 노동력의 약 30%를 차지한다. 플로리다는 미국에서만 4,000만 명 정도가 이런 창의력이 필요한 전문가라고 추산한다.

모든 직업에서 창의력이 점점 더 요구되는 실정이다. 의료계는 사람과 건강에 더욱 신경을 쓰고, 회계사는 순수익을 높이기 위해 모든 종류의 정교한 기술을 개발하며, 변호사는 고객을 변호하는 가장 창의적인 방법을 찾으려 하고, 정치가들도 대중과 교감하기 위해 더 열심히 뛰어야 한다. 2020년까지 전 근로자의 약 50%는 창의력을 요하는 전문직에 종사할 전망이다. 이들은 정보와 경험, 통찰력과 상상력을 결합하여 문제를 더 잘 해결하고 고객에게 맞춤해결책을 제시할 것이다.

하지만 창의적인 사람들은 무언가 다르다. 단조로움과 구조를 거부한다. 더 일찍 출근하거나 더 늦게 퇴근하기도 하지만, 9시부터 5시까지 정해진 시간에 일을 하는 것에 그치지 않고, 시간을 더 유연하게 활용하길 원한다. 이러한 유연성이 그들에게는 가장 소중하다. 흰 와이셔츠와 넥타이를 벗어던지고, 개개인으로 자신을 표현하며, 훨씬 더 많이 자신을 쏟아붓고 그 보상으로 훨씬 많은 것을 기대한다.

가정, 학교, 또는 직장에서 높은 성과와 만족의 비결은 바로 자신의 삶을 이끌고, 새로운 것을 배우고 창조하려는, 그리고 이 세계를 위해 무언가 더 많은 것을 하려는 인간의 강한 욕구이다. 《프리 에이전트 시대(Free Agent Nation)》의 저자 댄 핑크(Dan Pink)는 우리가 점점 더 다른 사람들보다는 자신을 위해서 일하고 싶어 하며, 자율성, 지배, 목적이 우리의 새로운 지침이 될 것이라고 주장한다.

미래를 맞이하는 우리에게 어떤 기술과 지식이 필요한지 다시 생각해 보아야 한다. 오늘날 학교에서는 아이들에게 부모들의 직업이 매우 다양하다는 점을 가르쳐야 한다. 이는 창의력이 더욱 요구되는 대표적인 일로, 신기술과 인간 능력의 잠재력을 결합하고, 혁신의 실례를 뒷받침해 주며, 새로운 방식으로 사회에 가치를 더해 준다. 미래의 이런 직업에는 어떤 것들이 있을까?

● 메모리가드 – 최고의 아이디어 보호를 책임지는 신경보안(neurosecurity) 전문가
● 퍼스널브랜더 – 정체성과 명성을 관리해 주는 미래의 스타일리스트 및 홍보전문가

- 소셜네트워크 카운슬러 – 온라인상의 수많은 관계로부터 생겨나는 트라우마 극복을 도와줌
- 타임트레이더 – 돈이 아닌 시간을 예치해 주고 가치 있는 자산으로 거래하는 은행
- 아바타 매니저 – 교사와 자문을 대체하는 개인 지식 비서
- 날씨 컨트롤러 – 인공강우를 유발시키기 위해 공기 중으로 요오드화은(AgI)을 탑재한 로켓을 발사함
- 윤리 자문가 – 복잡하고 혼란스러운 세상에서 올바른 선택을 하도록 도와줌

미야모토 시게루… 최고의 게임 디자이너

1966년에 위대한 월트 디즈니(Walt Disney)가 사망했을 때, 미야모토 시게루는 디즈니사의 클래식 캐릭터를 사랑하던 14세의 열정적인 만화가였다. 그리고 그림을 그리지 않을 때는 스스로 장난감을 만들곤 했다.

미야모토 시게루는 이제 세계에서 가장 유명하고 영향력 있는 비디오게임 디자이너, 즉 〈동키 콩(Donkey Kong)〉과 〈슈퍼 마리오 브라더스(Super Mario Bros.)〉 같은 전설적인 게임, 그리고 최근에는 닌텐도 위를 만든 주인공이다. 하지만 그는 여전히 직접 개발에 참여하는 예술가로, 동료들과 함께 일하고, 아이디어와 열정을 공유하며, 웃고 즐긴다. 시게루는 자신의 디자인 스튜디오 밖에서는 거의 알려져 있지 않지만, 전 세계 게임플레이어들 사이에서는 영웅과 같은 존재다.

거의 30년 가까이 닌텐도 사에서 크리에이티브 지휘관으로 일한 미야모토 시게루는 디지털 기술 진보의 물결을 타고 초기 개인용 컴퓨터에서 최신 무선 네트워크 기기에 이르기까지 사람들의 놀이문화에 엄청난 변화를 가져왔다. 그가 만들어낸 제품은 많은 아이들이 받고 싶어 하는 선물 1순위가 되었으며, 그 부모 세대에게도 마찬가지다.

어디에서든 항상 주목을 받고, 부러움을 한 몸에 받는 그의 게임은 아마 디즈니사를 제외하고는 견줄 수 없을 만큼 경제적으로도 엄청난 성공을 거두었다. 그는 게임업계뿐 아니라 현대 문화의 단면들도 변화시켰으며, 현재 활동 중인 그 누구보다도 사람들이 소비하는 점점 더 많은 여가시간을 직접 책임지고 있다.

미야모토는 1970년대 후반 닌텐도에 입사하여, 1980년대 초반에 〈슈퍼마리오 브라더스〉로 처음 두각을 나타내기 시작하면서 급격히 성장했다. 이 게임은 처음으로 널리 사랑받았던 가정용 콘솔 제조사인 아타리사의 몰락 후 업계를 구원했다. 1985년에 출시된 닌텐도의 NES 게임콘솔은 당시 최고로 잘 팔리는 게임기가 되었다. 이후 400개의 실력 있는 팀과 함께 그는 최근 작품인 〈마리오 카트 Wii(Mario Kart Wii)〉, 〈대난투 스매시 브라더스(Super Smash Bros. Brawl)〉, 〈슈퍼 마리오 갤럭시(Super Mario Galaxy)〉, 〈젤다의 전설: 황혼의 공주(The Legend of Zelda: Twilight Princess)〉 등 게임을 70가지 이상 만들어냈다.

그의 디자인은 매우 세심하고, 매력적이며, 흡입력이 있다. 이는 단순히 인상적인 그래픽 이상의 어떤 이유가 있기 때문이다. 바로 그의 캐릭터가 움직이는 방식과 스토리 전개, 캐릭터들이 스스로 찾아내는 놀라운 환경, 그리고 이들을 위한 끊임없는 목표 설정 등이 그 이유이다. 어느 누가 파란 멜빵바지를 입고 미친 듯 뛰어다니는 이상한 배관공에게 중독될 세대가 나올 것이라고 생각했겠는가? 여기에는 그 이상을 가능케 한 엄격한 시스템 디자인이 있다.

교토에서의 생활

미야모토가 만약 교토가 아닌 샌프란시스코 같은 세상에서 자랐다면, 그는 잡스와 스필버그 같은 유명인사가 되었을 것이다. 아마 자신만의 스튜디오를 세우고, 자신의 게임을 선두 브랜드로 라이선스를 내주면서 어디를 가나 수십억 달러의 가치를 지닌 유명인사가 되었을 것이다.

하지만 그는 닌텐도 본사에서 추앙받는 인물임에도 불구하고, 하루 일이 끝나면 아내와 학교에 다니는 두 아이를 보러 집으로 달려가는, 다른 근로자들과 마찬가지로 그저 평범한 삶을 살고 있다. 아마도 이런 정상적인 삶이 그의 (그리고 닌텐도의) 성공에서 큰 부분을 차지할 것이다.

게임에 집중하고, 새로운 게임을 개발하고, 다른 게임을 개선하는 것은 돈이나 명성이 아닌 강박관념이다. 그의 아이디어는 기초가 튼튼하게 확립되어 있고 법으로 보호받으며, 그는 자신과 함께 일할 최고의 인재를 끌어들인다. 그는 〈뉴욕타임스(The New York Times)〉와의 인터뷰에서 월트 디즈니의 역할과 자신의 역할을 비교하는 질문을 받고 이렇게 답했다.

'중요한 것은 내가 함께 일하는 사람들도 주목을 받는다는 것, 그리고 발전하고 계속해서 강해지고 인기를 얻는 것은 닌텐도라는 브랜드라는 점입니다.'

그는 고위 경영진을 신뢰하고 존경했는데, 이는 방해와 타협이 없어야 창의력과 창의적 프로세스가 이루어질 수 있음을 뜻한다.

그가 거의 30년 전에 만들어낸 콧수염이 난 이탈리아 배관공 마리오는 지구상에서 가장 잘 알려진 캐릭터로, 라이벌이 미키마우스밖에 없을 정도다. 그의 게임은 모두 3억 5천만 개 이상 판매되었으며, 그 자신은 그다지 잘 알려지지 않았음에도 불구하고 〈타임(Time)〉지가 선정한 전 세계에서 가장 영향력 있는 인물에 뽑혔다.

Wii와 Mii

그의 영향력은 게임보다도 업계 전체에 지대한 영향을 준 혁신적 제품인 Wii(위)에서 더 발휘되고 있다. 이 아이디어의 단순함은 그야말로 획기적이었다. 닌텐도사는 기존 플레이어를 위한 게임에서 새로운 세대를 만들어내기보다는 새로운 이용자를 찾고 싶어 했다. 그리고 남녀노소 누구나 사용하기 쉽고, 가족 모두가 값싸게 다양한 게임을 즐길 수 있는 Wii를 개발해냈다.

디지털 게임이 일본에서 가장 성공한 문화 수출품이 되고, 닌텐도사가 일본에서 가장 가치 있는 기업 중 하나가 된 것은 상당 부분 미야모토 덕분이다. 미야모토 시게루가 없었더라면, 닌텐도사는 아직도 1889년 처음 설립되었을 당시 주력했던 게임용 카드나 만들고 있을 것이란 말도 있다. 그가 없었다면 오늘날의 비디오게임은 세상에 나오지도 못했을 만큼 그는 게임산업에 엄청난 원동력이었다.

새로운 세계와 캐릭터를 생각해 내고자 하는 욕구에서 영감을 얻었던 그는, 시간이 흐르면서 자신의 개인적 경험도 중요한 영감이 될 수 있음을 깨달았다. 〈닌텐독스(Nintendogs)〉는 집에서 키우는 그의 셰틀랜드 목양견에서 아이디어를 얻었다. 그리고 록음악(특히 비틀즈)에 대한 그의 사랑, 또 피아노와 밴조 연주를 즐기는 데서 〈기타 히어로(Guitar Hero)〉와 〈록밴드(Rock Band)〉가 탄생했다.

소비자들은 자신들이 즐기는 엔터테인먼트의 일부가 되고 또 직접 만들어가고 싶어 하기 때문에, 미야모토는 자신이 만든 멋진 캐릭터들 사이에 새로운 스타를 만들어내고 있다. 그것은 당신, 바로 Wii 유저들이 스스로 만들어내는 미(Mii)라고 하는 아바타이다. 〈뉴욕타임스〉와의 인터뷰에서 그는 Mii를 '가장 최근에 만들어낸 캐릭터'라고 했다. 각각의 Mii는 독창적이며 플레이어에게 훨씬 더 와 닿는 존재이다. 단순히 게임의 대상이 아니라 게임의 일부가 되는 것이다.

미야모토 시게루, 그는 디지털 세대의 월트 디즈니다.

04

변화하는 세계···
시장을 변혁시키는 엄청난 변동

CREATIVE BOX

'만물은 변화하며, 그대로 머물러 있는 것은 없다. 변화 외에 불변하는 것은 없다.'
- 헤라클레이토스(기원전 480년)

◇ ─────── 서쪽이 아닌 동쪽을 보라.

가장 최신 패션을 찾고 있다면 상하이로 가라. 최고의 웹사이트 디자이너를 원하면, 뭄바이와 요하네스버그로 가라. 게임 디자이너에게는 도쿄가 역시 적소다. 새로운 사업을 위한 자금을 구하고 있다면, 중국의 선전이 바로 벤처자본가들과 어울리는 곳이다. 고품질 의류의 생산을 원한다면 대만이나 필리핀을 생각해보라. 교육과 지식의 중심지는 싱가포르이며, 이 모든 것을 실현하려면 홍콩이 제격이다.

2008년에서 2009년 사이 경제위기가 걷잡을 수 없이 확산되자, 세계는 더욱 상호의존적인 상태가 되었다. 캘리포니아의 미숙한 대부업자가 일처리를 어리석게 하면 런던이나 라고스의 기업 이윤에, 또 모스크바와 뭄바이 시민들의 라이프스타일과 야망에 어마어마한 영향을 끼치게 되었다.

그리고 사람들은 눈앞에 있는 문제와, 그 문제로 인한 격변, 또 어떻게 원래 상태를 회복할 것인지에 집중하는 동안, 세계가 근본적으로 변화하고 있다는 사실은 깨닫지 못했다.

사람들은 이런 혼란의 근본적 원인이 부와 권력의 근본적인 변화라는 점을 놓쳤다. 우리는 주식시장과 우리 가정 경제가 받은 충격과 경제위기가 엄청난 변화의 '티핑포인트(작은 변화들이 어느 정도 기간을 두고 쌓여, 작은 변화가 하나만 더 일어나도 갑자기 큰 영향을 초래할 수 있는 상태가 된 단계)'로 작용한다고 생각했다.

사람들의 사고방식이 변하고, 여러 기술 간에 네트워크가 형성되고, 새로운 산업이 생겨나면서 변화가 가속화되지만, 그런 변화가 일상생활 속에서 항상 뚜렷하게 드러나는 것은 아니다. 하지만 더 가까이 들여다보면 그런 변화는 항상 우리 주변에서 일어나고 있다.

- H&M의 디자인에 영향을 주는 단순하면서도 컬러풀한 플라멩코나 팝아트

- 유명브랜드 다국적기업보다는 그 지역에서 신뢰받는 낙농업자가 생산한 유기농 치즈

- 모두에게는 아니지만 누군가에게 사랑받는 존스소다(Jones Soda)의 특별한 음료

- 당신이 직접 디자인하고 제안한 쓰레드리스 티셔츠(Threadless T-shirts)

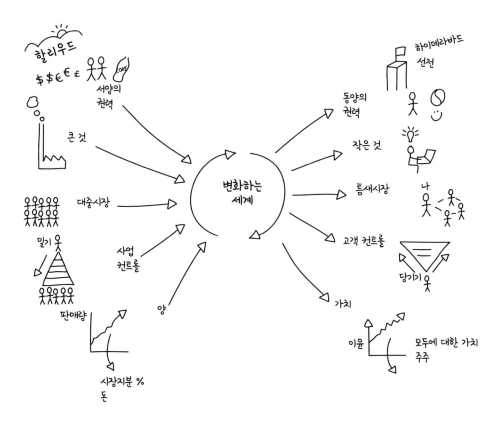

변화하는 세계: 시장과 기업을 변혁시키고 있는 엄청난 변동

모두 혹은 다수를 위한 평균보다는 특정한 누군가를 위해 독특한 것이 더 낫다는 것을 터득한 브랜드들이다. 사람들은 '돈을 위한 가치'라는 케케묵은 상투 어구에는 관심이 없다. 모두 자기 몫을 원할 뿐이다.

우리는 편견과 기대를 버리고, 새로운 가치 동인에 따라 사업을 재정비하고, 브랜드, 혁신, 새로운 기회를 얻기 위한 마케팅에 다시 집중해야 한다.

서양에서 동양으로

아시아는 더 이상 서구 소비자를 위한 생산현장이 아니다. 권력과 아이디어가 서로 대체되었고, 그 역할이 급속히 뒤바뀌고 있다. 인포시스(Infosis)나 릴라이언스(Reliance) 같은 회사가 비즈니스 의제를 주도하고 있으며, 문화적으로 우리는 일본 게임이나 인도 명상에 빠져들고 있다. 아시아의 새로운 통화 단위인 ACU는 그 경향을 더 가속화시켜, 세계에서 세 번째 준비 통화이자 달러와 유로의 강력한 라이벌이 될 것이다.

- 중국과 인도의 경제성장은 유럽과 북미를 훨씬 앞지르고 있는데, 당신은 어디에다 투자하겠는가? 선전은 새로운 월스트리트다.
- 가장 인기 있는 신생기업, 가장 지속가능한 사업, 가장 창의적인 인재들은 캘리포니아나 스칸디나비아 지역에는 더 이상 없다. 상하이나 하이데라바드에서 찾아보라.
- 당신의 회사를 인수할 가능성이 가장 큰 기업, 그리고 당신의 가장 위험한 경쟁자는 미국기업이나 독일기업은 더 이상 해당되지 않는다. 홍하이(Hon Hai)와 하이얼(Haier)을 조심하라.

- 가장 최신 랩톱컴퓨터와 텔레비전은 캘리포니아가 아닌 한국산 제품, IBM이 아닌 레노버(Lenova)가 더 싸게 잘 만들 것이다.
- 동유럽 아니면 서유럽에서 공산주의는 거의 잊혀졌으며, 젊고 기업가정신이 투철하며 교양 있는 노동력으로 대체되고 있다.

물론, 그리 간단한 문제는 아니다. 남북구도가 더 오래된 트렌드로, 급속한 성장을 보이는 브라질을 다른 남미 국가들, 급기야는 아프리카까지 이를 뒤쫓고 있다. 하지만 이 역시 연결 포인트, 파트너십, 콤비네이션이 문제다. 이스탄불은 세계의 새로운 중심이며, 중국이 이제는 실리콘밸리의 최대 투자자이다.

큰 것에서 작은 것으로

예전과 같이 대형차, 호화로운 사무실, 과도함이 높은 사회적인 신분을 상징하던 시대는 지났다. 새로운 이타주의가 생겨났다. BMW 미니가 벤츠의 최신 모델이나 사륜구동차량보다 훨씬 좋다. 재택근무가 가능하거나 사무실 빈자리를 공동으로 쓰는 곳이 좋은 직장이다.

- 사람들은 어떤 브랜드를 가장 신뢰하는가? 글로벌보다는 로컬의, 정체불명의 대기업보다는 더 작고 인간적인 브랜드를 선호한다.
- 최고의 아이디어는 어디서 나오는가? 대기업 R&D 연구실이 아니라, 사회적 목적이 있는 사업가에게서 생성된다.
- 변화하는 세계에서 어떤 기업이 가장 빠르게 적응할 수 있을까? 다윈(Darwin)을 보

면 알 수 있듯이, 가장 크거나 가장 뛰어난 회사가 아니라 진화하는 기업이 살아남는다.

● 어떤 기업과 가장 제휴관계를 맺거나, 또는 그 기업으로부터 전문가의 도움을 받고 싶은가? 지배하기 좋아하는 거대기업보다 공정한 파트너가 될 수 있는 작은 기업을 선호한다.

● 어떤 곳이 더 즐겁고 유연한 직장일까? 구성원을 집단에 동화시키는 커다란 관료 조직이 아닌, 더 많이 책임을 지며 일을 더 빨리 배울 수 있는 작은 기업이 안성맞춤이다.

새로운 아이디어는 억지로 강요해서 나오는 것이 아니라 서서히 생겨나는 것이다. 시장은 이제 틈새고객과 전문기업의 '롱테일(long tail, 판매곡선에서 볼록 솟아오른 머리 부분에 이어 길게 늘어지는 꼬리부분을 가리키는 말로, 1년에 단 몇 권밖에 팔리지 않는 '흥행성 없는 책'들의 판매량을 모두 합하면, '잘 팔리는 책'의 매상을 추월한다는 온라인 판매의 특성을 근거로, 하위 80%가 전체 매출을 이끈다는 이론)'이다. 이베이(eBay)에 필적할 만한 라이벌이자 수많은 중국 중소기업의 플랫폼 역할을 하고 있는 알리바바(Alibaba) 덕택에 소규모 기업이 큰 영향을 미칠 수 있게 되었다.

대중과 틈새

한때 스타벅스는 전 세계를 정복할 것 같은 기세로 유명도시 구석구석에 매주 신규매장을 오픈하곤 했다. 그리고 맥도날드의 전례와 마찬가지로 큰 반발에 부딪혔다. 커피는 공정무역에 유기농 원두를 사용했고 서비스가 친절했지만, 사람들은 항상 똑같은 것을 원하지 않았다.

- **분산에서 집중으로:** 우리는 서로 관계없는 사업을 벌이는 문어발 대기업을 더 이상 만들어내지 않고, 대신 특정 시장에 집중함으로써 응집력과 시너지를 추구한다.
- **다수에서 소수로:** 가능한 한 많은 사람을 접촉하는 대신, 최고의 잠재적 고객만을 원한다.
- **평균에서 개인으로:** '하나의 사이즈로 모두에게 맞춘다'는 것은 더 이상 용인되지 않는다. 평균적인 고객에게 평균적인 상품을 판매하는 것은 이제 먹히지 않는다. 맞춤이 새로운 규범이다.
- **무의미하거나 유의미하거나:** 사람들은 그들만의 가치와 열정을 가진 기업과 관계 맺는다.
- **같거나 특별하거나:** 물리적 경계가 사라지면, 당신은 세계에서 어떤 독창적인 것을 할 것인가, 또 누구를 위해 특별해지겠는가?

시장에는 엄청난 틈새들이 모여 있다. 특정한 종류의 상품일 수도 있고, 상품별 카테고리를 넘어설 수 있는 특정 사고방식일 수도 있다. 먼저 고객의 시각에서, 그리고 가장 유의미한 개인맞춤 방식으로 그들의 니즈를 충족시키는 관점에서 어떤 틈새에 집중하려는지 선택하는 것이 관건이다.

사업에서 고객으로

보다폰사(Vodafone)는 최근 슬로건을 '현재의 힘(power of now)'에서 '당신의 힘(power of you)'으로 바꾸었다. 기술과 글로벌시장이 고객을 컨트롤하는 투명성을 만들어냈다. 이들은 어느 곳에 있는 공급자로부터도 구매할 수 있고, 가격은 더 이상 숨길 수 없으며, 주문에 따른 맞춤제작을 기대하게 된다.

- **제품에서 고객으로:** 필립스나 P&G 같은 기업은 카테고리보다는 고객을 중심으로 재편되고 있으며, 따라서 더욱 고도의 집중, 적절성, 통합된 솔루션이 가능해지고 있다.

- **표준에서 개인맞춤으로:** 빌드어베어 워크숍(Build a Bear Workshop)이나 나이키ID 같은 곳은 고객이 직접 자신의 상품과 서비스를 디자인하거나 최소한 간단한 외부 장식 변경이라도 직접 하고 있다.

- **당신에게 또는 그들에게:** 하이스트리트에서 더 이상 가게를 낼 수도 없고 근무시간에 손님이 가게를 찾는 것을 기대할 수도 없다. M&S푸드(M&S Food)는 기차역과 교차로에 매장을 냈다.

- **'그들에게'에서 '그들과 함께'로:** 고객은 '돈을 위한 가치'보다는 작더라도 실제 행동을 원한다.

- **'그들과 함께' 또는 '그들 사이에':** 고객은 거의 브랜드와 관계를 맺으려 하지 않지만, 비슷한 생각을 가진 고객들의 커뮤니티와는 연결되고 싶어 한다.

과잉수요보다는 과잉공급 상태의 시장에서 고객들이 상황을 지배하게 된다. 기업은 어떤 것이 사업에 상업적으로 가장 편리하고 효율적인지보다 고객이 언제, 어디서, 어떻게 원하는지에 따라 운영하는 것을 배워야 한다. 관계를 억지로 강요하려 하지 말고, 고객중심 네트워크의 퍼실리테이터(조력자)가 되어, 그들이 하고자 하는 바를 할 수 있도록 지원해 주어야 한다.

양에서 가치로

시장의 변화, 가격 상승, 영업실적 하락에 따라 규모와 시장점유율에만 목을 메달았던 기업운영자는 완전히 실패했다. 기업의 목표는 매출을 최대로 올리는 것이 아니다. 특히 매출이 이익을 견인하지 못할 때는 더 그렇다. 제조비용을 감당하는 것만으로 규모의 경제를 실현시킬 수 있었을 때는 시장점유율이 목표였다. 하지만 이런 모델은 더 이상 기업의 이상적인 모델이 아니다.

- **양에서 수익으로**: 경제적 가치 창출은 규모가 아니라 수익 성장에서 오는 것이다. 가장 큰 회사가 가장 성공한 것은 아니다. 포드와 GM의 쇠퇴를 보라.
- **시장점유율에서 고객점유율로**: 어떤 고객들은 결코 수익성이 없을 테지만, 당신은 그럴 만한 고객들로부터도 가능한 한 많은 수익을 원한다.
- **비용에서 인지된 가치로**: 기업은 고객들이 인지하는 자사의 가치를 개선시키는 데 더 많은 시간을 투자하여, 가격할인경쟁으로 치닫기보다는 맥락을 재구성하고 가치를 더해야 한다.
- **규모에서 집중으로**: 규모와 점유율은 더 이상 우선순위가 아니며, 시장, 부분, 채널,

제품, 고객을 어떻게 최적의 조합으로 만들어내는가 하는 포트폴리오 관리가 중요해졌다.

● **최대이거나 최고이거나**: 그렇다면 시장 리더십이란 무엇인가? 규모를 확장하기보다는… 선구적인 사상가, 고객 챔피언, 혁신가, 시장형성가, 그리고 최고가 되어라.

가치 창조를 위해 눈에 보이는 숫자의 노예, 또는 주주의 노예가 되어야 한다는 것은 아니다. 올해의 이윤, 그리고 적절한 선택과 혁신을 통해 앞으로 얻게 될 이윤이 모두 이해관계자들에게 투자될 수 있다. 더 전략적이고 중요한 혁신에 자본을 대고, 최고의 인재를 유치하며, 지역사회와 환경에 서로 이득이 되는 방향으로 지원하고, 투자자들이 자신의 투자에 대해 더 지속적으로 보상을 실현시킬 수 있도록 하는 것이다.

아라빈드 안과병원…
인도에 새로운 비전을 가져다주다

마두라이(Madurai)는 힌두교 사원으로 아주 잘 알려져 있지만, 최근에는 수천 명의 새로운 관광객을 끌어들이고 있다. 이곳의 안과가 세계에서 가장 좋다는 소문 때문이다.

지난 30년간, 아라빈드병원(Aravind Eye Care)은 인도의 맹인 치료라는 미션에 매진해 왔다. 이 센터는 낮은 가격의 인공수정체에서 더 낮은 비용으로 많은 양을 커버할 수 있는 빠른 백내장 수술까지 적절한 비용으로도 가능한 다양한 해결책을 강구해 왔다.

아라빈드병원은 1976년 고빈다파 벤카타스와미(Govindappa Venkataswamy) 박사에 의해 설립되었다. 인도 내에 맹인의 숫자와 여러 문제점들은 인도 정부가 홀로 감당하기에는 벅찬 수준이었다. 당시 인도 전국에 안과의사가 고작 8명 정도밖에 없었을 것이다. 이런 현실을 알게 된 벤카타스와미 박사는 국영 병원 역할을 보완하면서도 자립이 가능한 대안보건모델을 만들고 싶었다.

비영리 병원과 '시력센터' 네트워크에서 매년 30만 건 이상의 안과시술을 하고 있는데, 이중 70%는 수술비를 받지 않는다. 이는 속도와 효율성을 가능케 해주는 혁신적인 케어 모델 덕분에 가능한 것이 다. 수술은 24시간 이루어지며, 광역연결망을 통해 시내 병원에 대기 중인 의사들로부터 즉석 진단이 가능하고, 간호사들은 의사를 보조하여 아주 전문적이지 않은 활동을 대부분 담당한다. 이 모델에서는 기업이 수익을 얻으면서도 가난한 이들에게 무료로 수술을 해줄 수 있게 된다. 각 지방에 있는 1,500개 이상의 아이케어 '캠프'에서 매주 수천 명 이상의 환자가 검사를 받는다.

오늘날 아라빈드는 안과병원 그 이상으로, 포괄적인 안과 서비스를 통해 불필요하게 실명이 되는 경 우를 척결하는 데 헌신하는 사회단체이다. 전 세계 안과전문의를 위한 훈련센터, 안과치료의 신기술 개 발에 기여하는 연구기관, 방문객을 모두 수용할 수 있는 대규모 게스트하우스까지 지원한다. 또한 매년 70만 쌍 이상의 다양한 렌즈를 저렴하게 제조하는 오로랩(Aurolab)이라는 자회사도 운영하고 있다. 이 회사에서는 아라빈드병원에서 사용되는 인공수정체의 4분의 1가량을 공급하고 있으며, 나머지는 다른 개도국으로 수출한다.

지난 30여 년간 아라빈드는 가난한 인도인 240만 명을 치료했다. 2008년에 벤카타스와미 박사는 그 공로를 인정받아 권위 있는 게이츠상(Gates Award for Global Health)을 수상했다.

05

화이트 스페이스…
여성, 물, 그리고 500억 가지 기기

CREATIVE BOX ────────────────────────────

'기대하지 않는 자는 기대하지 않은 것을 찾지 못할 것이다.
기대하지 않은 것은 추적할 수 없으며 탐구할 수 없기 때문이다.'
-헤라클레이토스

시장의 미래에 관심이 있는가? 당신의 미래 고객은 어디 출신일까? 20년 후에는 어떤 사업을 하고 있을 것인가? 기존의 경쟁자와 미래의 경쟁자를 앞서는 생각을 갖고 있는가?

미래를 훨씬 더 뚜렷하게 정의해 줄 다섯 가지 요소는 다음과 같다.

- **속도** – 변화의 비율, 기술과 기대를 통해 나옴
- **복잡성** – 겉으로 보기에 관계없는 힘들이 서로 부딪칠 때 발생함
- **리스크** – 범죄와 테러에서 경제와 환경으로 이동
- **변화** – 내외부의 훨씬 더한 격변에 적응하는 법을 학습
- **놀라움** – 더 자주, 더 극적으로, 인생은 훨씬 더 예측하기 힘듦

그렇다면 우리 세계의 이러한 엄청난 변화에서 어떤 큰 기회가 나오는 걸까? 이런 기회를 최대한 활용하기 위해 어떻게 기존 사업을 조정하거나 완전히 새로운 영역으로 바꾸어갈 수 있을까?

트렌드와 유형을 알 수 있는 훌륭한 소스는 많이 있다. 예를 들어, 레이니어 에버스(Reinier Evers)가 설립한 트렌드와칭(Trendwatching) 같은 전문가 조직은 전 세계에 5,000명의 자원봉사 트렌드스포터 네트워크를 보유하고 있는데, 이곳에서는 모든 정보를 수집해 새로운 사조를 표현하는 신조어를 만들어낸다. 나우이즘(nowism), 포에버리즘(foreverism), (플)럭셔리((f)luxury), 인포러스트(inforust), 머추리얼리즘(maturialism), 셀슈머(sellsumer), g세대(generation g(enerosity)), 퍼코노믹스(perkonomics), 에코아이코닉(ecoiconic), 크라우드클라우트(crowdclout), 트라이슈머(trysumer) 등이 모두 그런 예다.

이런 명칭을 잘 들여다보면 일상생활의 주변부에서 목격할 수 있는 새로운 사업 아이

디어나 사회적 행동양식이 있다. 스프링와이즈(Springwise)는 특정 사업의 마진을 설명해 주는 훌륭한 사이트이며, 쿨헌터(Coolhunter)와 트렌드헌터(Trendhunter) 같은 사이트도 마찬가지다. 더 다양한 색깔과 해석을 접하고 싶다면, 관찰력이 뛰어나고 생각이 많은 블로거들을 꾸준히 접하라. 나우앤넥스트(Now and Next)의 리처드 왓슨(Richard Watson)과 퓨처익스플로레이션네트워크(Future Exploration Network)의 로스 도슨(Ross Dawson)은 이 분야의 최고에 속한다.

트렌드는 패션과 유행 이상의 시대적 사조에 나타나는 행동양식과 패턴을 통해 관찰된다. '미래 공간'이란 트렌드로 인해 생겨나는, 새로운 니즈와 욕구가 만들어지고 이를 창의적이며 현실적인 방식을 통해 상업적으로 활용할 수 있는 새로운 매매공간이다.

화이트스페이스1: 여성과 베이비붐 세대

여성은 이제 연간 소비지출의 20조 달러를 좌지우지하고 있으며, 하버드경영대학원의 예상에 따르면 2015년까지 이 액수는 거의 28조 달러에 이를 것으로 전망된다. 이들이 벌어들이는 연간 수익 13조 달러는 같은 기간 18조 달러까지 증가하여, 여성에게 엄청난 소비력과 그를 넘어서는 영향력을 줄 것이다.

여성은 중국과 인도를 합친 것보다 더 크게 성장하는 시장이다. 2009년에서 2014년 사이 중국의 GDP는 2조 2천억 달러 성장하고, 인도는 그에 못 미치는 6천억 달러 성장이 예상될 뿐이다. 여성은 전 세계 인구의 51%를 차지하지만, 소비자 구매 결정의 거의 80%, 즉 전 세계 GDP의 67%가량에 영향을 미친다.

여성 소비자를 무시하거나 과소평가하는 것은 바보 같은 짓이다. 그렇지만 많은 기업이 여전히 그런 관행을 벗어나지 못하고 있다. 한 예로, 델의 분홍색 델라(Della) 웹사이트는 컬러와 스타일, 그리고 레시피를 제공하거나 칼로리를 계산해 주는 기능을 강조했다. 이 사이트는 여성 고객들 사이에서 '번지르르하고 거들먹거리는' 스타일로 큰 논란을 일으켰다. 그리고 몇 주 만에 없어졌다.

이와 비슷하게, 노년층 고객도 우리 미래에 커다란 영향을 미칠 것이다. 오늘날 평균수명이 길어지고, 인구는 고령화되고 있다. 전 세계 인구의 평균연령은 1950년 23.9세에서 2000년에는 26.8세로 높아졌고, 2050년에는 37.8세까지 갈 것으로 예측된다. 선진국에서는 평균수명이 더 길어져서, 1950년 29.0세에서 2000년에는 37.3세로 평균연령이 높아졌으며, 2050년에는 45.5세까지 뛸 전망이다.

아시아와 유럽에서 고령화가 가장 급속히 일어나고 있다. 일본은 전 세계에서 가장 빠르게 노령화되는 국가 중 하나다. 이는 아마 식단과 생활방식과 관련 있을 것이다. 2025년이 되면 일본은 65세 이상 인구가 20세 이하 인구의 두 배에 이를 것이다. 현재 중국은 60세 이상의 인구가 1억 5천만 명 이상이다. 이는 전체 인구의 10%이며 2050년까지 이 비율은 30%로 증가할 전망이다.

노년인구는 젊은 사람들에 비해 저축을 하려는 경향이 강하지만, 소비재에는 지출을 덜 한다. 이들은 젊은이보다 시간이 더 많으며, 가족이 모두 성인이고 은퇴한 이들로, 젊었을 때는 기회를 놓쳐버린 세계여행을 가고 싶어 한다.

요즘 60세가 넘은 사람들은 카디건을 입고 지팡이를 짚고 다니며 동네에만 있지 않는다. 이들은 베이비붐 세대, 1960년대의 아이들로 청바지를 입고 록음악을 듣는다. 어떤 사람들은 비아그라를 먹고 정력을 불태우기도 하지만, 대부분은 충족되지 못한 욕망을 가지고 있다. 성취할 것도, 줄 것도 여전히 많은 것이다.

여성소비자의 성장이 패션업계와 화장품업계에 희소식이라면, 노년층의 영향력은 건강관리나 여행업계에 매우 중요할 것이다. 여기에서 큰 기회란 예전에 여성고객들에게 좀 더 적절하고 매력적으로 대응하지 못했던 사업들을 재편성된다는 의미일 것이다.

화이트스페이스2: 도시와 지역사회

몇십 년 전만 해도, 전 세계 인구의 5%만이 도시에 살았다. 2010년이 되자 이 숫자는 50%를 훌쩍 넘어섰다. 지난 20년간 개도국의 도시인구는 주당 평균 3백만 명씩 증가했다. 2050년에는 이 숫자가 무려 70%인 64억 명에 달할 것이다.

이러한 성장세는 대부분 개도국 시장에서 일어날 전망인데, 2050년까지 전 세계 도시인구의 63%(즉 33억 명)가 아시아의 메가시티에 거주하게 될 것이다. 필자는 이스탄불과 같은 도시를 방문할 때마다 이를 목격한다. 어떤 때는 마지막 여행 후 겨우 몇 주 만인데도, 새로운 고층건물이 스카이라인에 추가되어 있거나, 도시근교의 숲이 아파트나 쇼핑몰로 변해 있기도 한다.

개도국 도시에서는 인간 활동이 집중되고 시골이나 다른 국가로부터의 이주하는 사람들이 늘어나면서 도시화가 가속화되었다. 이로 인해 도시 중심지역은 빈곤해졌다. 좀 더 최근에는, 도심 재개발 계획이 이런 효과를 (바로 앞에 설명된 도시화와 그로 인한 도심 빈곤화로 파악했다.) 뒤바꾸어 놓았다. 런던의 도크랜즈(Docklands)나 빌바오의 산업슬럼가 리노베이션 사업을 보라. 개도국에서는 도시 주변부로 '판잣집 동네'가 엄청나게 뻗어나가고 있다.

도시들이 저마다의 개성을 잃어버리면서, 사람들은 런던 내의 타운, 맨해튼 내의 마을처럼 나름의 도심 기능을 갖춘 커뮤니티와 지자체에 더 강한 친밀감을 형성했다. 이민자들은 구역을 이루어 지역마다 뚜렷이 구별되는 각자의 문화를 드러냈고, 도시들은 부와 가난, 언어와 인종이 공존하는 모자이크가 되었다. 이런 현상은 농촌지역에도 영향을 주어, 인재와 지역경제를 황폐화시키고 있다. 정부는 주요도시에만 자원을 집중하게 되고, 이는 농촌사회에 그만큼 지원이 줄어든다는 것을 의미하기도 하기 때문이다.

하지만 사람들이 어느 순간부터 환경의 가치를 인식하기 시작하면서 이런 자원집중에 대한 반발심이 생기기 시작했다. 농촌지역이 괜찮은 장소가 되고 농장에서 운영하는 가게가 고급화되면서, 이들은 자신들의 커뮤니티보다는 도시 부유층에게 서비스를 제공하고 있다. 이에도 불구하고, 사람들은 점점 더 커뮤니티, 지역성, 그리고 그 주위 사람들에 가치를 두고 있다.

여기에서 큰 기회는 도시 커뮤니티를 위해 더 많은 것을 해주어, 작고 지역적이면서도 동시에 큰 도시의 일부일 수 있게 해주는 것이다.

화이트스페이스3: 개성과 정체성

사람들은 자신이 구입하는 것, 그리고 자신의 말과 행동을 통해 개성을 표현하고 싶어 한다. 지금은 예전과는 전혀 다른 방식으로 이런 표현이 이루어진다. 트위터를 통해 모든 움직임을 하나하나 세상에 알리거나 특별한 순간을 모두 포착하여 플리커(Flickr)에 사진을 업로드하는 식이다. 자가출판(self-publishing)도 쉽다. 매일 5천만 개의 블로그가 출현되고 업데이트된다. 그리고 사람들이 다른 이들과 더 달라 보이기를 원하면서, 정체성의 중요성이 점점 강조된다.

이는 역설적이다. 한편으로는 자신에 대해 모든 것을 다 알리고 싶어 하지만, 또 한편으로는 전에 없이 자신의 정체성과 프라이버시를 보호한다. 축구선수, 음악가, 영화배우 등은 자신들의 이미지를 이용해 우리 삶에 영향을 주지만, 그들이 주고자 하는 것보다 우리가 더 원하거나 자신들에 관한 잘못된 정보를 취하게 되면 바로 법적 대응을 한다.

맞춤제작이 고급으로 인식되는 새로운 표준이다. 개인서비스, 개인쇼핑도우미(personal shopper), 개인금융도우미(personal banker), 개인자문(personal advice) 등 모든 것이 자신에게 딱 맞는 것을 원한다. 이런 직업들은 '경험 경제(experience economy)'의 특징으로, 표준 제품과 서비스가 가치를 더할 수 있는 상품이 되는 것이다. 동시에, 개인정보도용과 정체성 보호도 모두 커다란 사업이 되며, 앞으로는 정체성 관리 분야도 마찬가지로 성장할 것이다.

여기에서 큰 기회는 사람들이 자신의 개성을 표현하고, 맞춤상품을 얻으며, 수익이 나면서도 긍정적인 방법으로 자신의 정체성을 만들도록 해준다.

화이트스페이스4: 탄소와 물

기후변화 문제는 복잡한 사안이며 이를 어떻게 풀어나갈 것인가?하는 문제는 훨씬 더 어렵다. 예를 들어, 더 깨끗한 방식으로 성장을 추구하는 신흥국가를 어떻게 지원할 것인가?하는 문제가 그렇다. 전 세계에서 연간 약 470억 톤의 이산화탄소가 대기로 배출된다. 이 수치는 2020년까지 540억 톤으로 증가할 전망이지만, 그때까지 최소 440억 톤으로 줄이지 못하면 기후에 돌이킬 수 없는 엄청난 변화를 막을 수 없게 된다.

기업과 정치가들은 탄소 감축에 주목하고 있지만, 그 밖의 문제도 중요하기는 마찬가지다. 우리가 초래한 환경오염과 탐욕으로 인해 해양생태계가 파괴되면서, 생물다양성 위기도 눈에 보이지는 않는 큰 문제다. 신선한 음용수 부족이나 해수면 상승은 훨씬 더 큰 문제로 떠오르게 될 것이다. 100년 전 16억 명이 사용했던 물의 양을 오늘날 65억 명의 인구가 함께 쓰고 있다. 2050년이면 이 수치는 90억 명이 될 것이다. 매년 우리는 4,400만 에이커의 숲을 파괴하여, 자연이 이산화탄소를 배출하고 흡수하는 리듬을 점점 불균형적으로 만들고 있다. 우리는 대기로 80억 톤의 탄소를 배출하지만, 이 중 겨우 30억 톤만이 다시 흡수될 수 있다. 우리는 매년 비로 다시 돌아오는 물의 양보다 더 많은 1,600억 톤의 물을 사용한다. 트럭으로 줄을 세우면 45만 킬로미터에 이르는 양이다.

이런 피해의 결과로, 2050년까지 기온이 2~3℃가 더 올라가게 되면 2억 명의 인구가 홍수와 가뭄으로 난민이 될 것이다. 탄소배출이 현재와 같은 속도로 계속된다면 폭풍과 홍수로 인해 재정적인 측면에서는 보험청구가 3,200억 달러로 증가해, 개인이나 회사는 비싼 보험료를 감당하기 힘들 것이다. 삼림벌채로 인해 아프리카 지역의 곡물 생산량이 33% 감소하여 기아가 증가할 것이다. 그리고 극지방의 빙하가 녹으면서 해수면이 5미터 상승하면 해변지역이 상당 부분 없어지고, 이로 인해 중국의 GDP는 11% 감소하는 등의 결과를 초래할 것이다. 10억 명이 하루 1달러 미만으로 생활하고, 30억 명은 하루 2달러 미만으로 살아간다. 30억 명은 깨끗한 물을 마시지 못하고, 8억 명은 굶주리며, 1,000만 명의 어린이들은 다섯 살이 되기 전에 죽는다. 하지만 '피라미드 계층의 제일 밑바닥'에 있는 이 사람들은 더 나은 삶을 바라고 더 많은 것을 요구한다. 이들은 모두 5조 달러의 시장을 이룰 것으로 추정된다.

'그린(green)'은 무임승차를 하는 회사들이 과도하게 많이 사용하여 진부할 수도 있겠지만, 새로운 계급 상징이다. 책임을 지고, 사회적 이슈와 환경 이슈에 대해 관심을 가진다는 측면에서, '그린'은 우리 삶의 일부이며 아마도 혁신을 위한 가장 커다란 자극이 될 것이다.

그린제품과 생활양식은 더 이상 급진적인 환경주의자들을 위한 것만은 아님은 분명하며, 겉으로 보여주는 성과를 위한 협상도 아니다. 테슬라(Tesla)는 더 유명한 많은 경쟁사들보다도 성능, 속도, 수명이 더 나은 전기차를 개발할 수 있었다. 누아르(Noir)는 유기농 인증을 받은 아프리카 면제품을 비롯한 럭셔리 에코패션 제품을 출시했고, 린다 루더밀크(Linda Loudermilk)의 꾸뛰르 라인에는 대나무와 콩으로 만든 화려하고 근사한 제품도 있다. 이런 새로운 럭셔리 에코패션의 규모는 점차 커지고 있으며, 유명 인사들도 환경의 덕을 보고 있다. 린제이 로한(Lindsay Lohan)은 환경보호를 이유로 중고의류를 입고 있으며, 레오나르도 디카프리오(Leonardo DiCaprio)는 '우리 지구의 지속가능한 환경의 미래를 알린다는 데서 지구 온난화와 당면한 문제점들에 대한 인식을 환기'시키기 위해 다큐멘터리 〈11번째 시간(The 11th Hour)〉에 공동제작, 각본, 내레이션으로 참여했다.

여기에서 큰 기회는 혁신을 위한 기초로서 지속가능성을 수용하고, 당신이 제공하는 서비스로 사람들과 지구에 더 좋은 일을 하면서 수익도 증가시키는 방법을 찾는 것이다.

화이트스페이스 5: 네트워크와 웹3.0

지구상의 모든 사람은 여섯 명만 거치면 서로 안다고 한다. 이것이 네트워크의 힘이다. 2세대 웹사이트, 즉 웹 2.0이라고도 하는 유튜브, 페이스북, 위키피디아 등은 이용자들 간 협동을 가능하게 하며, 콘텐츠는 대부분 이용자들에 의해 직접 생산되며 공유된다.

이런 것들은 소셜 네트워크라고도 하는 온라인 커뮤니티를 대표하지만, 또한 협력을 통한 정보제공, 생산, 커뮤니케이션, 분배의 기초를 형성한다. 전 세계 수백만 명의 사람들이 예전과는 전혀 다른 이런 경제에 참여할 수 있다. 이베이(eBay)를 통한 골동품 판매, 집에서 만든 다큐멘터리를 커런트TV에 업로드하기, 자신이 좋아하는 음악을 아이튠즈 용으로 리믹스하기, 새로운 소프트웨어 개발, 학교 숙제 편집, 새로운 화장품 개발, 질병을 위한 치료법 찾기, 인간게놈 등이 그런 예이다.

그리고 물론 네트워크는 물리적일 수도 있다. 전 세계 어디로든 24시간 안에 배달하는 페덱스의 능력, 또는 여행을 더 쉽고 값싸게 만들어주는 항공사네트워크 스타얼라이언스 등이 그런 것이다. 이 중 최고는 물리적 네트워크와 가상의 네트워크가 서로 만나 양쪽 네트워크의 최고, 즉 인간의 경험과 결합한 디지털 세상을 제공하는 것이다. 최고의 소매 제안, 또는 새 차나 집을 살 경우에 이런 것이 가능하다.

하지만 현재 새로운 시장을 찾고 새로운 방식으로 가치를 더하는 데 가장 혁신적인 기회를 제공하는 것은 디지털 네트워크의 출현과 진화이다. 이러한 네트워크의 가치는 그 네트워크를 통해 발전되는 콘텐츠에 있다.

그 규모는 엄청나다. UCC는 2007년에만 매달 70억 건이 재생되었다. 전 세계에 7천만 개 이상의 블로그가 있는데 매일 12만 개가 새롭게 만들어졌다. 미국에서는 매달 전체 웹 이용자의 30%가 유튜브, 아이튠즈, 위키피디아에 접속한다. 한편, 구글은 마이스페이스에 광고를 내는 데 9억 달러를 지불했지만, 16억 5천만 달러에 인수한 유튜브에서의 저작권 침해 문제로 비아콤과 10억 달러 손해배상소송을 벌이게 되었다. 2009년 7월, 세계에서 가장 큰 소셜네트워킹 사이트의 창립자인 마크 주커버그(Mark Zuckerberg)는 자신의 블로그에 이렇게 썼다.

'지금 현재, 2억 5천만 명의 사람들이 페이스북을 이용해 주위에서 어떤 일이 일어나는지 소식을 듣고 주변 사람들과 이를 공유하고 있다. 우리의 빠른 성장세는 우리를 겸손하게 해주고 또 흥분시키며, 자신이 관심을 가지는 대상이라면 전부 연결될 수 있다는 것이 어떤 위력을 갖는지 경험하고 있음을 보여주는 것이다.'

하지만 콘텐츠 간의 연결은 겨우 시작일 뿐이다. 웹 2.0은 특히 사용자가 직접 제작한 콘텐츠를 통해 사람들에게 더 많은 것을 제공해 주며, 사용자를 넘어서는 가치를 가진다. 특별히 관심을 가지는 것에 대해 글, 사진, 특히 비디오 같은 콘텐츠를 사람들에게 제공함으로써 비슷한 사람들과 열정을 공유하려는 고객이 넘쳐난다. 하지만 우리는 이를 훨씬 더 능가하고 진짜 지능과 능력을 가진 네트워크의 힘을 꿈꾸고 있다. 이는 사용자들이 자신에게 더욱 깊이 몰입하고, 웹도 스스로 더 많은 것을 할 수 있는 단계이다. 이런 단계를 웹 3.0이라고 하는데, 팀 버너스리(Tim Berners-Lee)는 자신이 만들어낸 월드와이드웹의 잠재력을 예상하면서 이런 '의미론적인 웹', 그러니까 아이디어 웹에 대한 생각을 했었다. 버너스리는 자신의 저서《월드와이드웹(Weaving the Web)》에 이렇게 썼다.

'나는 콘텐츠, 링크, 사람과 컴퓨터 간 거래 등 올려진 모든 정보를 컴퓨터가 분석해주는 그런 웹을 꿈꾸고 있다. 이를 가능하게 해줄 '의미론적 웹'은 아직 등장하지 않았지만, 만약 등장하게 된다면, 매일의 거래 메커니즘, 관료체제, 우리의 일상생활은 기계에게 직접 말로 하여 처리하게 될 것이다.'

여기에서 큰 기회는 당신의 사업운영과 시장에 간접적인 사회적 만남의 장소로서가 아니라, 당신과 고객들이 훨씬 더 많은 것을 할 수 있도록 네트워크를 도입하는 것이다.

화이트스페이스6: GRIN과 500억 가지 기기

GRIN 기술은 유전공학(genetics), 로봇공학(robotics), 정보기술(information), 나노기술(nano-technologies)을 뜻하는 것으로, 우리 시대 최고의 기술을 이끄는 것들이다. 이 네 가지로 기후변화에서 공간여행과 노화에 이르기까지 다양한 문제를 해결할 수 있는 미래 기기가 500억 가지 이상 만들어질 것으로 예상된다.

유전과학은 우리 몸을 해독하여 DNA 스캐닝이 가능하게 해주며, 또한 건강상태와 의학에 완전히 새로운 접근이 가능하게 해준다. 유전과학에는 인간배아의 유전자를 바꾸어 질병을 예방하고, 장기와 근육의 기능을 최대화하며, 지능을 발달시키는 잠재력이 있다. 또한 이러한 변화는 줄기세포연구를 둘러싼 논쟁에서 볼 수 있듯이 엄청난 윤리적 딜레마를 가져오게 된다. 영화 〈가타카(Gattaca)〉는 어떤 사람들이 유전적으로 우월하고 그 나머지 사람들이 차별받을 경우, 미래에 일어날 수 있는 일을 깊이 있게 그려내고 있다.

로봇은 이미 많이 이용되고 있지만, 앞으로는 가격이 급속도로 떨어지고 기능도 발전되어 많은 일상생활뿐 아니라 과학기기와 산업용 기기에도 실제 사용할 수 있게 될 것이다. 요즘 수술에서는 복잡한 로봇이 이미 사용되고 있지만, 결국에는 로봇이 외과 의사들까지 대체하게 될 것이다. 나날이 발전하는 계산력과 새로운 프로그래밍에 힘입어 로봇의 기술수준과 정확도는 그 정확성과 일관성 때문에 결국 인간보다 더 나아질 수도 있다.

나노기술은 원자와 아원자입자를 현실에 적용하는 것을 뜻한다. 사람 머리카락보다 1천 배나 가는 가닥으로 직물을 청소한다든지, 효율성까지 접목시켜 외과적 수술을 하지 않고 혈관을 따라 움직일 수 있는 미니어처 기계를 이용해 심장수술을, 아니 그보다 훨씬 많은 것도 하는 기술이다. 제약산업에는 학문으로서의 제약과 약의 제조에 한 걸음 더 나아간 변화를 가져다주고, 엔지니어에게는 눈에 보이지 않는 세상에 커다란 이 세상의 지식을 적용하는 것이 된다.

효율성을 증가시킨 더 작은 크기와 엄청나게 발전하는 계산력으로 기계는 무한히 진화하는 동시에 인간의 두뇌에 도전장을 던지고 있다. 계산력이 우리의 지능에 도전하게 되면, 우리의 두뇌는 변화와 만족의 원천인 더 창조적이고 감성적인 곳에 집중해야 한다.

여기에서 큰 기회는 고객의 문제를 해결할 수 있는 기술의 타당성을 검토하여, 신소재 개발과 현재 이용 가능한 지능에 실제적으로 적용시킬 수 있는 방법을 찾아보는 것이다.

화이트스페이스7: 진품, 의미, 행복

기술의 획기적인 발전과 환경문제 가운데서, 사람들은 어느 때보다도 감성적이고, 기대를 많이 해서 쉽게 만족하지 못한다.

기술의 발전으로 모조품의 생산이 확산되면서 진품여부가 중요해졌다. 진품은 신뢰를 가져다준다. 진실되지 못한 마케팅과 피상성으로 브랜드에 대한 사람들의 신뢰는 급속히 낮아졌다. 이는 업계 선두를 독차지하려는 이사회와 경영진의 탐욕으로 더 큰 상처를 입었다. 세계 도처에 널려 있는 무한선택의 기회를 맞닥뜨리는 우리는 수많은 경쟁브랜드와 그들의 비슷한 주장 가운데 어떤 것을 신뢰해야 할지 힘들게 결정을 내린다. 리얼리티 TV, 광고에 등장하는 유사과학, 빠른 입소문으로 우리의 현실감각이 재정립되어, 모든 것에 의문이 생기기 마련이다. 이런 상황에서 소비자들은 매력적으로 끌리기보다는 성가시기만 한, 방해만 되고 진정성이 느껴지지 않는 텔레마케팅과 스팸메일의 세례를 받는다. 네트워크는 소비자들의 이러한 불편함을 해결해주고, 평판이라는 손상되기 쉬운 자산은 곧 무너져 버리게 할 수 있다.

의미는 더 대단한 목적, 기본적 기능성을 뛰어넘는 명분이 있는 제품, 단지 돈을 버는 것 이상의 무언가를 추구하는 기업으로 얻을 수 있다. 의미는 관계를 이끌어낸다.

기업은 수익 추구, 또는 현재 하고 있는 일에서 최고가 되는 것보다도 더 높은 이상을 가져야 한다. 도전은 고객 혹은 크게 봤을 때는 사회 전체의 측면에서 목적을 정의하는 것이다. 이런 기업은 고객을 위해서, 그리고 사회를 위해서 더 나은 삶을 어떻게 만들어 줄 것인가? 만약 이러한 기업이 없어진다면 우리는 무엇을 잃게 될까? 이런 목적은 신넘체계가 된다. 고객에게 있어서는, 이런 목적은 그 브랜드 제품을 선택하는 더 값진 이유가 된다. 특히 그 목적이 자신들과 직접 연관되어 있을 때는 더 그렇다. 공유된 가치도 중요하다. 하지만 이런 가치는 대부분 회사들이 항상 늘어놓는 상투적인 형용사들보다는 태도와 행동을 통해 나오는 것이다.

행복은 사람들의 감정을 좀 더 개인적으로 건드릴 때, 단지 살아가는 것 이상으로 그들의 삶을 향상시킬 때 얻어진다. 행복은 욕망을 이끌어낸다. 전부 똑같은 것, (존재하지 않는) 평균적인 사람을 타깃으로 하여 대부분 기술로 가능한 제품과 서비스로 넘쳐나는 시장에서 누군가를 미소 짓게 만드는 일은 매우 드물다. 그리고 인생에서 그것은 최소한의 시간에 계량화된 실적에 너무 집중되어 있다. 〈포브스(Forbes)〉지는 기업의 새로운 행복 찾기에 관해서 '행복한 사람들이 삶의 대부분의 영역에서 불행한 사람들보다 더 잘 한다. 그들은 더 나은 사회적 관계를 유지하며, 자원봉사활동도 더 많이 하고, 더 건강하며, 돈도 더 많이 한다. 그러니 돈이 당신을 더 행복하게 만드는 것이 아니라, 행복한 것이 돈을 더 많이 벌게 해 주는 것이다.'라고 밝혔다.

큰 기회는 신뢰를 얻는 정품, 사람들과 더 깊은 관계를 맺게 해주는 의미, 그리고 무조건적인 욕망을 이끌어내는 행복, 이 세 가지를 모두 얻는 것이다.

픽사…
〈백설공주〉에서 〈인크레더블〉까지

1937년 월트디즈니의 〈백설공주(Snow White and the Seven Dwarfs)〉가 처음 개봉한 이후, 애니메이션 영화는 가장 흔하게 누구나 즐기는 엔터테인먼트가 되었다.

디즈니는 애니메이션 영화를 오랫동안 개발, 제작, 배급했는데 그 역사가 깊다. 대표작으로는 〈미녀와 야수〉, 〈알라딘〉, 〈라이온 킹〉을 들 수 있다. 이런 인기 애니메이션 영화의 스토리와 캐릭터는 우리 현대 신화의 일부가 되었으며, 세대를 뛰어넘어 즐기고 있다. 전통적으로, 이런 인기 애니메이션 영화는 2차원적으로 손으로 직접 그림을 그리는 셀애니메이션으로 제작되어 상당한 시간이 투자되는 노동집약적인 과정으로 만들어졌다.

픽사 애니메이션스튜디오는 애니메이션 영화의 새로운 세대의 발생지로, 회사가 소유한 기술과 훌륭한 스토리텔링을 결합하여 마음을 따뜻하게 하는 이야기를 만들어내어, 최신 컴퓨터 애니메이션 기술을 통해 삶 속으로 끌어들였다. 1986년 스티브 잡스가 애플사와 관계를 정리한 직후 픽사를 인수하였다. 새로운 CEO가 된 그는 회사에 자본, 집중, 비전을 더했다.

기계에서 영화로

처음에 픽사는 하드웨어 전문 회사였다. 이 회사에서 만든 픽사이미지컴퓨터(Pixar Image Computer)는 정부기관과 의료업계에 주로 판매되었다. 픽사이미지컴퓨터의 주 고객 중 한 곳이었던 디즈니스튜디오는 애니메이션 제작과정 중 손이 많이 가는 '잉크로 그림 그리는' 부분을 좀 더 자동화되고 효율적인 방법으로 바꾸는 비밀 프로젝트에 그 컴퓨터를 사용하고 있었다. 하지만 이 시스템은 잘 팔리지가 않았다. 판매량을 끌어올리기 위한 응찰에서, 픽사는 시스템의 능력을 보여주기 위해 미니 애니메이션을 만들고 있던 존 래스터(John Lasseter)에게 기대를 걸어, 그의 제작 능력을 더 많이 활용하도록 했다. 한동안 픽사는 컴퓨터 애니메이션으로 광고를 제작하던 래스터의 팀이 벌어들이는 수입으로 버텨나갔다.

1991년 대규모 구조조정 이후, 픽사는 디즈니와 함께 컴퓨터 애니메이션 영화 세 편을 제작한다는 2,600만 달러짜리 계약을 성사시켰다. 그 첫 번째 작품이 〈토이스토리(Toy Story)〉였다. 이 영화는 평단의 엄청난 찬사를 받았고, 전 세계 박스오피스에서 3억 6,200만 달러를 벌어들이며 1995년 최대 수익을 올린 영화가 되었다. 〈토이스토리〉의 감독을 맡은 래스터는 아카데미 특별공로상을 수상하였다.

래스터는 뛰어난 기술을 가진 애니메이터들로 이루어진 제작팀, 스토리 담당부서, 미술 담당부서를 만들었다. 우수한 활동능력을 보유하고 캐릭터와 무생물인 사물에 생명을 불어넣을 수 있는 능력 있는 애니메이터들을 영입하고 유지하기 위해, 픽사는 픽사대학교를 설립했다. 이 대학은 신입 애니메이터와 기존 애니메이터들을 위한 3개월짜리 장기과정을 개설했다. 또한 완전한 제작팀을 직접 꾸려서 영화제작의 모든 요소를 통제할 수 있는 능력을 보유하고 있다. 〈벅스라이프〉, 〈토이스토리2〉, 〈몬스터주식회사〉, 〈니모를 찾아서〉, 〈인크레더블〉, 〈카〉, 〈라따뚜이〉, 〈월—E〉, 〈업〉 등 블록버스터급 애니메이션 영화가 뒤이어 나왔다. 그 중 가장 최근작은 〈토이스토리3〉로, 픽사 최초로 또 애니메이션 영화 최초로 전 세계에서 10억 달러의 수익을 올린 작품이다.

픽사는 영화제작에 컴퓨터 그래픽을 적용하는 데 있어 중요한 기술, 그리고 최고의 인재학교를 책임져 왔다. 기술팀과 제작팀은 영화 제작을 위해 사내에서 사용되는 혁신적인 제작 소프트웨어를 다양하게 개발했다. 이러한 독점기술로 인해 독특한 특성, 풍부함, 반향을 가진 애니메이션 이미지 세대를 만들어낼 수 있었다. 하지만 픽사는 렌더맨(RenderMan) 제작 기술을 판매함으로써 그 연구 성과와 기술을 지속적으로 업계에서 공유하였다.

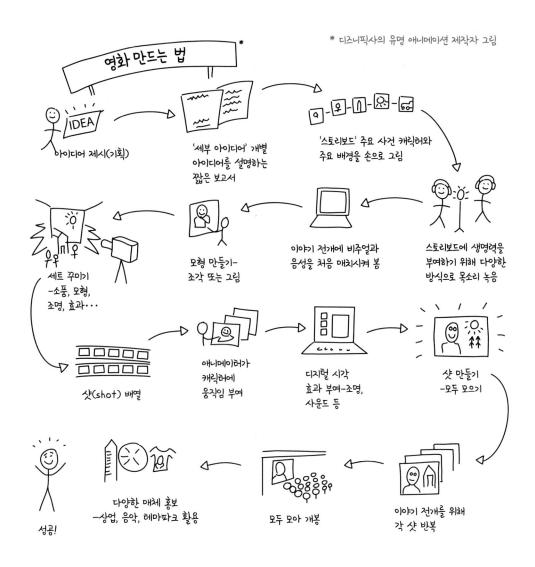

영화 만드는 법 *

* 디즈니픽사의 유명 애니메이션 제작자 그림

아이디어 제시(기획)

IDEA

'세부 아이디어' 개별
아이디어를 설명하는
짧은 보고서

'스토리보드' 주요 사건 캐릭터와
주요 배경을 손으로 그림

스토리보드에 생명력을
부여하기 위해 다양한
방식으로 목소리 녹음

이야기 전개에 비주얼과
음성을 처음 매치시켜 봄

모형 만들기-
조각 또는 그림

세트 꾸미기
-소품, 모형,
조명, 효과···

샷(shot) 배열

애니메이터가
캐릭터에
움직임 부여

디지털 시각
효과 부여-조명,
사운드 등

샷 만들기
-모두 모으기

다양한 매체 홍보
-상업, 음악, 테마파크 활용

성공!

모두 모아 개봉

이야기 전개를 위해
각 샷 반복

영화만들기: 아이디어를 매력적인 경험으로 만들어내는 법

2006년 픽사는 74억 달러에 월트디즈니사의 완전소유 자회사(100% 전액출자)가 되었으며, 픽사의 지분을 50.1%의 소유한 대주주인 잡스는 디즈니 이사회에 들어가는 동시에 전체 주식의 7%를 보유하여 개인으로서는 최대주주가 되었다. 이와 함께 새로운 브랜드 '디즈니 · 픽사'가 만들어졌지만, 픽사와 월트디즈니 애니메이션스튜디오는 계속해서 나름의 구조, 프로세스, 문화를 가지고 개별적으로 운영되고 있다.

06

미래 여행…
불가능한 것으로 시작하여,
방법을 찾아내기

CREATIVE BOX

'상상력은 창조의 시작이다. 원하는 것을 상상하면,
상상하는 대로 될 것이며 결국은 그것을 창조할 것이다.'
- 조지 버나드 쇼

대부분의 혁신은 그 숫자가 점점 늘어나고, 모방되며 금방 무의미해진다. 혁신은 우선순위의 현재의 관습에 의해 제한된다. 시작하기에는 미래가 훨씬 더 나은 장소이며, 반대 방향으로 생각해 보면 어디로 가야 할지, 어디에 투자해야 할지, 또 어떻게 혁신을 해야 할지 더 나은 결정을 내릴 수 있다.

'미래 여행'은 몇 년을 앞서 상상해 보는 것이라기보다는, 그냥 '더 넓게 생각하는 것'이라고 보는 것이 맞겠다. 즉 무엇이 가능할지, 혹은 정말 불가능할지 생각해 보고, 또 그것을 이루기 위한 방법을 생각하는 것이다. 현재를 기준으로 바라볼 때의 문제는 가장 흥미로운 것들이 흐릿한 경계선에 머물러 있어 거기까지 도달하는 것이 쉽지 않다는 점이다. 우리는 미래를 받아들이기 힘들다고 생각한다. 물리적으로 미래를 수용하려면 단기적 관점의 우선순위와 충돌하는 새로운 관습과 행동이 필요하기 때문이다. 정신적으로는 일반적인 태도와 관습에 의해 통제되고, 또 미래를 수용하려는 용기가 부족하기 때문이다.

또 다른 방식은 앞으로 멀리 나아가서 미래에서부터 거꾸로 무언가를 해보는 것이다. 현재의 한계를 '뛰어넘어', 기술의 문제점이나 시장 규제 등 무언가를 해서는 안 되는 수만 가지 이유를 모두 무시한 뒤, 할 수 있는 것에만 집중하게 된다. 이러한 가능성에 대해 더 명확한 관점으로 그 잠재력과 가치를 이해해야지만 무언가를 해서는 안 되는 그 이유를 극복할 방법을 찾겠다는 동기를 부여받게 된다.

하지만 '미래 여행'은 '현재로부터 나아간다'는 생각과 결합할 때에만 현실적이 된다. 고객이 새로운 기술을 받아들이는 데는 도움이 필요하며, 기술에는 의미 있는 적용이 가능할 수 있도록 더 많은 작업이 필요한 것이 현실이다. 요점은 당신이 먼저 미래 지향적

인 사고를 하고, 무엇을 언제 어떻게 실현시킬 수 있는지 이해하여 미래를 내다보는 선
견지명으로 일을 추진하는 것이다.

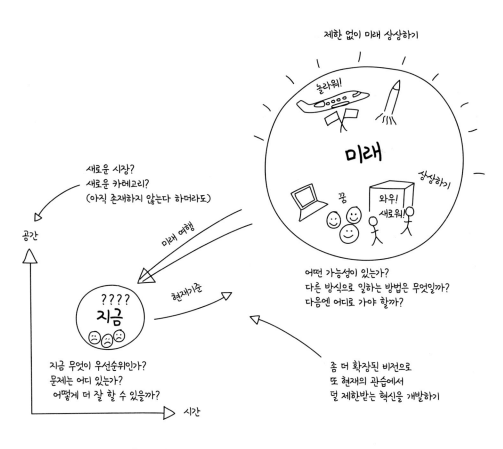

제한 없이 미래 상상하기

놀라워!

미래

상상하기

새로운 시장?
새로운 카테고리?
(아직 존재하지 않는다 하더라도)

꿈

와우!
새로워!

공간

미래 여행

????
지금

현재기준

어떤 가능성이 있는가?
다른 방식으로 일하는 방법은 무엇일까?
다음엔 어디로 가야 할까?

지금 무엇이 우선순위인가?
문제는 어디 있는가?
어떻게 더 잘 할 수 있을까?

좀 더 확장된 비전으로
또 현재의 관습에서
덜 제한받는 혁신을 개발하기

시간

미래 여행을 통한 혁신: 미래는 창의력과 의사결정을 시작하기에 더 나은 지점이다

타임라인과 와일드카드

H. G. 웰스의 1933년 저서 《미래의 모습(The Shape of Things to Come)》은 2106년에 출판되는 역사서의 형태로 기술되었다. 이 책에는 수많은 각주가 있고 20세기와 21세기의 위대한 역사가들의 작품을 참고서적으로 포함하고 있으며, 일부는 실존인물이어서 역사서로 오인되기도 했다.

공상과학소설 작가들은 '미래의 역사'라는 스토리텔링 기법을 사용한다. 이 기법은 상상된 미래를 기반으로 한 창조된 역사를 쓰는 것으로 작품의 배경 역할을 한다. 이들은 독자들이 미래 세계가 어떻게 진화할 것인지에 대한 이해를 돕는 미래 역사의 타임라인을 만들어내거나 내포한다. 이렇게 하기 위해서는 가장 끝에서부터 시작하여 거꾸로 작업해야 한다.

세계미래학회에서 발간하는 〈퓨처리스트(The Futurist)〉에서는 최근 독자들에게 일련의 와일드카드를 생각해내도록 하였다. 리처드 왓슨은 자신의 블로그에 그 주제들을 다음과 같이 요약하였다.

- 가치와 행동을 변화시키는 새로운 정신적 패러다임이 널리 퍼진다.
- 기후와 관련된 과학적 사실이 잘못된 것으로 판명된다. 세계는 사실 차가워지고 있다.
- 인류는 석유에 비견될 만한 새로운 에너지 자원에 투자한다.
- 복제인간이 전 인류를 위협한다.
- 우주에서 지능을 가진 생명체가 확인된다.

- 전 세계 식량 공급 체계가 완전히 붕괴된다.

- 어마어마한 기후 재앙이 생긴다.

- 전 세계적으로 극우나 극좌 한 진영으로의 급속한 정치적 변화가 일어난다.

- 식중독이나 식수 중독 사고가 널리 퍼진다.

- 근본주의에 대항한 반발이 일어난다.

- 인터넷 사용이 불가능해진다.

- 다른 기업에 방해가 되는 새로운 기업모델이 생겨난다.

- 오바마 대통령이 암살된다.

- 중국이 경제적으로나 정치적으로 붕괴된다.

가능할 수도 있는 일과 정말 일어날 법한 일

와일드카드는 일어날 법하지는 않지만 가능한 일이다. 기업의 미래에 관해 다른 식으로 생각하게 해주는 여러 가지 아이디어를 많이 떠올려볼 수 있다. 이런 실제의, 떠오르는 아이디어 몇 개를 골라 유사한 아이디어를 찾든, 직접 적용해 보든 간에 당신의 기업과 어떻게 연관 지을 수 있는지 잘 생각해 보라.

- **신경보안**(Neurosecurity): 아이디어의 세상에서는, 머릿속에 있는 생각이 문서나 컴퓨터에 저장된 기록보다 훨씬 더 가치 있는 것이다. MDSC 같은 회사는 당신의 의식을 '신경강도'로부터 보호해 주는 주입암호를 제공해 준다. 디지털 보안 브랜드인 카스퍼스키(Kaspersky)는 알약을 이용해 이를 업데이트하는 실험도 진행 중이다.

- **몬스터 매시업**(Monster mash-ups): 위키피디아는 집합 지식의 시작일 뿐이다. 자신의 기분에 따라 혹은 전문가의 필요에 따라 예술, 문학, 음악, 주문제작 책, 갤러리나 앨범 등 최고만을 합성할 수 있다고 상상해 보라. 이것이 바로 지능을 가진 아이튠즈, 그리고 너무나도 쉽게 모든 것을 이용할 수 있는 세상을 편집하고 합성하는 아이튠즈 이상의 것이다.

- **대중 지식**(Crowd knowledge): 구글맵스나 뉴스인터내셔널 같이 기업에서 시작한 프로그램보다 일반 사용자들이 협동하여 만들어내는 프로그램이 훨씬 빠른 속도로 거리를 그려내고 뉴스를 포착하고 있다. 개개인의 뉴스, 사진, 업데이트 내용을 취합하는 것이 당신의 주위에 대해 훨씬 빠르고 풍부한 시각을 제공해 준다. 오픈스트리트맵(Open Streetmap)이나 차세대 트위터에 관심을 가지고 지켜보라.

- **후방채널 미디어**(Backchannel media): 케이블 네트워크에서 사람들 사이에 급속히 성장하고 있는 비화로 실시간 블로깅, 상황 업데이트, 사진, 비디오스트리밍 등으로 대중들은 어떤 일이 벌어질 때 무엇이 그 원동력인지 훨씬 더 빠르고 풍부한 통찰력을 가질 수 있게 된다. 트위트미미(Tweetmeme)와 콜렉타(Collecta)는 이런 목적으로 만들어진 것으로, 결국 메인스트림 미디어의 통제된 표현 방식을 소비하게 될 것이다.

- **공개 진화**(Open evolution): 유전자변형식품에 대한 걱정은 잊어라. 자연은 기존의 종의 진화에서 일어날 수 있는 것보다 훨씬 더 복잡하게 이루어져 있다. 당신의 DNA와 모자이크처럼 당신을 구성하고 있는 다양한 유전자를 보라. 담수에 사는 무척추동물의 일종인 델로이드 로티퍼(bdelloid rotifer)는 8,000만 년 동안 짝짓기를 하지 않

았다. 이들은 섭취하는 동물에게서 유전자를 뽑아내는 더 쉬운 방법을 찾았기 때문이다. 최근에는 게르빌루스쥐(gerbil)가 뱀의 DNA를 가지고 있는 것이 발견되기도 했다.

- **디지털 관계**(digital relationships): 각종 최신기기들로 산만해지고, 소셜네트워크가 진짜 사교 기술을 억제하고, 이메일 때문에 감성과 문학적 풍부함이 점점 사라진다. 사람들은 이렇게 말했다. 그 대신에 블랙베리와 아이폰이 우리를 서로 더 가깝게 만들어주어 서로, 그리고 우리 주위의 세계에 대해서는 더 잘 알게 되었고, 사건과 명분에 대해 개인으로서는 더 많은 관심을 보이고 집단으로서는 더욱 강력해지게 되었다.

- **아프리카본부**(HQ Africa): 서아프리카의 대부분 국가는 작고, 빈곤하며, 해볼 만한 것이 거의 없다. 하지만, 토고의 에코뱅크(Ecobank)는 아프리카 대륙 전체에 걸쳐 있는 소액 거래 은행으로 1년에 100곳씩 지점을 개설하고 있는데, 2009년 전 세계 경기침체에도 불구하고 80억 달러의 흑자를 올리며 아프리카 기업들의 새로운 선구자 정신을 상징하고 있다. 에코뱅크의 CEO는 이렇게 말한다. '워런 버핏이 네브래스카주를 기반으로 하고 있다는 것은, 어디에 있는가가 아니라 무엇을 하고 있는가를 뜻하는 것이다.'

- **재활용 상품**(Renewable products): 최대의 아이디어, 최소의 상품을 의미하는데 이것이 우리가 구입하는 모든 것의 지속가능한 영향을 인식하는 사고방식에 더 가깝다. 제품의 가치는 종종 그 제품이 일으키는 오염의 정도와 반비례한다. 어떻게 하면 사람들이 더 많이 사게 만들지를 생각하지 말고, 어떻게 하면 그런 제품들이 더 오래

갈 수 있을지를 생각하라. 북크로싱(bookcrossing, 공공장소에 책을 남겨두어 다른 사람들도 그 책을 읽을 수 있게 하는 일)은 책 공유를 권장하며 의류업체 호위스(Howies)는 자사의 헌옷으로 복고풍 선행을 실천했다.

● **인체자원은행**(Biobanks): 이 은행은 당신의 몸이 아니라, 그보다 훨씬 더 가치 있는 것, 바로 당신의 DNA에 관심이 있다. 인체자원은행은 모든 곳에서 생겨나 조직샘플, 생식세포와 혈액을 저장한다. 이 저장소는 돈 대신 액체질소를 보관하는 깊은 냉동고이다. 당신의 자료가 미래 사용을 위해 보관되거나, 다른 사람의 것과 교환되거나, 미래 건강문제의 필요를 예측하기 위한 실험이나 검사에 기여할 수 있다.

● **창의적 소액자금**(Creative microfunds): 기업가들은 더 이상 돈 많은 투자자를 찾아다니거나 자본을 걸고 모험을 하는 데 창의적 에너지를 소모할 필요가 없다. 최고의 아이디어라는 소액자금으로 시작하는 것이 훨씬 빠르고 더 유용할 때가 있다. 괜찮은 신규업체의 10달러짜리 주식이 익명의 주식 포트폴리오보다 훨씬 더 매력적이며, 소액투자자들은 엄청난 아이디어, 능력, 그리고 영업력까지 가지고 있는 경우도 있다.

● **에코지능**(Eco Intelligence): IQ나 EQ에, 이제는 우리가 하는 선택의 모든 영향을 이해하는 에코지수까지 필요하게 되었다. 공정무역으로 생산된 유기농 면 티셔츠를 선택하라. 티셔츠 생산에 필요한 물 10,000리터(그동안 지역민들은 갈수로 고통받았다), 염색과정(오염을 일으키는 화학물질도 들어간다), 운송비용(경제적 비용이 아닌 탄소), 그리고 지역 경쟁사들(파산한)은 어떤가? 명확하지 않은 선택뿐인, 복잡한 세상이다.

이런 것들은 단지 전 세계에서 무작위로 뽑은 아이디어와 혁신을 나열한 것뿐이지만, 당신의 사고 확장에 도움을 주며 기업의 다른 미래를 상상하는 데, 그래서 이를 현재에 어떻게 적용할 수 있을지 생각하는 데 첫발을 디딜 수 있게 해준다.

무하마드 유누스…
노벨상을 수상한 사회적 기업가

무하마드 유누스(Muhammad Yunus)가 '소액신용대출(microcredit)'에 대한 비전을 담은 논문을 처음 발표했을 때 그는 무명의 경제학 교수에 불과했다. 그는 일반은행대출을 받을 자격이 안 되는 너무 빈곤한 기업가들이 이용할 수 있는 소액대출이라는 모델을 마음 속에 그리고 있었지만, 아이디어와 야망일 뿐이었다. 이 비전을 바탕으로, 그는 곧 그라민은행(Grameen Bank)을 설립했다.

2006년, 유누스와 그라민은행은 '아래로부터의 경제발전과 사회발전을 이끈 노력을 인정받아' 노벨평화상을 수상했다. 그는 리처드 브랜슨(Richard Branson)과 피터 가브리엘(Peter Gabriel)이 주요 문제에 대한 더 나은 해결책을 찾기 위해 만든 네트워크인 글로벌 엘더스(Global Elders)의 창립멤버 중 한 명이기도 하다.

유누스의 기업가 여정은 1976년 방글라데시 중심지구인 조브라(Jobra)의 빈곤가정을 방문하면서 시작되었다. 그는 현지 여성들이 대나무로 가구를 만드는 모습을 보게 되었는데, 그들은 원자재를 구입하기 위해서는 지역 대부업자들로부터 터무니없이 높은 이자로 소액의 자금을 빌려야 했다. 이들은 수익의 대부분을 이 돈을 갚는 데 쓰곤 했고, 어떤 때는 이렇게 사업을 운영함에도 빚더미에 올라앉기도 했다.

유누스는 사람들이 사업에 필요한 소액대출을 받는 데 좀 더 나은 길이 필요하다는 걸 알게 되었다. '나는 모든 인간이 기업가라는 것을 확고히 믿는 사람이다. 전 세계 인구의 3분의 2가 은행대출을 받을 자격이 안 된다. 그게 도대체 무슨 시스템인가?' 그는 최근 세계경제포럼(World Economic Forum)의 한 기업지도자 모임에서 이렇게 말했다.

그는 자기 돈을 털어 25달러가량의 적은 금액을 대출해 주기 시작했다. 조브라 여성 42명에게 이 정도의 돈을 빌려주자, 그들은 스스로 만든 가구로 적으나마 수익을 낼 수 있게 되었고, 그로부터 원자재를 더 많이 구매하고 가구를 더 많이 만들 수 있었다. 그리고 수익도 늘어나기 시작했다.

일반 은행들이 가난한 사람들에게 돈을 빌려주는 것은 너무 리스크가 크다는 이유로 그런 소액대출에 관심이 없었던 반면, 유누스는 시간이 흐르고 규모가 커진다면 지속가능한 기업모델을 만들어 수천 명의 방글라데시 사람들이 가난을 벗어날 수 있는 방법을 찾는 데 도움이 되는 수단을 만들 수 있을 것이라고 믿었다.

20년이 지나자 그라민은행은 740만 명의 사람들에게 대출을 60억 달러 넘게 해주었으며, 현재는 소규모 기업인에게 매년 10억 달러 이상을 빌려주고 있다. 그리고 그라민은행에는 상환을 보장받기 위해 여럿이 함께 대출을 신청하도록 하는 '연대 그룹' 제도가 있다. 이 그룹에 참여하는 사람들은 공동 보증인이 되어 서로의 경제력이 향상되도록 지원하게 된다. 또한 그라민은행 대출의 97% 이상은 여성을 위해 이루어진다. 여성은 빈곤으로 더 심하게 고통받으며, 남성보다 더 자신의 수익을 가족을 위해 쓰게 되고, 결국에는 대출을 갚게 된다. 유누스가 이런 사업을 하기 전까지는, 방글라데시 은행의 1%만이 여성에게 대출을 해주었다.

유누스는 〈디렉터(Director)〉지와의 인터뷰에서 자신의 혁신 비결에 대한 질문을 받고 이렇게 답했다.

'간단합니다. 기존 은행들과 반대로 행동한 것이 그 비결입니다. 일반 은행들은 부자를 상대하지만 우리는 가난한 자를 상대합니다. 기존 은행들은 담보를 문제 삼지만, 우리는 담보를 신경 쓰지 않습니다. 그리고 기존 은행들은 변호사를 쓰지만, 우리는 변호사를 생각하지 않습니다.'

07

창의력…
아이디어의 가공할 힘

CREATIVE BOX _____

'모래 한 알에서 세상을 보고,
야생화에서 천국을 보라.
그대의 손에 무한을 쥐고 시간 속에서 영원을 잡아라.'
– 윌리엄 블레이크

◇ ——————— 《창조의 행위(The Act of Creation)》의 저자 아서 케스틀러(Arthur Koestler)는 창의성의 과정을 예술가, 현인, 광대의 세 가지 캐릭터로 설명한다.

- 예술가는 음악을 작곡하거나, 소설을 쓰거나, 연극을 하거나, 그림을 그리는 등 전통적인 시각을 대변한다.
- 현인은 과학적 혹은 철학적 사상가를 대변하며, 기업과 가장 관계가 깊고, 새로운 아이디어를 발전시키는 열정이 있다.
- 왕의 결정에 도전하는 유일한 인물은 왕실 광대였다. 광대는 전통에 도전하는 사람을 대변한다. 단, 유머를 이용해, 공격성 없이 해야 한다.

기업의 창의성에 있어서는 이 세 가지 유형이 모두 중요하다.

1900년대까지만 해도, 창의성은 우리 모두가 배우고 받아들일 수 있는 것이라기보다는 천부적 재능, 타고난 능력이라고 생각되었다. 창의성을 응용과학의 영역으로 발전시켜, 기업에 훨씬 더 유용하게 만든 것은 알렉스 오스본(Alex Osborn)이었다. 오스본은 사람들에게 어마어마한 경험과 영향력이 있지만, 그들은 이중에서 아주 일부만을 자각하고 있다고 생각했다. 그는 과정으로서의 창의성은 사람들이 이런 방대한 의식과 무의식 속 지식에 접근하고 이를 활용할 수 있도록 도와주는 것이라고 제안했다. 이는 또한 우리의 어떤 아이디어를 너무 급하게 평가하고 묵살해 버리려는 자연적 경향을 지연시킴으로써 창의성을 억누르는 것과도 연관되었다. 특히 다른 사람의 아이디어에 대해서는 언제나 성급히 판단을 내리려 하는 것이다.

이를 극복하기 위해, 오스본은 비판을 하지 않으며 빠른 속도로 아이디어를 짜내는 자유로운 연상과정인 브레인스토밍을 창안했다. 그러자 전 세계 기업, 학계, 컨설턴트들이 이를 도입했다. 하지만 그것으로는 충분하지 않았다. 이 브레인스토밍은 10분 안에 생각해 낸 50개의 아이디어 중에 미래의 성공요소를 찾을 수 있다고 가정한다. 여기서 더 나아가 이러한 아이디어들을 적용하고, 결합하고, 재배열하고, 다시 명확하게 표현해야 한다. 하지만 그런 개념은 그와 같은 방식으로는 상상력을 사로잡지 못했으며, 지금까지 많은 기업은 브레인스토밍을 한 것 중에 몇 개만을 실현시키고자 한다.

제인 헨리(Jane Henry)는 저서 《창의성의 이해(Making Sense of Creativity)》에서 창의성의 원천에 대한 여러 가지 시각을 정의하고 있다.

- **우아함**(Grace) – 매우 갑자기, 마법 같은 어떤 것, 가지고 있을 수도 있고 그렇지 않을 수도 있다.
- **사건**(Accident) – 찾지 않고 있을 때 일어난 행운, 뜻밖의 행운
- **연관성**(Association) – 측면적 사고, 연결되지 않은 것을 연결시키기
- **인지**(Cognitive) – 관찰과 이해의 논리적 과정
- **인성**(Personality) – 발전시키고 주목할 수 있는 자연적 능력

이 모든 것들이 중요하지만, 창의성은 결국 '창조', 즉 무언가 새로운 것을 만들어내는 것이다.

새로운 아이디어

창의성은 새로운 아이디어를 발견하거나 기존 아이디어들을 새롭게 연관 짓는 사고과정으로, 의식적 또는 무의식적 통찰력에 의해 더욱 증대된다. 창의성은 아이디어 그 자체를 넘어서는 것으로 미술과 문학에서 가장 일반적으로 행해진다. 그것은 바로 무언가를 창조하고, 만드는 것과 관련 있다. 이는 신중한 인지과정, 환경, 개인의 인성 특징, 그리고 사고나 뜻밖의 우연에 영향을 받을 수 있다. 어떤 사람은 우리가 날 때부터 재능을 가지고 태어난다고 말하는 반면, 또 다른 이는 재능은 학습될 수 있으며, 단순한 기술이 있으면 재능을 펼칠 수 있다고 말한다. 비즈니스 세계에서 재능은 혁신의 최전선이며, 또한 업무의 다른 모든 면을 활성화시킨다.

창의성의 모호함과 복잡성에도 불구하고(혹은 아마도 그런 특징 때문에), 광고홍보대행사, 디자인실, 아이디어 회사 같은 산업은 모두 창의적 아이디어를 추구함으로써 생겨났다고 할 수 있다. 창의성은 사물을 좀 더 총체적이고, 직관적이고, 감정적으로 보는 우뇌의 활동과 연관되어 있다. 하지만 창의성은 좌뇌와 우뇌를 모두 사용하여, 중심과 큰 그림, 분석과 직관, 논리와 감정을 결합하여 사고할 때 가장 잘 발현된다.

퓨전

당신이 접하게 될 창의적 기술 중에서도 '전혀 연관되지 않은 두 가지 아이디어를 서로 연결시키는 능력'이 가장 효과적이라고 필자는 생각한다. 그 옛날 메디치 가문 사람들처럼, 이는 서로 낯선 아이디어, 환경, 재능, 도전, 해결책을 모두 함께 모으는 것이다. 인도 음악과 유럽 음악을 합친 라비 샹카르(Ravi Shankar), 입체파 미술과 원시미술의 영향력을 결합한 파울 클레(Paul Klee), 과학적 관점과 무작위적 시각화를 결합한 살바도르 달리(Salvador Dali)를 생각해 보라.

기업에서 더 창의적으로 생각하는 가장 쉬운 방법 중에 하나는 해당 시장영역 밖에서 기존 아이디어를 적용하는 것이다. 다른 부문, 국가나 회사에서 어떤 일이 벌어지고 있는지 살펴보고, 이를 자신의 기업에 적용하는 방법을 창의적으로 탐구해 보라. 이런 아

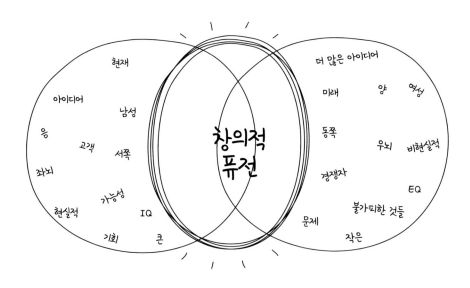

창의적 퓨전: 새로운 연결점을 만드는 것이 창의성의 핵심이다

이디어가 좋은 이유는 이미 시험을 거쳤다는 점이다. 다른 맥락에서라도 그 아이디어는 제품으로 생산될 수 있고 사람들은 그 제품을 구매한다. 해결해야 할 문제는 관련된 '유사점'을 찾아서 새롭게 연관된 방식으로 그 교훈을 적용하는 것이다.

가장 단순하지만 가장 도발적인 질문은 우리 업계에서 어떻게 "아이팟 같은 걸 만들어 내?" 같은 질문이다. 이로써 사람들은 기기, 콘텐츠, 배급자와 고객이 함께 일하고 수익을 올리는 전체 비즈니스 모델을 생각하게 될 것이다. 이는 사실 기본 제품을 하나하나의 구성요소로 디지털화하고, 독점 콘텐츠 공급자와의 관계를 재협상하며, 고객들이 아이튠즈 같이 직접 선택해서 만들어나가게 하는 식의 아이디어를 전달하는 것일 수도 있고, 아니면 아이팟 그 자체처럼 미학적으로 가장 만족감을 주는 저장매체이자 플레이어를 만들어내는 것일 수도 있다.

퓨전은 또한 좀 더 급진적인 크로스오버일 수도 있다. 필자가 소립자물리학을 공부한 지 수년이 지났지만, 고객들과의 혁신 프로젝트에서 아직도 그 기본원리 중 몇 가지는 이용하고 있다. 원자의 구조를 이해하는 것은 제품과 서비스가 어떻게 함께 작동하는지를 좀 더 다른 시각으로 생각해 보는 데 모델이 된다. 천체물리학의 특징은 포트폴리오 관리를 위한 유형화 도구에 적용할 수 있다.

도나 카란…
혼란스러운 세상의 창의적 우아함

도나 카란(Donna Karan)은 '항상 에너지가 넘치고, 어떤 때는 창의적 신경으로 가득찬, 열정적이다, 거칠다, 정상이 아니다, 때로는 정신병자'라는 말로 묘사된다. 그녀는 항상 자신의 패션쇼 브로슈어에 '다음 편에 계속'이라고 써서, 자신의 스타일과 디자인이 계속 진화되고 있으며, 런웨이 밖에서도 살아있다는 점을 표현한다.

그녀는 어린 시절부터 패션에 미쳐 있었다. 본명은 도나 파스크(Donna Faske)로 뉴욕의 거친 지역에서 자란 그녀의 어머니는 모델, 양아버지는 재단사였는데, 14세라는 나이에 이미 센트럴애비뉴의 작은 상점에서 자신이 처음 디자인한 옷을 판매하였다. 그녀는 파슨스디자인스쿨에서 공부한 후 앤클라인(Anne Klein)에서 중가의 스포츠의류를 만들었다. 10년 후에는 남편 스티븐 와이스(Steven Weiss)의 지원으로 도나 카란 뉴욕(Donna Karan New York)을 설립했다.

1985년 론칭한 도나 카란의 첫 번째 컬렉션은 특히 1980년대 파워드레싱(사업하는 사람들이 자신의 지위, 중요성을 강조하기 위해 입는 격식을 갖춘 값비싼 복장)에 익숙해져 있던 사람들에게 옷 입는 것에 대한 새로운 시스템을 창조했다. 그녀는 맞춤재단의 요소를 스포츠의류와 결합하여 옷이 고급스러우면서도 실용적이고, 또 몸에 잘 맞도록 했다. 그녀의 옷은 독특한 디자인 때문에 패션쇼에서 헤드라인을 장식하지는 못했지만, 패션쇼 이후에는 수요가 급격히 증가했다. 그녀는 캐시미어와 라이크라를 섞어 고급스러운 소재로 편하게 입을 수 있는 옷을 만들고 싶어 했고, 파란색과 검은색을 많이 썼다. 특히 '신체' 구조를 잘 살리는 것으로 정평이 나 있다.

도나 카란은 스타일에서도 혁신가였지만, 더 많은 사람이 쉽게 접할 수 있는 파생브랜드를 개발하는 데 있어서도 혁신적이었다. DKNY는 브리지라인(bridge line, 명품 브랜드와 저가 브랜드를 이어주는 중간 품질과 가격대의 상품 라인)이라는 비즈니스모델을 만들어냈는데, 이는 최고급 자매 브랜드의 분위기를 띠는 신규 브랜드에 대한 엄청난 수요를 창출해냈다. DKNY는 그녀의 딸을 보고 처음 만든 것으로, 딸 개비는 좀 더 저렴하면서도 똑같이 스타일리시한 제품을 원했다. 도나 카란과 DKNY는 빠르게 다양화되어, 남성의류, 진, 액세서리, 양말, 향수, 화장품까지 만들어졌다.

2001년 4월, 그녀는 도나 카란 인터내셔널을 프랑스 명품 그룹 LVMH에 2억 5,000만 달러에 매각했다. LVMH는 이미 라이선스를 보유한 회사인 가브리엘 스튜디오를 인수했기 때문에, 그녀는 총 6억 4,300만 달러를 받은 것이었다. 회사를 이탈리아로 옮긴 카란은 5년을 채우지 못하고 그만두었지만 아직도 도나 카란 브랜드를 책임지는 명예회장 겸 디자이너로 남아 있다.

현재는 전 세루티(Cerruti)의 디자이너였던 피터 스펠리오풀로스(Peter Speliopoulos)가 전체를 책임지고 있으며, 카란은 아이디어를 내고 조정 역할을 맡고 있다. DKNY 라인은 카란의 활동 초기부터 그녀와 함께 일했던 제인 청(Jane Chung)이 담당하고 있다. 대부분의 다른 제품들은 협력사에 라이선스를 주었다. 예를 들면 DKNY 진은 리즈 클레이번(Liz Claiborne)에, DKNY 남성 셔츠는 반 호이젠(Van Heusen)에, DKNY 아동복은 에스프리(Espri)에, 화장품은 에스띠로더(Estee Lauder)가 라이선스를 받았다.

최근 맨해튼의 중심지인 웨스트 빌리지에 자신만의 신세대, 일본풍 스타일로 꾸며진 로프트에서 열린 한 행사에서, 도나 카란은 소규모 관중에게 창의력과 디자인에 대한 자신의 접근방식, 그리고 자신에게 적용되는 다섯 가지 원리를 이렇게 설명한다.

- **'소비자가 있는 곳에서 작업하라'** – 그 어떤 것도 자연적 직관을 대체하지 못한다. 사람들은 마음에 드는 옷을 고른 뒤 직접 입어보고 고심 끝에 구매를 결정한다. 자연적 직관은 실제로 사람들과 함께 함으로써 생기는 것이다.

- **'예술성과 창의성을 겸비하라'** – 이는 디자인의 원천으로, 본능과 열정이 결합되면 가장 일상적인 것을 가장 감각적인 디자인으로 바꿀 수 있다.
- **'공허감을 찾아라'** – 그녀의 표현에 따르면, 공허감은 충족되지 않은 소비자 니즈의 밝게 빛나는 빛으로, 기존의 리서치 방법으로는 찾아낼 수 없다. 스스로 찾아야 한다.
- **'세계문화를 이용하라'** – 이는 그녀가 가장 많은 영감을 받는 것으로, 전 세계 모든 지역에서 얻은 아이디어를 결합하는 것, 특히 발리와 호주 문화를 좋아한다.
- **'안팎으로 차이를 만들어라'** – 그녀는 의식이 있는 소비자를 본다. 그들은 패션을 그 자체 이상으로 보아, 패션을 좀 더 개인적인 것으로, 또 사회를 위해 무엇을 할 수 있는지도 생각한다.

카란은 패션, 사람, 스타일에 여전히 열정을 가지고, 다양한 문화와 학문을 공부하며, 영성에 대한 동양철학과 대체의학을 사용하는 요가 수련자들에 매료되어 있다. 그녀는 우리의 바쁜 일상생활의 복잡한 현실과 단순성 사이의 접점을 탐구하는 어반 젠(Urban Zen) 재단을 설립하여 더욱 영적인 존재에 주목하고 있다. '이 일은 혼돈 속에서 평안을 찾는 일입니다'라고 말한다. 이는 그녀의 특징적인 스타일을 설명하는 것이기도 하다.

08

디자인···
기능과 형태의 퓨전

CREATIVE BOX

'우리는 문화적 콘셉트인 아름다움(beauty)을
인간적 콘셉트인 선함(goodness)과 바꾸어야 한다.'
- 필립 스탁

커피주전자부터 시작해서 하이힐 부츠, 디지털 유저 인터페이스와 급격히 늘어나는 고층건물, 또 벽지와 신문에 이르기까지 디자인은 언제나 우리 주위에 존재한다. 제임스 다이슨은 포드의 고객용 잡지에서 이렇게 말했다. '좋은 디자인이란 사물을 매일 새로운 눈으로 바라보는 것, 그리고 더 낫게 만드는 법을 생각해 내는 것이다. 이는 기존 기술에 대한 도전이다.'

동사로 '디자인하다'라고 하면, 어떤 제품, 구조, 시스템 또는 구성요소를 만들기 위한 계획을 세우고 발전시키는 과정을 말한다. 명사로 '디자인'은 그러한 계획의 최종 해결책이나 실행 결과물, 즉 디자인 과정을 통해 나온 최종 제품을 의미하는 데 사용된다. 이는 기능과 형태, 이성과 감성, 과정과 해결이라 할 수 있다.

디자인에는 물건이나 과정의 미학적, 기능적, 그리고 다른 여러 측면을 고려할 디자이너가 필요하다. 이 과정에는 보통 사려 깊은 리서치, 사고, 모델링, 조정, 재디자인이 요구된다. 선도적인 디자인 회사 IDEO의 CEO인 팀 브라운(Tim Brown)은 업계의 누구에게라도 필수적인 훈련으로 '디자인 씽킹(design thinking)'의 개념을 든다. 디자인적인 사고는 사업의 모든 측면에 적용할 수 있는 과정이라는 것이다. 즉, 차별화와 성장에는 혁신이 필수적이지만, 디자인은 단순함과 우아함을 더해서 모든 감각을 자극한 결과, 실제적인 차이를 만들어낸다.

브라운의 말에 따르면 역사적으로, 디자인은 혁신 과정에서 후반부에 속하는 것으로 여겨져 왔다고 한다. 디자이너는 이 마지막 과정에 합류하여 이미 완성된 아이디어를 아름답게 포장하는 작업을 했다는 것이다. 이러한 접근법은 미적으로 매력적인 제품을 새롭게 만들어냄으로써 다양한 영역에서 시장의 성장을 부추겼지만, 디자인은 겉모습을 완성하는 것 훨씬 그 이상이다.

최근 십여 년을 되돌아보면, 디자인은 전자제품(아이맥이 처음 나왔을 때를 생각해 보라), 자동차(포르쉐 911의 상징적인 스타일), 소비재(나이키에어에서 테트라팩의 음료팩까지) 등에서 점점 가치 있는 경쟁적 자산이 되어 왔다. 대부분의 경우 디자인은 후반작업에 추가되는 것이었다. 하지만 이제는 기업들이 디자이너에게 원하는 것은 이미 개발된 아이디어를 소비자에게 더 매력적으로 보이게 하는 것보다는 소비자의 니즈와 욕망을 더 잘 충족시킬 아이디어를 만드는 것이라고 브라운은 생각한다. 전자의 역할은 전술적이고 한정된 가치를 만들어내지만, 후자의 경우는 전략적이며 훨씬 더 새로운 가치 형태를 만들어낸다.

삼성…
태극문양에서 아이디어를 얻은 혁신적 디자인

'새로운 시장을 만들어내고, 사람들의 삶을 풍요롭게 만들며, 시장에서 삼성이 신뢰받아 리더로 우뚝 설 수 있는 혁신적인 기술과 효율적인 프로세스를 개발하는 것이 우리의 목표입니다. 삼성이 하는 모든 것은 최고의 디지털 e-기업이 된다는 우리의 미션에 따른 것입니다.' 이건희 삼성 회장은 연차보고서에서 이렇게 밝혔다.

한국어로 '세 개의 별'을 뜻하는 삼성은 1938년 이건희 회장의 부친에 의해 쌀, 설탕, 생선을 수출하는 회사로 처음 설립되었다. 대구에 기반을 둔 이 회사는 1990년대까지만 해도 줄곧 원자재 상품을 취급하는 회사였다. 경영진도 고객과 혁신, 디자인이나 브랜딩 같은 데는 거의 관심을 갖지 않았다.

1990년대 중반, 삼성은 월드클래스 상품을 만드는 데 집중적인 노력을 기울여 변혁을 꾀하였다. 그 결과, 삼성이라는 브랜드에 대한 인식이 값싼 수입품에서 최고급 디자인을 가진 제품으로 급격히 바뀌었으며, 반도체에서 컴퓨터 모니터, LCD 스크린에서 컬러 브라운관에 이르는 17개의 제품이 각 제품별 점유율에서 상위 5위권에 진입했다.

얼마 후 이건희 회장은 새로운 영감을 얻기 위해 세계를 돌아보았다. 로스앤젤레스에 있는 저가 전자제품 소매상을 방문한 이건희 회장은 삼성 제품이 가게 뒤쪽 선반 위에서 먼지를 잔뜩 뒤집어 쓴 채, 판매원들에게서조차 무시당하는 모습을 목격했다. 이때 그는 미국 소비자들이 한국 회사의 제품을 값싸고 장난감 같은 모조품 정도로 여기고 있음을 깨달았다. 그리고 디자인 자문관인 타미오 후쿠다에게 삼성 디자인의 현황을 평가하도록 했다. 후쿠다는 삼성의 디자인에서 정체성이 결여되어 있다고 결론 내렸다. 즉, 제품의 개발 과정이 원시적이고 최고 경영진들이 디자인의 가치를 평가절하하고 있다는 것이었다. 이때부터 삼성은 '지속가능한 디자인 문화'를 정립하는 것이 최우선과제가 되었다.

이건희 회장은 근본적인 변화를 이루기로 결정했다. 인력 50,000명을 줄이고 삼성의 비핵심 자회사들을 매각했다. 낡은 근무습관을 깨버리기 위해 모든 삼성 직원에게 두 시간 일찍 출근하도록 지시했다. 그리고 경영진들에게 성명서를 발표하고 이를 《변화는 나와 함께 시작한다(Change Begins With Me)》라는 책으로 펴냈다. '경영진에서는 아직도 질을 희생하고 양의 개념을 고수하고 있다… 이런 식으로 가다가는 3류 기업이 될 것이다. 우리는 무슨 일이 있어도 변화해야 한다.'

이건희 회장의 궁극적인 목표는 단순하고 대담했다. 미래의 주도권을 잡으려면 삼성은 세계일류 브랜드라는 최고의 위치까지 올라가야 했다. 사람들의 필요를 만족시킬 뿐 아니라 그들의 상상력까지 사로잡을 수 있는 다양한 디지털 제품을 생산하는 기업이 되어야 했다. 그래서 그는 회사를 변혁시키는 데 있어 디자인이 가장 핵심적인 자산이 될 것임을 확신했다. 그리고 캘리포니아 주 파사데나의 아트

센터디자인대학(Art Center College of Design)에 간부들을 보내 한국에서 사내 디자인스쿨을 도입하는 방안을 구상하도록 했다. 이로써 서울 시내 한가운데에 1천만 달러를 들여 최신 혁신디자인연구소(Innovative Design Lab)가 세워졌다.

삼성의 사내 디자인스쿨은 소속 디자이너들에게 과감하게 차별화된 사고를 할 수 있도록 바탕이 되어주고 자신감을 심어주었다. 하지만 여전히 애플이나 노키아가 아닌 삼성만의 정신, 독특한 스타일이 필요했다. 삼성은 이 정신을 한국의 국기에 그려진 음양의 상징인 태극문양에서 찾았다. 이 문양은 만물의 통일과 이원성을 동시에 나타내는 것이다. 삼성은 여기서 단순성과 복잡성, 기술과 인간성을 결합하여 '이성과 감성의 조화'라는 자신들만의 정신을 발전시켰다.

그 결과, 탄생한 것은 직관적으로 단순하면서도 최신 기술을 접목한 '부드러워진' 삼성이었다. 애플이 단순성을, 소니가 복잡성을 주목한 반면, 삼성은 두 가지 모두를 중요하게 여겼다. 각진 모서리는 라운드로 처리되었고, 버튼은 깔끔하게 정리되었으며, 이로 인해 한국인들은 혁신과 디자인이라는 자신들만의 새 언어를 찾아냈다. 삼성은 지난 5년간 대담하고 아름다운 디자인의 제품들을 앞세워 세계에서 성장속도가 가장 빠른 브랜드로 각인되었다. 이건희 회장은 삼성의 변혁을 '스스로를 외부세계에 드러내고, 한국인의 마음을 깊이 들여다본 것'으로 설명한다.

10여 년 후 삼성은 크게 발전했다. 결코 완벽하지는 않지만(최근에 가격책정 전략과 세금 문제로 타격을 받음), 이제 사업을 이끌어가는 음양의 디자인 정신으로 애플과 노키아를 경쟁상대로 삼고 있다. 컬러 TV, 플래시메모리, LCD패널 분야에서 삼성은 세계시장 점유율 선두를 지키고 있다. 2008~2009년 기간 삼성은 매출액 553억 달러 중에서 103억 달러의 순익을 내며 세계에서 가장 수익성이 좋은 기술 기업으로 자리매김했다.

09

혁신…
사람들에게 더 나은
삶을 만들어주는 것

CREATIVE BOX

'위대한 일은 충동적으로 이루어지는 것이 아니라.
여러 일이 모여 비로소 이루어진다.'
－빈센트 반 고흐

혁신가들은 최종 결과물로 나오게 될 제품이나, 또는 제품이 성공했을 때 뒤따르는 돈과 명성에서 동기를 부여받는 일은 드물다. 알렉산더 그레이엄 벨(Alexander Graham Bell)의 전화발명은 세계를 완전히 바꾸어 놓았다. 하지만 그는 단지 청각장애인들이 성공하기를 열망하는, 그들의 선생님일 뿐이었다. 그가 가장 아낀 제자는 마벨 허버드(Mabel Hubbard)였는데, 시간이 흐를수록 그들은 서로 가까워지게 되었다. 그러나 마벨의 어머니는 그들의 관계를 탐탁치 않아했다.

어느 비 내리는 밤, 벨은 난터킷(Nantucket)의 마벨의 집을 찾아갔다. 그런데 그녀의 어머니가 자신을 반기지 않음을 확실히 알게 되었다. 그는 낙심한 채 떠났지만, 곧 자신의 독창적인 기술로 마벨에게 연락할 수 있는 다른 방법을 찾겠다고 다짐했다. 전보는 새로운 것이 아니었지만, 전화선은 비쌌고 쉽게 사용할 수 없었다. 그는 별개의 여러 신호들을 선 하나에 모을 방법을 찾기 시작했고, 곧 전화선에 이를 적용하여 대변혁을 일으켰던 것이다.

다중전신은 스코틀랜드계 젊은 이민자 소년의 난터킷 소녀에 대한 사랑에서 탄생하였고, 이로 인해 완전히 다른 세상이 펼쳐졌다.

'노바'는 새로운 것을 뜻한다

시오도어 레빗(Theodore Levitt)은 '창의력은 새로운 일을 생각해 내는 것이고, 혁신은 새로운 일을 하는 것이다'라고 했다. 혁신은 아이디어를 실현시키는 것, 사고, 제품, 프로세스, 조직에 있어 점점 늘어나고 획기적인 변화와 관계되는 것이다. 이는 창의력과 디자인뿐 아니라 아이디어의 실행과 상업화까지 아우르는 전체적인 프로세스이다. 이는 또한 프로세스를 열고 닫는 것으로, 그러한 프로세스의 결과물, 즉 혁신을 설명하는 데도 이용될 수 있다.

혁신에는 아이디어를 현실화시키는 발명도 포함될 수 있다. 하지만 혁신적이기 위해서는, 발명이 현실적으로 또 성공적으로 적용되어야 한다. 혁신은 대부분 중요한 변화가 필요한 분야에 적용된다. 혁신적이라고 할 때는 주로 대상이 더 중요하지만, 혁신의 과정은 획기적인 아이디어보다는 새로운 아이디어로 가득 차 있다.

혁신의 목적은 긍정적인 변화, 즉 어떤 사람이나 사물을 더 나아지게 만드는 것이다. 생산성을 증가시키는 혁신은 경제적 부를 증가시키는 근본적인 원천이다. 기업에서는 혁신으로 기업뿐 아니라 고객의 가치를 높이거나, 혹은 또 같은 이야기로 돌아가자면 사람들의 삶을 더 낫게 만들고자 한다.

대부분의 새로운 아이디어는 실패로 끝난다

하지만 대부분의 새로운 아이디어는 실패로 끝난다. 3M에 따르면 하나의 성공적인 혁신사례가 탄생하려면 명확하게 정리된 아이디어가 약 3,000가지 필요하고, 그중에 300개 정도가 원형으로 나타나고, 그중에 30개는 콘셉트 대상으로 유력하며, 최종적으로는 3가지로 압축되어 시장에 진입해야 한다고 한다.

아이디어는 여러 이유로 실패한다. 가장 일반적인 이유는 처음부터 그 아이디어가 특별하지 않기 때문이다. 아이디어를 급히 짜내는 브레인스토밍으로는 충분치 않다. 창의력이 발휘되려면 시간이 필요하다. 이는 확장과 도전, 여러 관점을 바라볼 시간, 생각할 시간이 필요한 마음을 여는 과정이다. 그리고 훌륭한 아이디어들이 실현되도록 하는 과정이 촉진되어야 한다. 최고의 아이디어도 다음과 같은 이유로 실패에 그칠 수 있다.

- 지도자들이 새로운 아이디어 혹은 현재 하고 있는 일에 변화를 주는 데 그다지 개방적이지 않다.

- 조직에 '신성한 소(Holy cow, 고정관념이나 편견)', 즉 지나치게 신성시되어 아무도 바꾸고 싶어 하지 않는 것들이 너무 많다.

- 어떤 회사에서는 아무도 혁신에 관심이 없다. 이는 겉으로 드러나지 않는다.

- 주목해야 할 경계가 없다. 긴급함도, 대처해야 할 '불타는 플랫폼(burning platform)' (1988년 영국 북해 유전에서 석유시추선이 폭발하여 168명이 희생된 사고가 발생했는데, 잠에서 깨어 불길과 기름으로 뒤덮인 위험을 무릅쓰고 바다로 뛰어들어 구사일생으로 구조됨. 위기 상황에서 죽음을 기다릴 것인지, 희망을 품고 변화에 도전할 것인지에 대한 비유로 사용)도 없다.

- 어떤 구조나 방법론이 없다. 지속적으로 일관된 프로세스가 받아들여지지 않았다.

- 시간이 충분하지 않다. 생각하는 것이 사치로 여겨지고, 긴급하거나 중요하게 생각되지 않는다.

- 조직이 무언가를 어떻게 할 것인지에 대해 창의적으로 생각해 보지 않았다.

- 그런 아이디어가 우선순위로 여겨지지 않는다. 단기적 이슈가 더 중요하다.

- 새로운 아이디어를 생각해 내는 것이 또 다른 유행, 즉 교과서에나 나오는 것으로 실제 회사들은 하지 못하는 것이라 여겨진다.

열기와 닫기

혁신의 가장 단순한 모델은 창의력, 디자인, 실행의 단계를 잘 습득하여 아이디어를 실현시키는 것이다. 이는 창의적 사고를 통해 가능성을 열어주고, 미래의 잠재력을 분석하며, 여러 가지 다양한 시각으로 아이디어를 만들어 내며, 맥락을 확장하며 극단을 탐구하는 것이라 할 수 있다.

그 다음에는 마음을 닫고, 최고의 아이디어들에만 집중하여, 그 아이디어들 간의 연결점을 만들고, 영향과 실용성의 측면에서 평가하고, 또 이들이 어떻게 작용하고 수익을 낼 것인지, 어디에 목표를 두는 것이 최선이며, 넘쳐나는 상품, 노이즈, 경쟁 속에서 이들이 드러나 보이게 해줄, 주목할 수밖에 없는 점은 무엇인지를 이해하는 것이 중요하다.

미래 여행을 통해 혁신을 한다는 맥락에서 보면, 연다는 것은 미래, 그리고 우리의 상상 속에서 미래가 어떻게 만들어질 수 있는지에 대한 것이고, 닫는다는 것은 미래 여행을 통해 이를 가장 실용적이고 수익성이 있도록 현재에 연결시켜 보는 것을 말한다.

혁신의 정도

기업에서 획기적인 아이디어가 나오기는 드물지만, 언제나 그런 순간을 추구해야 한다. 20년이 흐른 지금, 획기적인 아이디어 몇 가지는 벌써 세상에 나왔다. 비행기 내 평평한 침대, 당신을 위해 더 많은 것을 해 줄 수 있는 전화기, 당신을 즐겁게 해 주는 음료, 건강에 대한 종이, 성장과 관련된 시멘트, 배설물을 녹지로 만드는 비료 등이 그런 예다.

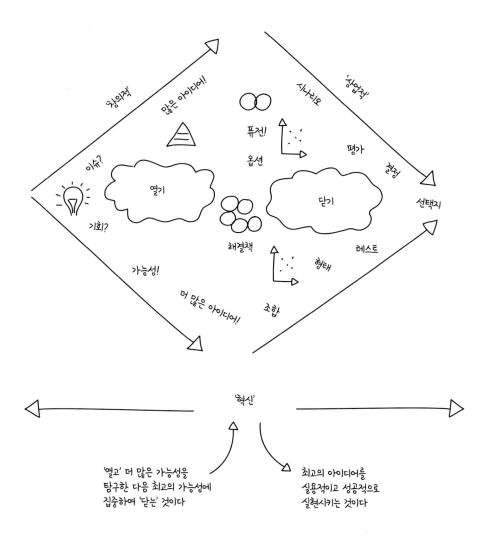

칭의적   많은 아이디어!   시나리오   합의적

퓨전!

옵션   평가   결정

이슈?

열기   닫기   선택지

기회?

해결책   테스트

가능성!   형태

더 많은 아이디어!   조합

'혁신'

'열고' 더 많은 가능성을
탐구한 다음 최고의 가능성에
집중하여 '닫는' 것이다

최고의 아이디어를
실용적이고 성공적으로
실현시키는 것이다

혁신은 '열고' '닫는' 과정을 통해 최고의 아이디어를 유익하게 실현시킨다

혁신은 또한 강도와 규모의 측면에서 다양한 수준으로 적용될 수 있다. 혁신의 강도는 그것이 얼마나 야심찬 것인가?, 즉 얼마나 많은 시간, 자원, 비용, 위험을 들이는가?, 그리고 시장에 나타나는 영향과 그 결과 나타나는 순손익이 얼마나 큰가?와 관련되어 있다. 혁신의 강도에는 세 가지 수준이 있다.

- **증대되는 단계:** 개선으로서의 혁신, 변화와 실험을 좇아가고, 디자인을 조정하며, 변화하는 니즈에 적용함. 자동차 시장에는 약간의 기능만 강화되어 같은 차의 새로운 버전이 빈번히 등장하는 것을 볼 수 있다.

- **차세대:** 변화로서의 혁신, 경쟁사를 앞서나가 실적을 새롭게 달성하고, 새로이 생겨나는 니즈에 다가가 기대를 넘어섬. 자동차 시장에서 이는 현저히 바뀐 새로운 모델로, 새로운 브랜드이름을 달고 몇 년에 한 번씩 나온다.

- **획기적 돌파구:** 혁명으로서의 혁신, 시장의 법칙을 바꾸고, 고객의 행동에 도전하며, 시장을 완전히 바꾸는 '게임체인지'. 자동차 시장에서 보자면, 새로운 장르나 카테고리를 만드는 SUV나 하이브리드 엔진이 된다.

혁신 프로젝트에는 혁신의 각 단계가 동시에 적절하게 진행되는 균형 잡힌 포트폴리오가 필요하다. 혁신이 처음 시작되어 증대되는 단계는 시장에서 거의 주목받지 못하고, 금방 모방된다. 차세대 단계는 짧은 시간 동안은 앞서나갈 수 있으며, 아마 새로운 수익원을 찾게 될 것이다. 획기적인 돌파구 단계에서는 유명세를 타게 되고, 나름의 시장을 구축하게 된다. 고객에게 영감을 주고, 투자자를 끌어들이며 가치 창조에 크게 기여한다.

혁신의 규모는 혁신을 어떻게 적용하는지와 관계된다. 즉, 기존 조직에서 내놓을 만한

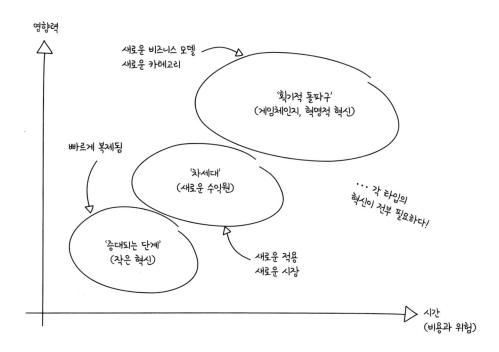

영향력

새로운 비즈니스 모델
새로운 카레고리

'획기적 돌파구'
(게임체인지, 혁명적 혁신)

빠르게 복제됨

'차세대'
(새로운 수익원)

··· 각 타입의
혁신이 전부 필요하다!

'증대되는 단계'
(작은 혁신)

새로운 적용
새로운 시장

시간
(비용과 위험)

혁신의 세 가지 수준 – 다양하게 섞인 사업 포트폴리오가 영향력, 위험, 시간 사이의 균형을 이룬다

새로운 제품이나 서비스, 아니면 새로운 방식으로 가치를 창조하는 완전히 새로운 비즈니스 모델 중 어떤 측면을 고려할지의 문제이다. 여기에는 네 가지 유형이 있다.

- **시장 혁신:** 새로운 부문과 지형, 시장 내의 새로운 고객, 이들에게 다가서는 새로운 채널, 기존 제품에 대한 새로운 적용, 이에 대한 이미지를 전환하고 소통하기 위한 새로운 제안, 또 이를 전달하고 지지할 새로운 경험을 만들어냄
- **제품 혁신:** 새로운 상품과 서비스, 그 안의 새로운 구성요소, 이를 다른 방식으로 모

으는 새로운 방법, 이를 더 매력적이게 만드는 새로운 패션과 스타일링, 그리고 이를 포장하고 전달하는 새로운 방식을 만들어냄

- **조직 혁신:** 조직 내 새로운 프로세스와 구조, 수익성과 효율성을 개선하는 새로운 방식, 협력할 새로운 파트너, 새로운 공급자, 새로운 도구와 기술, 새로운 관리와 보상 방식을 만들어냄
- **비즈니스 모델 혁신:** 새로운 사업 방식, 고객과 파트너와의 새로운 협업방식, 새로운 시장 모델, 즉 고객이 제품과 서비스를 구매하고 이용하는 방식까지도 만들어냄

역시 중요한 것은 균형이다. 어떤 수준의 혁신이 현재 몸담은 시장에 가장 적합한지, 고객들이 요구하는지, 주주들에게 수용 가능한지를 고려해야 한다는 것이다. 비즈니스 모델 혁신이 가장 영향력이 크고 게임 결과를 좌우할 수 있지만, 이는 또한 감수해야 할 위험수준도 그만큼 가장 높다. 이 네 가지 유형의 혁신은 함께 작용하여, 더 큰 이익과 영향을 미치게 되며 각각을 지지할 수도 있다.

세 계 에 서 가 장 혁 신 적 인 기 업 들

〈비즈니스위크(Business Week)〉지에서 매년 발표하는 '세계에서 가장 혁신적인 기업 순위'는 부문을 막론하고 가장 최고의 리그이다. 이 순위는 3,000명의 비즈니스 리더들의 견해에 주로 기반하여, 재정 실적(동료 간 인식 80%, 주주 배당 10%, 수익과 수익성 성장 각각 5%)까지 함께 집계한 것이다.

애플이나 구글과 같은 회사들이 최고 순위에 있으며, 어떤 회사가 높은 순위를 차지했는지를 봐도 별로 놀랍지 않을 것이다. 떠오르는 샛별로는 아마존, 한국의 거대 전자회사 LG, 중국의 전기차량제조사 BYD 등이 있다. 기업 총수들에게 또 그 회사의 어떤 혁

순위	기업	혁신의 주안점	매출 성장률(%) 2006-2009	수익 성장률(%) 2006-2009	주주 배당(%) 2006-2009
1	애플	제품	30	29	35
2	구글	체험	31	2	10
3	마이크로소프트	프로세스	10	-4	3
4	IBM	프로세스	2	11	12
5	토요타	프로세스	-11	—	-20
6	아마존	체험	29	6	51
7	LG전자	제품	16	707	31
8	BYD	프로세스	42	-1	99
9	GE	프로세스	-1	-25	-22
10	소니	제품	-5	—	-19
11	삼성	제품	17	-9	10
12	인텔	제품	0	12	3
13	포드	프로세스	-12	—	10
14	RIM	체험	75	-6	17
15	폭스바겐	비즈니스모델	0	14	8
16	HP	프로세스	8	9	9
17	타타그룹	비즈니스모델	—	—	—
18	BMW	체험	0	—	-8
19	코카콜라	체험	9	1	9
20	닌텐도	체험	22	3	-8

출처: 〈비즈니스위크〉, 2010

신이 가장 칭찬할 만한지 물었다. 기업들이 중요한 혁신을 이루는 것이 '제품'이라는 답은 점점 줄었다.

제임스 다이슨…
모래언덕을 달리다 아이디어를 얻은 '듀얼 사이클론'

10대 시절 육상선수였던 제임스 다이슨은 1960년 올림픽 1,500미터 금메달리스트인 호주의 허브 엘리엇(Herb Elliott) 선수와 모래언덕에서 훈련을 시키기로 유명한 그의 코치 퍼시 세루티(Percy Cerutty)의 팬이었다. 일반 도로와 트랙보다는 해변을 달리는 것이 더 재미있고, 자유로웠으며, 힘과 지구력을 기르는 데 더 도움이 되었다. 다이슨은 〈러너스월드(Runner's World)〉와의 인터뷰에서 이렇게 회고했다. '자연과 교감하는 것이야말로 달리기의 핵심인 것 같았다. 그래서 꼭 그렇게 하려고 했다.'

이런 경험에서 거침없음, 자연에 대한 사랑, 그리고 끊임없이 무언가를 차별되고 더 낫게 하려는 결심이 생기게 되었고…… 또 한 가지, 바로 집에 돌아왔을 때 신발 속에 모래가 잔뜩 들어 있었는데, 그 때문에 그는 더 좋은 진공청소기가 필요했다.

대부분의 진공청소기는 그 때까지도 먼지봉투나 필터를 사용했는데, 이로 인해 흡입구가 막히거나 성능이 떨어지는 단점이 있었다. 15년간 실패를 거듭하며 5,126개의 시제품을 만든 다이슨은 결국 그 유명한 먼지봉투를 사용하지 않는 '듀얼 사이클론(dual cyclone)' 진공청소기를 개발했다. 계속 사용하더라도 흡입력이 약해지지 않는 청소기를 최초로 만든 것이다. 사이클론 기술에 영감을 받은 그는 처음에 제재소 일을 생각해 내고는, 가지고 있던 구형 청소기에서 먼지로 막힌 봉투를 꺼내고 그가 서서히 완벽을 기해 나간 시제품으로 대체했다. 이 제품은 특이했으며 기능과 형태에서는 스타일리시하기도 했다. 이제는 전 세계 많은 가정에서뿐 아니라 현대미술관에서도 볼 수 있다.

다이슨은 비엄쇼스쿨(Byam Shaw School, 현재 센트럴세인트마틴스 예술디자인대학)에서 디자인을 공부하고, 영국 왕립예술학교(Royal College of Art)에서 가구와 인테리어디자인을 전공한 후에 해양기술 분야에서 일했다. 그의 첫 번째 발명품은 왕립예술학교 재학 중이던 1970년에 '시트럭(Sea Truck)'이라는 이름으로 소개되었다. 손수레(wheelbarrow)는 처음 발명된 후 2,000년 동안 변하지 않았는데, 다이슨은 일반적인 금속 몸체가 아니라, 녹이 슬거나 위험 요소가 없게끔 모서리가 부드럽게 처리된 플라스틱 통을 생각해냈다. 그는 손수레에 달린 바퀴를 안정성이 가미되고 부드러운 땅에 살짝 박히며 멈추는 공으로 대체했다. 그리고 이 손수레를 '볼배로(Ballbarrow)'라고 불렀다. 하지만 일은 잘 풀리지 않았다. 그는 생산을 맡겠다는 협력사에 특허를 맡기고 이를 표시했다. 그도 주주가 되긴 했지만 회사가 사업 성장에 집중하기 시작하면서 그의 자금 지원 요청은 자주 묵살되었다. 결국 그는 그의 발명품을 팔고자 하는 다른 주주들에게서 밀려났고, 회사는 없어졌다.

절망에 빠진 그는 자신의 실수에서 하나씩 배워가며 위험을 감수할 능력을 길렀다. 또한 성공적인 발명품을 만들고자 하는 그의 열정은 기술과 영리 측면에서 그의 창의력을 부채질했다. 먼지봉투 없는 청소기를 개발하는 데에는 그로부터 5년이 더 걸렸다.

1985년, 다이슨은 회전기술을 사용해서 흡입력이 더욱 강력한, 먼지봉투 없는 업라이트 청소기 '지포스(G-Force)'를 만드는 데 성공했다. 하지만 이 제품이 현재의 수익성 좋은 시장을 위협할 것이라는 이유로 영국 내에서 출시하려는 제조사나 유통회사가 없었다. 다이슨은 대신 카탈로그를 통해 일본에 이 제품을 선보였다. 밝은 핑크색에 가격은 3,500달러였다. 이 제품은 1991년 일본의 국제디자인박람회에서 수상하기도 했다. 그러자 후버(Hoover)를 비롯한 경쟁사에서 그의 디자인을 모방하기 시작했고, 그는 후버사에 500만 달러의 손해배상청구소송을 냈다. 이 과정에서 다이슨은 자신의 아이디어를 보호하는 것이 얼마나 중요한지 알게 되었다.

1993년 다이슨은 윌트셔(Wiltshire)의 맘스베리(Malmesbury)에 자신의 연구센터와 공장을 세운 다음, '다이슨'을 영국 시장에 내놓았다. 한 가지 흥미로운 사실은 이 제품의 뛰어난 흡입력 같은 기술적 성과를 강조하는 것보다 '먼지봉투는 이제 안녕!'이라는 광고카피가 소비자들에게 훨씬 더 호소력이 있었다는 점이다. 그 결과, 다이슨 청소기는 예전에 자신의 아이디어를 거절했던 많은 기존 브랜드를 물리치고, 영국 역사상 가장 빠른 속도로 팔리는 진공청소기가 되었으며, 2005년에는 경제적 가치 측면에서 미국에서도 선두주자가 되었다.

그는 계속해서 진공청소기 디자인에 매달렸다. 그리고 흡입력이 더욱 뛰어난 새로운 모델을 내놓았다. 지름이 더 작은 사이클론을 장착해 원심력을 더 크게 한 결과, 듀얼 사이클론보다 흡입력이 45% 더 강해졌고, 8개의 더 작은 사이클론으로 공기를 분할하여 더 많은 먼지를 제거할 수 있게 되었다. 이를 '루트 사이클론(root cyclone)'이라고 불렀다. 그는 제일 처음 아이디어인 볼배로의 바퀴공까지 적용한 진공청소기 '다이슨볼(Dyson Ball)'을 만들어, 움직임과 흡입력을 더욱 개선했다.

그는 청소기를 넘어 세탁기까지 영역을 확장했다. '콘트라로테이터(ContraRotator)'라고 하는 이 세탁기는 반대방향으로 회전하는 두 개의 드럼통으로 이루어졌으며, 지금까지 만들어진 그의 제품처럼 밝은 색상이다. 이 상품은 빨래가 더 잘 되고 물이 절약된다고 광고했지만, 크게 인기를 끌지는 못해 조용히 생산이 중단되었다. 2006년에는 에어블레이드(Airblade)라고 하여 아주 빠르게 손을 말릴 수 있는 건조기를 출시했는데, 이 제품은 0.3밀리미터의 공간을 통해 400mph의 속도로 공기의 흐름을 생성해서 손의 물기를 제거한다. 기존 드라이어들보다 87%나 효율적으로 손을 말릴 수 있다고 하여 곧 히트를 쳤다.

10

크리에이티브 지니어스…
'천재의 연구실'에 오신 것을
환영합니다

CREATIVE BOX

'일급 지능이란 두 가지 상반된 생각을 동시에 하는 능력.
그리고 그 능력이 잘 기능하도록 유지하는 능력으로 측정된다.'
– F. 스콧 피츠제럴드

천재는 여러 가지 형태로 나타난다. 아주 어릴 때 신동이라 불리며 천재성을 보여주는 사람도 있고 인생의 후반부에 천재성을 보일 수도 있다. 이때 천재성은 선천적일 수도 혹은 후천적인 노력에 의한 결과일 수도 있다. 어떤 쪽이든, 천재들은 결국 위대한 독창성을 통해 자신을 차별화시킨다. 예를 들면, 천재들은 설명되지 않는 상황에 대해 명쾌한 시각을 가지고 있으며, 그렇게 관찰된 사실들에 기반을 두어 행동한다. 이때는 보통 어마어마한 에너지가 들어간다.

영감과 땀

토마스 에디슨은 '천재는 1%의 영감과 99%의 땀으로 이루어진다'라는 아주 유명한 말을 남겼다. 이 말을 좀 더 알기 쉽게 이해하기 위해 다음과 같이 계산해보았다.

- 셰익스피어는 소네트(10개의 음절로 구성되는 시행 14개가 일정한 운율로 이어지는 14행시)를 154개 썼다.
- 바흐는 성인이 되고 나서 칸타타를 매주 한 곡씩 작곡했다.
- 모차르트는 600곡 이상을 작곡했다.
- 아인슈타인은 자신의 최초이자 가장 유명한 논문 외에 248편을 더 발표했다.
- 다윈은 진화론 외에 119편의 저서를 남겼다.
- 매슬로(Maslow)는 삼각형 이론으로만 기억되지만, 논문이 165편 더 있다.
- 렘브란트는 회화를 650점 이상 그렸다.
- 에디슨은 1,093개의 발명 특허를 출원했다.

● 피카소는 20,000점이라는 엄청난 수의 작품을 남겼다.

이런 결과물들이 모두 위대하다고 말할 수 없겠지만, 이 위인들의 위대함에 큰 영향을 끼쳤을 것이다.

말콤 글래드웰(Malcolm Gladwell)이 《아웃라이어(Outliers)》에서 수집하고 분석한 연구 자료를 보면 위대함에는 얼마나 피땀 어린 노력이 많이 드는지 알 수 있다. 최고의 운동선수, 음악가, 체스선수들에 대한 연구에 따르면 자신이 선택한 분야에서 최고의 자리에 이르기 위해서는 평생에 걸쳐 1만 시간가량의 연습이 필요하다고 한다. 재능도 중요하지만, 그저 잘하는 것과 뛰어난 것의 차이를 만들어내는 것은 바로 노력이다. 글래드웰은 그룹 비틀즈가 함부르크에 있을 동안 일주일 내내 매일 밤 8시간씩 연주하던 데뷔 초기를 언급하며, 어마어마한 연습량을 성공요인으로 들었다. 비틀즈가 히트를 칠 당시 이들은 라이브 공연을 어림잡아 1,200회 정도 했는데, 이는 요즘 밴드들이 평생 하는 공연 횟수보다 많은 숫자이다.

'천재의 연구실'에 오신 것을 환영합니다

그 어떤 책도 당신을 '창의적 천재'로 만들어 준다고 약속할 수 없다. 하지만 이 책의 나머지 부분을 보면 그 기반을 다지는 데 도움이 되며 중요하거나 정말 놀라울만한 일을 해내는 데 영감을 얻을 수도 있다. 창의력, 디자인, 혁신은 모두 실용적인 훈련이기는 하지만 이는 사실, 문제를 해결하거나 개인과 기업에서 긍정적인 변화와 더 나은 삶을 추구할 때와 관련된다. 필자는 지난 20년간 많은 조직과 협업하며, 명확히 눈에 보이는 도전과 눈에 보이지 않는 비정형적인 도전에 대처해 왔다. 어떤 경우는 혁신을 이루는 것이 길고 복잡한 일련의 과정이지만, 대부분은 정해진 구조가 거의 없다. 혁신은 사업의 일부가 아니므로, 담당 관리자나 자원이 없다. 하지만 기업들은 혁신이 미래에 반드시 필요한 것이라고 하나같이 인식하고 있다.

최고의 아이디어는 이미 기업 내에 존재하는 것이 일반적이다. 시장을 가장 잘 아는 사람들의 머릿속에, 아직 활용되지 않고 묻혀 있는 많은 문서와 데이터베이스 속에, 또 고객과 협력사의 머릿속에도 최고의 아이디어가 있을 것이다. 문제는 어떻게 하면 이런 아이디어를 빠르고 효과적으로 끄집어낼 수 있을 것인가?하는 점이다.

'천재의 연구실'은 더 빠르게 혁신을 이룰 수 있는 접근법이다. 이 방식에는 아이디어를 더 빠르게 실제 행동으로 옮기기는 데에 인정받는(그리고 몇 가지는 새로운) 프로세스를 모두 모으는 3단계로 이루어진다. 상당 부분은 사내의 팀과 분야를 적절히 구성해서 실행할 수 있는데, 특히 구조, 촉진, 자극이 조금 가해질 때 가장 잘 이루어진다.

지난 20여 년간 필자는 혁신을 위한 도전이라면 무엇이든 접해보았다. 그동안 필자가 배운 점은 무엇일까? 혁신을 위해서는 중요한 일을 책임지고 맡을 지도부와 여러 기능을 할 수 있는 팀이 필요하다. 그리고 조직 내에서 지나치게 감정적인 것을 끊어놓을 수 있는 에너지와 페이스가 필요하며, 일의 진행 상황을 파악하기 쉽도록 명확하고 단순한 구조로 이루어져야 한다. 또한 필자는 많은 회사에서 리서치에 상당한 시간을 들이는 반면에 이를 잘 이해하고 활용하는 데 들이는 시간은 너무 적다는 사실을 알게 되었다. 이런 회사들은 미래 여행을 통해 또는 뒤집어 봄으로써 더 크게 생각하려고 힘쓴다. 이들

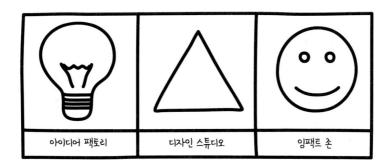

더욱 중요한 혁신을 더 빠르고 성공적으로 이루기 위한 천재의 연구실의 3단계

은 아이디어를 실행 가능한 프로젝트로 바꿀 수 있다는 확신이 부족하며 아이디어를 제안하는 것조차 두려워하는 경우도 많다. 그리고 무언가 놀라운 일이 있을 때는 마지막 순간까지 의사결정자의 관심을 끌지 못하고, 보통은 타협해 버리거나 중지해 버린다.

혁신을 이루기 위해서는 방향과 모멘텀을 제시해 줄 지도자, 탐구하고 창조할 공간, 최고의 아이디어에 집중해 이를 실행시킬 구조(조직)가 있어야 한다. 조금이라도 개선되면 도움은 되겠지만 결국 중요한 것은 뛰어난 것(그렇다, 보통이 아닌 것은 무엇이든)을 뛰어난 방식으로 이루어내는 것이다.

천재의 연구실의 세 단계인 아이디어 팩토리, 디자인 스튜디오, 임팩트 존을 이 책의 나머지 부분에서 다룰 것이다. 이 단계는 단순한 과정이기는 하지만, 그 이면에는 훨씬 많은 것들이 있다. 즉, 미래 여행뿐 아니라 역발상을 통해 아이디어를 가져오고, 좌뇌와 우뇌, 창의력과 혁신을 이용해 최고의 아이디어가 실현되고 뛰어난 결과를 도출하도록 하는 것이다.

1단계: 아이디어 팩토리

이 단계에서는 미래 여행을 통해서든, 고객과 전문가의 제휴, 그리고 우리의 상상력을 통해서든, 이해도를 높이고 영감을 얻으며, 방향을 찾아나가고 가설을 발전시킬 수 있는 통찰력과 아이디어가 중요하다.

우리는 미래 시나리오, 고객몰입, 유사 분야, 새롭게 등장하는 트렌드와 창의적 아이디어에 기반을 두어 가능성을 찾는다. 통찰력은 '번뜩이는 영감'이나 '예리한 발견'을 통해 알게 된 지식에서 나온 결과물이며, 이후 창의적 사고와 결합된다.

통찰력은 단순한 정보 그 이상의 것이며, 더 확고한 아이디어를 생산해 내는 새로운 발판을 만들어준다. 아이디어는 행동 그 이상의 것이며, 더 나은 삶을 만든다는 개념이다. 우리는 당면한 문제나 기회를 더 잘 이해함으로써 성공적인 해결책을 만들어낼 기회를 더 많이 가지게 된다. 또한 현실적 통찰력에 집중함으로써 더욱 독특하고 영향력 있는 아이디어를 떠올리게 된다.

2단계: 디자인 스튜디오

이 단계는 창의력과 디자인이 중요하다. 최고의 아이디어를 아주 매력적이고, 실용적이며 수익성 있는 콘셉트로 만들어내고, 이렇게 나온 최고의 콘셉트를 표현, 시험, 평가하는 것이다.

이 단계에서는 최고의 아이디어와 가설을 열심히 찾아내어, 그 맥락을 재구성하고, 아이디어를 융합하여 구조를 더욱 세부적이고 풍부하게 만든다. 그리고 이렇게 확장된 아이디어의 기능과 형태를 검토하고, 이를 현실에서 더 잘 이용할 수 있고 미적 매력이 강화될 수 있도록 한다.

콘셉트는 제품 품질이나 서비스 이상으로 중요하다. 이러한 콘셉트는 제안, 해결책, 체험의 형태로 나타나며, 아마도 새로운 기업과 시장모델을 필요로 할 것이다. 그 다음에는 이 최고의 콘셉트들이 각각 고객과 기업을 위해 어떤 잠재적 가치를 지니는지, 이들이 어떻게 사람들의 삶을 더 낫게 만들어 줄 것인지, 또 우리가 어떻게 이를 독창적이고 수익성 있게 실현시킬지를 평가하게 된다.

3단계: 임팩트 존(아이디어 실현과 가치창출)

이는 발전과 상업화를 말한다. 아이디어를 실현시키고, 적절한 시장에 제품을 출시하고, 인기를 끌어 결과물을 지속적으로 낼 수 있도록 하는 것이다.

여기서는 최대의 수익과 최고의 시장, 최고의 고객, 최고의 해결책을 실현시킬 수 있는 기회와 창의적인 방법에 주목해야 한다. 모든 사람을 위해 모든 것을 하려고 하지 말고, 현저히 차별되고 더 나은 것을 하라. 그리고 우리는 시장 진입으로 만족하지 않는다. 이는 아이디어에 생명을 불어넣고, 사람들의 태도를 변화시키고 새로운 행동을 부추기는 출발점일 뿐이다.

지속적인 결과를 낸다는 것은 자신만의 시장을 만들어, 보호하고, 성장시킬 수 있는 공간을 찾는 것이다. 이는 자신의 이야기를 매력적인 방법으로 전달함으로써 이루어진다. 또한 다른 누군가의 비전에 노예처럼 이끌리지 말고 자신만의 시장을 만들고, 아이디어를 확장하고 진화시켜 시장에서 훨씬 더 영향력 있게 만들며, 그리고 한두 발짝 먼저 나아감으로써 이루어진다.

스티브 잡스⋯
불가능을 극복하는 현실 왜곡장

오늘날 혁신을 이야기할 때 스티브 잡스를 빼놓을 수는 없다.

잡스는 기술뿐 아니라 음악과 엔터테인먼트 산업까지도 새롭게 정의했다. 애플의 초기 매킨토시부터 〈토이스토리3〉 같은 픽사의 블록버스터, 그리고 다시 애플의 '아이⑴' 시리즈에 이르기까지, 그는 기존고객과 신규고객의 니즈에 기술을 접목시키고 있다.

기술혁신과 몽환적인 음악이 한창 유행이던 시절, 잡스는 캘리포니아의 살구나무 과수원이 있던 지역에서 태어났다. 이후 이곳은 실리콘밸리로 알려지게 되었다. 그는 대학에서 물리학과 문학을 공부했지만 학교를 그만두고 나와 친구인 스티브 워즈니악(Steve Wozniak)과 1976년 자신의 VW 밴을 판 돈으로 부모님의 창고에서 애플컴퓨터를 설립했다. 23세의 나이에 그는 100만 달러 이상의 가치를 지니게 되었고, 24세에는 1,000만 달러, 25세에는 1억 달러, 그리고 이제는 몇십 억 달러의 가치를 지닌 인물이 되었다.

그는 틈새시장에 주목하고 신제품을 출시할 때마다 고급스러운 이미지를 부여해서 사업을 성장시켰다. 하지만 1985년, 그가 존 스컬리(John Sculley)와의 권력투쟁에서 밀려 애플에서 쫓겨나게 되었다. 그러자 애플은 마이크로소프트와의 경쟁에서 입지가 흔들리기 시작했다. 잡스는 이 일을 계기로 픽사애니메이션스튜디오에 들어가게 되었고, 월트디즈니가 설립된 이래로 가장 성공적이고 사랑받는 애니메이션 영화를 다수 제작했다.

고군분투하던 애플은 1997년에 잡스를 다시 영입했다. 그는 애플의 회생을 확신할 수 없었던 데다, 컴퓨터 업계가 급속히 변화하고 있음을 알아차렸다. 픽사가 영화계를 변혁한 것처럼, 델 같은 업체가 컴퓨터 업계를 휘젓고 있었다. 하지만 잡스는 기술의 미래를 다른 이들과 다르게 보았다. 그는 기술업계가 픽사로부터 더 많은 것, 즉 사람들과 감성적으로 연결되는 법, 또 시간이 흘러도 끝까지 남을만한 스토리를 만들어야 한다고 생각했다.

그는 디자인이 멋진 컴퓨터를 만드는 데 자신의 열정을 다시 불태웠다. 이번에는 공개시스템으로, 그리고 칙칙한 회색 대신 블루베리색과 오렌지색이라는 파격적인 색상의 아이맥스를 출시했다. 그러자 사람들의 반응은 폭발적이었으며, 이 제품들은 개인과 기업의 신세대를 대표하는 아이콘이 되었다. 그는 계속해서 컴퓨터 디자인 전반에 변화를 추구했다. 2000년에 맥 OS X 유저 인터페이스를 선보인 그는 〈포춘(Fortune)〉지와의 인터뷰에서 이렇게 말했다. '스크린 위 버튼을 괜찮아 보이게 만들었는데, 쉽게 처리하고 싶을 겁니다.' 그는 혁신과 마케팅, 그리고 동료들보다 많은 예산을 쓰기보다는 그들보다 앞서 생각하는 데 부단히 집중했다. 그는 인터뷰에서 또 이렇게 말했다. '혁신은 연구개발에 얼마나 많은 돈을 투자하는지와 관계가 없습니다. 애플이 맥을 출시했을 때, IBM은 연구개발에 최소 100배 이상을 투자하고 있었습니다. 그러니 돈이 문제가 아닙니다. 어떤 사람들과 함께 일하는지, 어떤 리더가 이끄는지, 어느 정도까지 이해하는지가 중요하죠.'

잡스가 가장 중요하게 인식한 점은 음악 산업에 혁신이 절실히 필요하다는 것이었다. 2001년 아이팟이 처음 나왔는데, 1,000곡의 노래를 저장할 수 있는 어마어마한 용량이었다. 뒤이어 나온 아이튠즈도 비슷했다. 기존의 음악 구입 방식을 변화시키고 그에 따라 음악 산업과 관련된 모든 부분까지 바꾸어 놓으면서 진정한 혁신을 주도했다. 이후 출시된 아이팟의 새 모델은 크기가 훨씬 작으면서도 더 강력한 기능을 가졌다.

2006년, 픽사가 75억 달러에 디즈니에 인수되면서, 잡스는 디즈니의 최대주주인 동시에 이사회의 일원이 되었다. 그리고 1년 후 아이폰이 나와 특히 애플리케이션용 공개 플랫폼을 통해 커뮤니케이션 세상을 완전히 바꾸어 놓는 센세이션을 일으켰다. 2008년에는 맥북에어가 컴퓨터에서 다시 이를 재현했고, 다음으로 아이패드가 나와 2010년 태블릿컴퓨터로의 진화를 알렸다.

잡스는 매우 개인적인 방식으로 사업에 임했다. 또한 커뮤니케이션의 능력은 실로 감탄을 자아냈는데, 대중 앞에서 이야기할 내용을 완벽에 가깝도록 몇 시간씩 연습했다. 거기다 잡스는 2009년 연말 〈포춘〉지에서 '최근 10년간 최고의 CEO(CEO of the Decade)'로 뽑힌 업계 슈퍼스타이다. 〈포춘〉지는 애플, 픽사, 디즈니를 비롯한 다른 여러 곳에서 그가 주주의 수익에 기여한 것이 1,500억 달러 이상에 이를 것이라고 추정했다.

잡스는 음악, 영화, 커뮤니케이션, 컴퓨터, 이 네 가지 산업에서 유명인사로 이름을 떨치며 업계에 변혁을 일으켰다. 그는 전 세계 기업총수, 그리고 그의 제품을 이용하는 수많은 대중의 존경을 받고 있으며, 가장 경외심을 불러일으키고, 창의적이며, 오만한 혁신가들의 팀을 이끌었다.

이렇게 잡스가 이룬 업적의 원동력이 무엇인지는 잘 모르지만, 아마도 그의 최고의 통찰력은 2005년 스탠포드대학 졸업식 연설에서 엿볼 수 있을 것이다. 이 내용은 온라인으로 영상을 보거나 전문을 읽어볼 수 있다. 연설에서 그는 청중에게 자신이 그랬던 것처럼 자기 자신을 믿고, 모든 기회를 붙잡을 것을 당부한다.

'여러분에게 주어진 시간은 제한되어 있으니, 다른 사람과 같은 삶을 사는 데 시간을 낭비하지 마십시오. 도그마(dogma)에 사로잡혀… 다른 사람들의 사고의 결과에 이끌려 살지 마십시오. 다른 이들의 시끄러운 주장에 자기 내부의 목소리가 묻히게 하지 마십시오. 그리고 가장 중요한 것, 용기를 내어 마음 가는대로, 자신의 직관을 따르십시오.'

아이디어 팩토리

어떻게 아이디어를
구체화시킬 수 있을까?

아이디어 팩토리

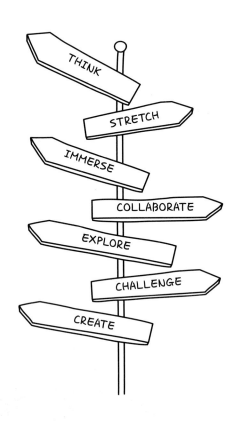

11

시작하기(아이디어의 출발점)···
혁신의 흐릿한 앞면

CREATIVE BOX

'문제를 만들어낸 사고방식으로는
그 문제를 풀 수 없다.'
-앨버트 아인슈타인

◇ ─────── '제품을 개발해 시장에 내놓는 데 걸리는 시간(time to market)'을 줄이는 것에 쫓겨, 최초의 아이디어에서 나온 에너지를 활용하고, 또 가능한 빨리 새로운 수익원을 찾아서, 서둘러 혁신을 이루는 것에만 신경 쓴다. 하지만 이때 항상 속도가 가장 우선순위가 되지는 않는다. 어떤 결과가 나올지 확신하지 못한다 하더라도, 올바른 방향으로 진행하는 것이 중요하다. 기업의 목표에 대해 처음 가졌던 생각, 즉 해결해야 할 문제, 가능한 한 해결책의 범위, 업무의 한도를 지키는 것이 가장 중요한 출발점이다.

기 클랙스턴(Guy Claxton)의 《토끼의 머리, 거북이의 정신(Hare Brain, Tortoise Mind)》에서는 사람들이 상황에 반응하는 방식을 다음과 같이 나누고 있다.

- **아주 빠름** – 본능적이고 직관적임
- **빠름** – 논리와 속도, 또는 클랙스턴의 표현을 빌자면 '토끼의 뇌(hare brain)'
- **느림** – 사려 깊음, '거북이의 정신(tortoise mind)'이라 함

본능은 심사숙고하는 과정이 없이 자연발생적이고 즉각적이다. 하지만 우리 인간의 기본 상태는 '토끼의 뇌' 모드이다. 이는 의식적이고, 섬세하며, 확고한 목적의식이 있고, 문제가 일어난 후 해결책을 찾기보다는 해결책을 미리 생각한다. 그렇기 때문에 기업에서 더 선호하는 모드이다.

하지만 문제가 복잡하거나 명확하게 드러나지 않을 때는 이 기본모드가 별로 효율적이지 못하다. 클랙스턴은 좀 더 느리고 사려 깊은 제3의 모드가 특히 새로운 프로젝트를 시작할 때 필요하다고 제안한다. 이는 빠른 해결책을 찾기보다는 문제나 의문점을 이해

하는 것에 주안점을 둔다. 문제를 고찰하고, 새로운 통찰력을 발전시켜 가정(가설)을 세우며, 새로운 생각이 충분히 이해되는 경우, 그는 이를 '느린 사고'라고 부른다.

때때로 혁신은 속도에 집중하는 나머지, 상품과 서비스를 통해 해결하고자 하는 진짜 문제가 무엇인지를 간과하기가 쉽다. '토끼의 머리'로 생각하여 시간을 들이면, 기존의 습관과 지식에 의존하기만 하여 점진주의와 모방이 확산될 것이다. 반면 잠시 쉬어가며 생각할 시간을 충분히 가지면 주목할 만한 결과물이 나올 수 있다.

흐릿함

'흐릿한 앞면'은 혁신의 가장 혼란스러운 '시작하기' 부분으로, 모든 것이 다소 불명확한 상황을 말한다. 나아가야 할 방향을 찾고, 그 방향대로 가고 있다고 확신하기까지는 충분한 시간이 필요하다. 이는 문제와 그 잠재적 해결책까지도 명확해지는 경우이다. 그리고 프로젝트의 거의 마지막 단계에 다다랐을 때, 특히 실행예산을 요청할 시점에서, 받아들일 수 없는 방식으로 이해관계자들의 개입을 받는 경우를 말한다. 이는 아이디어를 마음껏 발전시키는 시점과 디자인과 개발이 정말로 확실해진 시점 사이의 단계이다.

이 단계에서는 막대한 시간, 어쩌면 총 개발 시간의 50%에 달하는 시간이 들어갈 수 있지만, 그래도 꼭 필요한 과정이다. 개발 시간을 줄여서 출시 준비기간을 줄이는 것이 대세이지만, 시간을 좀 더 들이더라도, 무엇을 하려는지 심사숙고해 보고, 적절한 팀을 구성하여, 의사결정자들에게 올바른 방향으로 가고 있음을 확신시켜 주는 것이 더 낫다.

문 제 해 결

문제를 이해하는 것은 문제해결에 도움이 되는 출발점이다. 하지만 문제의 90%는 문제를 정의하는 것이라고 한다. 이슈나 목표를 충분히 생각해 보지 않은 채, 창의적 문제해결 과정이나 심지어 해결책 개발부터 시작해 버리기가 매우 쉽다. 정확한 이유를 이해하지 못한 채 아이디어를 급하게 발전시키다가, 불완전한 해결책을 만들어 내는 데 그치거나, 실패하거나, 혹은 상황을 더 나쁘게 만들어 버릴 수도 있다.

저널리즘에서 말하는 '5W'는 리서치와 보도 시 정보수집에 앞서 반드시 필요한 계획으로 여겨지는 개념인데, 실제로는 5W와 1H이기 때문에 6W라고 하기도 한다. 이는 '온전한' 이야기를 얻기 위한 공식이다. 완벽한 보도를 위해서는 이 6가지 질문에 답해야 한다.

- 누가 개입되어 있는가?
- 무슨 일이 일어났는가? (이야기의 본질이 무엇인가?)
- 언제 이 일이 일어났는가?
- 어디서 이 일이 일어났는가?
- 왜 이 일이 일어났는가?
- 어떻게 이 일이 일어났는가?

각 질문에는 사실에 기반을 두고 답이 도출되어야 하는데, 여기에서 중요한 것은 어떤 질문도 단순하게 '예', '아니오'로 답할 수는 없다는 것이다. 편집자는 기자가 '첫머리' 즉 기사의 처음 두세 문단에 이 5W를 넣고, 그 이후에 더 상세한 이야기가 나오도록 기사를 쓰기를 바란다.

냅킨 위의 그림

기업의 역사는 구겨진 흰 냅킨으로 가득하다. 이 냅킨에 검은색 잉크로 남겨진 내용이 훗날 새로운 사업이나 최고의 혁신으로 진화하게 되는 것이다. 이는 다빈치의 메모처럼 비공식적이고 완성되지 않은 아이디어인 경우도 많다.

그런데 왜 하필 냅킨일까? 왜 고상한 종잇조각이나 파워포인트 프레젠테이션이 아닌 걸까?

사무실 책상에 혼자 앉아 있거나, 일부러 창의력을 발휘하려고 노력한다고 해서 최고의 아이디어가 떠오르지는 않는다. 저녁식사 때는 깊이 생각해 보고, 대화하고, 다른 사람의 이야기를 들어줄 시간이 생긴다. 다른 누군가와 함께 있으며, 음식은 맛있고, 템프라니요 와인 몇 잔이면 더할 나위 없이 편안하고 영감이 떠오르게 될 것이다. 그러면 자연스레 아이디어가 떠오르고, 자신감이 생기며, 모든 것이 가능하다.

이는 계획적이기보다는 자연발생적이다. 미리 일정을 짜둔다거나 연기할 수 없는 것이다. 새로운 아이디어를 설명하고 또 이를 조금씩 발전시켜 사람들을 매료시키는 데는 말보다 그림이 더 낫다.

그리고 최고의 아이디어는 냅킨 뒷면에 딱 들어갈 만큼 단순한 경우가 많다.

필립 스탁···
디자인계의 총아

필립 스탁은 현대디자인의 '거물'이다. 건축에서 가구, 가정용품, 패션에 이르기까지…… 스탁은 매년 100개가량의 제품에 자신의 이름을 남긴다. '모든 사람은 항상 깊이 생각하며, 삶, 돈, 욕망, 전쟁, 자기 자신에 대해 자문해야 한다.' 그는 자신의 블로그 starck.com에 이렇게 밝히고 있다.

스탁의 아버지는 항공기 디자이너였는데, 그는 아버지의 기술에 대한 열정을 물려받았고, 아버지의 제도판 아래서 종이와 풀을 가지고 놀며, 무엇이든 해체했다가 다시 조립하곤 하면서 주위 세상을 재구성하며 어린 시절을 보냈다. 그는 학교를 중퇴한 뒤 1968년에 디자인회사를 설립했다. 피에르 가르뎅 (Pirre Cardin)에서 잠시 아트디렉터직을 맡기도 했던 그는 독립해 나와 인테리어디자인과 제품디자인을 계속해 나갔다. 그가 처음 작업한 것은 파리에 있는 나이트클럽 두 곳이었다. 재디자인된 나이트클럽을 본 프랑수아 미테랑 대통령은 1982년에 엘리제궁을 재단장해줄 것을 그에게 요청했다.

이 일을 계기로 그는 파리의 카페 코스테스의 멋진 인테리어 디자인을 맡았고, 이는 뉴욕 패러마운트호텔, 도쿄의 레스토랑 마닌, 홍콩의 레스토랑 펠릭스의 모델이 되었다. 하지만 그의 작품 중 가장 멋진 것들은 긴 거미다리를 가진 알레시의 과즙기와 위트가 넘치는 루이 고스트의 폴리카본 의자 같은 일상생활 속의 물건들이다. 이제 그의 디자인은 모든 분야의 유명브랜드와 제휴되어, 어디에서나 찾아볼 수 있다. 그가 디자인한 알람시계에 맞춰 일어나고, 그의 타깃(Target) 칫솔을 쓰며, 그의 우주시대 퓨마 부츠를 신고, 포실 손목시계를 차고, 그의 샘소나이트 여행 가방으로 짐을 옮기고, 그의 마이크로소프트 마우스로 업무를 보고, 아시아드쿠바 레스토랑에서 저녁식사를 하고, 스타일리시한 크로넨버그 1664 병맥주를 마시거나 도쿄의 아사히빌딩 같이 그가 설계한 업무지구로 출근하는 식이다.

그는 이탈리아의 발전설비기업인 프라막(Pramac)과 함께 관악기로도 기능하는 풍차를 디자인했다. 그는 〈뉴욕타임스(The New York Times)〉 인터뷰에서 '생태는 경제의 긴급한 이슈이자 우리가 살고 있는 세계의 보호막일 뿐 아니라, 창의력이자 우아함이다.'라고 말했다. 그는 또 폴리머와 나무로 600달러 정도밖에 들지 않는 개인용 풍력발전기를 만들었다. 이 발전기는 특히 아름다우면서도 기능적인 디자인으로, 가정에서 필요한 에너지를 최대 60%까지 생산할 수 있다고 한다.

스탁은 실용적인 예술과 혁신적인 통찰력이라는 목적을 가지고 창의력을 옹호한다. 그가 참여하는 공동작업은 평범한 제품을 실용적이고 반드시 필요한 바람의 대상으로 바꾸어내며, 함께 일하는 브랜드의 수익을 세 배까지 거뜬히 올릴 수 있다. 초기에는 유행과 새로움에 더 주안점을 둔 작품이 많았지만, 지금은 좀 더 진지한 디자인과 시간이 흘러도 변치 않는 가치를 추구한다. 그가 성공한 비결은 때때로 선지자 같은 자신의 통찰력을 사회문화적 변화로, 또 물건, 공간, 건물로 해석해 내는 능력 덕분이다. 대부분의 현대디자이너들과 달리, 스탁의 작품은 한 번 나온 것으로 끝나거나, 도발적이라거나, 비싼 가격에 주안점을 두지 않는다. 그는 기능적인 디자인으로 알맞은 가격에 대량생산되는 가정용 제품으로 탄생되는 것을 선호한다.

스탁은 놀라운 재해석을 통해 이 세상을 보여줌으로써 우리에게 영감을 준다. 그는 체제 전복적이고, 지능적이며 항상 재미있다. 자신의 상상 속에서는 '총아', 다른 사람들에게는 궁정광대 같은 존재다. 그는 경계를 허물고 자유롭게 생각을 하여, 인습을 거부하고 우리의 관용에 도전하며, 품질이 좋고 아름다운 물건을 만들어낸다.

12

사물을 다르게 바라보기…
아이디어, 상상력, 직관

CREATIVE BOX _____

'진정한 발견은 새로운 땅을 찾는 것이 아니라,
새로운 눈으로 바라보는 것이다.'
— 마르셀 프루스트

다빈치는 문제를 해결하기 위해서는 문제를 재구성해야 한다고 생각했다. 처음에 바라본 시각은 아주 전통적인 관점이고, 편견과 추정으로 가득차 있었을 것이다. 다빈치는 여기에 새로운 시각을 하나씩 더해가면서 더 많이 이해하고, 문제의 본질에 한 걸음씩 더 가까이 가며, 결국 더 나은 해결책을 찾을 수 있었다. 그는 이러한 접근법을 'saper vedere(사페르 베데레)', 즉 '보는 법 배우기'라고 불렀다.

혁신에는 새로운 시각, 인식의 전환이 필요하다. 즉, 사물을 다른 방식으로 바라보고 생각하며, 새로운 통찰력과 더 나은 아이디어, 최고의 기회를 찾는 것이다. 미래가 사고를 확장하는 데 많은 도움이 되긴 하지만, 이외에도 개별적으로 그리고 함께 고려해 볼 만한 다른 시각이나 '세계관'이 많이 존재한다. 고객, 기업, 경쟁사, 유사시장, 기술, 책임, 재무와 미래의 관점 같은 것들이 그렇다.

새롭게 생겨나는 고객의 필요, 주요 시장에서의 점유율 하락, 새로운 기술의 적용, 시장통합, 실적이 좋지 않은 유통경로나 새로운 스타일의 서비스 도입 필요성 등 이슈나 기회를 먼저 명확히 정의한 다음, 여러 시각에서 이에 대처할 가능한 방법을 찾아보라. 버진사라면 어떻게 했을까? 고객들은 무엇을 좋아할까? 아인슈타인이라면 어떻게 했을까? 이것의 미래의 모습은 어떠할까? 어떤 새로운 기술이 도움이 될 수 있을까?

다음의 8가지 '세계관'을 살펴보자. 이는 문제와 기회를 더 넓고, 새로운 시각에서 볼 수 있게 도와준다.

- **미래 세계:** 최근에 생겨나는 트렌드, 유형 인식, 과학이나 공상과학에서 나온 무작위적 가능성에 기반을 둔 미래 시나리오

- **고객 세계:** 다양한 개인의 니즈와 욕구, 당신의 회사와 경쟁사에 대한 고객들의 경험, 고객들의 실망과 열망, 신뢰와 충성도
- **기업 세계:** 기업 실적의 동인, 주요 이슈와 기회 자산과 능력, 상황에 대한 추정과 직원의 아이디어
- **경쟁사 세계:** 강점과 약점, 자세와 차이점, 직간접 경쟁사의 전략과 예상되는 행동
- **유사 세계:** 다른 부문의 기업들은 유사한 사안에 어떻게 대처하는가(혹은 대처했는가), 누가 이기고 누가 패했는가, 무엇을 했는가, 그리고 더 극단적인 상황에는 어떻게 대처하는가?
- **기술 세계:** 네트워킹 기술, 컴퓨터 활용 기술, 모바일 기술, 인공지능, 바이오기술과 나노기술 같은 최신 분야
- **책임감 있는 세계:** 점점 중요성이 강조되는 환경, 윤리실천, 공정무역, 인권, 지역사회, 웰빙, 투명성 등의 이슈
- **상업적 세계:** 가격, 비용, 이익, 시장점유율 변화에 따른 결과, 규정, 공공경영, 경쟁의 변화에 따른 더 넓은 함의

이러한 관점들은 불연속적이고 보완적인 수많은 통찰력을 제공한다. 또한 고객행동, 시장조사, 직원조사, 이사회의 의견, 기업실적, 업계동향보고, 기술적 통찰력, 분석보고서, 의견조율자 등 기존의 지식과 결합될 수도 있다.

이러한 관점과 인식이 다 합쳐지면, 풍부한 통찰력의 기초를 제공한다.

- 미래에 대한 새로운 관점

- 서로 다른 관점들 간에 재발생하기 시작하는 유형, 어떤 것이 될지에 대한 시나리오로 종합됨
- 앞으로 가장 영향력이 있을 트렌드를 찾아냄
- 혁신을 이윤으로 바꾸어줄 열쇠가 될 기업의 가치 동인

상상력

아인슈타인은 상상력에 대해 이렇게 말했다. '상상력은… 지식보다 더 중요하다. 지식은 제한적이지만, 상상력은 세계를 둘러싸고 있다.'고 했다. 상상력은 예전에는 경험하지 못했던, 혹은 적어도 부분적으로나 다른 조합으로만 경험했던 이미지를 새롭게 우리의 마음속에 만들어낸다. 이는 객관적인 규제에서 자유롭다.

이러한 제약은 상상력으로 가정을 세우는 데 방해가 된다. 과학적 연구 과정에서 진보는 주로 상상력으로 만들어지는 가설을 통해 이루어지지만, 그러한 가정은 이전에 확인된 사실에 근거해서 또 특정 과학 분야의 원리에 따라 세워야 한다.

우리가 경험하는 세상은 우리의 모든 감각으로 해석된 것, 우리의 사고와 상상력과 달리 현실로 인지된 것이다. 불교의 비실제(maya)처럼 어떤 문화와 전통에서는 현실세계가 마음속의 환상이라고 본다. 또 어떤 이들은 이와 완전히 반대로, 꿈꾸는 시간에 대한 호주 원주민들의 생각처럼 꿈이 현실처럼 중요하다고 본다.

그곳에서 빠져나오기

다빈치와 '그곳에서 빠져나오기'의 파워를 잊어버리지 말라. 비슷한 배경과 경험이 있는 관리자 두 명이 일주일 동안 시장의 새로운 기회에 대처할 해결책을 생각해야 하는 상황을 생각해 보자. 한 사람은 책상에 앉아서 이슈를 분석하고 선택적 해결책들을 생각하는 식으로 혼자 일한다고 하자. 또 다른 한 사람은 밖으로 나가 다음 일을 한다고 하자.

- 질문을 적어보고 계속해서 거기에 도전함. 누가, 어떻게, 왜⋯ 무엇이 진짜 문제인가? 그 뒤에 숨겨진 이슈와 기회는 무엇인가?
- 다른 사람들과 많은 대화를 나눔. 엔지니어, 디자이너, 소매업자, 싱글맘⋯ 그리고 음악가나 사서 같이 정말 다른 사람들이 그 대상임.
- 연관되어 있으면서도 다른 부문의 기업, 특히 신생기업을 방문하여 직원들과 대화하는 시간을 가져서 그들이 비슷한 도전에 어떻게 접근하는지 이해함.
- 비슷하지만 다른 상품을 찾아 쇼핑을 하고, 이 상품들이 어떻게 홍보되는지, 누가 이 제품을 구입하고 이 물건들은 어떤지 관찰함.
- 떠오르는 아이디어를 그림으로 그려보고, 동료가 매우 간단한 시제품을 만들어 사람들에게 보여주어, 사람들이 관심을 가지고 더 많은 아이디어를 더할 수 있도록 함.

두 사람 중 누가 더 창의적이고 실용적인 아이디어를 발전시키겠는가?

팀 버너스리…
월드와이드웹을 만들다

'잘 생각해 보면, //가 필요하지 않다. //가 없도록 디자인할 수도 있었다.'

이는 월드와이드웹의 창시자 팀 버너스리 경이 한 말이다. 웹 주소에서 제일 앞에 나오는 두 개의 슬래시 기호가 불필요하다고 고백한 것이었다. 그가 이룬 혁신의 영향에 비교하면, 대부분의 사람들은 그 정도 작은 문제쯤은 용서해줄 것이다. 바로 이 사람과 그의 기계가 세상을 바꾸었다.

버너스리는 1989년 프랑스와 스위스의 국경에 있는 유럽 분자물리학연구소 CERN에서 작업을 시작했다. 당시는 인터넷의 상업적 이용이 이제 막 가능해지기 시작한 때였지만, 정보의 포맷, 저장, 위치지정, 검색을 위한 표준화된 시스템이 없었다. 버너스리는 인터넷상에서 문서를 송수신하고 문서 주소 부여 시스템을 고안하기 위한 하이퍼텍스트 송수신 규약(hypertext transfer protocol, HTTP)이라는 새로운 컴퓨터 언어를 만들어냄으로써 이런 문제들을 해결했다. 그는 웹페이지를 만들고 이렇게 만들어진 페이지를 최초의 서버 소프트웨어로 저장하여 다른 사람들이 접속할 수 있도록 하기 위해, 또 다른 언어인 하이퍼텍스트 작성 언어(HTML)뿐 아니라 최초의 브라우저를 만들고, 이를 월드와이드웹(World Wide Web)이라고 불렀다.

세상을 움직인 수많은 혁신과 달리, 이 혁신은 진정 한 사람의 손에서 탄생한 것이었다. 토마스 에디슨이 전구를 발명했지만, 그는 자신의 연구소에서 수십 명의 사람들과 함께 작업했다. 윌리엄 쇼클리(William Shockley)가 트랜지스터를 생각해냈을지는 몰라도, 실제 이를 만들어낸 것은 그의 두 연구원이었다. 바로 통신규약과 패킷교환이 있는 인터넷은 위원회에서 만들어진 것이었다. 하지만 월드와이드웹은 버너스리 혼자서 만들어낸 것이었다. 그는 이를 고안해 내면서, 그 어느 누구보다도 공개적으로 만들고, 상표등록을 하지 않았으며, 누구나 무료로 이용할 수 있도록 애를 썼다.

버너스리는 1980년 CERN의 독립계약자일 때, 연구자들의 정보 공유와 업데이트를 촉진하기 위해 하이퍼텍스트 개념에 기반을 둔 프로젝트를 제안했다. CERN에서 일하는 동안 그는 인콰이어(Enquire)라고 하는 원시 시스템을 설계했다. 프로젝트가 끝나자 영국으로 돌아가 소프트웨어 엔지니어로 복귀했다. 1984년, 유럽에서 가장 큰 인터넷 노드를 보유하고 있던 CERN으로 다시 돌아간 그는, 하이퍼텍스트를 인터넷과 결합시킬 기회를 찾았다. '그냥 하이퍼텍스트 아이디어를 전송 컨트롤 규약과 도메인 이름 시스템 아이디어에 연결시켜야 했는데, 이것이 바로 월드와이드웹이었다.' 그는 w3.org에서 이렇게 회상한다.

세계 최초의 웹사이트는 1991년 후반 info.cern.ch라는 주소로 탄생되었고 버너스리의 프로젝트를 설명하는 페이지가 있었다. 웹사이트 방문자들은 하이퍼텍스트, 자신만의 웹페이지를 만들기 위한 상세한 설명, 그리고 웹에서의 정보검색방법에 대한 설명 등 그림이 없어도 매일 업데이트되는 설명으로 더 많은 공부를 할 수 있었다. 하지만 그의 비전은 다음과 같은 것들이었다.

- 언어와 인터페이스가 함께 작동하는 원리를 자세하게
- 스스로 지능을 가지게 되는 '의미론적 웹' 같이 자신이 처음에 제안했던 내용 중 많은 부분이 여전히 실현되지 않았다는 점으로 확장

1994년, 버너스리는 MIT에서 월드와이드웹컨소시엄(World Wide Web Consortium, W3C)을 설립했다. 여기에는 웹의 품질을 개선하기 위한 표준과 권고안을 만들고자 하는 다양한 회사들이 함께 참여했다. 그는 자신의 아이디어에 대해 특허등록을 하거나 로열티를 받지 않고 자유롭게 이용할 수 있도록 했다. W3C는 여기서 만들어낸 표준이 로열티를 받지 않는 기술에 기반을 두어 누구든 쉽게 적용할 수 있어야 한다고 결정했다. 이것이 바로 놀라울 만큼 성공을 거두게 된 판단이었던 것이다.

2009년 11월, 버너스리는 모든 사람들의 삶의 질을 향상시킬 수 있도록, '인간에게 권력을 부여하는 웹을 발전'시키고 디지털 자원의 더욱 의미 있는 사용을 알리기 위해 월드와이드웹파운데이션을 설립했다.

13

유형과 역설…
불확실한 미래를 이해하기

CREATIVE BOX ———————————————————————

'미래는 이미 와 있다.
단지 불평등하게 분배되어 있을 뿐이다.'
– 윌리엄 깁슨

⬡ ———————— 미래는 불확실하며 예측불가능하다.

거기에다 빠른 속도와 복잡성 때문에 이러한 어려움이 가중되고 있다. 변수가 더 많고 직선은 거의 없으며, 세계경제와 너무나 놀라운 기술이 상상할 수 없을 만큼 우리의 미래를 형성할 수 있기 때문에 복잡성이 거론된다. 그리고 변화의 속도, 부단한 혁신, 미래가 그 어느 때보다 빠르게 다가오고 있다는 인식 때문에 속도가 문제되는 것이다.

동시에, 역사 속에는 앞선 사고를 하지 못하는 조직의 나머지 구성원들이 많이 있다.

- 1970년대 IBM은 초소형컴퓨터 기술의 주도권을 다른 업체들에게 내줌으로써 흔들렸고, 중앙컴퓨터에서 리더십 승계 문제로 편협한 사고를 하게 됨.

- 1980년대 CIA는 소련 경제의 약점과 임박한 소련의 붕괴를 보지 못했다.

- 1990년대 마이크로소프트는 새로운 발명품인 인터넷에 대해 한때 지나가는 트렌드로 치부해버렸다. 그 결과, 작지만 선견지명이 있는 라이벌들에 추월당해버렸다.

그렇다면 이런 세계를 어떻게 이해해야 할까? 이런 불확실성 가운데 어떤 계획을 세워야 할까?

미래는 정해지지 않았다. 우리는 매일 내리는 결정으로 미래에 영향을 미치고, 그 속에서 운명을 만들어 나간다. 그리고 미래가 오늘과는 다른 모습이라면, 현재 세계는 미래 세계를 예상하기에는 불충분한 증거일 뿐이다.

우리는 끊임없이 불확실성에 가슴을 조리면서 불확실한 정부, 애매한 정보, 잘못된 정보 등으로 인하여 합리적 의사 결정에 방해를 받게 된다.

패 턴 인 식

우리의 정신은 패턴(유형)을 의식적으로 인식하지 않고도 알아차리는 경향이 있다. 따라서 유형을 인식하고, 열린 마음으로 복잡성을 이해하거나, 추정보다는 가정을 이용하는 기술을 개발하는 것이 중요하다. 기존 신념, 추정, 편견을 버리고 가는 것은 새로운 통찰력을 발전시키는 데 가장 어려운 일 중 하나다.

유형은 우리 일상생활에서는 거의 보이지 않으면서, 종종 주류에서보다는 주변부에서, 우리의 미래를 넌지시 보여준다. 패턴은 트렌드, 패션, 유행처럼 눈에 더 잘 띄는 변화를 형성하며, 이들이 어떻게 충돌하는지, 또 우리가 어떻게 반응하는지에 따라 형성되는 힘이다. 또 사회적 규준을 거부하는 사람들의 행동양식이다.

우리는 시장과 사회적 행동에서 매우 다양한 종류의 패턴을 보게 된다. 이는 주로 단기적으로 나타나는 패턴이지만 보이지 않는 방향까지 보도록 도와준다는 점에서 중요하다.

- **트렌드**(trend): 진화하는 아이디어로, 일련의 발전과정과 지속되는 변화이다.
- **패션**(fashion): 시간 속에 존재하는 아이디어이며 보통 트렌드의 일부이지만, 특정 순간과 특정 스타일과 연관된다.
- **유행**(fad): 소수의 사람들이 수용하고, 극단적인 관심으로 추종되며, 트렌드처럼 장기적으로 계속되지는 않는다.
- **열풍**(craze): 매우 빠르게 인기를 얻는 아이디어로, 집단을 통해 확산되고, 등장할 때처럼 사라질 때도 빠르게 사라지며, 트렌드의 일부는 아니다.

사업을 할 때도 단기적 관점을 추구한다. 단기적 인센티브에 쫓기거나 장기적인 관점을 가지지 못하면, 몇 년 앞도 내다볼 수 없게 된다. 전략적 계획도 1년에서 3년 정도의 시야로 줄어들게 된다. 하지만 때로는 제약 연구개발에서 언제나 그런 것처럼 더 멀리 내다보고, 새로운 기술 플랫폼을 개발하거나 새로운 파트너나 시장을 찾아야 한다. 모든 부문에서 미래를 고려한 사고가 더욱 중요해지고 있다.

역설

새로움을 추구할 때 가장 많이 관심을 기울이는 것은 아마도 현재 상태에서 모호한 경우일 것이다. 동시에 두 가지 선택을 할 수 없기 때문에 언제나 실망과 요구사항이 생기게 마련이다. 일단 대안을 보고 나면, 양쪽을 모두 원하게 된다. 우리는 젊어 보이면서도 동시에 노련하다는 말을 듣고 싶어 한다. 항상 속력을 내고 싶으면서도, 한편으로는 느긋해지고 싶어 한다. 이런 역설을 어떻게 풀 수 있을까?

- **글로벌과 로컬:** 새로운 시장에 이를 수 있지만, 동시에 인간적이면서 의미를 가질 수 있다.
- **연결됨과 연결되지 않음:** 전화기를 항상 켜 두지만, 끄고 싶을 때도 있다.
- **젊음과 나이듦:** 오늘날 젊은이들은 새로운 세계를 추구하려는 경향이 있다. 그렇지만 경험도 여전히 중요하다.
- **조직과 개인:** 최고의 인재들은 의외로 큰 회사에 몸담고 있는 경우가 드물다.
- **실제와 가상:** 진정한 관계를 구축하면서 사회적 네트워크 속에 살고 있다.

- **투명성과 책임:** 항상 온라인에서 생활하면서도 프라이버시를 추구한다.
- **활동가와 비관주의자:** 세상을 걱정하는 누군가와, 이를 받아들이는 누군가가 공존한다.
- **새로운 미디어와 기존의 미디어:** 미래는 디지털 사회이지만 여전히 아날로그적인 것이 필요하고 사람들의 선호 대상이 된다.
- **혁신과 모방:** 아이디어가 많이 모방될수록, 더 많은 혁신이 필요하다.

역설은 혁신을 위한 가장 비옥한 토양, 즉 최고의 화이트스페이스인 경우가 많다. 유명 브랜드들은 이제 품질과 가격의 역설을 대부분 해결했으므로 이제 사람들은 다른 요소에 대가를 지불한다. 어떻게 하면 당신이 무엇을 하든지 사람들이 양쪽에서 더 나은 것을 가지게 할 수 있을지 잘 생각해 보라.

미래학

미래학은 미래의 모습을 연구하는 것인데, 아니 더 정확히 말하자면 대안 미래를 제안하는 과학과 기술이다. 어떤 일이 벌어지지 않을 확률이 더 높을 경우, 미래학자들은 하나를 선택하기보다는 좀 더 가능성이 큰 동인과 사건, 그리고 그 일이 일어났을 때의 결과, 위험요인, 기회요인 등에 집중하여 좀 더 가능성 있고 선호할 만한 미래를 찾는다.

일반적으로 미래학에는 다가올 경기의 이율 변동을 예측하는 경제학자나 단기적 시야를 가진 관리자 혹은 투자자의 일은 포함되지 않는다. 1년에서 3년 정도를 두고 앞으로의 운영계획을 짜는 대부분의 전략기획 역시 미래를 고려하는 것이라 볼 수 없다. 하지만 더 장기적인 관점으로 일어날 수도 있는 미래의 사건을 구체적으로 예상하거나 맞서려는 계획과 전략은 미래학의 주요 하위분야에 속하는데, 이를 전략적 미래예측이라고도 말한다.

전략적 미래예측에서는 지속되거나 변화할 가능성이 있는 것, 새롭게 나타날 것 등을 이해하고자 한다. 이것은 미래의 사건과 트렌드의 가능성을 결정하기 위해 과거와 현재를 체계적으로, 패턴에 기반을 두어 이해하는 것이다. 이 과정에서 중요한 부분은 개인, 조직, 정부가 내린 결정이 잠재적으로 미래에 어떤 영향을 미치는지를 이해하는 것이다.

미래학을 다른 연구와 구분하는 특징으로는 보통 세 가지 요인이 있다. 첫째, 미래학은 있을 수도 있는 일뿐만이 아니라 정말 일어날 수 있는 확률이 아주 높은 일, 선호되는 일, '와일드카드'로서의 미래를 연구한다. 둘째, 다양한 소스를 통해 나온 통찰력에 기반을 둔, 총체적이고 시스템 기반의 관점을 구축하려는 것이다. 셋째, 미래학에서는 미래에 대한 기존 관념 뒤에 있는 추정에 문제를 제기한다.

미 래 학 자

우리는 누구나 미래를 내다보고 싶어 한다. 그녀가 나와 결혼해 줄까? 집값이 어떻게 변할까? 나는 어떻게 죽게 될까? 이러한 강한 욕구의 기원은 거슬러 올라가 보면 델포이 신전의 신탁으로, 불꽃을 바라보며 금언적 예견을 중얼거리는 노스트라다무스, 그리고 교령회(영을 불러내는 신비주의자의 모임)나 점괘판을 통해 사후세계와 접촉하려는 빅토리아시대 사람들에게서도 볼 수 있었던 것이다.

로마인들이 도살당한 황소의 내장으로 미래를 점쳐보았다면, 미래학자들은 비주류 소식지, 새로운 트렌드를 읽어내는 이들의 네트워크, 극단적 사용자들(extreme users), 우리 주위 세계에 대한 열린 사고 등 서로 연결된 다양한 시스템으로 미래를 예상한다.

이들을 뉴에이지 점쟁이, 점성술가, 찻잎점쟁이와 같은 부류로 치부해 버리기가 쉽지만, 이들은 연구자라기보다는, 어떻게 보면 사회인류학자, 또 어떻게 보면 비즈니스 컨설턴트이다. 예전의 전형적인 자문가들과는 달리, 이들은 장기적인 관점에서의 현상파악, 매우 넓은 범위에서의 대안 검토, 정해진 틀을 벗어나 사고하려는 의지에 주목한다. 이들은 사실과 허구를 모두 고려하며, 전문 스토리텔러가 된다.

이에 대한 수요도 엄청나다. 노키아, P&G, 필립스 같은 기업들이 미래적 사고에 상당한 자원을 투자하고 있다. 영국 정부는 국가예견프로젝트의 일환으로 '시야정밀조사' 센터를 설립했고, 빌바오 시는 새로운 지하철과 구겐하임미술관을 탄생시킨 '문화적 중심성'을 기반으로 삼아 미래를 상상함으로써 경제적 붕괴에서 빠져나올 길을 모색했다.

미래학자들은 앞으로 일어날 수도 있는 미래, 그리고 이런 미래가 기업과 사회에 갖는 함의를 이해하고자 하는 흔치 않은 준연구과학자이다. 이들은 주로 다음과 같은 세 가지 전략을 통해 미래를 내다본다.

- 더 깊이 몰입 주위 세계로, 단기적 유행이나 일상생활에서는 잘 보이지 않는 트렌드 가운데 주목받지 못하고 지나가버릴 수도 있는 패턴을 찾음
- 시나리오 구축, 미래에 대한 수많은 선택지를 만드는 경우, 겉으로는 서로 연결되어 있지 않은 듯한 여러 가지 원인과 결과에 기반을 둠

● 비전 공유, 의미 있고 현실적인 방식으로 스토리를 명확하게 표현함, 종종 스토리를 사용해 의도를 설명하며, 주요 동인과 영향에 주목하기도 함

하지만 미래학자 리처드 왓슨(Richard Watson)이 《사악한 미래학자의 세계 지배 지침 (The Evil Futurist's Guide to World Domination)》에서 인용해 말한 것처럼, 미래학자가 된다는 것은 사람들에게 비전에 대한 확신을 주는 것이기도 하다. 그는 미래학자로 인정받기 위한 행동지침을 다음과 같이 설명한다.

● 전문가의 모습을 지닌다.(안경은 언제나 잘 어울린다)

● 무언가에 대해 정말 확신에 찬 어조로 말한다.(사람들은 정확한 것을 매우 좋아한다)

● 전통적 지혜에는 무조건 반대한다.(항상 반대 입장을 취한다)

● 입증하기 아주 어려운 것을 이야기한다.

● 사건이 일어날 시기에 대해서는 모호하게 남겨둔다.

● 소스를 절대 밝히지 않는다.

● 예상한 것이 실현되기만 하면, 그에 대해 크게 떠들고 다닌다.

● 어떤 것도 실현되지 않으면 조용히 입을 다문다.

● 커다란 이슈에 대해서는 호언장담한다… 그리고 내가 옳다고 밝혀질 때까지 기다린다.

● 도처에서 무언가를 훔친다.

혼다 아시모…
미래를 삶 속으로 끌어들이다

차를 서빙하고 허리를 굽혀 절을 하며 '곤니찌와'라고 말한다.

'아시모(ASIMO)'는 지금까지 만들어진 로봇 중에 가장 정교한 휴머노이드(humanoid) 로봇이다. 걷고, 말

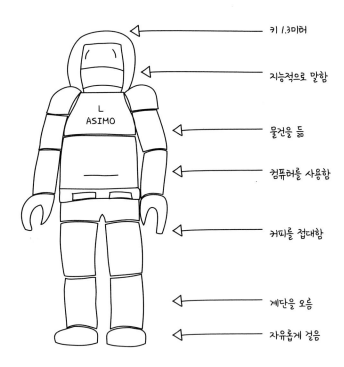

키 1.3미터

지능적으로 말함

물건을 듦

컴퓨터를 사용함

커피를 접대함

계단을 오름

자유롭게 걸음

혼다의 아시모에서 구현된 로봇공학은 상당한 영향력을 가지고 있다

하고, 달리고, 춤추며, 축구공을 차거나 계단을 오를 수도 있다. 제조사인 혼다는 아시모(혁신적 이동성의 고급 단계(Advanced Step in Innovative Mobility)의 줄임말)가 나중에는 모든 사무실이나 가정에서 요리나 청소를 하고, 심해나 우주에서의 고급 기술을 수행하는 데 필수적인 부분을 담당할 것이라고 한다.

아시모는 1986년, 일본에 있는 혼다의 R&D기초기술연구센터에서 처음 탄생했다. 몸무게는 54킬로그램, 키가 1.3미터인 이 사이즈는 인간의 생활공간에서 자유롭게 운용되고 사람들에게 친근감을 주도록 선택된 것이다. 이렇듯 아담한 사이즈 덕분에 전등 스위치나 문손잡이를 조작하거나, 탁자와 벤치에서도 일할 수 있다. 눈의 위치는 성인어른이 의자에 앉았을 때의 눈높이에 맞춰져 있다.

현재 아시모는 100대 이상 만들어졌는데, 한 대당 제조 가격이 100만 달러 이하이며 어떤 것은 16만 6천 달러에 빌릴 수도 있다. 아시모는 세계를 여행하며 고급 로봇공학기술을 시연한다. 어떤 아시모는 디트로이트에서 오케스트라를 지휘하기도 했다. 아시모가 각 작업을 수행하려면 아시모를 무선으로 조종하는 소프트웨어 프로그래머 팀이 미리 프로그램을 짜야 한다. 아시모는 거의 시속 4마일의 속도로 달릴 수 있으며, 전통식 찻주전자로 도자기 찻잔에 차를 따르는 것 같은 매우 정밀한 작업까지 수행할 수 있다.

혼다는 개발에 들어간 비용을 공개하지 않았지만, 아시모를 브랜드의 홍보용 기계이자 차후 상용화가 가능한 시제품으로 보고 있다. 2005년에는 아시모의 신체기능과 지능이 더욱 발전되어, 직감적으로 즉시 대상을 파악하며 자극에 빨리 반응하는 등 완전히 새로운 버전으로 출시되었다. 새로운 버전의 아시모는 인간의 자세와 몸짓을 해석한 뒤 반응을 보이며 독립적으로 움직일 수 있다.

혼다는 이렇게 아시모가 사람이나 다른 아시모와 함께 있는 환경에서 작동 가능하도록 하는 기술을 개발했다. 이로써 휴머노이드 로봇이 사람들과 공존해야 하는 현실세계에서 실용적으로 쓰일 수 있도록 하는 데 한 걸음 더 다가서게 되었다.

하지만 프로젝트 리더인 윌리엄 드 브래클리어(William de Braekeleer)는 어떤 공간에 들어섰을 때 주전자와 토스터를 보면 그 공간이 부엌이라고 이해할 수 있도록 처음에는 환경을 이해하는 기초를 형성해야 한다고 말한다. 혼다는 로봇이 주로 가정에서 노인이나 건강이 좋지 않은 사람들을 도울 수 있는, 감정이 없는 로봇 간호사나 로봇 돌보미로 쓰일 것으로 본다.

이렇게 되기까지는 최소한 10년이 걸릴 것이다. 아시모는 아직까지도, 넘어지면 어떻게 일어서는지 같은 아주 기초적인 것부터 학습해야 한다. 당분간 아시모는 미래에 대한 비전이 되겠지만, 오히려 아시모로 인해 혼다가 '미래 여행'을 통해 많이 배우고, 고객에게 영감을 주는 도구가 될 것이다.

14

시나리오 플래닝···
대안적 미래의 비전 구축

CREATIVE BOX

'논리가 있으면 A에서 B로 갈 수 있겠지만,
상상력으로는 어디든 갈 수 있다.'
–앨버트 아인슈타인

⬡ ──────── 시나리오 플래닝은 1950년대 랜드연구소(RAND Corporation)의 매우 영향력 있는 냉전분석가였던 허먼 칸(Herman Khan)에 의해 처음 개발되었다. 이는 주류의 입장에서 현재 세계와 신생 세계의 주변부에 어떤 일이 벌어지고 있는지를 관찰하는 것으로 시작한다. 칸은 '사물을 충분히 오랫동안 바라보면, 결국은 그것을 이끌어내는 근본적 힘을 볼 수 있다.'고 했다. 바로 이 근본적 힘이 미래를 이끌게 될 테지만, 다른 면으로는 변화하는 환경의 영향을 받는다.

시나리오를 통해 기업은 경고신호를 알아차리고, 예견된 미래의 일이 펼쳐지기 시작한다는 힌트를 현실세계에서 찾을 수 있다. 새로운 기회를 붙잡거나 중요한 위험요인을 경감시킴으로써 다양한 시나리오에 대비할 수 있다.

1990년대 후반, 비자(Visa)는 페이팔(PayPal) 같은 새로운 온라인결제시스템의 등장으로 큰 도전을 맞이할 상황에 처했다. 신생업체가 근본적으로 비자에 도전이 되는 새로운 웹 기반 결제시스템을 출시한 경우, 또 그렇게 생겨난 기업이 흐지부지 없어져 버리는 경우 등 비자는 많은 시나리오를 만들었다. 그리고 새로이 생겨나는 온라인업체, 자본 증식 현황, 광고비용 같은 요소들을 모니터링하여, 첫 번째 시나리오대로 진행될 조짐이 있다는 것을 알아채기 시작했다. 2001년이 되자 각 요소의 수치들이 떨어지고 있었고, 비자는 굳이 이에 대응할 필요가 없게 되어 수백만 달러를 절감할 수 있었다.

시나리오 플래닝

과거에는 전략기획에서 보통 미래로 진행되는 현재 트렌드를 직선그래프로 나타낸 '공식적 미래'만 다루어지는 경우가 많았다. 트렌드를 나타내는 선은 회계부서가 작성하여 인구학이나 사회적 상황의 질적 차이에 대한 논의가 부족했다. 그래서 좋지 않은 결정을 내리고, 투자와 개발이 빈약해 미래의 가장 큰 기회와 위험이 무엇인지를 많이 놓치게 되었다.

시나리오 플래닝(scenario planning)은 유연한 장기계획을 세울 때 이용되며, 고전 군사 첩보방법론에서 가져온 것으로 적을 무찌르는 가능한 방법들을 시뮬레이션해 보기 위한 것이다. 초기방법들은 정책결정자들을 위해 시뮬레이션 게임을 만드는 분석가 집단이 참여했다. 이런 게임에는 인구통계, 지리학, 정치자원 및 천연자원, 상업정보와 같은 알려진 사실이 반영되고 또 사회, 기술, 경제, 환경, 교육, 정치, 미학적 동인들도 참고되었다.

기업에서는 시나리오가 적이나 경쟁자의 행동을 '게임으로 만드는 것'보다는 천연자원의 이용, 그리고 시장과 경제의 진화와 더 관계가 많다.

시나리오 플래닝은 시스템 사고, 즉 많은 요소가 복잡한 방식으로 결합하여 인과관계라는 비선형적 '되돌림 루프(feedback loop)'에 기인한 놀라운 미래를 만들어낸다는 인식에 기반을 둔다. 현재의 요소에 기반을 두어 미래를 시뮬레이션해내기도 하지만, 새로운 기술, 사회적 가치의 지대한 변동, 새로운 규제나 엄청난 영향력을 가지는 혁신도 수용할 수 있다. 시나리오 플래닝과 함께 시스템 사고를 사용하면 많은 요소들 간의 관계를 기초로 한 그럴 듯한 '이야기'를 만들 수 있다.

이 과정은 대응해야 할 도전이나 기회가 무엇인지 명확히 정의하는 데서 출발한다. 그러고 나면 우리가 알고 있다고 믿는 것과 모르고 있다고 믿는 것, 이 두 가지 지식을 하

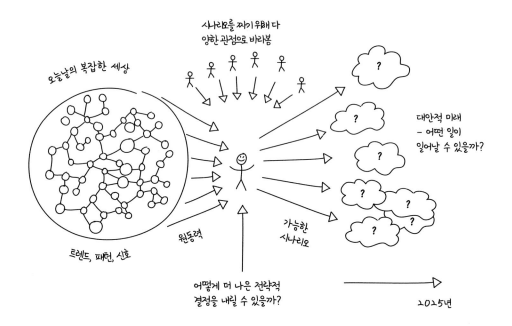

시나리오 플래닝은 트렌드, 관점, 와일드카드에 기반을 두어 대안적 미래를 찾는다.

나로 모은다. 전자는 특히 트렌드라는 형태로 과거를 미래에 투사하는 것에 기반을 둔다. 후자에서는 불확실성에 이자율, 유행과 패션, 정치가 포함된다.

시나리오 개발 기술은 광범위한 가능성을 모두 수용할 수 있는 제한된 몇 개의 미래관을 통해 알려진 지식과 그렇지 않은 지식을 섞어내는 것이다.

스텝 1: 미래 동인

첫 번째 단계는 가능한 한 변화 동인을 모두, 즉 다양하기 때문에 불확실한 모든 요인을 찾는 것이다. 여기서는 서로 다른 관점을 지니고 전략적 사고를 하는 사람들의 그룹, 그리고 미래학, 트렌드 관찰, 기업 예측 및 기타 분야에서 나온 모든 기존 지식을 모으는 것이 필요하다. 결과물은 아이디어, 그림, 통계, 그래프, 비디오 등 어떤 형태로든 나올 수 있다.

그룹에서는 워크숍을 통해 기존의 사고에서 탈피하여 앞으로 10년 뒤를 생각해 보게 된다. 10년이라는 기간은 사람들이 익숙하거나 합리적으로 예측할 수 있는 기간보다 긴 것이다. 그런 다음 포스트잇에다 모든 잠재적 동인을 적어 벽에 붙여 본다. 팀에서 가장 중요하다고 생각되는 것이 있으면 적절하게 그룹으로 묶어볼 수도 있다.

스텝 2: 서로 연결짓기

'사건 단서'라고도 할 수 있는 이 동인들은 서로 연관된 덩어리로 모이게 된다. 이는 주로 직관적 과정이다. 어떤 연결은 명확하겠지만 어떤 연결은 관계 찾기가 더 어려울 것이다. 포스트잇을 여러 번 떼었다 붙이며 위치를 옮기면서 가장 관계있는 연결을 찾으려 할 것이다.

- 사회적 태도를 변화시키고 어쩌면 정치적으로 새로운 정책을 이끌어낼 환경의 변화
- 새로운 경쟁사들이 나타나고 어떤 시장에서의 경제적 성장이 수반되는 시장 변화를 이끌어낼 새로운 기술
- 현재의 행동양식은 감소시키면서, 또 다른 행동양식과 이를 뒷받침할 신제품에 대

한 수요를 촉발시키는 새로운 규제, 그리고 이를 가능하게 만들 기술

좀 더 엄격한 과정에서는, 이 동인들이 시스템 모델에서 시뮬레이션되어 그 인과관계를 이해하고 어떤 영향이 있을지를 연관시킬 수도 있다. 하지만 시나리오 플래닝은 주로 창의적 과정이며 그러한 모델링은 창의적 결정을 대체하기 위한 것이 아니라 지지하기 위해 이루어지는 것이다.

스텝3: 주제 덩어리 만들기

예를 들어 연관된 동인을 7개에서 12개 정도의 그룹으로 만들고 나면, 이제 이를 좀 더 잘 이해해야 한다. 즉, 내러티브(인과관계로 이어지는 허구나 사건들의 연속 및 관련성), 함의·영향력의 정도의 측면에서 바라본 의미를 정확하게 표현해야 한다. 각 동인의 원래 언어에 의존하지 말고, 각각에 명칭을 부여하면 정체성이 생기기 시작한다. 이는 동물이나 다른 현상과 관련될 수도 있다. '갈색곰' 시나리오(따뜻하지만 무섭고, 크며 강함)나 '맨해튼' 시나리오(밀도가 높고 활기차며, 상업적이지만 혼란스러움) 등이 그런 예다.

이때 불확실한 동인들에 주목해야 하는데, 이런 요소들이 우리의 미래를 대부분 결정 짓기 때문이다. 또한 유리하게 활용될 수 있는 반면에 엄청난 위험을 안고 있을 수 있으므로 주의 깊게 살펴보아야 한다.

스텝4: 새롭게 생겨나는 시나리오

이 단계에서의 어려운 점은 서로 다른 덩어리가 좀 더 강력한 미래의 모습 2~3가지로 모아진다는 것이다. 이때 좋은 시나리오와 나쁜 시나리오에서처럼 극단적이지 않는 것이 이상적이다. 나쁜 시나리오는 관리자에 의해 즉시 거부될 것이기 때문이다. 대신 이들은 서로 보완적이어야 한다. 양쪽 다 가능하고 또 심지어 공존할 수도 있을 것이다. 스텝3에 서처럼 이는 쉽지 않으며 이전에 만든 덩어리를 해체하게 될 수도 있다.

이 과정에서 가장 중요한 점은 토론이다. 어쩔 수 없는 선택을 하는 과정이기 때문에 참가자들의 동인들을 더 잘 이해하고, 이를 설명할 새로운 방식을 찾아내고, 어떤 것이 가장 중요한지 인식하기 시작하게 되는 활발한 토론을 벌여야 한다. 당연히 이런 긴장된 분위기와 토론과정이 최종 보고서에 포함되어야 한다. 한 발 물러서 보면, 팀은 이제 예상했던 것보다 더 잘 이해했는지 질문을 던지며 새로운 시나리오를 평가할 수 있다.

스텝5: 시나리오 해석

시나리오는 관리자들을 위해 개발된 것이다. 따라서 관리자들이 여기에 관심을 가지고 내용을 존중할 수 있도록 명확하고 설득력 있게 보이는 것, 이뿐만 아니라 간단하게 판독하고 실용적으로 사용할 수 있도록 하는 것이 매우 중요하다. 대부분의 회사들은 작성한 시나리오를 서면보고서나 미래형 에세이로 표현한다. 여기에는 특징, 동인, 가능한 함의를 일목요연하게 나열한 목록이 포함될 수도 있다. 또 그래픽으로 표현되거나, 한 페이지짜리 '다채로운 그림'으로 한 번에 나타내질 수도 있을 것이다.

시나리오는 이야기, 즉 이들의 진화 과정을 보여주고, 어떤 요소에 중점을 두며, 이어질 이야기를 예상하는 내러티브라는 더 창의적인 형태로 다시 전해질 수 있다. 이야기는 더 관심을 끌지만 기본적으로 얼굴을 맞대고 하게 되는 것이다. 여기에는 이런 미래 세계에 살고 있는 캐릭터가 포함될 수도 있고, 혹은 다른 행성에 사는 것처럼 그 세계 자체에 이름이 주어질 수도 있다. 또 이런 시나리오는 단편영화로 만들어 인트라넷에서 보거나, 관리자와 팀이 계속해서 업데이트하고 접속 가능한 전용 공간이나 시나리오룸의 형태로 '살아있을' 수도 있다.

스텝 6: 더 나은 기획

시나리오는 조직 내 관리자들이 전략기획, 투자나 구매 같은 중요한 결정, 창의력을 자극하고 혁신을 이끌어내는 데 있어 이를 지원하는 도구가 된다. 따라서 다른 과정의 일부가 된다. 어떤 것이 가장 중요한 결과물일지, 다른 미래가 펼쳐질 경우 어디가 중요한 접점이 될지, 또 어떤 이슈가 조직의 미래에 가장 큰 영향을 미칠지 등을 이해하기 위해 시나리오를 잘 분석해 본다. 이를 통해 다음 전략에서 위험요인을 줄이고 대안적 미래를 위한 만일의 사태를 잘 대비해야 한다.

시나리오 플래닝 과정은 며칠 혹은 몇 달이 걸릴 수도 있다. 중요한 결정을 지원하기 위해서 단발성으로 끝날 수도 있다. 또는 예측할 수 없고 때로 급격하게 일어날 수도 있는 미래를 형성하는 실제 사건들을 기초로 생생한 시나리오가 지속적으로 업데이트 되면서 기업의 한 구성부분이 될 수도 있다.

버트 루탄…
별로 향하는 로켓 과학자

버트 루탄은 버진 갤럭틱의 우주선 뒤에 숨은 두뇌다. 모하비 사막에 위치한 스케일드 콤퍼짓(Scaled Composites)사에서 그와 그의 동료들은 300개 이상의 항공기 디자인을 실험용으로 만들어냈다. 그는 거의 혼자 상용 개인 우주여행상품을 만들고 있다.

소련의 스푸트니크 위성 발사로 달 탐사에서도 냉전이 시작된 이래 47년 동안, 루탄의 스페이스십1은 14일 내에 우주여행을 두 번 완수한 최초의 상용기가 되었다. 2,500만 달러도 안 되는 자본으로 4년 만에 디자인과 건조를 완성한 스페이스십1에는 조종사 한 명과 승객 두 명에 상당하는 중량을 적재했다. 그리고 90분가량의 비행코스 중 36만 7,000피트 상공까지 올라가 루탄은 우주여행의 발전에 공헌한 이를 위해 만들어진 상으로 1,000만 달러의 상금이 걸린 안사리 X 프라이즈를 거머쥘 수 있었다.

루탄은 혁신가이며 개성이 강한 사람이자, 경쟁심이 매우 강한 사람이었다. 세계 최초로 개인 자본으로 만들어진 우주선이 착륙하자, 루탄은 한동안 대형 우주항공회사들을 이긴 기쁨에 어쩔 줄을 몰라했다. 그는 〈비즈니스위크〉와의 인터뷰에서 '보잉과 록히드는 아마 우리가 집이나 짓는 사람들이라고 생각했을 겁니다. 지금은 서로 바라보면서 이제 망했다고 생각하고 있겠죠!'

루탄은 우주선업계의 베테랑으로, 비행선을 40대 이상 디자인했으며, 가벼우면서도 튼튼하고, 독특한 모습에 에너지효율성이 높은 우주선을 디자인하는 독창성으로 유명하다. 그는 종종 1915년 순금속제 우주선 디자인을 개척한 후고 융커스(Hugo Junkers)의 발자취를 이은, 항공우주기술의 '두 번째 진정한 혁신가'로 묘사되기도 한다.

루탄은 어렸을 때부터 항공기 디자인에 남다른 관심을 보였다. 여덟 살 때 이미 항공기 모델을 디자

인하고 만들었다. 실제 크기의 비행기를 조종한 그의 최초 단독 비행은 1959년 그의 나이 16살 때 아에

론카챔프(Aeronca Champ)를 조종한 때였다. 1965년 항공공학 학위를 받은 그는 미국공군에서 비행시험

사업 엔지니어로 근무했다. 1974년에는 루탄에어크래프트팩토리(Rutan Aircraft Factory)라는 자신의 회사를

설립하여, 시제품을 디자인하고 개발했다. 그가 처음 디자인한 제품은 루탄 바리비겐(Rutan VariViggen)이

라는 2인승 추진기였다. 그의 회사는 8년이 채 안 되어 스케일드 콤포짓으로 이름을 바꾸고 세계에서

손꼽히는 항공기 디자인 및 시제품 생산사가 되었다.

　엄청난 성공이 그의 앞에 기다리고 있는 것도 당연하지만, 그의 업적은 여기서 끝이 아니다. 1986년

에는 로널드 레이건으로부터 대통령표창(Presidential Citizens Medal)을 받았으며 〈타임〉지가 선정한 2005년

'세계에서 가장 영향력 있는 100인'에도 이름을 올렸다.

15

몰입…
고객의 세계에 빠져라

CREATIVE BOX

'집중하고 신경 써서 잘 보면, 행운의 여신이 보일 것이다.
행운의 여신은 장님이지만, 투명인간은 아니기 때문이다.'
―프랜시스 베이컨

⬡——— 혁신에는 확장과 깊이가 필요하다. 나아갈 수 있는 방향 또 나아가
야 할 가능성이 가장 큰 방향을 이해하기 위해 영역을 확장해 나가
면, 그 영역에서 어떠한 점이 사람들을 이끄는지 깊이 있게 바라볼 수 있다. 이는 주로 과
거에 영향을 받는 태도나 행동을 측정하는 표준적인 연구가 아니다. 그보다는 사람들이
미래를 위해 어떤 것을 추구하는지를 보는 것이다. 여기에는 더 직관적이고 사용자가 더
빠져들 수 있는 접근법이 필요하다.

직관

말콤 글래드웰은 《블링크-첫 2초의 힘(Blink! The Power of Thinking Without Thinking)》에
서 적응 무의식(adaptive unconscious), 즉 상대적으로 적은 정보로 빠르고 자동적으로 생
각하는 정신적 과정, 그리고 이것이 오늘날 세계에서 우리의 태도와 행동에 어떤 영향을
미치는지를 잘 설명하고 있다.

범죄현장에서 스피드데이트까지, 글래드웰은 '얇게 조각내어 관찰하기(thin-slicing)'
라는 아이디어를 설명한다. 아주 짧은 기간의 경험에서 무엇이 가장 중요한지를 찾아내
는 능력을 말한다. 그에 따르면, 무의식적으로 내리는 결정이 신경 써서 계획하고 검토
한 결정만큼 좋은(또는 더 낫기도 한) 경우가 많다고 한다. 그는 또한 이 능력이 혹 무의식적
이라 하더라도 우리의 기호나 편견, 선입관으로 인해 어떻게 붕괴되며 너무 많은 정보
로 부하가 걸릴 수 있는지를 설명한다. 무의식적 편견의 두 가지 특정 형태로 '내재적 관
련 시험(implicit association tests)'과 '심리적 기폭제(psychological priming)'가 있다. 그는 또

마음을 읽는 우리의 본능적 능력에 대해서 이야기하는데, 이 능력은 다른 사람의 얼굴만 보고도 그들의 감정을 알 수 있는 능력이다. 글래드웰이 정보 과다의 시대라고 주장하는 이 시대에, 전문가들은 엄청난 양의 정보를 분석해서 결정하는 것보다 아주 짧은 시간 동안 결정을 내렸을 때 더 좋은 결과를 얻은 경우가 많다는 것이다.

정보가 지나치게 많으면 오히려 효율성이나 혹은 통찰력과 의사결정 능력이 떨어지기도 한다. 이런 현상을 '분석 마비(analysis paralysis)'라고 부르기도 한다. 이때 발생하는 문제는 결정을 내리는 데 가장 중요한 정보에만 집중하는 것이다. 글래드웰은 상당한 양의 분석보다는 단순하고 적당한 양의 정보만으로 더 나은 판단을 내릴 수 있다고 설명한다. 또한 대부분의 경우 정보는 우리의 판단에 힘을 실어 주지만 아주 정확한 판단에는 도움이 되지 못한다. 결정을 내리는 데 큰 그림이 명확하게 그려진다면, 돋보기는 필요 없다.

몰입

고객에 대해 학습하는 데 가장 좋은 방법은 고객과 함께 시간을 보내는 것이다.

이는 전혀 놀랄 만한 일이 아니다. 가장 최근에 고객, 혹은 잠재적 고객과라도 함께 앉아 적절한 대화를 나눈 것이 언제였던가? 고객에게 문제가 생겨 이를 파악하거나 해결해 줄 때를 제외하고, 그들에게 어떻게 하면 유용한 도움을 줄 수 있는지에 대한 진정한 대화 말이다. 고객의 관점에서 세상을 보고, 고객에게 진정으로 도움되는 대안을 찾으려고 하라. 고객이 어떻게 행동하고, 무엇이 그들에게 어렵고 실망스러운지, 또 고객이 어떻게 물건을 사용하고 저장하는지 등 우리가 하는 모든 비이성적인 것들을 관찰하라.

프록터 앤드 갬블(Proctor&Gamble)의 CEO인 A. J. 라플리(A. J. Lafley)는 가장 바쁜 임원들을 비롯한 회사의 모든 직원이 매주 집에서 또 슈퍼마켓에서 쇼핑을 하면서 가족들과 함께 시간을 보낼 것을 권장한다. 중요한 점은 편견에 사로잡히고 제품 중심으로만 생각하는 업계 관행에 좌우되는 임원의 입장에서가 아니라, 일반인의 입장에서 보고, 느끼고, 생각해 보는 것이다.

좀 더 형식을 갖추어 말하자면, 이는 민족지학(특정 계층의 생활방식에 관한 연구)이라고 하는 것으로, 관찰과 직접적인 대화를 통한 질적 연구방법이다. 이 연구방법은 무엇이 사람들을 이끌고 또 사람들이 어떤 것을 얻고 싶어 하는지처럼 사람들의 동인을 더 광범위하게 탐구하기 때문에, 좀 더 총체적이다. 제한된 맥락과 사전에 정의된 질문으로 걸러내는 것이 아니라, 그보다 훨씬 많이 연구하는 유연성을 가지고 있어 더 깊은 동기, 더 넓은 적용, 미래의 열정 같이 주변부를 발견하는 데 더 나은 방법이다.

고객의 폭넓은 니즈, 욕구나 불만, 야망 등을 연구하라. 그리고 고객의 말을 듣고 아이디어를 캐내라. 기발한 것을 발견한 사람의 광기라 생각하고 무시하여 놓치지 말라. 고객들에게 자신, 자신의 삶, 희망과 두려움, 무엇을 사랑하고 미워하는지, 매일 혹은 더 장기적인 관점에서 무엇을 성취하고자 하는지 질문해 보라. 그들이 어떤 것에 영향을 받고 어떤 선택을 하는지 이해하라. 또한 당신이 제공하는 제품과 서비스가 그들에게 적합한지 생각해 보라.

그리고 이를 리서치부서의 업무로만 생각하지 말라. CEO, 재무담당부장, 인사관리자, 중간관리자, 데이터처리팀, 고객서비스팀 등 모두가 고객을 더 깊이 이해하고, 인간적으로 대하며, 직원들에게는 입사할 때의 열정을 불러일으켜 정례적인 활동이 되도록 하라.

잠수

이렇게 고객의 세계에 몰입하는 것을 '깊은 잠수'라고 부르기도 한다. 새롭고, 더 풍부하고, 더 폭넓은 통찰력을 기르기 위해 깊이 잠수하는 것이다. 또 다른 방법은 다른 부문의 다른 회사에 있는 동료와 경험을 공유하는 것이다. 예를 들어, 화장품을 주문받아 생산하고 싶다면, 나이키 ID의 사람들을 찾아가 배워라. 그런 회사는 경쟁 상대가 아니지만, 당연히 같은 고객을 공유할 수 있다.

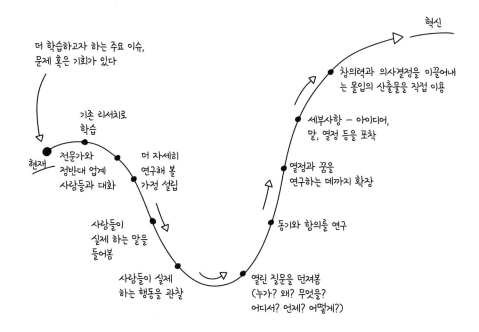

더 학습하고자 하는 주요 이슈,
문제 혹은 기회가 있다

혁신

창의력과 의사결정을 이끌어내
는 몰입의 산출물을 직접 이용

기존 리서치로
학습

세부사항 – 아이디어,
말, 열정 등을 포착

현재

전문가와
정반대 업계
사람들과 대화

더 자세히
연구해 볼
가정 설립

열정과 꿈을
연구하는 데까지 확장

사람들이
실제 하는 말을
들어봄

동기와 함의를 연구

사람들이 실제
하는 행동을 관찰

열린 질문을 던져봄
(누가? 왜? 무엇을?
어디서? 언제? 어떻게?)

잠수 – 새로운 통찰과 아이디어를 찾아 고객의 세계에 자신을 몰입시킴

깊은 잠수의 형태로 다음과 같은 것들이 있다.

● 고객과 30~60분가량의 일대일 대화
● 고객의 쇼핑 모습을 관찰하는 등 고객의 행동을 관찰함
● 슈퍼마켓에서 매주 쇼핑을 하는 등 고객의 일을 스스로 해 봄
● 다른 업계 회사의 동료와 30~60분가량의 일대일 대화
● 온라인쇼핑이나 전화쇼핑 등의 방법으로 자신의 회사의 고객이 되어봄
● 자신의 회사의 고객이 되는 것과 경쟁사 혹은 벤치마킹할 회사의 고객이 되는 것을 비교해봄

'열린 마음으로' 대화를 하는 것이 중요하다. 열린 질문을 던지고, 더 넓은 관점에 대해 배우고, 열린 마음으로 고객의 말에 귀 기울이고, 주류나 예측 가능한 것보다는 고객이 말하는 특이하거나 주변적인 내용을 포착하는 것이다.

새로운 영역의 발견

우리는 전체적인 수준에서 시간과 공간, 그리고 시장에서 새로운 '화이트스페이스'의 등장에 대해 논의했다. 이는 고객의 니즈와 욕구에서도 마찬가지이며, 비고객의 니즈와 욕구도 똑같이 중요하다.

르네 바보안과 김찬(Renee Baubaugne and Chan Kim)은 저서《블루오션 전략(Blue Ocean Strategy)》에서 비슷한 아이디어를 설명한 바 있다. 붉은 바다와 푸른 바다라는 비유는 시

장의 영역을 의미한다. 기업들은 성장을 위해 새로운 기회를 찾아나서야 한다는 것이다.

- '레드오션'은 전통적 범위에 경쟁이 치열해진 기존 시장 영역을 뜻하며, 여기서는 어쩔 수 없이 가격전쟁에 돌입하고 시장점유율을 차지하려고 다툴 수밖에 없게 된다. 성장과 잠재적 수익도 제한되어 있으며, 제품은 일상생활용품이 되고, 장기간 살아남는 기업이 거의 없다.
- '블루오션'은 반대로 새로운 기회가 있는 영역으로, 새로운 고객층을 개발해 내고 시장 영역을 키우는 데 주목한다.

저자들에 따르면, 가치 혁신의 포인트는 고객과 기업 모두에 의미 있는 상호적 가치를 전달할 영역을 찾아, 중요한 문제를 해결하고 수익실현이 지속가능한 성장을 이루는 것이다.

라탄 타타 …
스쿠터 이용자들에게 더 나은 삶을 만들어주다

라탄 타타는 크게 성장세를 보이는 인도 재벌 타타그룹의 지주회사인 타타앤선즈(Tata and Sons)의 회장이다. 그는 2009년에 출시한 초저가 서민용 차량 나노를 처음 떠올린 때를 이렇게 설명한다.

언젠가 뭄바이 거리에서 한 가족이 작은 스쿠터 한 대를 다함께 타려고 하는 것을 보았다. 아버지는 운전을 하고, 그리고 어머니는 그 옆구리에 딱 달라붙어 앉아 팔에 아기를 안고 있었다. 그런 가족이 중고차 한 대조차 사는 것을 꿈도 꿀 수 없는 인도에서 이 모습은 아주 흔한 광경이었지만, 타타는 이런 모습은 사라져야 한다고 생각했다. 그는 디자인팀에 10만 루피(약 2만 달러)를 넘지 않으면서 작고, 현대적이며, 스타일리시한 가족용 차량을 만들라는 과제를 내주었다. 그는 이 가격이면 개도국에 사는 수백만 명의 사람들이 더 편안하고 안전하게 차를 몰 수 있을 것이라 추정했다.

경쟁사들은 그런 아이디어를 무시했다. 나노의 가장 가까운 경쟁 모델이었던 마루티 800은 최소 두 배 이상의 가격에 판매되고 있었다. 하지만 타타는 자신이 한 말은 반드시 지키는 사람이었고, 2009년 4월 9일, 나노는 10만 루피의 가격에 인도 전국의 470개 매장에 출시되었다.

가격보다 훨씬 더 흥미로운 것은 나노의 탄생 과정이었다. 백지를 앞에 두고 함께 모여 앉은 디자이너, 엔지니어, 부품공급자 등은 이 과제를 완수하고 수익을 내려면 아주 다른 방식으로 생각해야 한다는 것을 알고 있었고, 기본적인 성능, 편안함, 스타일을 희생하지 않고 가격과 무게를 최소화하기 위해 모든 구성요소에 대해 다시 생각해 보았다.

나노는 베이직하다. 놀랍게도 12인치의 작은 휠에, 타이어에는 내부 튜브가 없으며, 앞 유리 창에는 와이퍼가 한 개고, 사이드미러도 하나밖에 없다. 대쉬보드 부품의 무게는 다른 경차 부품의 반밖에 안

된다. 일본에서 가볍지만 튼튼한 패널이 개발되었는데, 여기에 하이글로스로 겉을 마무리했다. 나노는 겨우 600킬로그램으로, 혼다 어코드 무게의 60%가 될까 말까. 4인승에 4도어인 이 차는 효율적이면서도 과적한 스쿠터 뒷좌석에 얹혀 가는 것보다는 훨씬 더 편안하다.

타타는 이 프로젝트가 당장 수익을 낼 수 있을 거라 예상하지도 않았고, 오히려 4~5년이 지나면 적자가 날 것이라 생각했다. 살아남기 위해 고군분투하는 자동차 업계에서, 타타는 고객, 제품, 새로운 시장과 비즈니스 모델에 대한 전통적인 관점에 도전한 것이다.

16

크라우드 소싱…
사람들의 힘을 이용하기

CREATIVE BOX _____

'우리는 먼지 같은 존재이기 때문에, 불멸의 영혼이 자라난다.
음악 속의 하모니처럼, 조화롭지 않은 요소들을 조화시키고,
이들을 한 사회 속에 서로 어울려 있도록 만들어 주는 어둡고 수수께끼 같은 솜씨가 있다.'
- 윌리엄 워즈워스

자리에 편히 앉아서 금을 만들어낼 수 있을까?

바로 캐나다의 금채굴 그룹인 골드코프(Goldcorp)가 일반인들로 하여금 그렇게 하게 만들었다. 이 회사는 새로운 금맥을 찾던 중 방대한 데이터에 난감해 하다가, 온타리오 주 레드레이크에 관한 지질학 자료 400MB를 인터넷으로 일반인들이 이용할 수 있도록 했다. 회사는 이 데이터를 분석하여 어디서 금을 찾을 수 있는지를 제안하는 사람에게 57만 5,000달러의 상금을 걸었다. 결과는 참으로 놀라웠다. 110곳의 지점을 찾았는데, 이 중 80% 이상이 채산성이 있는 것으로 밝혀졌고, 이를 모두 합치면 금 800만 온스를 생산할 수 있는 양으로 30억 달러 이상의 가치를 지닌 것이었다.

제임스 서로위키(James Surowiecki)는 《대중의 지혜(Wisdom of Crowds)》에서 다수가 소수보다 영리한 이유와 또 집단에서 도출한 정보가 몇몇 개인의 결정보다 더 나은 결정을 내릴 수 있는 까닭에 대해 설명한다. 그는 독립된 개인의 다양한 집합은 개인이나 심지어 전문가보다도 더 나은 결정이나 예측을 할 가능성이 있다고 한다. 그는 이런 체계적이지 못한 결정의 장점을 다음과 같이 세 가지로 나누어 열거한다.

- **인지** – 대중의 판단을 이용함, 그의 주장에 따르면 전문가의 협의나 전문가 위원회보다 훨씬 빠르고, 더 신뢰할 만하며, 편견에서 벗어날 수 있다고 함
- **조정** – 개인의 예상되는 행동과 그 행동이 어떻게 모방될지에 기초하여 교통흐름, 상점의 물건배치나 커피숍 위치 같은 행동 패턴에 영향을 줌
- **협력** – 사람들이 어떤 형태의 콘텐츠나 행동을 만들어내기 위해 신뢰네트워크를 이루어 자발적으로 함께 모일 수 있도록 도움

대중이 당신을 위해 일하게 하기

'크라우드 소싱(Crowdsourcing)'은 제프 호위(Jeff Howe)가 〈와이어드(Wired)〉지에서 만들어낸 표현이다. 이는 어떤 집단의 사람들이나 커뮤니티에게 아웃 소싱을 주는 형태를 말하는데, 조직에 의해 시작되기 때문에 '오픈 소싱(open sourcing)'과는 다른 개념이다.(오픈 소스는 대중 그 자체의 구성원에 의해 시작된다.) 이 개념은 분배된 문제해결과 생산모델이다. 문제는 '크라우드소서(crowdsourcer)'에 의해 해결점을 공개적으로 요청하는 형태로 무명의 해결자 집단에게 퍼뜨려진다. 사용자들(대중)은 보통 온라인 커뮤니티의 형태로 모여 해결책을 만들어낸다. 대중은 또한 해결책들 중 최고의 안을 걸러내기도 한다. 이 최고 해결책들은 '크라우드소서'에게 소유권을 주고, 채택된 개인은 보상으로 상이나 인지도를 얻기도 한다.

대중을 활용하면, 새로운 아이디어에 기여하고, 경험이나 피드백을 공유할 수 있다.(트립어드바이저) 또한 다른 이들이 제기한 질문에 답을 제공하며(애플), 혁신 과정에 참여하거나(레고), 이를 다른 이들에게 판매하는 데 도움을 주도록 할 수 있다. 아마 오늘날 가장 성공적인 크라우드 소싱 기업모델 중 쓰레드리스(Threadless)가 최고의 사례일 것이다.

크라우드 소싱은 다양한 배경을 가진 사람들에게 참여를 유도한다. 이 사람들은 다음과 같은 특징이 있다

- 그 브랜드나 제품, 그리고 이들이 어떻게 사용되는지에 관해 열정적이다.
- 재료과학이나 관련 산업과 같이 전문 분야에 대한 경험이 있을 수 있다.
- 학생이거나, 전업주부, 은퇴자이기 때문에 시간이 더 많다.

10개의 빨간 풍선

2009년 후반, 미국 방위청은 전국에 빨간 풍선 10개를 숨겨 놓은 뒤 그것을 찾는 능력, 이른바 사회적 네트워크의 능력을 테스트해 보았다. 풍선에는 미아, 테러리스트 혐의자, 소비자 트렌드와 같이 실생활에서 마주치는 모든 종류의 문제가 들어 있었다. 누구든 이를 찾는 사람에게는 4만 달러의 상금이 주어진다. 여러 팀이 탐색을 시도했지만, 모두 스마트하게 움직인 MIT 팀에게 단 9시간 만에 참패하고 말았다.

만약, 과거였다면 광대한 미국 전역에서 풍선 10개를 찾는 데 10년은 족히 걸릴 수 있었다. 그러나 오늘날에는 인터넷 속도와 그 속에서 빠르고 정확하게 정보를 모으는 네트워크의 힘이 역량을 변혁시켰다. 이를 진정한 잠재력으로 활용할 명분과 인센티브만 있으면 되는 것이다.

MIT팀의 네트워킹 전략은 피라미드판매 시스템처럼 상금을 나누어 주겠다고 말해 참가자들을 부추기는 것이었다. 즉, 정확한 위치를 알려주는 최초의 사람에게는 풍선 하나당 2,000달러, 이를 초대하는 사람에게는 1,000달러, 초대자를 초대한 사람에게 500달러, 그를 초대한 사람에게는 250달러, 이런 식으로 말이다. 이를 수행하기 위한 웹사이트는 처음에는 믿을 수 없을 정도로 단순했지만, 일단 시작하고 나자 수천 명의 자원자들이 조금이나마 상금을 나누어 받기 위해 풍선은 보지도 못했더라도 여기에 가입했다.

이 단순한 실험으로 정부 전체가 어떻게 정보를 수집하고 공유하며, 또 시민들과의 협력이 얼마나 효율적인지에 대해 다르게 생각할 수 있게 되었다.

쓰레드리스…
크라우드 소싱을 이용한 티셔츠, 더 이상 누드는 없다

제이크 니켈(Jake Nickell)과 제이콥 드하트(Jacob DeHart)가 참가자들이 서로 거칠고 개인적인 디자인에 표를 던지도록 하는 온라인 티셔츠 디자인 대회에 참가하면서 쓰레드리스가 시작되었다. 곧, 이 두 친구는 이런 방식으로 티셔츠를 만들어야 한다고 생각하게 되었다. 2000년에 자본금 1,000달러로 이들은 threadless.com이라고 하는 온라인 매장을 열었다. 그러자 온라인 디자이너들과 기존 매장에서 판매되는 제한된 범위의 티셔츠에 싫증이 난 사람들에게서 즉시 큰 인기를 얻게 되었다.

이들의 비즈니스 모델은 온라인 네트워크, 이용자들이 직접 만드는 디자인과 투표, 저비용 생산, 높은 마진율에 중점을 두었다. 매주 대회 참가자들은 자신의 티셔츠 디자인을 사이트에 업로드하고 스탭들이 가장 인기 있는 참가자 중에서 우승자를 선정한다. 우승자는 각각 현금 2,000달러에 500달러짜리 선물 쿠폰(원하면 현금 200달러와 바꿀 수 있음)을 받고, 회사는 투표에서 우승한 디자인을 갖는다. 선정된 디자인은 모두 일주일 이내에 팔려나간다. 니켈과 드하트는 그 비결이 언제나 사용자들의 입장에서 경험, 제품, 그들이 진정 보고 싶어 하는 사이트 모양새 등을 생각하는 것이라고 말한다.

이 사업의 최우선 순위는 성장을 견인하는 것으로, 이는 잠재적인 디자이너 풀을 크고 신선하게, 그리고 새롭고 독창적인 티셔츠를 찾는 고객 풀을 크게 유지시켜 준다. 물론, 고객들을 서로 연결해 줌으로써 네트워크가 형성되고, 모든 디자이너들에게는 온라인 마케팅 키트가 이메일로 발송되어 가족이나 친구가 자신의 디자인에 투표할 수 있도록 하고, 구입할 수도 있게 도와준다. 사람들에게 계속해서 보상을 해주기 위해, 쓰레드리스에는 여러 가지 보상 제도를 가진 마케팅 프로그램이 있다. 예를 들어, 쓰레드리스 티셔츠를 입고 있는 자신의 사진을 업로드하면, 다음 구매시 1.5달러 할인을 받는다. 티셔츠를 살 친구를 추천하면 3달러 할인을 받는다. 방문자들이 사이트에 가입하여 뉴스레터를 신청하거나, 정기적으로 비디오로그를 보거나, 자기만의 블로그를 개설하고 코멘트를 남기면, 이런 내용들이 훌륭한 온라인 커뮤니티로 발전해 또 티셔츠를 구입하게 되는 것이다.

쓰레드리스는 2008년 쓰레드리스 티비(Tee-V)라는 주간 비디오로그를 만들어 사이트와 유튜브를 통해 내보내기 시작했다. 이용자들의 의견을 반영한, 거친 입자에 불경한 가내수공 스타일이 출시되자마자 인기를 얻었다. 2009년 쓰레드리스는 트위터와 함께 작업하여, 사람들이 트윗을 보내면 투표를 하여 이를 티셔츠에 프린트하기 시작했다. 우승자는 400달러의 상금과 140달러의 선물 쿠폰을 받았다.

쓰레드리스는 크라우드 소싱을 이용한, 사용자가 직접 만들어낸 참여 기업의 훌륭한 예이다. 사람들은 무언가의 일부가 되고, 스스로 자신을 표현하고 싶어 한다. 또한 값싼 티셔츠를 구입하는 것보다 그런 행동을 조금이라도 하는 것을 더 원한다.

17

극단과 유사…
보더크로서로부터 배우기

CREATIVE BOX _____

'가끔은 밟아 다져진 트랙을 벗어나 숲속으로 돌진하라.
그럴 때마다, 반드시 예전에 결코 보지 못했던 것을 발견하게 될 것이다.'
– 알렉산더 그라함 벨

새로운 아이디어를 얻는 가장 좋은 방법은 다른 부문, 지리책, 극단적 이용자들에 눈을 돌려보는 것이다. 일단 자신이 무엇을 할지 확신이 서면, 그 일을 잘하는 곳이 어디인지를 살펴보라. 그들이 무엇을 하는지 또 어떻게 그것을 당신의 사업에 적용할 수 있을지를 탐구하라.

상처를 입어 온몸이 피투성이인 한 전사가 절뚝거린다. 그는 사나운 표범의 위험에 처한 자신의 소를 목숨 걸고 지켜낸 결과, 지금 의사의 손길이 필요하다. 이 모습을 본 마사이 마라의 폭염과 먼지 속으로 6,000킬로미터를 날아 방문한 유럽의 기업 총수들은 겁에 질린다.

케냐의 부족민들이 이들에게 혁신에 대해 무어라 말할 수 있겠는가? 4일짜리 '워리어 스쿨'에서는 고대 부족의 지혜뿐 아니라 오늘날 마사이에게 필요한 생존기술도 가르친다. 참가자들은 코끼리에 짐을 싣는 것과 부족춤, 관개기술과 전투 중의 자비, 알로에 나무의 의학적 특징, 걸쭉한 옥수수죽 우갈리(ugali)의 영양학적 가치 등을 배울 것이다. 이 중에서도 가장 중요한 내용은 단순한 부족 구조, 그리고 자신이 속한 복잡한 조직과 시장에 적용할 수 있는 교훈이 될 것이다.

당연히 제품 혁신을 위한 창의적 아이디어도 떠올리게 될 것이다. 세계에서 가장 훌륭한 장거리 러닝용품 생산으로 유명한 나이키는 자사의 신발을 마사이족에게 테스트해 보고자 했다. 하지만, 선수들이 머리를 흔들며 맨발이나 폐타이어로 만든 원시적인 패드 한 장만 신고 달리는 걸 더 좋아한다고 말하자 임원들은 매우 놀랐다. 이 일을 통해 얻은 아이디어로 새로운 신발 콘셉트가 탄생했다. 바로 나이키 프리(Nike Free)로, 이는 맨발로 달리는 듯한 느낌이 드는 자연스러운 신발이었다.

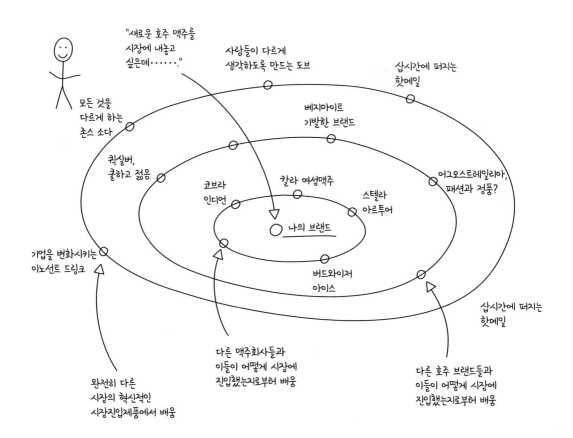

"새로운 호주 맥주를 시장에 내놓고 싶은데……."

사람들이 다르게 생각하도록 만드는 도브

삽시간에 퍼지는 핫메일

모든 것을 다르게 하는 존스 소다

베지마이트 기발한 브랜드

퀵실버, 쿨하고 젊음

코브라 인디언

칼라 여성맥주

스텔라 아르투어

어그오스트레일리아, 패션과 정품?

나의 브랜드

기업을 변화시키는 이노선트 드링크

버드와이저 아이스

삽시간에 퍼지는 핫메일

완전히 다른 시장의 혁신적인 시장진입제품에서 배움

다른 맥주회사들과 이들이 어떻게 시장에 진입했는지로부터 배움

다른 호주 브랜드들과 이들이 어떻게 시장에 진입했는지로부터 배움

극단, 유사, 인접 시장으로부터 배우기

기업들은 보통 혁신을 이끄는 시장의 중심부에 주목한다. 그러니까 이 시장에 대한 예리한 질문과 분석을 통해, 소비자들의 니즈를 충족시키는 혁신적인 상품 개발 주도권과 관련해 무엇을 해야 할지를 분별할 수 있다고 생각한다. 폰히펠(von Hippel) 교수는 혁신은 시장의 중심에서 오는 것이 아니라 현지 사용자들과 기존기기나 시제품의 한계를 몰아붙이는 얼리어답터들이 이끌어가는 극단의 시장 주변부로부터 온다고 한다.

극단적 사용자에는 많은 형태가 있다. 포드의 브레이크 시스템 엔지니어들은 브레이크 성능을 개선할 더 좋은 기술을 찾고 있었다. 그들은 속도를 늦출 필요가 가장 극단적인 사람들이 누구인지를 생각해 보았다. 스페이스셔틀을 본 이후 이들은 나사의 브레이크 엔지니어와 대화를 해보기로 했고, 1년이 채 안 되어 에스코트(Escort)와 몬데오(Mondeo)의 브레이크 성능은 우주선과도 겨룰 만하게 되었다.

이와 비슷하게, 유사시장도 훌륭한 통찰력의 소스가 된다. 사람들이 한 부문에서 온라인으로 물건을 구입하는 것과 같은 혁신에 반응을 보인다면, 자신이 참여하는 부문에서도 비슷한 행동을 보일 것임을 알 수 있다. 샌프란시스코 금문교 서스펜션 구조공학에서 영감을 받은 나이키 러닝화의 최신 모델에 사용된 플라이와이어(flywire) 기술을 보라. 혹은 오리건의 포틀랜드에 본사를 두고 있는 혁신적인 엄콰은행(Umpqua Bank) 지점을 방문해 보라. 스스로를 가게라 부르며 갭(Gap)에 영감을 받은 상품, 스타벅스에서 아이디어를 얻은 커피와 인테리어, 리츠칼튼호텔에서 배운 서비스를 제공하는 은행을 보게 될 것이다.

유사시장은 유용한 아이디어 소스일 뿐 아니라, 미래를 예측하는 훌륭한 방법이 되기도 한다.

- 10년 전 한 부문의 규제 완화를 살펴보면 현재 규제가 완화되고 있는 자신의 시장이 어떻게 변화해 나갈지 힌트를 얻을 수 있을지 모른다.
- 선도업체들 간 합병을 살펴보면 같은 상황에 직면했을 때 어떻게 해야 하고 어떻게 하지 말아야 하는지를 배울 수 있다.
- 다른 제품으로 새로운 시장에 진입했거나, 다른 부문에서 비슷한 서비스를 도입한 기업들로부터 배워라. 60대 이상의 소비자들은 어떤 유통경로나 프로모션 인센티브에 가장 좋은 반응을 보이는가? 배달서비스나 대량맞춤을 어떻게 효율적으로 제공할 수 있을까?
- 관련 조직에 있는 동료들과 대화하라. 그들은 경쟁자가 아니기 때문에, 훨씬 더 개방적이고 그들에게서 당신이 배울 수 있는 만큼 당신으로부터도 배울 수 있을 것이다.

폴 스미스…
독창적인 재치를 지닌 클래식 재단

15살의 폴 스미스가 학교를 떠날 때, 그가 유일하게 가지고 있던 야망은 비스턴로드팀의 경륜선수가 되는 것이었다. 하지만 그의 아버지는 그를 의류공장에서 일하게 했다. 폴 스미스는 자전거로 하는 출퇴근을 제외하고는 일에 전혀 흥미가 없었다. 하지만, 불의의 자전거 사고로 그의 야망은 좌절되었고, 패션 디자이너로서의 경력을 쌓기 시작했다. 병원에 입원 중이던 6개월 동안 스미스는 새로운 친구를 몇 명 사귀었는데, 드디어 몸을 회복하게 된 그는 예술계 학생들 사이에 인기 있는 동네 펍에서 그들을 만나기로 했다. 그 순간부터 그는 이 신나고, 활기가 넘치는 아이디어와 창의력의 세계의 일원이 되고 싶었다.

그는 저녁에는 재단 수업을 들으며 새빌 로(Savile Row, 세계적으로 전통이 있는 영국의 고급 맞춤양복점 거리)에 있는 맞춤양복점 린크로프트 킬구어(Lincroft Kilgour)에 들어가 일을 하며 축구선수 조지 베스트(George Best)를 비롯한 유명인사들의 옷을 제작했다. 패션학교 여자 친구로 지금은 그의 아내가 된 폴린의 도움과 600파운드의 저축으로 그는 북쪽 노팅엄으로 가서 '폴 스미스 남성의류(Paul Smith Vêtement Pour Homme)'를 출시하고 1970년 첫 매장을 오픈했다.

1976년에 그는 '폴 스미스'라는 레이블로 자신의 첫 번째 남성복 컬렉션을 파리에서 선보이기로 했다. 매장수가 늘어나면서, 의류와 함께 골동품가게에서 보기 쉬운 전자제품들을 판매하기 시작했다. 비노(Beano) 연감, 레이싱카 모형, 초판 책, 그리고 1982년 일본 여행을 시작한 후로는 일본 만화 장난감과 기기들도 들여놓았다. 스미스는 자신의 기발한 접근법에 대해 저서 《모든 것에서 열정을 찾을 수 있다 (You Can Find Inspiration in Everything)》에서 이렇게 설명하고 있다.

'상류층의 맞춤옷 제작, 수제 슈트 등에서 재료를 가져와, 무언가 우스운 것과 섞는다… 그래서 아름다운 슈트와 데님 셔츠를 섞을 수도 있다. 혹은 유행이 지난 씨앗 봉지에서 영감을 얻은 꽃무늬 프린트를 남성 셔츠에 사용하거나, 화려한 색상의 실크로 라인 테일러드 재킷을 만든다든지 혹은 학생용 브이넥 스웨터를 전문으로 하는 공장에 현란한 색상으로 그런 옷을 만들게 한다든지 하는 식이다.'

그동안 그는 영국에서 가장 지속적으로 성공을 거두고 있는 패션 디자이너가 되었다. 그의 상품은 전 세계 200개 이상의 매장에서 팔리고 있으며, 일본에서만 500개의 도매 고객을 통해 거래되는데 이는 다른 유럽 디자이너들을 제품을 모두 앞서는 수치다. 윌리엄 깁슨(William Gibson)은 폴 스미스의 스타일에 대해 이렇게 썼다. '그의 내부에는 마치 하운즈디치 의류 거래소(Houndsditch Clothes Exchange) 같은 곳이 있는 듯하다. 박물관은 아니지만, 그의 조국과 문화가 계속해서 상호 교류코드로 관계를 맺는, 방대하고 끝없이 재조합되는 자선바자 같은 곳 말이다.'

폴 스미스는 옷을 디자인하고, 원단을 선택하고, 매장 위치를 승인하며, 모든 개발 상황을 감독하면서 지금까지 왕성한 사업 활동을 하고 있다. 그는 디자이너와 소매업자의 기술을 조합하는데, 여기에는 모두 그의 약간은 괴짜 같은 전통과 재치의 퓨전을 수용하고 있다. 그는 이를 '개성의 비틀기가 있는 전통(classic with a twist of individuality)'라고 부른다.

18

규칙 파괴자···
단절과 분열을 수용하기

CREATIVE BOX

'우주를 바꾼 이들은 규칙을 바꿈으로써 바꾼 것이 아니라.
언제나 사람들에게 영감을 주어서 바꾼 것이다.'
– 나폴레옹 보나파르트

우리는 다른 사람들이 만든 규칙에 따라 살아간다. 어떤 규칙은 공정성과 인간성이라는 가치에 기초한 것이고, 또 데이터 보호나 반경쟁 가격정책 같은 규칙처럼 시장의 변화에 따라 생겨난 것도 있다. 그리고 진공청소기 먼지봉투나 30일 지불 조건처럼 우리가 표준 관행이나 전통으로 받아들이는 정신적 규칙도 포함되어 있다.

규칙은 깨기 위해 존재하는 것이다. 단, 불공정하거나 무책임한 방식이 아니라, 창의적인 방식이 되어야 한다. 해결책에 부과하는 '규칙'이나 제한의 대다수는 무언가 다른 것을 생각해 낼 수 있다면 합리적으로 바뀔 수도 있다.

'규칙 파괴자(rule breakers)'가 될 기회는 여러 가지 형태로 나타날 수 있다.

● 단절(Discontinuities)은 신기술 플랫폼 이용가능성이나 시장의 규제 완화처럼 새로운 것이 가능해지는 급격한 상황의 변화를 뜻한다.

● 분열(Disruptions)은 시장을 변혁시키는 신기술을 이용하거나 소비자의 태도와 행동을 바꾸는 것처럼 변화에 대한 급격한 반응을 말한다.

혁신은 대부분 전통을 분열시킨다.

분열은 시장에서 받아들이는 지혜에 도전, 심지어는 그 정반대가 될 수도 있다. 진공청소기 제조사는 제품을 디자인할 때 먼지봉투를 먼저 고민하기 마련이었다. 적어도 제임스 다이슨이 나타나기 전까지는 그랬다. 모든 항공사는 대륙간을 이동하는 항공기에 침대를 놓는 것은 비현실적이라고 생각했다. 적어도 영국항공(British Airways)이 요트 디자이너를 만나기 전까지는 그랬다. 분석가들은 하나같이 온라인상의 공짜 정보로는 돈을 벌 수 없다고 생각했다. 구글이 근본적으로 다른 비즈니스 모델을 만들어내기 전까지는 그랬다.

고객의 불만(예. 주택담보설정을 어떻게 할 것인지), 복잡성(예, 수많은 컴퓨터 관련 기기를 어떻게 통합할 것인지), 혹은 역설(예, 집에 보관할 공간이 없는데 다량 구매를 어떻게 할 것인지)이 많이 생기는 곳에서 분열의 아이디어가 시작될 수 있다. 사용하고 있는 DVD플레이어, 휴대전화, 카메라나 PC를 생각해 보면, 필요한 것보다 훨씬 많은 기능을 가지고 있다. 이런 필수적이지 않은 요소를 모두 제거하고, 제품 생산에 들어가는 비용을 확 줄여 훨씬 낮은 가격에 내놓는다면 어떨까? 스마트 카나 더 극단적인 나노처럼 일반적인 자동차 가격의 몇 분의 일에 기본적 필요를 충족시켜 주는 경차를 생각해 보라. 아서스 넷북 같은 제품처럼 인터넷 접속과 기타 부수적인 기능을 가지고 있으면서 기존 노트북의 몇 분의 일밖에 안 되는 사이즈와 저렴한 가격의 노트북을 생각해 보라.

기술은 지속적으로 더 많은 것을 할 수 있는 능력으로 빠른 속도로 우리를 산만하게 할 수 있다. 하지만 고객들은 일정 부분까지만 기술을 이용할 것이다. 대부분의 전자제품은 평소 사용하는 기능보다 훨씬 많은 기능을 가지고 있다. PC에 있는 대부분의 소프트웨어는 대부분 사용되지 않고, 대부분의 최신 기기들은 기능적 필요보다는 미적 열망을 반영한 것이다. 《혁신기업의 딜레마(The Innovator's Dilemma)》의 저자 클레이 크리스텐슨에 따르면 이 과정이 고객들이 필요로 하고 사용할 수 있는 것을 훨씬 앞서갈 때 '분열'이 일어난다고 한다. 이런 지나침으로 인해 상당한 수의 고객들을 위해 더 싸고, 더 단순하고, '충분히 좋은' 제품으로 시장에 새롭게 들어갈 기회가 생긴다. 일단 이런 신규 진입자가 조금 더 낮은 단계에서 틈새시장을 개척하면, 더 많은 고객들에게 새 제품이 그들에게도 충분히 좋은 것이라고 빠른 속도로 설득할 수 있다. 분열은 PC시장에서의 델처럼 제품과 관계되어 있을 수도 있고, 완전히 새로운 시장을 형성한 이베이처럼 시장과 관련되어 있을 수도 있다.

상업적 측면에서 보면, 이는 기술보다는 비즈니스 모델의 문제이다. 작고 변화에 발 빠른 기업은 더 큰 기업이라면 마다할 비즈니스 모델로도 성공할 수 있다. 기존 기업에게 신제품이 매력적이려면 40%의 마진을 남겨야 한다면, 더 작은 기업에게는 20%의 마진도 확실히 수익성이 있을 수 있다.

능력과 문화도 대기업에게는 제한이 되는 요소다. BMW가 그 디자인과 우수한 제조에 자부심을 가진다면, '질 낮은' 제품을 받아들이기는 힘들다. 사용하는 데 문제가 있는 것이 아니라 그들에게 최고가 아니기 때문이다. 이와 비슷하게, 영국항공은 라이언에어 (Ryanair)나 이지젯(easyJet) 같이 새로이 등장한 저가항공사들과 치열하게 경쟁했다. 이는 문화적으로 자사의 고객서비스에 자부심을 가지고 있는 풀 서비스를 제공하는 항공사에게 제한적인 서비스를 제공한다는 것은 받아들이기 힘든 콘셉트였다는 점이 일부 이유로 작용했다.

하지만 문제를 초래하는 사고를 정말로 받아들이는 대기업들도 성공할 수 있다. 잭 웰치가 GE를 떠나면서 남긴 선물로 '자신의 사업을 파괴하라'라고 하는 프로그램이 있었다. 이는 직원들에게 인터넷 기업가처럼 생각하여 다른 누군가가 나타나 자신의 사업을 완전 박살내버리기 전에 스스로 붕괴시키도록 권하는 것이었다.

분열은 다음 표에서 나타나는 것처럼 더욱 급진적인 창의성을 가능하게 해준다. 일단 현재 상황을 파괴했다면, 그 자리에는 더 창의적이고 더 나은 해결책이 필요하다.

물론, 분열을 만들어내는 것이 유일한 시작점이다. 여기에는 유용하고 다른 방식으로

구분	분열 영역	코멘트
디지털 미디어	음악 산업	1990년대 미국 음악 산업은 싱글음반을 점차 발매하지 않아, 소비자들은 개별 곡을 구입할 방법이 없어지게 되었다. 이 시장은 처음에는 무료였던 냅스터 같은 파일공유 기술, 이후 아이튠즈 뮤직 스토어와 Amazon.com 등의 온라인 판매자들이 차지했다. 이런 저가의 분열이 결국 실제 고가 CD 판매의 기반을 약화시켰다.
인터넷전화	국제전화	VoIP(Voice over IP)라고 하는 인터넷전화 기술은 표준 GSM네트워크와 비교하면 사용자나 네트워크에 거의 공짜나 마찬가지이다. 특히 국제전화의 경우 GSM은 터무니없이 요금이 비싸지만, VoIP는 호환이 되는 휴대전화나 노트북에 간단한 애플리케이션 하나만 설치하면 공짜로 쓸 수 있다. 유일한 단점은 인터넷에 연결되어 있어야 한다는 것이다.
SSD	하드디스크	솔리드디스크드라이브(solid state drive)에는 기존 디스크 저장장치보다 속도, 크기, 보안 등 여러 가지 장점이 많다. SSD는 노트북에서 처음 사용되기 시작했는데, 하드드라이브보다는 용량 대비 좀 더 비싸다. SSD는 고급 시장의 부트디스크로 하드디스크드라이브를 대체했으며, USB 메모리스틱이 CD와 플로피디스크의 자리를 급속히 차지하고 있다.

이를 활용하는 창의력이 요구된다. 왜 시장이 지금과 같은 형태로 존재하는지, 혹은 미래 시장 모델과 이런 모델이 어떻게 작동할지에 대해 급진적으로 생각해 보는 것이다. 순수한 창의력은 재미 있고 활력을 제공하지만, 의미 있는 결과를 도출해 내기 위해서는 구조화되어야 한다.

데미안 허스트…
상어, 양, 두개골

말도 안 되는 가격 때문에 주목받고, 기괴한 예술작품을 만들어 내기로 악명 높은 예술가인 데미안 허스트가 이제 단돈 5달러에 작품을 뚝딱뚝딱 만들어내고 있다.

허스트는 항상 시대정신을 보여주는 재능을 가지고 있었다. 그는 충격을 주는 작품들로 명성을 얻었다. 속이 훤히 보이도록 잘라서 커다란 수조 속에 저장한 상어와 소, 피클로 만든 양, 1억 5천만 달러에 팔린 다이아몬드를 덮은 두개골 같은 것이 대표적인 예다. 심지어 한 전시 컬렉션 전체를 2억 5천만 달러에 팔기도 했다. 이제 그는 5달러짜리 열쇠고리부터 6,500달러라는 괜찮은 가격의 프린트(원본은 약 2천만 달러에 팔렸다)까지 자신의 작품으로 가득한 매장을 열었다. 그는 사람들에게 충격을 주고 악명과 가격을 올리는 것으로 이름을 날리고 싶어 한다. 무엇보다도, 사람들을 놀라게 해주고 싶어 한다.

1990년에 허스트는 이스트런던의 오래된 비스킷 공장에서 〈모던메디슨(Modern Medicine)〉과 〈갬블러(Gambler)〉라는 두 개의 야심찬 '창고' 쇼를 기획했다. 찰스 사치(Charles Saatchi)가 두 번째 쇼에 와서 허스트의 첫 번째 중요한 '동물' 설치 작품인 〈천년(A Thousand Years)〉 앞에서 놀란 입을 다물지 못했다. 이 작품은 커다란 유리 케이스에 부패한 소의 머리가 들어 있고, 거기에는 구더기와 파리가 들러붙어 있는 것이었다. 사치는 즉시 이 작품을 구입했다. 허스트는 당시 이렇게 말했다. '정말 엉망인 작품을 해도 그럭저럭 살 수 있는 정도가 되었으면 정말 좋겠어요. 지금은, 대부분의 사람들이 제 작품을 보고 싫은 소리를 하고 가지만, 평판이 있으면 뭘 해도 살 수 있지 않겠어요.'

그가 중요한 국제무대에 처음 작품을 낸 것은 1993년 베니스 비엔날레에 출품한 〈나누어진 엄마와 아이(Mother and Child Divided)〉였다. 소와 송아지를 여러 부분으로 잘라 일련의 개별 유리 케이스 안에 진열한 작품이었다. 2년 후 그는 터너상(Turner Prize)을 수상했다.

2억 3,500만 파운드 이상의 부를 축적한 허스트는 '진정으로 창의적인 예술이란 그림이나 건축의 행위보다는 아이디어 그 자체인 것, 즉 개념을 창조, 형성하여 미디어를 통해 전달하는 것'이라고 생각한다. 초기 작품은 대부분 혼자 작업했지만, 지금은 실제 그림과 모형 작업은 대부분 조수팀에게 맡기고 있다. 그는 이를 앤디 워홀의 '공장'이나 많은 르네상스 시대 화가들의 스튜디오와 비교한다.

'예술은 머릿속에서 계속된다.'고 그는 말한다. 그는 매일 주위에서 영감을 얻는다. 어떤 것은 즉시, 또 어떤 것은 '갤러리 안에서 어떻게 무지개를 만들 수 있을까?하는 식으로' 시간이 갈수록 생겨나기도 한다.

그의 매장은 그의 창의력과 어울리는 그의 상업주의를 보여주는 것이다. 그는 판매부문, 자신(혹은 최소한 그의 팀)과 다른 작가들이 창조해낸 물건과 책 생산으로 '다른 범주'를 개발했다. 그의 목표는 '원하는 누구나 살 수 있는 최고급 수준의 예술'을 판매하는 것이다.

19

관념화…
창의력의 파워에 불붙이기

CREATIVE BOX ——————————————————

'내가 닿을 수 있는 만큼만 크게 자랄 수 있고,
내가 노력하는 만큼만 멀리 갈 수 있다.
내가 응시하는 만큼만 깊이 볼 수 있으며,
내가 꿈꾸는 만큼만 될 수 있다.'
 ─ 케런 레이븐(Karen Ravn), 《작은 지혜의 씨앗(Little Seeds of Wisom)》의 저자

창의적 기술은 독창적인 생각과 일탈적인 사고를 부추긴다. 어떤 기술에는 두 사람 이상의 집단이 필요하고, 어떤 기술은 혼자서도 달성할 수 있다. 대부분은 목표나 문제, 현 상태, 자극의 형태를 적절히 섞어 활용한다. 어떤 기업들은 항상 창의적 도구들을 준비해 둔다. IDEO에는 각 작업장에 '테크박스(Tech Box)'라고 하는 것이 있다. 레고는 플라스틱 벽돌을 비즈니스 도구로 이용하여, 사람들이 마음 가는대로 아이디어를 표현하는 모델을 만들도록 한다. 레고는 이를 기업을 위한 '진지한 놀이(Serious Play)'라고 하는 상업적 제안으로 발전시키기까지 했다.

무작위성은 자극의 가장 단순한 형태 중 하나다. 아방가르드 음악가인 존 케이지(John Cage)는 빈 악보 위에 별자리표를 겹쳐 놓거나, 주사위를 굴리거나, 혹은 연주자의 즉흥적인 결정에 따라 연주하도록 끝을 맺지 않는 방식으로 곡을 쓰기도 했다. 무작위성은 새로운 생각이나 아이디어를 창의적 과정에 도입시킨다.

즉흥기법은 사전 준비 없이 말하거나, 쓰거나, 작곡될 수 있는 창의적 과정이다. 이를 통해 새로운 행동방식, 새로운 사고와 관행의 패턴, 혹은 새로운 구조를 발견할 수 있다. 즉흥기법은 음악, 연극, 그 외 다양한 형태를 창작하는 데 활용된다. 많은 미술가들도 자신의 창의적 흐름에 도움이 되는 즉흥기술을 활용한다. 즉흥연극은 연기자의 청취기술, 명확성과 자신감, 그리고 본능적이고 즉흥적으로 연기하는 기술에 의존한다.

위대한 과학적 발견 중에는 창의적으로 사고할 줄 아는 위대한 사상가로부터 나온 것이 많다. 예를 들어, 앨버트 아인슈타인은 자신의 새로운 상대성이론과 전자기학을 이끌어내게 한 아이디어를 생각해 내는 데 도발이라는 형태를 사용했다. 알렉산더 플레밍은 어느 날 밤 자신의 더러운 실험기구를 쳐다보다가 작은 곰팡이가 자라고 있는 것을 보았고, 이것이 페니실린을 발명하게 된 계기였다. 찰스 굿이어는 새로움을 애써 찾지 않고서 이를 발견했다. 뜨거운 고무를 쏟는 바람에 경화 과정을 만들어 낼 수 있었다. 그리고 로이 플런킷(Roy Plunkett)은 새로운 냉각제를 발명하려고 하다가 왁스 같은 물질 덩어리를 만들어 내게 되었는데, 이것이 테플론이었다.

창의력의 형태

창의력에는 두 가지 주요한 접근법이 있다.

- **논리적 사고:** 이는 명확하고 지속적인 과정에 따라 구조화되고 프로그램으로 구성되는 것이며, 상황을 더 낫게 만드는 데 상당히 효율적이다. 논리적 사고는 정의하기가 쉽기 때문에, 구조화된 제품 개발과 혁신 과정에서 더 일반적으로 발견되는 형태의 창의력이다. 그런 후에는 조직 내에서 명문화하고, 관리하여, 효율적으로 사용할 수 있게 된다.
- **구조화된 것으로 무작위성과 브레인스토밍:** 방법은 유형화된 사고방식에서 벗어나 놀랍고, 뛰어나며, 독창적인 해결책을 생각해 내는 데 도움이 된다. 따라서 혁신의 필수적인 부분이다. 측면적 사고는 우리의 뇌가 컴퓨터와는 다르게 기능하는 유형 인식 시스템이란 것을 인지하고 있다. 그래서 컴퓨터라면 매우 쉽게 처리할 단순한 산술 같은 것을 배우는 데도 몇 년의 훈련이 필요하다. 반면, 우리는 얼굴, 언어, 손글씨 같은 유형을 즉시 인식할 수 있지만, 컴퓨터가 인간의 이런 수준을 따라오려면 훨씬 더 강력해져야 한다.

좋은 유형인식의 장점은 사물과 상황을 매우 빠르게 인식할 수 있다는 것이다. 탄산액체가 들어있는 실린더 캔을 볼 때마다 완전히 분석해야 한다면 얼마나 많은 시간을 낭비하게 될지 상상해 보라. 대부분의 사람들은 그냥 탄산음료 캔을 열 것이다. 유형 인식을 못한다면 우리는 길을 안전하게 건널 수도 없을 것이고, 굶어죽거나 먹혀버릴 것이다. 불행히도, 우리는 우리의 유형에 갇혀 있다. 우리가 개발해 내는 해결책은 비슷한 문제에 대한 예전의 해결책에 기초한 것이다. 일반적으로 다른 유형에 해당하는 해결책은 이용하지 않는다.

창의적인 것은 한 발짝 물러서서 이 일을 하는 데 더 나은 방법이 있는지 자문해 보아야 하는 시간을 따로 가지는 문제일 수도 있다. 에드워드 드 보노는 이를 '창의적 휴지(creative pause)'라고 했다. 30초 정도의 짧은 시간이 될 수도 있지만 사고의 규칙적인 일부로서 말이다. 특히 창의적인 사람들이 가장 활발히 사고를 할 때 그런 자기 규칙을 잊어버리기가 쉽다.

아이디어 생산

'아이디어 팩토리' 과정 전체에서 중요한 문제는 계속해서 아이디어를 더 만들어 내는 것과 이들이 잊혀지지 않도록 잘 가지고 있는 것이다.

창의력은 과정이다. 더 많은 아이디어가 나올수록, 더 나은 아이디어가 나올 수 있다. 사실 아이디어는 더 많은 혹은 더 나은 아이디어를 내는 데 최고의 촉매제이다. 포스트 잇에 아이디어를 적어 붙이는 훈련이 도움이 되는 이유는 간단한 방법으로 아이디어를 명확하게 표현해 볼 수 있고, 차후 다른 아이디어와 이리저리 섞어보거나 묶어서 보기 쉽기 때문이다. 미래 시나리오, 트렌드 매핑, 고객 관찰, 극단 탐구, 유사시장 검토, 혹은 단순한 창의적 기술을 통해 아이디어가 나온다면, 이런 아이디어는 모두 유효하다. 이 시점에서 구조화를 너무 많이 하는 것은 현명하지 못한 방법이기는 하지만, 이런 아이디어들은 다양한 측면의 문제 혹은, 기회의 유형으로 범주화될 수 있다.

　더 흥미로운 점은 융합을 찾기 시작하는 것으로, 아이디어를 서로 연결하여 더 나은 아이디어를 만들어내는 것이다. 제품의 기능이 새로운 서비스 아이디어와 연관되거나, 유통 협력사가 새로운 서비스를 제공해 줄 수 있다거나, 한 고객에게 적용되는 기발한 아이디어가 다른 고객에게도 흥미로울 수 있다거나 하는 식으로 말이다. 이런 아이디어들 중에 가정이 떠오를 수 있다. 즉, 더욱 설득력 있는 주장으로 구조화되고 더욱 강한 신념으로 이야기되며, 더 많은 평가가 필요한 가능한 해결책이다. 이는 쉽게 팀이 집중을 유지하고, 어떠한 형태의 합의에 도달하거나, 혹은 어딘가에 도달했다는 기분이 들 수 있는 방법이다. 또한 너무 빨리 폐기되지만 않는다면 드라마틱하거나 인기 없는 해결책을 제안하는 방법이기도 하다. 창의력 워크숍의 제일 마지막 단계에서는 모든 아이디어를 모아 많은 가정을 세워서 다음번에 더 자세하게 살펴보면 된다.

　하지만, 창의력에도 제한이 필요하다. 무엇이 중요한지에 확실히 집중할 수 있도록 하기 위해서뿐만 아니라 더 나은 반응을 자극하기 위해서다. '당신의 아이디어를 내게 주시오.'라고 말하는 것은 창의력을 끌어내는 데 최악의 출발점이며 보잘것없고 주변적인 결과만 끌어내게 된다. 사람들에게 구체적인 어떤 것에 대처하도록 요청하는 것이 훨씬 예리하고, 더 관련성이 있으며 깊이 있는 반응을 만들어낼 수 있을 것이다.

창의적 과정 전체를 통해, 에너지를 유지하는 것이 중요하다. 즉 동기, 도전과제에 대한 흥미, 그리고 스스로를 채찍질하려는 사람들의 의지와 페이스(긴급함을 유지하고, 아이디어를 짜내며, 집단의 시간을 최대한 활용하고, 모멘텀을 유지함)를 유지해야 한다는 것이다. 창의력 워크숍은 심신을 지치게 할 수도 있고, 또 그래야 하지만, 한편으로는 아주 신나기도 해야 한다.

IDEO…
현명한 팀이 천재 한 명을 이기는 곳

'우리의 가치는 미친 과학자(호기심 많고 실험적임), 곰 조련사(대담하고 날렵함), 기 치료사(손으로 직접 하며 감정을 이입함), 야간 세무사(긍정적이고 요령이 있음)로 이루어져 있다.' 세계 일류 디자인회사 IDEO의 공동창업자인 데이비드 켈리는 ideo.com에서 이렇게 말하고 있다.

기업들이 점점 더 획기적인 상품을 찾아내고 개발에 속도를 올리는 데 조력을 구함에 따라, 단순히 제품 스타일링뿐 아니라 더욱 종합적인 지원을 위해 IDEO와 같은 디자인 컨설팅 회사로 눈길을 돌리고 있다. 컴퓨터, 주전자, 무선전화기, 낚싯대, 치약튜브, 심지어는 맨해튼에 새로 생기는 프라다 매장까지 모든 것이 팔로알토에 위치한 이 회사를 거치면서 완전히 바뀌었다.

IDEO는 1991년 데이비드 켈리 디자인(David Kelley Design, 스탠퍼드대 교수인 본인이 설립), 아이디 투(ID Two, 빌 모그리지(Bill Moggridge가 설립), 매트릭스 프로덕트 디자인(Matrix Product Design), 마이크 너탈(Mike Nuttall 소유)이라는 세 디자인 회사가 합병되어 생기게 되었다. 켈리는 벤처 캐피털에서 특수효과까지 모든 것에 경험이 있었고 영화 〈프리윌리(Free Willy)〉에서 기계 고래를 담당했었으며, 모그리지는 최초의 개인용 컴퓨터 생산에 참여하는 등 사용자 중심 디자인에 주목하여 모든 것을 발명했다.

데이비드 켈리의 동생인 탐 켈리는 IDEO의 선도적인 마케팅 사상가로, 최근 저자가 이스탄불에서 그를 만났을 때 IDEO의 여섯 가지 특징을 다음과 같이 설명했다.

- 잠재적 사용자의 다양하고 독특한 니즈와 동기를 이해하기 위해 그들과 공감대를 구축함
- '적절한 사람들', 즉 일을 약간 다르게 하는 사람들을 열심히 관찰하고 '왜 그럴까?'라고 자문해 봄
- 행위에 가까이 다가감, 즉 '영감은 보고, 듣고, 느끼고… 그곳에 있는 것으로부터 온다.' 감각적 몰입은 혁신의 강력한 소스가 된다.
- 매일 브레인스토밍하기, 조직의 '문화로 그것을 짜내기'
- '교잡수분(cross-pollination)'을 권장하기, 즉 일상적이지 않은 곳에서 답을 구하고, 교차훈련을 하거나, 사람들이 규준을 넘어 생각할 수 있도록 유도함
- 게임을 하거나, 재미있게 노는 등 약간 미치기, 그리고 자연스럽게 찬스를 잡아 문제를 푸는 분위기 만들기

데이비드 켈리는 자신이 좋아하고, 존경하고, 함께 일하는 것이 즐거울 만하고, 그래서 더 많은 것을 할 수 있는 사람들 채용하는 것이 중요하다는 신념을 항상 가지고 있었다. 이 회사에서 농담은 일상적인 것이 되었다. 한 번은 영업사원의 투자유치 발표가 진행되는 동안 켈리의 사무실 문이 접착제로 붙여져 있기도 했다. 고무 밴드 싸움이 자주 있었고 창문 밖으로 물 풍선을 던지는 일도 있었다. 이 모든 일들이 소속감을 높여주고, 직장 내 더 많은 웃음과 더 나은 아이디어를 가져다주었다.

IDEO는 전통적인 소비자 리서치 같은 것은 하지 않는다. 서베이 자료와 포커스 그룹에 의존하지 않고, 제품을 사용하는 사람들, 혹은 새로이 등장할 지도 모르는 것과 비슷한 어떤 것 등 실제 통찰력을

주는 소스를 찾아 나선다. 사람들의 자연스런 행동, 무엇이 그들에게 불만을 갖게 하는지, 무엇을 정말 하고 싶은지 또 무엇을 하려고 하지만 할 수 없는지를 관찰한다.

현재 CEO인 팀 브라운(Tim Brown)은 깊이 있게 연구되고 이해된 디자인을 만들어 내기 위해 디자인, 비즈니스, 사회학을 접목시키는 과제를 수행중이다. 그는 〈엠아이티월드(MIT World)〉 지와의 인터뷰에서 '디자인 사상가'는 강도 높은 협력을 추구해야 할뿐 아니라, '공감할 수 있고, 세상에서 무언가를 실현시키는 기술도 가지고 있어야 한다.'고 말한다. 그는 새로운 디자인을 만들어내는 과정에서 영감, 관념화, 실행의 세 가지 중심적인 '바구니'가 있다고 본다.

그는 또한 자신의 새 저서 《디자인에 집중하라(Change by Design)》에서 이렇게 말한다. '디자인 사상가는 인류학자나 심리학자처럼 사람들이 세상을 어떻게 감성적으로 또 인지적으로 경험하는지를 조사해서 시작해야 한다.' IDEO 직원들은 새 병원을 디자인하면서, 직접 환자가 되어 응급실이 어떠면 좋을지를 생각해 보았다. '천장 타일을 20분 동안 쳐다보고 있다.' '가장 중요한 것은 사람들이 무슨 일이 벌어지고 있는지 말해주는 것'임을 인식한 그는 이렇게 말한다. 문제를 해결하기 위한 영감은 어디서든 나올 수 있다. 이 예에서는, 직원들이 병원에 더 효율적인 디자인을 생각해 내기 위해 자동차 경주 피트 크루들을 방문했다. 영감이 '생각을 쌓아나가기' 시작하면, 디자인을 테스트해 볼 시제품이 100개 정도는 금방 만들 수 있고 그 과정에서의 이해관계자를 만들 수 있다는 뜻이다. 브라운은 또 이렇게 말한다. '너무나 좋은 아이디어들이 시장에 나가지 못하는 경우가 많은데 이는 그런 아이디어가 시스템을 통해 방향을 찾을 수 없기 때문이다.' IDEO는 다음 방법을 중요시한다.

- 아이디어를 발전시키고 표현하며, 주요 관계자들을 이 개념에 투자하게 할 스토리텔링
- 대담한 사상가들을 참여시켜 지속적으로 영감의 소스를 새롭게 만들어줌
- (점점 더) 사회적으로 편향된 디자인 문제에 집중하기

IDEO는 전통적인 기술을 사용하지만 더욱 새로운 방향으로 사용한다. 브레인스토밍은 재미 있고 창의적인 것 같지만, 아주 진지하게 다루어진다. 데이비드 켈리는 이렇게 말한다. '훌륭한 브레인스토밍 활동은 팀에 낙관주의와 기회의 감각을 부여해 프로젝트 중 가장 힘들고 부담을 느끼는 시기에 도움을 줄 수 있다.' IDEO에는 많은 규칙이 없지만, 무엇이 브레인스토밍을 구성하는지 또 어떻게 브레인스토밍을 조직해야 하는지에 대해서는 아주 명확한 생각을 가지고 있다.

- **길이:** 가장 적절한 시간은 60분이다. 브레인스토밍에 필요한 신체적, 정신적 에너지의 수준이 그보다 오랜 시간 유지되기는 힘들다.

- **이것만은 하지 말 것:** '브레인스토밍 시간은 프레젠테이션이나 핫 아이디어를 가지고 상급자에게 점수를 따려는 기회가 아니다. 일처럼 느껴서도 안 된다. 그리고 어떤 멀리 떨어진 멋진 장소에서 수천 달러를 낭비하는 것은 더더군다나 아니다.'

- **아이디어 엔진:** '브레인스토밍은 IDEO 문화의 아이디어 엔진이다. 이는 팀이 프로젝트 초반에 아이디어를 가지고 '탁상공론'하거나 나중에 갑자기 터지는 까다로운 문제를 푸는 기회이다. 생산적인 그룹일수록 정기적으로 또 효율적으로 브레인스토밍을 한다.'

20

아이디어
툴킷

CREATIVE BOX

'정장을 입고 좋은 아이디어를 생각해낸 사람은
단, 한 명도 없었다.'
- 프레드릭 G. 반팅

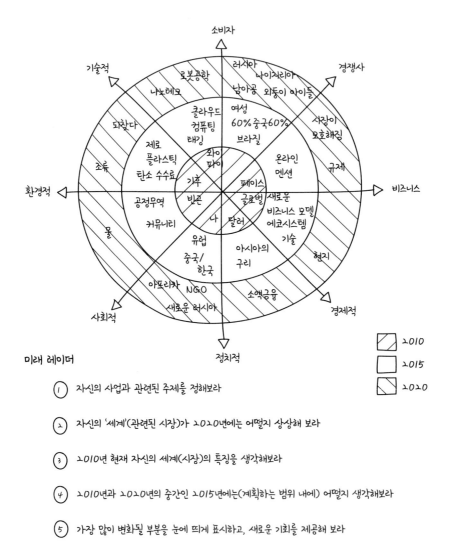

미래 레이더

① 자신의 사업과 관련된 주제를 정해보라

② 자신의 '세계'(관련된 시장)가 2020년에는 어떨지 상상해 보라

③ 2010년 현재 자신의 세계(시장)의 특징을 생각해보라

④ 2010년과 2020년의 중간인 2015년에는(계획하는 범위 내에) 어떨지 생각해보라

⑤ 가장 많이 변화될 부분을 눈에 띄게 표시하고, 새로운 기회를 제공해 보라

미래 레이더(Future radar): 미래를 그림에 위치시키고 현재 우선순위와 연결시키기

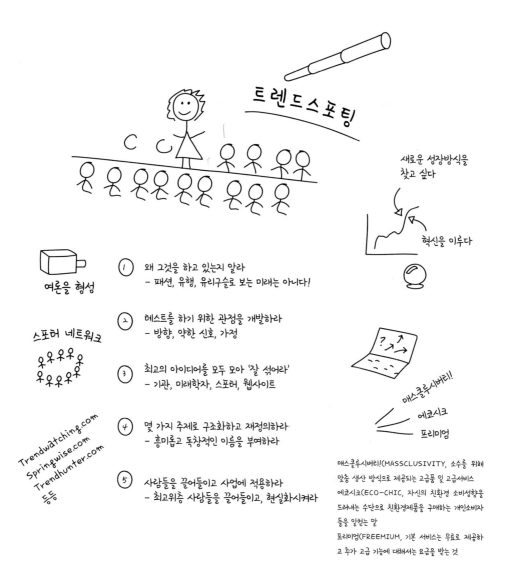

트렌드스포팅

새로운 성장방식을 찾고 싶다

혁신을 이루다

여론을 형성

① 왜 그것을 하고 있는지 알라
   – 패션, 유행, 유리구슬로 보는 미래는 아니다!

스포터 네트워크

② 테스트를 하기 위한 관점을 개발하라
   – 방향, 약한 신호, 가정

③ 최고의 아이디어를 모두 모아 '잘 섞어라'
   – 기관, 미래학자, 스포터, 웹사이트

Trendwatching.com
Springwise.com
Trendhunter.com
등등

④ 몇 가지 주제로 구조화하고 재정의하라
   – 흥미롭고 독창적인 이름을 부여하라

⑤ 사람들을 끌어들이고 사업에 적용하라
   – 최고위층 사람들을 끌어들이고, 현실화시켜라

매스클루시버티!

에코시크
프리미엄

매스클루시버티!(MASSCLUSIVITY, 소수를 위해 맞춤 생산 방식으로 제공되는 고급품 및 고급서비스
에코시크(ECO-CHIC, 자신의 친환경 소비성향을 드러내는 수단으로 친환경제품을 구매하는 개인소비자들을 일컫는 말
프리미엄(FREEMIUM, 기본 서비스는 무료로 제공하고 추가 고급 기능에 대해서는 요금을 받는 것

트렌드스포팅(Trend spotting): 주위의 변화하는 세계를 이해하기

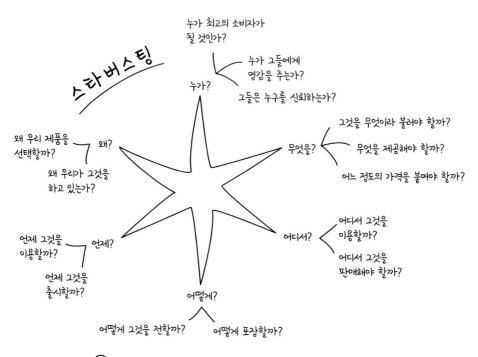

스타버스팅

누가 최고의 소비자가
될 것인가?

누가 그들에게
영감을 주는가?

그들은 누구를 신뢰하는가?

누가?

왜 우리 제품을
선택할까?

왜?

왜 우리가 그것을
하고 있는가?

무엇을?

그것을 무엇이라 불러야 할까?

무엇을 제공해야 할까?

어느 정도의 가격을 붙여야 할까?

어디서?

어디서 그것을
이용할까?

어디서 그것을
판매해야 할까?

언제 그것을
이용할까?

언제?

언제 그것을
출시할까?

어떻게?

어떻게 그것을 전할까?

어떻게 포장할까?

① 질문에서 중요한 점은 바로 진짜 질문이 무엇인가 하는 것이다.

② 플립차트에 별을 그린 다음, 직원들에게 질문을 만들어내도록 하라

③ '누구'와 관련된 질문을 가능한 많이 만들어내고 계속하라

④ 중요한 것과 그렇지 않은 것, 어려운 것과 그렇지 않은 것으로 질문의 순서를 정하라

⑤ 그런 다음 질문에 대한 답을 브레인스토밍하라!

스타버스팅(Starbursting): 알맞은 질문을 찾기 위한 창의적인 탐구

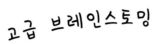

① 대처해야 할 이슈, 문제, 혹은 기회를
정의하라

고급 브레인스토밍

② 많은 아이디어를 빠르게
생각해내라

충동, 빠르게

다른 것에 쌓아나가기

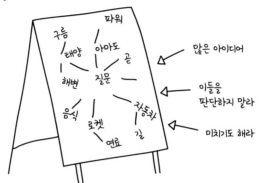

많은 아이디어

이들을
판단하지 말라

미치기도 해라

③ 한 사람이 이를 플립차트에 써라

→ 이들을 서로 연결하라
→ 긴 목록이 아니라
그림으로 그려라!

④ 스테로이드를 첨가하라 –
즉 무작위로 촉매(열기구)를
더하여 이슈와 연관지어라

⑤ 그룹을 나누어 진행하라 –
2분간 진행한 후 돌아가면서 하라.
음악을 들으면서 에너지를 만들어내고,
빠르게, 열정적으로, 재미있게 하라!

브레인스토밍(Brainstorming): 새로운 아이디어를 많이 만들어내기 위한 창의적 탐구

규칙 파괴자

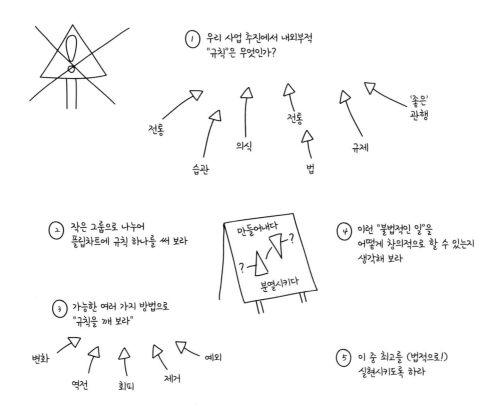

1. 우리 사업 추진에서 내외부적 "규칙"은 무엇인가?

전통
습관
의식
전통
법
규제
'좋은' 관행

2. 작은 그룹으로 나누어 플립차트에 규칙 하나를 써 보라

만들어내다
?
?
분열시키다

3. 가능한 여러 가지 방법으로 "규칙을 깨 보라"

변화
역전
회피
제거
예외

4. 이런 "불법적인 일"을 어떻게 창의적으로 할 수 있는지 생각해 보라

5. 이 중 최고를 (법적으로!) 실현시키도록 하라

규칙 파괴자(Rule breakers): 모든 규칙과 전통을 뒤집어보기

3

디자인 스튜디오

상품으로서의 가치에
영감을 불어넣어라

디자인 스튜디오

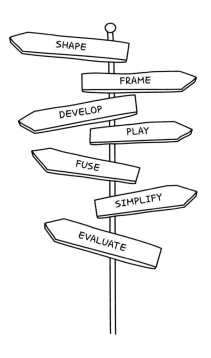

21

디자인 씽킹…
창의적 기업을 위한 사고방식

CREATIVE BOX

'우리에게는 이런 종류의 일에 대해 이야기할 적당한 언어가 없다.
대부분의 사람이 쓰는 말에서는, 디자인은 겉치장을 뜻한다 …
하지만 내게는, 좋은 디자인의 의미에서 더 나갈 수 있는 것은 없다.
디자인은 인간이 만들어내는 창조의 근본적인 영혼이다.'
– 스티브 잡스, 〈포춘〉지에서

A. J. 라플리가 P&G의 CEO가 되었을 때, 그는 〈패스트 컴퍼니(Fast Company)〉지에 자신의 비전에 대해 이렇게 설명했다. '나는 P&G가 세계 제일의 소비자 디자인 회사가 되었으면 한다. 그러려면 우리는 디자인을 전략의 일환으로 삼아야 한다. 디자인을 우리의 혁신 과정의 일환으로 만들어야 하는 것이다.' 과거 P&G 디자이너들은 언제나 제품 개발 과정의 제일 마지막에 투입되어 펑키한 곡선이나 색깔을 약간 추가하는 등 표면적인 장식 일부만을 담당했었다. 그렇지만 이제는 달라졌다. 어떤 프로젝트든 디자이너들은 시작할 때부터 참여해서 제품, 유통경로, 소비자 체험의 모든 단계와 모든 측면에서 디자인의 파워를 여실히 보여주고 있다.

디자인은 원래 디자이너나 즉 창의적인 사람의 기술을 의미했다. 산업혁명이 일어나면서 정밀함과 상업화가 더욱 중요해졌고, 예술로서의 디자인, 공학으로서의 디자인 등여러 갈래로 나뉘게 되었다. 좀 더 최근으로 오면, 영국디자인위원회(The Design Council)에서는 제품이 성공하려면 기능과 형태를 모두 갖추어야 한다고 했는데, 이를 다시 말하면, 공학 디자인과 산업 디자인이 된다.

창의력과 마찬가지로 디자인에도 여러 가지 정의가 있다. 때로는 부정확한 사고 때문이지만, 디자인에는 다양한 구성요소가 있기 때문이기도 하다. 디자인이란,

- 유형의 결과물, 즉 제품 혹은 서비스를 말한다.
- 창의적 활동, 즉 기능과 형태를 수용하는 것이다.
- 개발 과정, 즉 아이디어를 해결책으로 바꾸어내는 것이다.

디자인은 계획적이고, 구조화되어 있으며, 신중한 분야로, 가장 일반적으로는 하나의

과정으로 여겨진다. 디자인에 대한 이해가 발전해 나가면서, 그 범위도 제품에서 서비스와 체험, 그리고 겉 부분의 스타일링에서 총체적인 비즈니스 콘셉트로 변해갔다.

- **스타일 디자인** – 형태, 색상, 그래픽
- **제품 디자인** – 리서치, 공학, 산업 디자인도 포함
- **체험 디자인** – 마케팅, 커뮤니케이션, 서비스, 사람들도 포함
- **비즈니스 디자인** – 비즈니스 모델, 조직구조, 운영도 포함

'디자인 씽킹(design thinking)'은 비즈니스의 새로운 법칙이 되었으며, 특히 팀 브라운과 IDEO가 그 선두에 있다. 기술, 엔터테인먼트, 디자인의 앞 글자를 딴 지식콘퍼런스 테드(TED) 행사에서 그는 디자인 씽킹이란 '문제해결에 대한 인간 중심의 접근법이다. 사람들(사람들을 보고 들음으로써 얻어지는 영감), 시제품 만들기(아이디어를 가능한 빠른 시간 내에 유형화시키는 것), 이야기(콘셉트가 아니라 매력적인 내러티브를 판매함으로써 실행시키는 것)로부터 만들어지는 과정이다.'라고 설명했다.

디자인 씽킹(design thinking)을 한마디로 정의하면 '존재하지 않는 문제를 균형 잡힌 사고를 통해 찾아내고, 지식을 총동원하여 당면한 문제를 해결하는 방법'을 의미하는데 디자인 씽킹은 단순히 주어진 문제를 푸는 것과는 차원이 좀 다르다. 보다 창의적이고 조화로운 사고를 통해 새로운 문제 자체를 찾아내고 또 문제를 자체적으로 해결할 수 있는 것은 오직 인간만이 가능하다. 이러한 디자인 씽킹은 4차 산업혁명 시대에 디자이너가 길러야 할 역량으로써 오늘날 기업가들에게 가장 주목받는 이유이기도 하다.

디자인 씽킹은 디자인 과정에서 디자이너가 활용하는 창의적인 전략의 한 방법인데 기존의 관행이나 관념으로부터 탈피하여 문제를 심사숙고한 다음, 문제를 보다 폭넓게 해결할 수 있기 위하여 이용할 수 있는 접근법으로써 각종 산업 분야와 사회적 문제에 적용되어 왔다. 디자인 씽킹은 기술적으로 이용 가능하고, 사람들의 욕구를 충족시켜 주기 위하여 실행 가능한 사업전략이어야 하면서도 고객의 가치와 시장의 기회에 부합되어야 하기 때문에 디자이너의 감각과 방법이 절대적으로 필요하다.

디자인 씽킹은 보통 다음과 같이 네 가지로 구성되어 있다.

- **고객 중심:** 몰입과 민족지(생활방식의 기술적 설명)라는 방법을 통해 고객이나 소비자가 정말 원하는 것이 무엇인지를 이해하기, 이는 그들이 무엇을 원한다고 겉으로 말하는 것과는 다른 경우가 많다.
- **팀 실험:** 닫기 전에 열고, 더 적은 수의 가장 인기 있는 예상에 집중하여 다양한 가능성과 해결책을 탐구하기
- **빠른 시제품화:** 그것에 대해 말로 설명하기보다는 직접 만들어 보이려 하고, 그에 따라 더 토론을 많이 하고, 잘 이해하고, 향상시키며, 많이 참여할 수 있게 하기
- **감성적 호소:** 멋진 말을 늘어놓은 제품 설명서나 광고 슬로건보다는 스토리텔링을 통해 디자인의 잠재적 적용에 사람들을 관계시키기

조너선 아이브…
애플의 진정한 아이맨

조너선 아이브(Jonathan Ive)는 뉴캐슬폴리테크닉에 다닐 때나 런던의 탠저린(Tangerine)사에서 세면기 디자인 작업을 했을 때나 그다지 깊은 인상을 남긴 적이 없었다. 아이브의 아이디어를 이해하는 사람은 아무도 없었다. 그는 캘리포니아로 이주하여 애플에서 근무하기 시작했고, 이곳에서 '인간답게 만드는 기술'에 대한 자신의 열정을 이해해 주는 사람들을 만나게 되었다.

애플은 아마도 비즈니스와 디자인을 가장 성공적으로 결합시킨 대표적인 기업일 것이다. 그리고 애플이 글로벌 아이콘이 되기까지 총책임자 역할을 한 사람은 바로 아이브였다. CEO의 지원을 조금 받기는 했지만 말이다. 디자인 과정을 비밀로 유지하는 것으로 악명 높은 애플도 아이브의 기여에 대해서는 세상에 당당히 드러냈다.

잡스 다음으로 아이맥, 아이폰, 그리고 아이폰으로 우리를 황홀하게 만드는 애플의 놀라운 능력을 대부분 책임지고 있는 아이브는 '디자인의 기술'을 믿는다. 그는 소수의 프로젝트를 진행시키며 그중에서 가장 중요한 것에만 집중하기를 좋아한다. 또한 자신에게 주어진 도전에 대해 사용자, 애플리케이션, 재료, 도구까지 깊이 있게 이해하려고 하며 자신이 만들어낸 결과물이 탄생되기까지 매우 신경을 쓴다. 자신이 '명확한 것을 넘어서는 열광적인 보살핌'이라고 설명하는 것을 끊임없는 실험으로 도구, 재료, 생산 과정에 결합시킨다. 그는 애플의 도전을 자신이 다른 부문에서 보는 것과 비교하며 '기술에 있어 기능이라는 것은 사용자에게 훨씬 더 추상적이며, 따라서 제품의 의미는 거의 전적으로 디자이너에 의해 결정된다.'고 말한다.

아이브는 1996년에 애플의 수석 디자이너가 되었다. 당시는 잡스가 떠나면서 애플이 큰 문제에 직면했을 때였다. 1년 후 회사로 돌아온 잡스는 애플의 60개 이상 되는 제품 중 네 개만 제외하고는 모두 사업을 중단시켰다. 잡스는 디자인을 애플의 미래라 생각했기 때문에 디자인 슈퍼스타를 찾아 세계 도처를 뒤지고 다녔다. 그런데 그 사람이 바로 주위에 있는지 미처 몰랐던 것이다.

이렇게 해서 디자인 시너지가 탄생했다. 잡스가 방향을 설정하면 아이브는 이를 실현시켰다. 아이맥으로 처음 시작하여, 사람들을 겁먹게 만드는 개인용 컴퓨터를 좀 더 재미있는 것으로 바꾸었다. 플라스틱 껍데기를 어떻게 하면 싸지 않고 흥미롭게 보이게 만들지를 이해하기 위해, 아이브와 그의 팀은 사탕공장을 방문해 젤리빈을 더 섬세하게 만드는 부분을 공부했다. 또 플라스틱에 기반을 둔 새로운 제조과정을 만들어 내는 데 몇 달을 보내고는 컴퓨터의 전자부품이 훤히 비쳐 섹시하게 보이도록 만들기 시작했다.

포장비용이 65달러로 일반적인 경우보다 세 배가 비쌌지만 이것이 바로 애플을 되살아나게 한 디자인 특징이었다. 아이브의 디자인을 돋보이게 만든 것은 그들의 '핏 앤드 피니시(fit and finish)', 즉 제품 개발에 반영된 수천 가지의 작은 결정에서 만들어진 인상이었다.

아이브와 함께 이룬 애플의 디자인 진화

잡스와 아이브의 비범한 퓨전, 그리고 겉으로 보기에는 결코 끝나지 않을 아름답고, 상징적이며, 가장 경탄스러운 제품 디자인의 진화는 다음과 같은 네 가지 단계로 특징지어진다.

- **반투명 단계:** 사탕 공장에서 영감을 받아, 독창적인 '본디 블루' 아이맥(시드니의 본디 해변에서 영감을 받음)과 같은 초기 제품은 컬러풀하거나 우윳빛 흰색에 반투명하고, 매끈한 표면으로 특징지어졌다. 파워케이블도 속이 들여다보이는 꼬인 선으로 되어 있었다.

- **컬러풀 단계:** 파란색 아이맥은 블루베리, 포도, 귤, 라임, 딸기 등 다섯 가지 과일 색깔로 대체되

었고 이는 최초의 아이북에까지 이어졌다. 이 제품들은 진공청소기에서 알람시계에 이르는 소비재에 새로운 트렌드를 형성했다. 밝은 색상을 입은 1990년대 모델은 서서히 반투명한 흰색과 흑색으로 바뀌었다.

- **미니멀리스트 단계:** 세기가 바뀌면서 메탈로 변화하기 시작하여, 티타늄과 알루미늄이 특징인 파워북 G4가 등장했다. 이전의 부드럽고 튀어나온 형태는 간결해지고, 직각형태에, 미니멀해졌다. 아이팟의 성공과 그 단순한 라운드 모서리 사각형 모양이 다른 모든 디자인에도 영향을 주었다. 아이맥 G5도 '아이팟의 창조자로부터(from the creators of the iPod)'라는 라벨이 붙었다.

- **알루미늄 단계:** 흰색 플라스틱으로부터 변화하여, 유리와 알루미늄으로 이를 대체하고 극단적인 미니멀리즘을 추구함. 아이폰이 이런 새로운 스타일로 첫선을 보였는데, 뒷부분은 어두운 알루미늄에 앞면은 유리로 만들었으며, 아이팟과 맥북도 이런 스타일로 뒤를 따랐다.

아이브는 12명에서 15명으로 구성된 소규모 디자이너 팀을 이끌고 있다. 이 팀은 창의적 열정과 완벽에 대한 집착을 마음껏 채울 수 있도록 음악이 크게 흘러나오는 커다란 사운드 시스템이 있는 넓은 공개 스튜디오에서 집중적으로 일한다. 아이브는 조그마한 디자이너팀 주방에서 피자를 먹다가 생각해낸 애플 제품들이 많다고 한다. 이 스튜디오는 철통보안 속에 대부분의 애플 직원들에게도 출입금지 구역이다.

〈비즈니스위크〉지는 이렇게 결론지었다.

'애플은 숭배이며, 그 디자인 팀은 훨씬 더 강렬한 형태의 숭배이다.'

22

맥락 재구성…
더 큰 아이디어 찾기

CREATIVE BOX

'우리가 알고 있는 모든 지식은 우리의 지각에 기초한 것이다.'
– 레오나르도 다빈치

⬡ ──────── '재구성'은 상황, 경우, 맥락이나 목적 등 아이디어, 문제나 기회가 고려되는 참고할 대상의 틀을 바꾸는 것이다.

와인이 한 병 있다고 상상해 보라. 친구와 함께 마실 것인가, 아니면 나를 취하게 해줄 도구인가, 혹은 멋진 식사의 일부가 되거나 선물, 그것도 아니면 또 다른 어떤 것인가? 틀이 바뀌면 고객, 혜택, 대안과 인지되는 가치 등의 문제도 바뀐다.

필자가 가장 흥미로웠던 프로젝트 중에 업계 선두를 달리던 장례회사와의 프로젝트가 있었다. '사업을 성장시킬 새로운 방법을 찾아라.' 이 회사의 CEO는 다소 강압적인 지시를 내렸다. 장례 사업을 어떻게 성장시키겠는가? 특히 이미 업계 선두에 있고 사람들이 더 오래, 더 건강하게 사는데 말이다. 거기에다 더 어려운 점은 장례식으로 돈을 번다는 건데, 장례식은 어쩔 수 없이 똑같은 형태로 진행되니 말이다. 매장을 하거나 화장을 하고, 그 이상은 거의 차별되는 점이 없으니 수익이 없는 것은 당연하다. 우리는 협력사뿐만 아니라 보통 이 필수불가결한 선택을 하게 되어 서비스 비용을 지불하는 친척 등 몇몇 고객과 대화를 해보았다. 극도의 스트레스에 시달리는 이때, 그들은 다른 것보다도 무슨 일이 벌어졌는지, 또 제대로 하고 있는 건지가 더 신경이 쓰이기 마련이다.

하지만 네덜란드를 비롯해 점점 많은 나라에서는 대부분 죽기 훨씬 전에 장례비용을 미리 지불한다. 이는 평균 2,500유로 정도 되는 비용으로, 인생의 어느 단계에서든 언젠가 한 번은 써야 하는 비용이다. 따라서 사람들은 저축계획과 생명보험과 함께 할부 납입이나 보험증권으로 장례보험을 포함시키고 있다. 방 뒤에 있는 시신에 대해서는 약간 부정적인 생각이 있는 탓에, 그런 일을 장례식장에서 처리하지는 않는다. 그래서 대신 재무설계사나 보험영업인을 통해 이런 보장계획('인생의 끝' 보장계획)을 준비하는 것이다.

그리고 이에 대해 생각하는 시간에는, 다른 것들도 조금 더 생각하게 된다. 환경 친화적인 매장, 삼림 묘지, 혹은 친구와 친척을 위해 훌륭한 음식과 와인, 그들이 좋아하는 밴드의 연주, 거기다 마지막 인사를 위한 불꽃놀이 등이 있는 파티를 준비한다거나 하는 것이다.

콘셉트를 재구성함으로써 새로운 고객을 찾고, 경쟁을 새롭게 정의하며, 기존의 가치를 상당히 강화시키면서도 더 큰 해결책의 일환으로 추가 상품과 서비스를 판매할 수도 있다.

선택할 수 있는 맥락 수준에는 세 단계가 있다. 이 중 하나를 자신의 '틀'로 선택하면 훨씬 나은 지점에서 혁신을 시작하거나, 작은 아이디어들을 모으고 다시 정확하게 표현하여 크고 다른 방식으로 볼 수 있게 된다.

- **기능**(Functions): 그것은 어떠한가? 기술적 특징을 설명한 일반 카탈로그가 포함된 노트북처럼, 그 범주로 정의되는 단순한 제품이나 서비스

- **활용**(Applications): 왜 사람들은 그것을 사용하는가? 실제 제품이나 서비스의 다양한 사용 예와 그 직접적인 혜택, 예를 들면 '이걸 쓰면 어디에서든, 언제든, 더 빠르고 더 효율적으로 일할 수 있어.'와 같은 경우

- **권능**(Enablement): 넓게 보면, 그것이 사람들에게 무엇을 할 수 있게 해주는가? 예를 들면 '그것은 내가 유연한 라이프스타일을 가지고, 독립적이며, 고객에게 더 많이 반응해 주고, 더 많은 수익을 올릴 수 있게 해준다.'

아우디 A6는 왜 같은 훨씬 싼 폴크스바겐 파사트가 기술플랫폼을 공유하는데도 거의 같은 가격인 BMW 3시리즈와 비교대상이 될까? 아우디가 패밀리 카보다는 중형고급차로, 밝은 색보다는 은색과 크롬 색으로, 폴크스바겐보다는 BMW와 짝을 이루어 홍보를 하면서, 사람들로 하여금 이렇게 생각하도록 만들었기 때문이다.

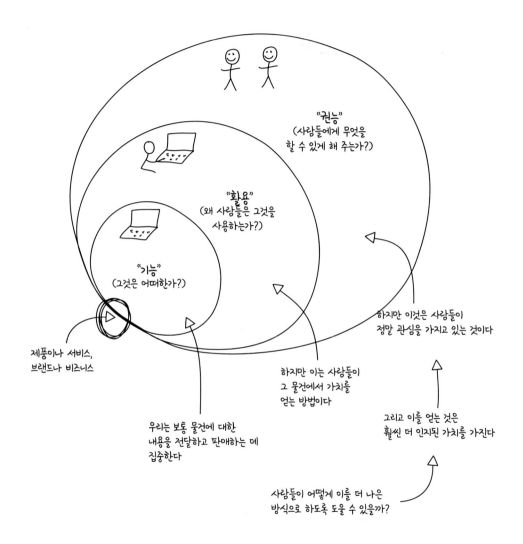

"권능"
(사람들에게 무엇을
할 수 있게 해 주는가?)

"활용"
(왜 사람들은 그것을
사용하는가?)

"기능"
(그것은 어떠한가?)

하지만 이것은 사람들이
정말 관심을 가지고 있는 것이다

제품이나 서비스,
브랜드나 비즈니스

하지만 이는 사람들이
그 물건에서 가치를
얻는 방법이다

우리는 보통 물건에 대한
내용을 전달하고 판매하는 데
집중한다

그리고 이를 얻는 것은
훨씬 더 인지된 가치를 가진다

사람들이 어떻게 이를 더 나은
방식으로 하도록 도울 수 있을까?

자신이 할 일에서 고객이 할 일로 맥락 재구성하기

뱅크시···
그래피티가 예술작품이 되던 때

이 사람의 작품은 몇 십만 달러에 팔리지만 그가 누구인지는 미스터리로 남아있다. 뱅크시(Banksy)는 영국 남서부 지방 출신의 익명의 그래피티 작가이다.

그의 반체제적 '쿨'함 때문에 그의 작품은 매우 수집가치가 높아졌으며, 안젤리나 졸리, 브래드 피트, 크리스티나 아길레라도 그의 팬이다. 흑백 스텐실을 주로 이용한 그의 '작품' 중 하나는 경매에서 25만 유로 이상에 낙찰되었는데, 한 가지 문제는 움직일 수 없는 건물의 하얀 벽에 작품이 붙어 있다는 것이다. 이것이 바로 그의 예술이 비판과 논쟁을 일으키며 그렇게 논란이 되고 정치적이기도 한 중요한 이유 중 하나다.

2005년에 그는 뉴욕현대미술관과 런던 테이트 같은 미술관에 자신의 유명한 작품을 몰래 걸었다. 어찌된 일인지 이 작품들은 며칠 동안 아무에게도 들키지 않았다. 하지만 영국박물관은 쇼핑카트를 끌고 있는 헐거인을 그린 모방동굴벽화를 발견하고는 허가를 얻어 영구컬렉션에 추가했다.

뱅크시의 작품 중에는 예상치 못한 작업자들에 의해 우연히 그려진 것이 몇 점 있다. 가장 최근에는, 영화 〈펄프픽션(Pulp Fiction)〉에서 등장인물들이 총 대신 바나나를 들고 있는 장면을 그렸다. 하지만 2006년 브리스톨 중심가에 갑자기 등장한 이 논란이 많은 벽화에 대해 지역주민들 중 97%가 보존하는 데 표를 던졌다. 성 건강 클리닉 벽에 그려진 어떤 작품에는 한 부부가 창밖을 바라보고 있는데, 창문 아래 선반에 부인의 애인이 매달려 있는 그림이다.

23

공동 창작…
고객 '우분투'와 함께 디자인하다

CREATIVE BOX

'개개인으로는, 우리는 물 한 방울이다.
함께 모이면, 대양이 된다.'
– 류노스케 사토로

⬡ ——————— '공동 창작(co-creation)'은 다른 사람들과 협력하여 이루는 발전이다. 여기서 다른 사람들이란 다른 회사나 개인, 직원이나 전문가일 수도 있지만, 대부분은 고객과 관련된 말이다.

- 레고공장은 소비자들이 다른 소비자들과 레고 디자이너들과 함께 미래의 제품을 만들어내는 작업을 하는 온오프라인의 공동 창작 시설이다.
- 두카티(Ducati)의 테크카페는 바이커들이 어울려 놀며 차세대 슈퍼바이크를 디자인 하는 곳이다.
- IBM의 혁신센터에서는 고객들이 직접 용이해진 혁신 프로그램을 운영한다.
- 삼성에는 가장 쿨한 최신 기기를 찾을 수 있는 가상제품 론칭센터(Virtual Product Launch Center)를 두고 있다.

어떤 회사들은 '공동 창작'이라는 말을 써서 포커스 그룹과 몰입 같은 고객 리서치 기술을 다시 정의했으며, 또 어떤 곳에서는 이것이 아이디어를 실현시키는 과정에서 고객을 파트너로 끌어들이는 더 큰 접근법임을 인식하고 있다.

- **공동 사고**(Co-thinking): 고객의 니즈와 욕구를 이해하기 위해, 뿐만 아니라 집단의 창의력을 이용하여 새로운 아이디어를 발전시키기 위해 고객과 함께 작업함. 이는 '크라우드소싱'과 비슷하지만 더 개인적이다. P&G는 고객들을 주말 동안 호텔에 데려가거나, 집으로 찾아가 설거지나 청소를 더 편하게 하는 법을 연구한다.
- **공동 디자인**(Co-designing): 이슈와 잠재적 해결책을 더 잘 정의하여, 또는 사업과 제품 스타일 모두에 관해 사람들에게 새로운 아이디어를 내도록 부추겨서 공동으로

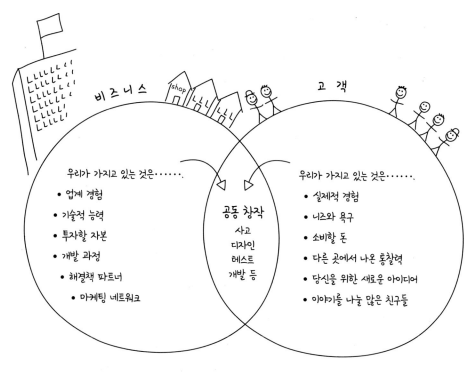

비즈니스

고 객

우리가 가지고 있는 것은······

- 업계 경험
- 기술적 능력
- 투자할 자본
- 개발 과정
- 해결책 파트너
- 마케팅 네트워크

공동 창작

사고
디자인
테스트
개발 등

우리가 가지고 있는 것은······

- 실제적 경험
- 니즈와 욕구
- 소비할 돈
- 다른 곳에서 나온 통찰력
- 당신을 위한 새로운 아이디어
- 이야기를 나눌 많은 친구들

우분투(Ubunty): 함께 하는 삶을 추구함

문제를 해결함. 쓰레드리스가 제출된 디자인 중 최고의 티셔츠 디자인에 어떻게 보상해 주는지 또는 존스소다가 어떻게 병 라벨에 고객의 사진을 인쇄해주는지 보라.

● **공동 평가**(Co-evaluating): 고객과 함께 아이디어를 테스트하고, 고급 고객 네트워크를 구축하고, 그들의 피드백을 반영해서 개선하며 또한 이런 고객들을 고객 홍보대사로 위촉함. 여기에는 극단적인 사용자들이 포함될 수 있다. 예를 들어, 나이키는 새로운 신발 디자인 평가를 우수 육상선수들과 함께 했고, 고어는 응급 서비스팀과

새로운 직물에 대해 논의했다.

● **공동 개발**(Co-developing): 고객들은 더 나은 제품을 개발하거나 더 나은 서비스를 찾아내는 데 있어 자사의 기술자만큼이나 노련하고 열광적일 수 있다. 보잉787 드림라이너는 고객과에 파트너십으로 개발되었으며, 나이키 ID 디자인 스튜디오는 나이키타운의 가장 중심부에 있고, 이케아(IKEA)는 고객이 직접 창고에서 제품을 찾아 조립할 수 있도록 허용한다.

● **공동 커뮤니케이션**(Co-communicating): 고객들은 당신에게 최고의 그리고 더욱 신뢰가 가는 지지자일 수 있다. 고객들은 회사의 웹사이트나 호텔 고객들을 위한 트립어드바이저(TripAdvisor) 같은 다른 사이트에 리뷰를 남길 수도 있다. 심지어 회사를 위해 스스로 광고를 제작해 줄 수도 있다. 스크름블(Scrmblr) 나온 것과 컨버스(Converse)의 사회적 광고 캠페인으로 나오는 것 등이 그 예다.

● **공동 판매**(Co-selling): 사람들은 모르는 영업사원에게서보다 친구들 그리고 자신과 비슷한 다른 사람들로부터 구입하려는 경우가 훨씬 더 많다. 와인 한 상자나 아이팟에 대한 답례로 '고객이 고객을 얻는다'는 말은 우리 모두가 잘 알고 있다. 에이본(Avon)과 오리플레임(Oriflame)에서 쓰고 있는 네트워크판매 모델과 같은 방식으로, 가장 활발하게 활동하는 일부 고객은 백만장자가 되기도 했다.

● **공동 지지**(Co-supporting): 뭔가가 잘못되면, 특히 최신기술이 이용되는 기기를 사용하려는 경우에는 도움과 빠른 속도가 생명이다. 사용자 가이드(User's guide)가 무슨 말인지 이해하기 힘들 때는 온라인상에서 다른 사용자들에게 도움을 청하라. 애플은 사용자 커뮤니티를 매우 효율적으로 활용하여, 질문을 올리면 수분 내에 자신이 사

용하는 언어로 답을 얻을 수 있다.

이것은 다양한 고객의 배경을 활용하고, 여러 가지 혁신 기술을 이용하는 창의적 과정이다. 이는 또한 주의 깊게 활용되어야 하는데, 고객들이 예전에 보지 못한 방식으로 기업을 개방하는 것이기 때문이다. 그래서 전문성과 평판을 잘 관리해야 한다. 그리고 이 방법은 직접 전달하는 우편이나 고객카드에 더 이상 의존하지 않는 관계를 구축하도록 도와준다.

가장 좋은 점은 고객들이 이 모든 것을 무료로 제공해 주는 경우가 많다는 것이다. 하지만 열정적인 고객들의 자원을 활용하는 것이 비용이 적게 들고 더 나은 결과를 얻는 경우도 많지만, 자신들의 가치를 인식하는 고객이 점점 많아질 것이다. 인센티브와 할인을 기대하는 고객들의 많아지고, 혁신적인 공동창조자들은 가격전략이나 수익공유를 통해 더 장기적인 관점에서 보상을 고객과 공유하기 위해 비즈니스 모델을 다시 생각해 볼 것이다.

P&G···
생산자 중심에서 고객 중심으로

2000년 당시, P&G에는 변화가 필요했다. 수익이 떨어지고 있었고, 브랜드는 식상해졌으며, 고객의 마음이 점점 멀어지고 있었다. 새로 부임한 CEO A. J. 라플리는 P&G에게 세 가지가 필요하다는 결론을 내렸다. 그 세 가지란 더 빠른 속도와 민첩성을 가지고, 고객에 대해 더 깊이 이해하며, 그리고 혁신에 대해 더욱 급진적으로 접근하는 것이었다.

P&G는 그때부터 내부적으로 큰 변혁을 경험했고, 2001년 클레롤(Clairol)을 50억 달러에, 2005년에는 70억 달러에 웰라(Wella)와 540억 달러에 질레트(Gillette)까지 인수하며 최대 경쟁사들도 흡수했다. 라플리는 P&G를 브랜드구축과 혁신을 주요 사업으로 하는 사실상의 브랜드소유 회사로 탈바꿈시키겠다는 자신의 비전을 이루기 위해 최고경영진을 절반 이상 교체하고 그 이상으로 구조조정을 단행했다. 혁신은 상당 부분 다른 사업과의 파트너십으로 이루어졌다.

라플리가 처음으로 소집한 회의는 놀랄 만큼 간단했다. 그가 회의에서 사람들에게 상기시킨 점은 '소비자가 상관이다(the consumer is the boss)'라는 것이었다. 이 문구로 그는 P&G를 완전히 바꾸어 놓았다.

그는 상징적으로 자신을 포함한 임원실의 벽을 허물었다. 대신 직원들 주위를 돌아다녔다. 마케팅부서와 재무부서 사람들과 함께 앉아 더 빠르고, 더 협력적이며, 더 이윤을 많이 내고, 고객이 주도하는 업무방식을 만들어냈다. 전 세계 실제 소비자의 집을 찾아가 그들이 어떻게 살고 어떻게 요리하거나 청소를 하는지에 대해 몇 시간에 걸쳐 대화를 나누기도 했다. 따라서 직원들이 아이디어를 가지고 오면, 언제든 소비자의 입장에서 답할 준비가 되어있었다.

특히 혁신을 철저한 검토대상이 되었다. 수많은 과학자와 기술자, 그리고 내부의 모험에 수백만 달러의 자금이 들어가고 있는데도, P&G는 수십 년간 이렇다 할 실질적인 혁신을 이루어 내지 못했다. 혁신을 시도할 때면 항상 소비자들이 진정 원하는 어떤 것보다는 기술적으로 고급화된 제품을 내놓는 것이 기본이 되었다. 두 가지 중요한 이니셔티브가 라플리의 혁신 어젠다를 이끌었다.

- **'연결하고 발전시켜라'** – 파트너 그리고 고객과 함께 새로운 아이디어를 발전시키는 공동 창작 접근법
- **'디자인 씽킹'** – 그렇게 얻은 통찰력을 매우 개선된 브랜드 경험을 만들어내는 데 이용함

'연결하고 발전시켜라'는 회사 외부에서 신제품의 아이디어를 얻는 비율이 처음 시작했을 때의 10%에서 50% 이상으로 높아져야 한다는 라플리의 목표에서 시작되었다. 이때 문화가 엄청나게 변화되어야 하며, 자신의 미래를 다른 사람의 손에 맡긴다는 것도 위험한 일일 것이었다. 즉 P&G 내부에서 영향력을 행사하는 중심이 연구과학자에서 민족지학자로 옮겨간다는 것이었다. 이 새로운 접근법은 또한 P&G에는 없는 전문가의 기술과 관점을 보유한 다양한 종류의 파트너 그리고 소비자와의 협력을 중시했다.

이 이니셔티브는 P&G식의 열린 혁신으로, 외부 전문가 회사와의 제휴로 그들의 아이디어와 능력을, 그리고 마찬가지로 소비자의 아이디어와 능력을 활용한다. 고객의 요청을 받아 처리하면서 동시에 고객에게 직접 연락을 취하며, 트레이드마크에서 포장, 마케팅 모델, 엔지니어링과 비즈니스 서비스, 소매점포 파트너십에 이르기까지 모든 것을 아우른다.

'디자인 씽킹' 또한 라플리 체제하 P&G의 문화 변화의 핵심 동인이 되었다. 경영진들은 명령과 통제보다는 집중하고 듣는 법을 배웠다. 팀은 따로 떨어져서가 아니라 함께 일한다. 최고의 아이디어는 리서치 과학자들이 아니라 고객 몰입에서 나온다. 사업기획서는 1면짜리 포스터로 줄였고, 엄격한 평가에

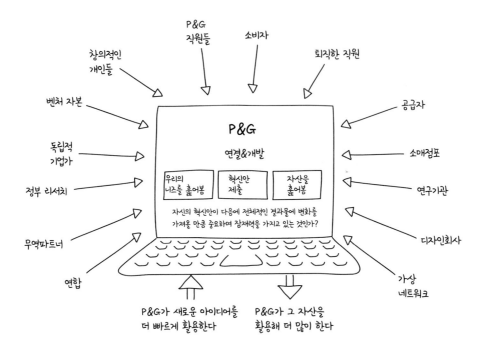

P&G의 열린 혁신에 대한 '연결&개발' 접근법

앞서 시제품을 먼저 만들었고, 예전과는 다르게 새로운 제품과 서비스를 출시하고 있다.

이런 변화들은 먼저 자사의 DNA로 '디자인'을 구축해 달라는 라플리의 부탁을 받은 VP디자인 클라우디아 코트치코(Claudia Kotchko)에 의해 행해졌다. P&G에서 이는 보통 복잡하고, 고도로 구체화된 과정으로 이루어지곤 했지만, 코트치코는 좋은 디자인이 나오려면 과정을 푸시하기보다는 문화적으로 이끌어내는 작업방식이 필요하다는 것을 알았다. 맨 처음, 사람들은 그 과정이 어떤 학문적 이론에 근거한 것인지 알고자 했고, 그래서 사고와 행동에 제약이 있었다. 하지만 서서히 그들은 경험적 접근법을 더 받아들였고, 창의적 해결책을 이끌어내는 새로운 자극을 찾는 것처럼 제품 사고보다 문제해결에 대해 생각하는 것이 직관적이 되었다.

그 결과, 디자인 씽킹 워크숍은 더욱 빠른 속도의 몰입 경험이 되었고, 이런 방법론을 사용함으로써 어떤 차별점이 생기는지 진지하게 반성해 보는 자리가 되었다. 여기서 얻은 중요한 교훈은 단순히 사안에 대해 생각하는 것이 아니라 디자인 씽킹이 필요하다는 것이었다. 사람들은 처음에 실제 소비자와 대화하거나 시제품을 만들고 새로운 아이디어를 내는 것에 겁을 먹었지만, 그렇게 함으로써 더욱 효율적인 업무를 할 수 있음을 알게 되었다. 반직관적이게도, 시제품을 제대로 완성시키지 못할수록, 더 많은 피드백을 얻게 되었다.

순수익은 2005년 550억 달러에서 2009년 790억 달러로 뛰었고, 같은 기간 수익이 60% 성장했다. P&G 제품의 42%는 현재 외부에서 조달한 구성요소를 포함하고 있다. 고객을 리더로, 디자인 씽킹을 규율로 하고 있는 P&G는 매우 잘 하고 있는 듯하다.

24

창의적 파트너···
협력, 코이노니아 정신

CREATIVE BOX —————————————————

'인류(그리고 동물도)의 오랜 역사 속에서,
가장 효율적인 협력과 대처를 배운 이들이 가장 번성했다.'
- 찰스 다윈

⬡ ———————— '코이노니아(Koinonia)'는 상호성, 친밀함, 참여에 대한 것이며, 모두가 더 많이 성취하는 것을 추구한다.

개발이나 유통을 위해 적절한 파트너를 선택하게 되면 빠르게 변화하는 시장에서 살아남고 더욱 발전하기 위해 유연성, 범위, 능력, 용기를 얻을 수 있다. 파트너는 당신의 해결책에 전문가적인 요소나, 인텔의 빠르고 더 작은 마이크로프로세서 같이 성공에 필수적인 것을 제공할 수도 있고, 혹은 보잉의 디자인과 제조과정에 필수적인 부품인 롤스로이스 엔진 같이 당신이 하는 일을 어떤 식으로든 보완해 줄 수도 있다.

또한 아이폰이 출시 후 처음 몇 년간은 AT&T와 O_2의 독점 네트워크 파트너와 함께 일한 것처럼, 시장 접근성을 개선해 줄 수도 있다. 혹은 당신의 브랜드를 타깃 고객에게 더욱 매력적이고 유의미하게 만들어 줄 수도 있다. 디자인을 개선시키고 브랜드 명성을 크게 강화하기 위해 H&M과 작업하는 유명 디자이너들을 생각해 보면 알 수 있다.

파트너 종류	기간	장점	단점
하도급	단기	비용, 리스크, 시간 절감	품질을 보장하기가 더 힘듦
라이선스	정해진 기간	기술, 브랜드, 혹은 자원 사용	비용, 제약, 미래 사용
컨소시엄	중기	전문성, 자금과 리스크 공유	지식 유출, 차별화가 덜 됨
연합	유동적	시장 접근, 비용과 리스크가 더 낮음	지식 유출, 불가변성
합작벤처	장기	보완적 기술과 집중	상동, 목적이나 문화가 잘 맞지 않음
네트워크	장기	학습 공유, 시장 접근	상동, 참여의 비효율성

위의 표에 함께 일할 수 있는 여러 종류의 파트너들이 나와 있다.

오늘날 파트너 없이 살아남을 수 있는 기업은 거의 없고, 번창할 수 있는 기업은 더더구나 없다. 그런 파트너십이 기업이나 합작벤처로 이루어지는 경우는 거의 없는데, 오히려 과거에는 그런 경향이 짙었다. 다른 이들과 협업하는 데 점점 더 자신감이 생긴다는 것은 대부분의 회사가 이제 구조적이 아닌, 실제 계약상으로 기꺼이 함께 일한다는 뜻이다. 라이선스 판매와 프랜차이즈, 브랜드 연합과 자매 브랜드, 인증과 구성요소 브랜드, 독점 배급자와 객원 디자이너 등 이런 것들이 파트너십의 새로운 모델이라 할 수 있다.

오픈 이노베이션

파트너십은 혁신을 시작하기 전부터도 그 원천이 될 수 있다. 기업 간 그러한 협력적 접근법을 '오픈 이노베이션(open innovation)'이라고 한다. 이는 헨리 체스브로(Henry Chesbrough)가 그의 저서 《오픈 이노베이션(Open Innovation: The New Imperative for Creating and Profiting from Technology)》에서 처음 사용한 용어로, 공동 창작, 크라우드소싱, 고객과의 협력과 맞춤제작, 혹은 다른 기업들과의 협력과 경쟁회사 간의 협력이 포함된다.

체스브로는 기업들이 자사의 리서치 노력으로만은 감당할 수 없고 다른 이들과 협업, 예를 들어 다른 회사로부터의 구매나 라이선싱 과정 혹은 발명을 활용해야 하는, 지식이 널리 유통되는 세계에 대해 설명하고 있다. 급속한 변화의 시대에는 이렇게 민첩해지는 것이 제약이 되기보다 더 빠르게 적응하고 새로운 기회를 더 빨리 붙잡을 수 있는 원동력이 된다.

오픈 이노베이션은 역으로도 가능하다. 기업이 라이선싱, 합작 벤처, 기업분할을 통해 자사의 IP(아이디어, 특허, 능력)를 활용하기 위해 함께 일할 다른 파트너를 찾는 경우이다.

아 이 디 어   교 환

아이디어의 글로벌, 온라인 시장인 이노센티브(InnoCentive)를 비롯한 몇몇 기업들이 현재 오픈 이노베이션 중개자로 나서고 있다. 혁신을 추구하는 기업은 이곳을 통해 18만 5,000곳 이상의 잠재적 문제 해결자 네트워크에 연결할 수 있으며, 이들은 모두 이노센티브의 등록회원이다.

홍미가 있고 온라인 접속이 가능하면 대기업과 중소기업, 학자와 전문가, 학생과 퇴직자 등 누구나 회원이 될 수 있다. 자신이 내놓은 해결책을 원하는 사람이 선택할 경우는 이 과정의 중개자 역할을 하는 이노센티브에서 그 아이디어에 대해 보상을 해준다.

이 과정은 양방향으로 작동한다. '찾는 사람'도 다른 기업에게는 '해결자'가 될 수 있다. 이렇게 해서 이들은 제품이나 관행에 라이선스를 내줄 새로운 기회를 찾고, 자산의 내부적 능력을 외부 도전에 적용하며, 기술과 기기에 필요한 새로운 애플리케이션을 찾고, 그렇게 함으로써 새로운 수익원을 개척할 수 있다.

디즈니…
끝없이 계속되는 미키라는 쥐의 마법

1923년 이래로, 월드디즈니컴퍼니는 창의적 콘텐츠와 스토리텔링이라는 풍부한 전통을 토대로 최고의 엔터테인먼트 거리를 충실히 제공해 왔다.

디즈니사는 초기부터 인접시장을 통한 성장에 탁월하여, 자사의 캐릭터, 고객, 능력을 발판으로 삼아 새로우면서도 연관된 사업에 지속적으로 진출했다. 애니메이션 영화를 제작할 수 있으면, TV쇼도 제작할 수 있다. 고객들이 사랑하는 캐릭터로 그들을 사로잡으면, 이들은 캐릭터를 볼 수 있는 곳 어디든지 가고 싶어 한다. 테마파크를 운영할 수 있으면, 크루즈선도 운영할 수 있다. 월트 디즈니가 마법의 왕국과 말하는 쥐를 꿈꾸며 신문의 헤드라인을 장식했다면, 이 모든 것을 가능하게 이룬 사람은 그의 형 로이 디즈니였다. 오늘날 디즈니와 13만 3,000명의 직원들은 네 개의 주요 사업 부문으로 나뉘어, 각자의 영역에서 다양한 활동을 펼치지만, 노출, 참여, 영향을 극대화하기 위해 그룹 전체적으로 서로 유기적인 관계를 맺고 있다.

2005년에 밥 아이거(Bob Iger)가 마이클 아이즈너(Michael Eisner)에 이어 사장 자리에 오르자, 디즈니의 주가는 거의 50% 가량 올랐다. 투자분석가에 따르면, 이는 아이즈너가 현명하게 투자를 했기 때문이기도 하지만, 좀 더 효율적인 아이거의 경영 스타일 때문이기도 하다. 아이거는 디즈니가 다양한 자산을 통해 실제적인 영향력을 미칠 수 있을 것임을 확신했다. 가장 중요한 점은 그는 디지털이 가능하게 된 멀티미디어 세계에서는 콘텐츠가 더 힘을 가질 것이라고 확신했던 것이다. 수많은 다양한 기반을 보유한 디즈니는 다양한 형태로 영화, 쇼, 캐릭터를 제작하여, 이를 더 많은 사람들에게 보여주며 지속적인 수익원을 만들어낼 수 있다.

340억 달러라는 사상 최고 수익을 기록한 데는 여러 작품이 연달아 히트를 친 덕이 컸다. 〈캐리비안의 해적: 망자의 함(Pirates of the Caribbean: Dead Man's Chest)〉는 영화와 DVD가 세계최고 베스트셀러가 되었고, 베스트셀러 애니메이션 〈카(Cars)〉, 〈로스트(Lost)〉와 〈위기의 주부들(Desperate Housewives)〉 같은 TV 드라마, 그리고 디즈니채널의 〈하이스쿨뮤지컬(High School Musical)〉도 엄청난 인기를 누렸다. 오랜 기간 동안 브랜드로서의 디즈니가 마케팅에서 꾸준히 성공을 거두면서, 그 어떤 슬로건보다도 이 브랜드를 잘 정의해주는 감정을 표현하는 단어를 몇 개 '소유'하게 되었다. 디즈니를 표현하는 단어(마틴 린드스톰의 《브랜드센스(BrandSense)》에 따르면, 80% 이상의 사람들이 그 단어를 디즈니와 연결시키는 경우)에는 '환상(fantasy)', '꿈(dreams)', '마법(magic)', '창의성(creativity)', '미소(smile)' 등이 있다.

이 단어들에 생명을 불어넣는 사업부문이 네 가지 있다.

- **디즈니 스튜디오 엔터테인먼트(Disney Studio Entertainment):** 이 스튜디오는 디즈니의 가장 핵심적인 곳으로, 터치스톤 픽처스(Touchstone Pictures)와 부에나비스타(Buena Vista) 같은 자회사가 포함된다.

- **디즈니 파크 앤 리조트(Disney Parks and Resorts):** 디즈니랜드는 1952년 캘리포니아의 아른하임에 처음 만들어졌다. 지금은 파크 11개, 호텔 35개, 호화 크루즈선 2척을 운영하고 있다.

- **디즈니 컨슈머 프로덕트(Disney Consumer Products):** 브랜드는 장난감, 의류, 인터액티브 게임, 미술품, 실내장식품, 베이비아인슈타인 등 모든 형태로 상품화되며, 이 모든 상품들은 디즈니 스토어와 그 외 매장에서 구입할 수 있다.

- **디즈니 미디어 네트웍스(Disney Media Networks):** 디즈니는 ABC, ESPN을 비롯해 텔레비전, 케이블, 라디오, 인터넷 등 광범위한 브랜드를 보유했다.

디즈니는 또한 스티브 잡스가 이사회에 들어오면서 혜택을 보고 있다. 디즈니가 잡스의 픽사 애니메이션 스튜디오를 74억 달러에 인수하면서, 잡스는 이사회 맴버가 되는 동시에 디즈니의 최대 개인주주가 되었다. 픽사가 디즈니의 영화 산업에 새로운 생명을 불어넣고 있지만, 잡스는 디지털 플랫폼 사용을 권하는 데 훨씬 더 지대한 영향을 미치고 있다.

2005년, 디즈니의 ABC 방송은 아이튠 스토어에 최초로 TV프로그램을 공급하게 되었고, 회당 1.99달러에 판매했다. 1년 후에는 ABC 웹사이트의 비디오플레이어를 극장 수준으로 업그레이드하여, 최초로 전체 회차를 무료로 웹사이트에서 볼 수 있게 했다. 이용자들은 온라인 투표를 통해 TV프로그램의 줄거리를 만들며 훨씬 더 깊이 참여할 수 있다.

다른 미디어 기업들은 자사의 TV 시청률을 줄여 스폰서와 광고주로부터 고객을 빼앗아 간다는 이유로 무료로 콘텐츠를 제공하는 데 거부감을 가질 수 있다. 하지만 디즈니는 오히려 고객이 증가세를 보여, 새로운 고객을 창출하거나 그들과 더 돈독한 관계를 가지게 되었다. 광고주와 제휴하여 공동브랜드로 프로그램의 웹 버전을 제작할 수 있으며, 이는 기존 TV광고보다 훨씬 더 큰 영향을 미치는 것으로 드러났다.

결과는 고무적이었다. 2007년, 아이튠즈에서 디즈니/ABC 프로그램은 2,100만 건의 다운로드 수를 기록하며 애플과 디즈니는 4,180만 달러의 수익을 나누어 가졌는데, 대부분은 콘텐츠 공급자인 디즈니에게 돌아갔다. 한편 온라인 무료 다운로드 서비스를 제공한 첫해에는 disneychannel.com에서 디즈니 채널 프로그램은 9,000만 건, abc.com에서 ABC TV 프로그램은 7,600만 건의 조회수를 기록했다.

하지만 로이를 기억해 둘 필요가 있다. 월트가 무슨 일을 하든 로이가 필요했다. 혁신에는 아이디어와 실행, 그리고 상업적 성공이 따라야 한다. 디즈니가 양쪽 모두 필요했던 것처럼 말이다. 꿈을 꾼 것은 월트였지만, 그 꿈을 실현시킨 것은 로이였다.

25

실험…
시제품, 시뮬레이션, 일단 해보자!

CREATIVE BOX

'발명을 하려면,
뛰어난 상상력과 쓰레기더미가 있어야 한다.'
- 토마스 에디슨

새로운 콘셉트는 항상 불확실하다. 그런 콘셉트가 실제로는 어떨지에 대해 회의적이거나 잘 모르는 사람도 있고, 그 개념이 실현될 수 있을지에 대해 기술적으로 불확실하기도 하며, 어떤 사람들은 과연 고객들이 그 제품을 구입할지 걱정하기도 한다.

최고의 해결책은 가능한 빨리 도전해 보는 것이다. 가장 단순한 형태의 시제품이라도 아이디어를 눈에 보이게 해주어, 사람들이 더 많은 아이디어를 내기보다 아이디어를 더 낫게 만드는데 창의적으로 집중할 수 있게 해준다. 컴퓨터 모델링 기술이 매우 발달하면서, 대부분의 시제품을 아주 빠른 속도로 가상 시뮬레이션을 할 수 있게 되었다. 제임스 다이슨은 예전에는 몇 개월씩 걸리던 과정이 이제는 몇 시간이면 가능하다며, 몇 밀리미터와 몇 도의 차이가 제품 성능에 엄청난 차이를 가져오는 산업디자인 과정에서 어마어마한 시간을 절약할 수 있다고 설명한다.

스타일링이 공기역학에 따라서 차의 성능에 중요한 역할을 하는 스포츠카를 디자인한다고 해보자. 과거에는 완전한 시제품을 만들고, 바람터널에서 실험한 다음, 이것을 부수고 더 나은 제품을 만들었다. 지금은 시뮬레이션으로 완벽해질 때까지 스타일을 변경할 수 있다. 디자이너는 무게 감소와 충돌안전성과 같은 요소 간에 최적의 균형을 찾을 수 있다.

전자제품 소매업체인 베스트바이(Best Buy)는 새로운 영역에 진출하기로 한 초기에 제품, 콘셉트, 상품화 등을 다양하게 조합하는 실험을 하는 '랩 스토어(lab store)'를 개발하는 데 100만 달러를 투자하여, 어떤 사람들이 실제 매장에 와서 구입을 할지 보았다. 어떤 지역에서는 홈 엔터테인먼트 스튜디오가 인기가 있을 것이고, 또 어떤 곳에서는 스크랩북 워크플레이스가 인기일 것이다. 랩 스토어 과정은 최소한 본전은 뽑는 실험이다.

이렇게 베스트바이는 일단 충분히 학습을 하고 나서, 각 매장은 현지 사정에 가장 잘 맞는 하위브랜드를 입점시키도록 한다.

'테스트 앤드 런(Test and learn)'은 소매상, 은행, 그 외 대량생산자들이 활용하는 방식으로, 몇 군데 적은 지역에서 아이디어의 영향력을 예측하기 위한 테스트 방법이다. 많은 경우 신상품을 출시하기 전 테스트할 프로그램에 대해 다음과 같은 세 가지 질문에 답하도록 되어 있다.

- 이 콘셉트를 네트워크나 고객들에게 실제 내놓을 경우 어떤 영향을 미칠 것인가?
- 이 콘셉트는 일부 매장/고객에게서 다른 매장/고객에서보다 더 영향을 크게 미칠 것인가?
- 이 아이디어의 어떤 요소가 가장 효과가 좋으며, 또 어떤 요소들이 개선되었는가?

혁신에 대한 반복적 접근법은 1988년 이래 신용카드회사인 캐피털원(Capital One)에 의해 체계적으로 적용되었다. 이 기업은 제품 디자인에서 마케팅, 고객 선정, 수집 방침에 이르기까지 모든 것을 테스트했다. 일 년 동안에만 수만 건의 테스트를 시행하여, 테스트에서 얻은 지식을 바탕으로 고객들에게 수천 종에 이르는 다양한 종류의 카드를 제공할 수 있었다.

〈패스트컴퍼니〉지에 따르면, 지난해 캐피털원은 신제품, 새로운 광고방식, 신규시장과 새로운 가격구조, 인센티브에 대한 실제 시장에서의 테스트를 비롯하여 28,000건의 실험을 했다. 그 결과, 적절한 제품을, 적절한 가격에, 적절한 고객에게, 적시에 제공할 수 있었다. 6,000종의 신용카드가 각각 조건, 요구자격, 혜택 등이 약간씩 달랐고, 모두 약간씩 다른 신용등급이 요구되었다.

엘 불리…
세계 최고 레스토랑의 미식에 대한 창의성

엘불리(elBulli)라는 표기를 더 선호하는 엘 불리(El Bulli)는 세계 최고의 레스토랑이다.

〈레스토랑(Restaurant)〉 지는 5년간 셰프 페란 아드리아(Ferran Adria)가 운영하는 이 작은 스페인 레스토랑을 전 세계에서 가장 최고로 꼽았다. 엘 불리는 스페인 동북부 해안 지대 코스타 브라바(Costa Brava)의 카탈로니아 해안가 도시 칼라 몬트호이(Cala Montjoi)를 바라보는 곳에 자리잡은 작은 레스토랑일 뿐이다. 이곳은 '지구상에서 가장 상상력이 풍부한 요리를 만들어 내는 곳'이라는 수식어가 따라다니며, 분자요리로 유명하다.

이 레스토랑 메뉴를 만들어내는 원동력, 즉 미식학자는 바로 페란 아드리아다. 그는 영감을 찾아 연중 6개월을 여행하고, 여행에서 돌아오면 바르셀로나에 있는 자신의 연구소에서 새로운 맛, 온도, 식감을 실험한다. 그의 놀라운 기술은 브레이 팻덕의 헤스턴 블루멘탈(Heston Blumenthal)을 비롯한 전 세계 다른 셰프들에게 영감을 주었다.

'미각이 자극할 수 있는 유일한 감각은 아니다. 온도와 질감뿐 아니라 냄새, 색깔로 보이는 시각, 형태, 그 외 훨씬 많은 것에서의 대조를 통해 촉감도 자극할 수 있다. 창의적인 요리 과정에서 이런 오감이 중요한 참고사항 중 하나가 된다.'

엘 불리는 1961년 그 장소에 반한 독일인 셰프 한스 쉴링(Hans Schilling)과 그의 체코인 아내가 만들었다. '엘 불리'라는 이름은 그의 프랑스산 불독에서 따온 것이었다. 이 레스토랑은 1976년 프랑스인 셰프 장 루이스 나이셸(Jean-Louis Neichel)이 있을 당시, 처음으로 미슐랭 별점을 얻었다. 아드리아는 1984년 합류해 1987년 주방을 책임지게 되었다. 그의 지휘를 받으면서 엘 불리는 1991년 두 번째 미슐랭 별점을 획득하였고, 6년 뒤 세 번째 별점을 받았다.

엘 불리는 4월부터 10월까지로 한 시즌이 정해져 있는데, 다음해 전체 예약이 전년도 시즌이 끝나는 바로 다음날 하루에 모두 마감된다. 식사 평균 가격은 250유로다. 문을 닫는 이 기간에 아드리아는 바르셀로나에 있는 자신의 연구소에서 세상을 놀라게 할 다음 작품을 만들어낸다.

엘 불리에는 40여명의 셰프가 일하고 있으며 2000년 이래로 적자운영을 해왔다. 수익은 브랜드를 붙인 요리책과 상품, 아드리아의 강의와 학교에서 나온다. 500페이지짜리 이 요리책은 주방보다는 차 한 잔 하면서 보는 것이 더 알맞은데, 아드리아의 창의적 요리법과 일종의 역사적, 과학적 인류학인 그의 요리를 어떻게 개발하게 되었는지를 설명하는 내용이다.

책에 나오는 30가지의 레시피 중 대부분은 일반 가정에서 시도하기 힘든 것들이다. 드라이버와 자전거펌프 같은 것도 사용하지만 아드리아가 많이 사용하는 극세분쇄기, 동결건조기, 액체질소탱크, 솜사탕기계, 수퍼백, 그 외 하이테크 주방 도구는 일반 가정에서 거의 보유하고 있지 않기 때문이다. 칵테일 레시피만 해도 마가리타를 만드는 데 히말라야 소금 결정과 마이크로플레인 강판을 쓴다. 이 책의 나머지 부분도 마찬가지로, 레시피는 먹기보다는 눈으로 보고 경이로워하기 위한 것이다.

2010년, 가장 반항적인 예술가들을 더 닮아가는 아드리아는 2012년부터 엘 불리 운영을 2년간 중지하고, 자신의 접근법에 진정한 변화를 찾고 블루멘탈과 다른 이들을 확실히 따돌릴 만한 창의력을 재충전하는 시간을 갖기로 결정했다. 그는 미슐랭 별 세 개와 2년간의 레스토랑 운영 수익을 포기해야 한다는 것을 알고 있지만, 자신의 예술이 더 중요하다고 생각하였다. 2014년 1월이 되면 재오픈되는 엘 불리에서 식사를 하기 위해서는 긴 대기자 명단에 이름을 올려야 할 것이 틀림없다.

26

콘셉트 융합…
분자 해결책 구축하기

CREATIVE BOX

'새로운 아이디어는 차이에서 나온다.
다양한 시각을 가지고 다른 이론을 견주어 보는 데서 나오는 것이다.'
– 니콜러스 네그로폰테

⬡ ———————— 콘셉트는 레고 모형과 같은 것이다.

레고는 다양한 색상과 크기의 많은 블록이 들어 있는 꾸러미들로 구성되어 있다. 어떤 제품은 모터로 움직이는 엔진이나 소프트웨어 프로그램이 들어 있는 것도 있다. 기업도 이와 비슷하게 많은 아이디어 묶음으로 구성되며, 이는 제품과 서비스, 제안과 경험, 혹은 사업모델과 마케팅캠페인 등으로 나타난다. 레고 모형을 무한정 만들 수 있는 것처럼, 여러 가지 다양한 아이디어 요소로 구성된 콘셉트도 더 크고 더 나은 조합으로 만들어진다.

콘셉트는 보통 분자와 같은 구조를 띠고 있어, 서로 섞이면서 최고의 아이디어를 만들어낸다. 그 중심에는 탄소원자처럼 가장 공통적인 아이템이 수없이 존재하지만, 이로부터 무한히 다양한 원자들이 서로 다른 방식으로 달라붙어 있다. 분자구조는 단순한 원자보다 훨씬 더 특정한 성질을 가지고 있으며, 경쟁사에서 모방하기 어렵고 고객에게는 훨씬 더 높은 가치를 지닌다. 분자는 한 고객에 한 번만 사용하는 독창적인 내용일 수도 있고, 혹은 비슷한 특성을 가진 전체 직원이나 모든 고객에게 적절해서 여러 번 똑같은 방식으로 사용될 수도 있다.

분자구조는 완전히 내부에서만 만들어질 수도 있고(즉 모든 회사의 자체 제품과 서비스) 다양한 공급자, 보조 브랜드, 고객에게서 받은 요소를 포함할 수도 있다. 다양한 소스가 많이 첨가될수록, 특히 제휴사의 독점 네트워크를 통해 만들어진 분자구조는 흉내 내기가 더 어렵고 궁극적으로 이루어진 혁신도 더 매력적이다.

콘셉트는 스토리텔링의 시작점으로써 사람들의 삶을 더 낫게 만드는 방법이지만, 가령 물리적 구조가 될 수도 있다.

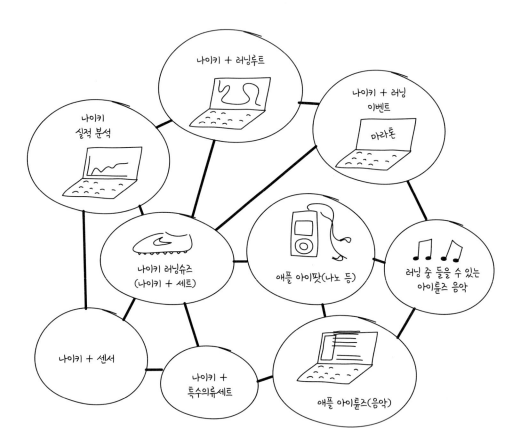

나이키와 애플의 제품과 서비스를 조합: 러닝 중 더 많은 것을 얻을 수 있도록 해 주는 나이키 + 콘셉트 융합

분자형 아이디어 구조의 형태를 띤 콘셉트 융합은 제품과 서비스와 같은 방식으로 이름을 짓고 포장할 수 있다. 그러나 개념상으로는 고객을 위한 종합적인 경험을 만들어 내어, 고객들이 더 효율적으로 일하고 더 많이 얻을 수 있도록 하는 더 넓은 의미를 가진다. 또한 이런 콘셉트 융합은 적절하다면 대량생산으로 규모를 늘릴 수도 있으며, 다양한 모델을 여러 가지 브랜드 이름으로 내놓기 위한, 그리고 다양한 고객과 기기를 개발하기 위한 개발용 템플릿으로만 이용될 수도 있다.

플랫폼은 매우 효율적인 혁신 방법이다. 자동차 산업을 가장 간단한 예로 들 수 있는데, 폴크스바겐의 중형 PQ35 플랫폼을 생각해 보자. 이 플랫폼은 자사의 비틀, 골프, 시로코, 투란뿐 아니라, 스코다의 옥타비아와 예티, 세아트의 레온과 톨레도, 그리고 아우디 A3와 TT가 모두 공유하고 있다. 새로운 모델을 개발하는 데 10억 달러가 드는 시장에서, 이렇게 플랫폼을 공유하면 시간을 엄청나게 절약할 뿐 아니라 다양한 시장에서 적절한 혁신을 일으킬 수도 있다.

아니쉬 카푸어…
구름문, 하늘거울, 그물타이츠

조각가 아니쉬 카푸어(Anish Kapoor)는 구조공학자 세실 발몬드(Cecil Balmond)와 협력하여 〈티스밸리의 거인들(Tees Valley Giants)〉이라는 작품을 만들었다. 〈테메노스(Temenos)〉라고 알려진 첫 번째 거인은 그물타이츠를 닮았다. 이 작품은 거대한 고리들로 이루어져 있는데 고리 사이의 길이가 110미터이며 지상 50미터 높이에 매달려 있다. 미들즈브러(Middlesbrough)에 있는 이 설치작품에 이어 인접 도시인 스톤튼,

하틀풀, 달링턴, 레드카에 세 작품이 더 설치될 것이다. 이 1500만 파운드짜리 프로젝트는 후기산업사회의 황무지에 만들어지는 것으로, 전국에서 새로운 세대에게 창의성과 기업가정신을 불러일으키려는 것이다.

지난 20년간 카푸어의 작품은 전 세계에서 전시되었다. 그의 작품은 쿤스트할레 바젤, 런던의 테이트갤러리, 뮌헨의 하우스데어쿤스트, 파리의 퐁피두센터 같은 곳에서 그는 1990년 베니스비엔날레에서 영국을 대표하는 작가로 참여하여 〈프레미오 두에밀라(Premio Duemila)〉 상을, 그리고 1년 후에는 터너상을 수상했다.

그의 조각들은 놀라울 정도로 단순한데, 보통은 아주 밝은 단색을 사용한 곡면 형태로 이루어져 있다. 그는 작품을 감상하는 사람들에게 크기와 단순한 아름다움을 통해 영감을 주고, 작품의 그림자를 통해 미스터리를 불러일으키며, 표면을 만져보고 싶게 만들고, 표면에 비친 자신의 모습을 보고 황홀감에 빠지게 만드는 등 감상하는 사람들을 참여시키려고 한다. 카푸어가 땅과 하늘, 육체와 영혼, 밝음과 어두움, 보이는 것과 보이지 않는 것, 의식과 무의식, 남성과 여성, 육체와 정신 등 '이원성(dualities)'이라는 주제를 즐겨 사용한다. 그의 가장 최근작은 관람자와 주변 환경을 반사하기도 하고 왜곡하기도 하는 거울을 닮았다.

그의 작품 중, 아름답고도 세월이 흘러도 변치 않을 돌로 만든 아치 작품이 노르웨이의 뢰딩엔(Lødingen) 호숫가에 세워져 있으며, 빠른 속도로 회전하는 유색의 물로 이루어진 〈물의 포물선(Parabolic Waters)〉은 런던의 오투 아레나(O₂ Arena) 외부에 있다. 하늘과 주변경관을 반사하는 커다란 거울인 〈하늘거울(Sky Mirror)〉은 노팅엄 극장(Nottingham Playhouse)에 있었다가 나중에는 뉴욕 록펠러센터에도 생겼다. 그리고 아마도 가장 인상적인 작품일 110톤짜리 스테인리스스틸 조각인 〈구름문(Cloud Gate)〉은 시카고 밀레니엄파크에서 전 세계를 사로잡고 있다.

27

단순함…
아름다움의 방편으로 받아들이기

CREATIVE BOX

'나는 살기 위해 꿈꾼다.'
– 스티븐 스필버그

◇——————— 혁신은 사람들의 삶을 더 낫게 만드는 것이다.

물리학자 폴 디락(Paul Dirac)은 새로운 과학 이론에서 가장 먼저 찾아야 할 것은 아름다움이라고 했다. 그리고 아름다움에서 중요한 것은 우아함, 자연스러움, 쾌락, 단순성이라고 말했다. 우리는 디자인에서 아름다운 해결책을 찾으려고 한다. 외관에서뿐만 아니라 내면적으로 문제를 해결하고 더 나은 삶을 만드는 방식에서도 말이다.

단순함은 무언가를 더 단순하게 만들고자 하는 것이다.(간단하다!) 때로는 더 단순하게 만드는 것이 더 나아지기 위한 최고의 방법일 때가 있다. 존 마에다(John Maeda)는 자신의 저서 《단순함의 법칙(The Laws of Simplicity)》에서 주위 세계를 고찰하며, 성공은 더함보다 덜함에서 오는 경우가 많다는 점, 제안이 명확하다면 조금 덜 좋더라도 사람들이 더 나은 반응을 보인다는 점, 그리고 더 빠르게 혹은 더 쉽게 하는 것이 가치를 더하고 대중 안에서 돋보이는 최고의 방법인 경우가 많다는 점을 발견했다. 이에 그는 10가지 원리를 발전시켰다.

- **축소…단순화하기 위한 가장 단순한 방법이다:** 가전제품의 기능이 다양해지면서 사용자에게 오히려 위협이 되고 있다. 고객이 원하는 기능은 단순한 것들인데도 말이다. 하지만 고객도 때로는 더 많은 것을 원한다. 조너선 아이브가 클릭휠을 개발하면서 성공적으로 활용했던 것처럼, 사용자들의 행동을 잘 관찰하고 폭넓게 생각하여, 신중하게 축소를 함으로써 균형을 이룰 수 있다.

- **조직…많은 것을 적게 보이게 만들어라:** 어수선한 집이나 사무실만큼 신경이 거슬리는 것도 없다. 모든 것을 그냥 다 갖다버릴 수도 있다. 종이가 없는 사무실이나 브로

슈어에 나올 법한 집을 떠올려 보라. 하지만 이 방법은 현실적이지 못한 경우가 많다. 그래도 무언가를 어떻게 조직하느냐가 도움이 될 수 있다는 점은 놀랍다. 문서를 다섯 가지 카테고리로 분류해 두면 관리하기가 한결 쉽다. 옷장에 있는 옷들도 셔츠, 바지, 재킷으로 정리해 두면 한결 산뜻해 보인다.

- **시간···속도는 올리고, 시간은 절약하라:** 줄을 서서 기다릴 때 하루에 한 시간 정도를 소비하는 것이 일반적이다. 그런데 우리는 기다리는 것을 매우 싫어하므로 빠른 속도를 사랑한다. 그래서 페덱스의 익일배송 능력이나 드라이브스루(Drive-Thru) 맥도널드의 속도에 감탄을 금치 못한다. 기다리는 시간은 복잡해 보이고, 절약하는 시간은 단순해 보인다.

- **학습···지식이 무지를 이긴다:** 기기를 인터넷에 연결하고, 애플리케이션 사용법을 알거나 다른 기기와 동기화시키는 등 새로운 기기를 작동시키려고 몇 시간을 허비하는 것만큼 짜증나는 일도 없다. 우리는 눈을 감은 채 동시에 네 가지 실험에 모두 착수한다. 때로는 가이드북을 읽는 시간을 가지는 것이 장기적으로는 시간을 절약하는 길이기도 하다.

- **차이···단순함에는 복잡함이 필요하다:** 대안을 인식하면 가장 중요한 것에 주목하는 데 도움이 된다. 그리고 대조는 좋은 것이다. 우리는 때로 안 좋은 음식을 경험하기 때문에 좋은 음식에 감사한다. 기술이 복잡해질수록, 우리는 더욱 단순함을 열망한다. 시장에 복잡함이 가득할수록, 그 단순함이 더 돋보인다.

- **문맥···명확한 것에만 주목하지 말라:** 현재 대응하고 있는 문제의 주변부를 보는 것은 핵심을 보는 것만큼이나 중요하다. 멋지게 잘 만들어진 제품은 멋진 상자에 들어있

을 만하다. 고객 서비스의 우수성은 서비스 데스크만큼이나 주차장과도 관계가 있다. 고객의 경험 전체를 더욱 폭넓게 바라보면 어디까지를 더 단순하게 만들어야 할지를 더 잘 알게 된다.

- **감성…인간적으로 개개인을 향하라:** 공감, 보디랭귀지, 말, 미소…… 이런 것들이 모두 복잡함에 대한 두려움과 불만을 씻어낼 수 있다. 미학적이고 인체공학적인 디자인은 보기에도 좋고 기분도 좋아진다. 다른 사람들과 함께 있다는 것을 알면 혼자라고 느끼는 것보다 훨씬 낫다. 나를 도와줄 누군가가 있음을 알면 언제나 자신감이 생긴다. 모든 상호작용에 인간적인 것, 따뜻함, 개인화된 서비스를 더하라.

- **신뢰…우리는 단순함을 추구한다:** 우리는 이해할 수 있는 것을 신뢰하며, 이해하지 못하는 것은 신뢰하지 않는다. 우리는 복잡한 문제가 없이 잘 돌아가는 것을 신뢰하기도 하지만, 그런 것을 더 좋아하기도 한다. 뱅 앤 올루프센(Bang and Olufssen)사는 어떤 경쟁사 제품보다도 더 단순해 보이는 프리미엄 가전제품을 개발하고 있는데, 우리는 그것을 더 신뢰한다. 알레시는 복잡한 아이디어를 단순한 디자인으로 바꾸어내며 우리는 그런 디자인을 더 좋아한다.

- **실패…어떤 것은 절대 단순해질 수 없다:** 구글의 알고리즘은 믿을 수 없을 정도로 복잡한 지식의 네트워크를 이해하는 데 도움이 되지만, 그렇다고 절대 단순해지지 않을 것이다. 하지만 그런 복잡성이 단순한 검색결과를 만들어낸다. 나노기술의 힘은 도저히 이해할 수 없어 생각해볼 수도 없지만, 그 결과 더 단순하고 더 쉬운 기술과 애플리케이션이 만들어진다.

- **하나…명확한 것은 빼고, 의미 있는 것을 더하라:** 단순함은 놀라울 정도로 모호하다. 가

까이 다가가서 혹은 멀리 서서 바라보는 위치에 따라 달라진다. 그리고 일과 삶에서 다른 어떤 것이 자신에게 중요한지에 따라서도 달라진다. 눈코 뜰 새 없이 바쁘고 정신없는 세상에서, 삶을 훨씬 더 쉽게 만들려면 한두 가지만 있으면 된다. 단순함은 정말 아주 단순해야 한다. 너무 복잡하게 만들지 말라.

존 마에다…
단순한 아이디어를 찾아나서는 디지털 예술가

존 마에다의 첫인상은 그다지 놀랍지 않다. 조용하고, 느긋하며, 티셔츠를 입고 있고, 아마도 기술만 아는 괴짜인지도 모른다. 하지만 그는 세계적으로 유명한 그래픽 디자이너이자, 시각예술가이며, MIT 미디어랩의 컴퓨터과학자이고, 로드아일랜드 디자인스쿨의 총장이다.

마에다는 단순함을 추구하고, 전자미디어를 사용하여 교육적이고 아름다운 그래픽 디자인을 통해 아이디어를 표현하는 것으로 매우 유명하다. 그는 혁신적이면서도 미학적으로 창의성과 기술을 연결시키는 신세대 디지털 예술가 중 한 명이다. 어떤 사람들은 그가 21세기를 살아가는 르네상스 시대 사람으로서, 창의력과 실용주의, 독창성과 대량생산 가능성에 대해 디자인 세계에서 빗발치는 요구를 잘 조화시키고 있다고 본다.

마에다 본인이 들으면 다소 난처해 할지 몰라도, 그를 두고 종종 '천재'라고 한다. 그는 MIT를 좌뇌 기술 연구의 허브로, 로드아일랜드는 반대로 창의력과 디자인을 위한 우뇌의 공간으로 생각한다. 필연적으로 그는 융합을 사랑한다. 그는 차이점을 인식하고 양극성을 유지하고자 하지만, 한 사람으로서 둘을 모두 수용하고자 한다. 마에다는 미래의 혁신이 기술보다는 디자인과 훨씬 더 관계가 있을 것이라고 생각한다. '예술이 기술을 인간화시키고 이해가능하게 만든다. 정보 과다를 이해하는 데는 디자인이 필요하다. 그것이 바로 현재 디지털기술이 주는 모든 가능성을 이해하려고 할 때 예술과 디자인이 금세기에 더욱 중요해질 이유이다.' 그는 자신의 블로그에서 애플을 가장 좋은 예로 들면서 이렇게 썼다.

다른 이들처럼, 마에다는 비즈니스 세계가 사고, 논리와 추리에 집중하는 데 있어 너무 좌뇌중심적인 것, 즉 과학(science), 기술(technology), 공학(engineering), 수학(maths), 그가 'STEM'이라고 부르는 것에 치중해 있다고 생각한다. 미래의 경제 발전에는 좀 더 우뇌적 사고, 그의 표현을 빌자면 'IDEA'—직관(intuition), 디자인(design), 감성(emotion), 예술(art)이 필요하다는 것이다. 그는 단순함이 우리의 좌뇌와 우뇌를 조합하는 것에, 그리고 '그것을 실현시킬 우리 손에' 달려있다고 생각한다. 그는 애플에게는 있으나 다른 이들에게는 없는 것, 우리를 이끄는 그 '뭐라 말할 수 없는 어떤 것(je ne sais quoi)'이 무엇인지에 대해 깊이 생각하고 있다.

'나는 그들이 단순함의 힘, 혹은 소프트웨어의 힘을 이해한 것일 뿐이어서는 아니라고 생각하기 시작했다. 애플의 제품들은 사람에게서, 더러운 두 손에서, 약간의 기술에서, 그리고 엄청나게 강력한 아이디어에서 탄생했음을 알 수 있다는 것이다.'

28

경험 디자인…
사람들을 위해 더 많은 것을 하기

CREATIVE BOX

'나는 어떤 것도 발명할 필요가 없다…
내가 찾아서 통합할 수 있는 것이라면 다른 어딘가에도 있다…
발명은 좌절감을 안겨 주며, 위험하고, 비용이 많이 들기 때문에,
발명가는 가능하면 발명을 하지 않도록 해야 한다. 시스템을 완성하는 사람이 되어라.'
– 《코드명 진저(Code Name Ginger)》에서 딘 카멘(Dean Kamen)

'사람들이 당신의 제품을 사게 만드는 것과, 그들이 당신의 이름을 몸에 문신으로 새기는 것은 별개의 문제다… 우리가 판매하는 것은, 검은색 가죽옷을 입고 작은 도시를 질주하면서 사람들이 자신을 두려워하게 만드는 43세의 회계사를 위한 능력이다.' 이 말은 할리데이비슨의 CEO 제프 블루스타인(Jeff Bleustein)이 최근 연차보고서에서 자사의 브랜드에 불어넣고자 하는 경험을 묘사한 것이다.

고객의 경험은 그 경험이 다른 어떤 것과도 같지 않을 때 가장 기억에 남는다. 부정적인 순간을 없애고 합리화, 정교화, 그리고 약간의 극적 효과를 통해 더 긍정적인 감성적 여정을 만들어내는 방법을 찾아 디자인된 경험은 고객 각자에게 독창적으로 전달될 수 있다.

이는 한 사람이나 한 부서만의 과제가 아니라, 기업 전체의 과제이다. 공급업체, 유통업체, 제휴사의 협력이 필요할 수도 있다. 유형의 활동, 제품, 과정을 확립하는 것만이 아니라, 태도와 행동, 서비스와 스타일, 그리고 하나로 움직이는 것이 중요하다.

하지만 경험은 감성적인 것이다. 앤디 밀리건(Andy Milligan)과 숀 스미스(Shaun Smith)의 역작《리서치 보고서를 던져 버려라(See, Feel, Think and Do)》는 고객들이 무엇을 보고, 느끼고, 생각하고, 행동으로 옮기는지에 관한 책이다. 저자들은 경영진이 직관을 사용해 모든 감감에 근거하여 더 나은 결정을 내리고, 고객들도 똑같이 여러 감각을 사용하도록 장려한다. 우리는 청각이 아닌, 보고, 느끼고, 만지는 것이 훨씬 더 영향력이 크다는 점을 잘 알고 있다. 하지만 매출증대라는 이유로 이런 감각들을 무시하는 것이 현실이다.

싱가포르 에어라인은 우리에게 오래 기억될만한 미소를 짓지만, 이 기업 역시 자신들의 분위기를 판매할 것이다. 기내에 들어서면 뭔가 표현할 수 없는 모호한 향을 맡게 되는데, 이는 비행 중에 편안함을 느끼게 한다. 이 기업의 경험 디자인 팀은 이를 완벽하게 만드는 데 여러 시간을 보냈다. 이와 비슷하게 새 렉서스 차량을 시험 운전할 때는, 하이브리드 엔진의 가속과 연료효율성뿐 아니라 기내에서 풍기는 향과 가죽의 부드러움에까지 끌리게 된다.

고객 경험 디자인의 최종 단계에서는 단조로운 한 가지 감각보다는 다감각적인 경험으로 만들어 삶에 적용시키는 방법을 잘 생각해 보라. 각각의 다른 상호작용에 대해 고객에게 무엇을 보여주고, 어떤 느낌과 생각을 전하고, 또 어떤 반응이 기대되는지를 고객과의 접점을 나타내는 지도에 표시하라. 그리고 고객에게 좀 더 적절하게 대응하고, 그들과 연결고리를 찾으며, 표준절차를 따르기보다는 데이터베이스 정보와 이전에 표출된 선호도를 통해 그들에 관해 더 공부하자. 그러면 좀 더 개인맞춤형 서비스를 제공할 수 있게 된다.

리츠칼튼의 택시기사는 곧 도착할 고객이 있으면 호텔 도어맨과 접객원에게 알려주어 고객이 도착할 경우 그들이 고객의 이름을 불러 인사할 수 있도록 한다. 텔레뱅킹 은행 퍼스트디렉트(First Direct)에는 단골고객의 전화가 걸려오면, 발신번호가 나타나는 동시에 고객의 프로파일이 응대하는 직원의 모니터에 나타난다. 프로파일에는 고객 관련 세부사항, 선호도, 재무정보 등이 요약되어 있어, 고객에게 적절하고 필요한 경험을 제공할 수 있도록 해준다.

고객과의 상호작용에서 습득하는 정보와 경험은 누구든지 시간이 지나더라도 미래의 상호작용을 예상, 개선, 개인별로 맞춤화하는 데 유용할 수 있다.

브랜드는 이름이나 로고가 아니다. 브랜드는 개인적 경험이 되는 독특한 콘셉트다. 사람들이 더 빨리 달리고, 새로운 친구를 만들고, 더 맛있는 음식을 요리할 수 있도록 해주는 자사 브랜드의 대의(大義), 그리고 같은 일을 하는 다른 기업들과 자사가 어떻게 차별화되는지를 잊지 말라. '자사 브랜드에 생명을 불어넣기'는 브랜드가 모든 상호작용에 있어 개개인에 적절하게 맞춤으로써 활기를 띠게 만드는 법을 찾는 것이다. 시각적으로 인지되는 독자성을 통해서든, 특정한 언어와 고유한 특징을 통해서든, 혹은 트레이드마크로 전달되는 서비스, 태도와 스타일을 통해서일 수도 있다. 경험을 하는 전 과정에서 이를 상징화할 수 있는 방법, 즉 손에 잡히도록 명백하게 그리고 감성적으로 브랜드에 생명을 불어넣는 '브랜드 제스처(brand gestures)'를 찾아라.

디즈니랜드에 들어가면, 브랜드 제스처가 도처에 널려 있다. 문을 들어설 때 연주되는 음악, 몇 발짝만 더 들어가면 당신을 맞이하는 미키마우스, 메인스트리트를 걸어갈 때 맡게 되는 금방 구운 빵 냄새, 거리미화원들의 미소와 정감 어린 농담, 저 쪽에서 기다리고 있던 플루토, 혹은 신데렐라가 갑자기 노래를 부를 때 느끼는 놀라움과 즐거움 같은 것들이다.

노벨상을 수상한 심리학자 대니얼 카너먼(Daniel Kahneman)은 사람들의 전생애 동안의 경험에 대한 리서치를 통해, 경험의 질은 거의 대부분 두 가지 사건에 의해서 결정된다는 것을 알아냈다. 두 가지 사건이란 고점에서(최고 혹은 최악의 순간) 그 경험이 어떤 느낌이었는지, 그리고 그 경험이 어떻게 끝을 맺었는지를 말한다. 이 연구를 보면 가장 기억에 남는 경험은 고점에서 끝이 남을 알 수 있다. 고객이 제품을 구매한 후에도 제품 구매를 권할 때만큼이나 신경 써서 자문을 해준다거나, 고객에게 집을 팔 때보다 고객이 새 집으로 이사를 갈 때 축하해 주는 것이 그런 사례다.

더 나은 고객의 경험을 디자인하는 한 가지 방법은 단순히 제품과 서비스 공급자가 되기보다는 더 많은 역할을 함으로써 고객에게 더 중요한 가치를 더해줄 수 있는 방법, 즉 고객들에게 많은 것을 행하게 만드는 법을 찾는 것이다. 당신이 연기자라고 상상해 보라. 고객과 상호작용하는 방식은 다를 것이다. 어떤 때는 대본을 보고, 또 어떤 때는 보지 않는다. 그리고 관객에게 수동적으로 연극을 즐기도록 할 때도 있고, 그들과 상호작용이 필요할 때도 있을 것이다.

비슷한 방식으로, 연기의 종류, 따라서 각 상호작용에서 고객에게 만들어주고자 하는 경험의 종류를 검토해 볼 수 있다. 고객들은 수동적이고 대본에 따라가게 될 것인가?, 혹은 즉흥적이고 다양한 고객 각각에 맞는 반응을 보여줄 것인가? 그에 따라 수많은 역할, 그리고 당신이 고객에게 만들어 주는 가치를 강화하는 잠재적인 새로운 방식이 나온다.

- **엔터테이닝 경험:** 스포츠 이벤트에서 록 콘서트까지, 멀리서 편집하거나 볼 때보다 훨씬 더 격동적임. 예를 들어, 레드 불 에어 레이스(Red Bull Air Race)는 캔 음료수일 뿐이지만 보기만 해도 아드레날린이 솟구치게 만든다.

- **교육적 경험:** 재현을 통해 생명을 얻은 역사적 기념물에서 역할극과 상호작용에 기반을 둔 트레이닝 코스 등이 포함되는 것으로, 슈워브 학습센터(Schwab Learning Centers)는 투자의 세계를 이해하기 쉽게 알려준다.

- **가이드 경험:** 모든 감각을 수용하는 미술갤러리에서 이를 자극하고 애지중지하는 건강 스파 등. 예로, 미슐랭 레스토랑 가이드로 인해 하찮은 타이어 제조사가 전혀 다른 맥락을 갖게 되었다.

● **코치 경험:** 참가자를 극단적이거나 상상의 세계로 이끄는 어드벤처스포츠에서 비디

오게임까지. 예를 들어, 스바루 드라이빙 체험(Subaru Driving Experiences)을 통해 운

전자들은 매우 험한 지역에서 어떻게 차를 다루어야 하는지 배운다.

어떤 기업이라도 그 사업제안 내용을 강화하거나 인접 수익원을 활용하고, 또 단순히

고객을 이전에 전혀 경험하지 못했던 것에 참여시키는 데에 위에 제시된 유형의 경험을

수용할 수 있다.

구겐하임 빌바오…
황무지에 다시 원기를 불어넣은 건축

20년 전 문화애호가에게 스페인의 도시 빌바오(Bilbao)에 대해 이야기하면 돌아오는 것은 무표정 뿐

이었을 것이다. 하지만 지금은 사람들의 눈이 반짝일 것이다. 빌바오가 많이 알려져서이기도 하겠지만,

한때 북부 스페인의 바스크 지방의 조선(造船) 도시였던 그곳을 사람들이 방문해 보았을 수도 있기 때문

이다.

왜일까? 빌바오에는 바로 구겐하임 미술관이 있기 때문이다.

환상적이고 미래적인 이 건축물에는 마크 로스코(Mark Rothko)와 앤디 워홀 같은 20세기 후반 대가들

뿐 아니라, 영국의 길버트와 조지 같은 아방가르드 예술가들의 작품들이 전시되어 있다. 그 전시품들만

큼이나 매력적이고 극찬을 더 많이 받는 것은 미술관 건물로, 유명 건축가 프랭크 게리(Frank Gehry)가 디

자인한 것이다. 기이한 곡선과 '물고기 비늘' 같은 티타늄 표면 덕분에 구겐하임 빌바오는 21세기 세계에서 가장 잘 알려진 건물에 이름을 올렸다.

흔히 알려진 농담으로, 게리가 빌바오미술관 도안을 스케치하고 있다가, 마음에 들지 않아 종이를 구겨 버렸는데, 다시 봤더니 그게 바로 원하던 그림이었다는 이야기가 있다. 물론 실화는 아니지만, 1997년에 개관한 이 미술관은 그의 가장 상징적인 창작품 중 하나로 여겨진다.

빌바오 시가 몰락한 산업의 위기에서 벗어나기 위해 스펙터클한 건물과 문화적 영향력이 필요하다고 결정했을 때, 네르비온 강가의 부지는 그다지 영감이 떠오를 만한 곳이 아니었다. 하지만 게리는 그런 도전을 매우 마음에 들어했다. 게리는 구겐하임재단에 이렇게 편지를 썼다.

'강물이 흐르며 굽은 지점이 다리와 교차되는 곳에, 현대미술을 위한 공간으로 번잡한 도시를 강 가장자리와 연결시키는 것은 제가 생각하는 천국입니다.'

티타늄으로 된 물고기 비늘로 덮인 건물은 돌과 유리로 만들어진 3층 캐노피로 되어 있고, 이곳에 전시실 20개, 그리고 예술건축물, 카페 2곳, 유명한 레스토랑과 300석 규모의 강당이 있는 넓은 구역이 있다. 외부 출입구에서 가장 눈에 띄는 것은 제프 쿤(Jeff Koon)의 꽃으로 뒤덮인 거대한 작품 〈강아지(Puppy)〉이다.

29

콘셉트 평가하기…
무엇을 선택할지 결정하기

CREATIVE BOX

'다른 사람들과 같은 재료를 사용해
최고의 결과물을 만들어내는 셰프가 승자다.'
– 에드워드 드 보노

혁신은 최초 아이디어 단계부터 시장 진입, 그리고 시장에 진입한 이후에도 계속해서 검토되고 평가되어야 한다. 하지만 이러한 평가의 본질은 개발 단계의 목표에 따라 달라질 것이다.

- **아이디어 필터:** 발견과 개념화 단계 초기에는 가능한 멀리 '확장하고(open up)', 새로움을 추구해서 전통에 도전한다. 따라서 이 필터란 옳고 그름의 문제라기보다는, 아이디어를 명확하고 독특하게 만드는 것과 연관된다.

- **콘셉트 필터:** 디자인과 개발 단계에서는 최고의 아이디어들을 일관성 있게 묶어내는 '터닝 포인트' 콘셉트를 찾고, 가장 먼저 정의된 문제점 혹은 더 구체적으로 명료화될 수 있고 현실에 적용이 가능한 더 광범위한 문제에 대처해야 한다.

- **해결책 필터:** 개발 후기와 출시 준비 단계에서는, (a)실현시키고자 하고, (b)현실적이고 수익성이 있을 법하며, (c)생산과 마케팅에 어마어마한 액수를 투자할(따라서 재정적 위기가 엄청날) 몇 가지 최고의 콘셉트에만 '한정하여 집중'해야 한다.

이런 여러 단계에서의 평가는 철저하고 직관적일 수 있다. 고객들은 몰두와 공동 창작을 통해 아주 멋진 아이디어를 만들어낼 수 있다. 물론, 이로 인해 고객들은 조직 내에서 커다란 신뢰를 얻게 된다. 혼자서만 그것을 믿기보다 '우리 고객들이 직접 그것을 원한다고 말합니다.'라는 말 한 마디가 논쟁에서 훨씬 더 유리한 위치에 서게 해주는 경우가 많다.

고객들은 훌륭한 아이디어 공급원이지만, 때로는 그들의 아이디어가 잘못된 것일 수 있다. 그 아이디어의 가치를 미래의 가능성에서 찾지 않고, 상업적 이윤의 측면보다는 자신들의 관점에서만 바라보기 때문이다. 물론, 언제나 고객들이 매력적이라고 생각하는 것으로 시작해 수익을 낼 방법을 찾을 수는 있지만, 그것이 항상 정답은 아니다.

새로운 혁신의 잠재력을 이해하는 데는 미래도 똑같이 중요하다. 화이트스페이스를 찾고, 대안으로 삼을 미래의 시나리오를 개발하고, 활용할 패턴과 역설을 찾는 데는 공통된 목적이 놓여 있다. 바로 어떤 아이디어가 가장 '미래에 잘 대응할' 혁신을 이끌어내고 새로이 등장하는 시장과 미래의 수익원을 잘 활용할 수 있을지에 대한 관점을 얻는 것이다.

그 다음으로 디자이너나 기업총수로서 자신만의 직관이 존재한다. 훌륭한 디자이너인 알베르토 알레시는 자신의 스튜디오에서 여러 가지 다양한 디자인을 걸러낼 때 단순한 득점 방식의 도움을 받는다. 하지만, 그 역시 디자인에 강한 확신이 드는 경우에는 자신의 직감을 따르며 그 점수부여 방식을 무효화시킨다. 때로는 아이디어에 대한 자신의 신념을 따라야 한다.

디자인 스튜디오의 마지막 단계에서는 보통 시장조사와 재무데이터 등 현재 가지고 있는 정보, 아이디어를 실현시키는 데 있어서 자신만의 경험, 그리고 최근 참여한 프로젝트에서 학습한 것에 기초한 직관을 이용해 팀원들의 아이디어를 스스로 평가하도록 한다. 그리고 각자 고·중·저의 단순한 시스템을 이용하여 세 가지 기준을 적용한 그래프에 최고 콘셉트의 점수를 매겨 보도록 한다. 이는 다음과 같이 나타난다.

- **전략적 조화:** 새로 등장하는 콘셉트가 사업전략, 브랜드의 목적 혹은 프로젝트의 특정 목표와 얼마나 잘 부합하는가? 예를 들어, 막스 앤드 스펜서(Marks and Spencer)의 브랜드는 '모든 사람이 접할 수 있는 출세지향적 아이디어를 만드는 것'을 중요

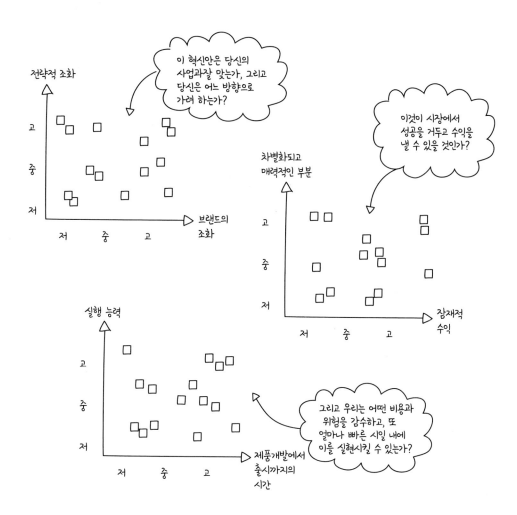

전략적 조화, 시장 영향력, 실행의 관점에서 질적 분석을 통해 최고의 콘셉트 평가하기

하게 생각하고 있으며, 따라서 전략적 조화는 '출세지향적'과 '접근가능성'이라는 관점에서 측정되었다.

● **시장 영향력:** 콘셉트가 일단 효율적인 포지셔닝과 프로모션으로 자리를 잡은 다음 최종 시장에서 얼마나 좋은 실적을 낼 것인가? 예를 들어 포스터스(Fosters)의 음료에 대해서는 경쟁력 있는 차별화와 예상되는 가격 프리미엄에 대해 콘셉트를 평가했다.

● **현실적 도전:** 자본 투자와 관련된 리스크, 그리고 복잡성과 실행 전의 준비시간 측면에서 이 아이디어를 얼마나 용이하게 실현시킬 것인가? 예를 들어, 영국 협동조합에서 담당팀이 콘셉트를 평가한 기준은 예상 투자필요액과 제품출시에 필요한 예상시간이었다.

다음에는 세 기준을 모두 반영하여, 각 기준에서 각 콘셉트의 평균점수와 총점을 찾는다. 이상적으로는 세 기준 모두에서 가장 높은 점수를 받은 획득한 콘셉트를 원할 것이다. 하지만, 예를 들어 두 가지 기준에서는 높은 점수이지만 나머지 하나가 그렇지 못하다면, 더 나은 점수를 받기 위해 이 콘셉트의 수정 방향을 검토할 필요가 있다.

이에 더해 점수부여를 직접 하는 담당팀 참가자는 아래와 같은 이점을 추가로 얻을 수도 있다.

● 즉각적이며 개인적이다.

● 잘해 봤자 본인의 추정 정도인 복잡한 스프레드시트가 필요 없다.

● 결정을 내리고, 또 혁신을 실현시킬 잠재력을 가지고 있는 사람들이 '소유함'. 따라

서 일을 추진시키는 감성적이고 이성적인 논리가 있다.

하지만 확실히 알 수 있는 유일한 방법은 아이디어를 실현시키는 것이다. 즉 제한된 실험으로 우선 한두 군데 정도만 출시하여 정확한 모니터링과 평가 방법을 사용하는 것이다. 또한 동시에 여러 콘셉트들을 시험하여 각각의 영향력을 비교하고, 장점은 적용하고, 가장 반응이 좋은 아이디어들을 결합하여, 더 나은 아이디어를 전면적으로 실행시키도록 할 수 있다.

알 레 시 …
새 주 전 자 와 파 격 적 인 식 탁 식 기 류

알베르토 알레시는 1921년 그의 조부인 조반니가 설립한 상징적인 디자인 회사를 이끌고 있다. 밀라노에서 북쪽으로 50킬로미터 가량 떨어진 크루시날로(Crusinallo)에 위치한 이 회사는 아직 개인 소유이다. 알레시의 견해로는 소유구조와 위치 모두 훌륭한 장인정신의 전통을 확립하고 디자이너들게게 창작할 수 있는 자유를 주는 데 큰 역할을 했다고 한다.

전통과 개성으로 인해 알레시는 최근 수십 년간 가장 인기 있으면서도 가장 독점적인 가정용품을 생산할 수 있었다. 알레시의 디자인회사는 아마도 최초의 가정용 에스프레소머신 발명뿐 아니라, 일상적인 주방용품 관련 디자인에 유머감각을 더한 것으로 유명할 것이다.

그의 조부는 처음에 금속제품을 만드는 가족기업을 설립했다. 알베르토는 낯익은 가정용품들이 건물만큼이나 최고급의 창조적 사고의 가치가 있다는 신념으로 역량을 강화했다. 사람들이 필립 스타크, 알도 로시, 에토레 소트사스(Ettore Sottsass)를 좋아하자 이런 디자이너들이 상징적인 제품을 함께 디자인하면 세계 최상의 컬렉션으로 만들 수 있다고 생각했다.

알레시의 제품은 장난스러워 보이는 것들이 많다. 1980년, 알레시는 유명 건축가 11명에게 찻잔 세트를 만들도록 하는 도전을 감행했다. 여기서 주전자는 건물을, 쟁반은 '광장'을 표현한 것이었다. 이 컬렉션은 센세이션을 일으켰고, 상업적으로도 큰 성공을 거두었다.(한정판 센트는 무려 25,000달러에 판매되었다.) 그는 디자인, 그리고 디자이너라는 아이디어를 소비자들에게 판매함으로써 기업을 성공적으로 일구어냈다. 그의 회사는 모든 디자인 실행과 콘셉트 초기개발을 완전히 외부 디자이너에게 맡기고 있다.

또한 알레시는 모든 새로운 디자인의 생산 결정을 내리기 전에 그에 적용할 평가 범주를 정형화시켰다. 이 공식은 네 가지 범주로 기획제안을 평가한다.

- **기능:** 잘 작동하는가? 실용적이고, 기능적이며, 사용자의 수고를 덜어주는가?

- **관능성, 기억, 상상력:** 이 디자인은 감각적인가? 기억하기 쉬운가? 감성을 불러일으키는가?

- **커뮤니케이션과 언어:** 이 제품은 소유자를 특정 신분에 속하게 만들고 현재 트렌드에 잘 맞는가?

- **가격:** 이 제품은 대체 상품과 고객들이 생각하는 가치에 모두 견주어 합리적인 가격에 생산되고 판매될 수 있는가?

제품에는 이 네 가지 영역 각각에 따라 0점에서 5점까지 점수가 매겨진다. 디자인이 채택되어 다음 단계로 넘어갈 자격을 얻기 위해서는 총점이 12점(네 가지 영역에서 모두 '중간점'인 3점을 받는 것과 같음) 이상이 되어야 한다. 그 다음 각 단계에서도 평가는 반복된다. 최초 평가 이후 사장되는 프로젝트가 많으며, 그 시제품과 제품 디테일은 회사에서 기록을 보관한다. 이 제품들은 차후 트렌드가 변화하면 다시 검토될 수도 있다.

일단 최초 디자인 아이디어가 제품 생산에 적합한 것으로 판정되면, 알레시 디자인 프로세스의 다음 단계로 넘어간다. 이 단계에는 다양한 도구와 기술, 특히 알레시가 사내에서 금속 제품을 생산하기 위해 보유해 온 금속 제작 도구가 사용된다.

알레시는 모든 형태의 디자인, 고객, 문화에 걸쳐 자신의 모델을 적용한다. 그는 핵심 고객들 간 차이가 거의 없다고 보며, 고객이란 거주하고 있는 도시보다는 디자인, 그리고 삶에 대한 태도로 정의된다고 주장한다.

30

디자인 툴킷…
디자인 컨셉 5가지 도구

CREATIVE BOX

'대부분의 중요한 과학적 기구의 80%는 사용자에 의해 개발되었다.
선도적인 사용자(lead user)가 혁신의 중요한 원천이다.'
– 에릭 본 히펠

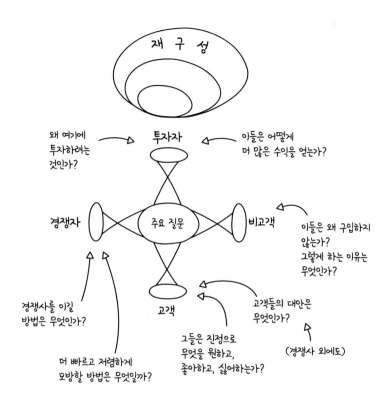

재 구 성

투자자

왜 여기에
투자하려는
것인가?

이들은 어떻게
더 많은 수익을 얻는가?

경쟁자

주요 질문

비고객

이들은 왜 구입하지
않는가?
그렇게 하는 이유는
무엇인가?

경쟁사를 이길
방법은 무엇인가?

고객

고객들의 대안은
무엇인가?

더 빠르고 저렴하게
모방할 방법은 무엇일까?

그들은 진정으로
무엇을 원하고,
좋아하고, 싫어하는가?

(경쟁사 외에도)

① 주요 질문(문제)을 정의하라

② 다른 관점을 고려하라

③ 가장 근본적인 이슈는 무엇인가?

④ 그것을 해결할 적절한 방안은 무엇인가?

⑤ 이 아이디어들을 모두 조합한다면?

재구성(Reframing): 새롭고 더 나은 관점에서 도전을 바라보기

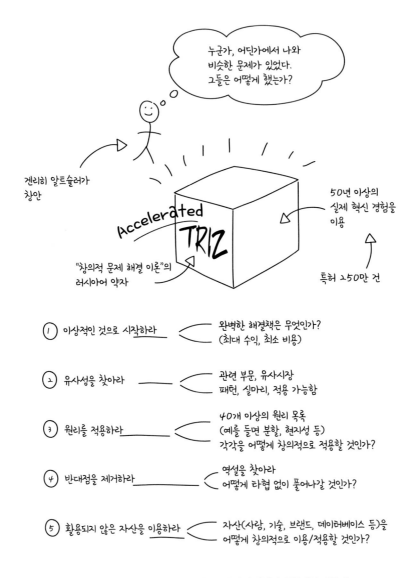

누군가, 어딘가에서 나와 비슷한 문제가 있었다. 그들은 어떻게 했는가?

겐리히 알트슐러가 창안

Accelerated TRIZ

"창의적 문제 해결 이론"의 러시아어 약자

50년 이상의 실제 혁신 경험을 이용

특허 250만 건

① 이상적인 것으로 시작하라 — 완벽한 해결책은 무엇인가? (최대 수익, 최소 비용)

② 유사성을 찾아라 — 관련 부문, 유사시장 패턴, 실마리, 적용 가능함

③ 원리를 적용하라 — 40개 이상의 원리 목록 (예를 들면 분할, 현지성 등) 각각을 어떻게 창의적으로 적용할 것인가?

④ 반대점을 제거하라 — 역설을 찾아라 어떻게 타협 없이 풀어나갈 것인가?

⑤ 활용되지 않은 자산을 이용하라 — 자산(사랑, 기술, 브랜드, 데이터베이스 등)을 어떻게 창의적으로 이용/적용할 것인가?

TRIZ(트리즈) : 더 나은 해결책을 찾기 위해 패턴과 역설에서 배우기

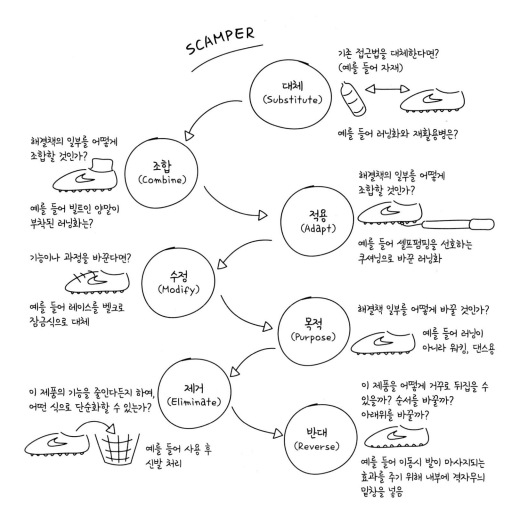

SCAMPER

대체 (Substitute)
기존 접근법을 대체한다면?
(예를 들어 자재)

예를 들어 러닝화와 재활용병은?

조합 (Combine)
해결책의 일부를 어떻게 조합할 것인가?

예를 들어 빌트인 양말이 부착된 러닝화는?

적용 (Adapt)
해결책의 일부를 어떻게 조합할 것인가?

예를 들어 셀프펌핑을 선호하는 쿠셔닝으로 바꾼 러닝화

수정 (Modify)
기능이나 과정을 바꾼다면?

예를 들어 레이스를 벨크로 잠금식으로 대체

목적 (Purpose)
해결책 일부를 어떻게 바꿀 것인가?

예를 들어 러닝이 아니라 워킹, 댄스용

제거 (Eliminate)
이 제품의 기능을 줄인다든지 하여, 어떤 식으로 단순화할 수 있는가?

예를 들어 사용 후 신발 처리

반대 (Reverse)
이 제품을 어떻게 거꾸로 뒤집을 수 있을까? 순서를 바꿀까? 아래위를 바꿀까?

예를 들어 이동시 발이 마사지되는 효과를 주기 위해 내부에 격자무늬 밑창을 넣음

스캠퍼(SCAMPER): 기존 제품과 서비스를 급진적으로 다시 생각해 보기

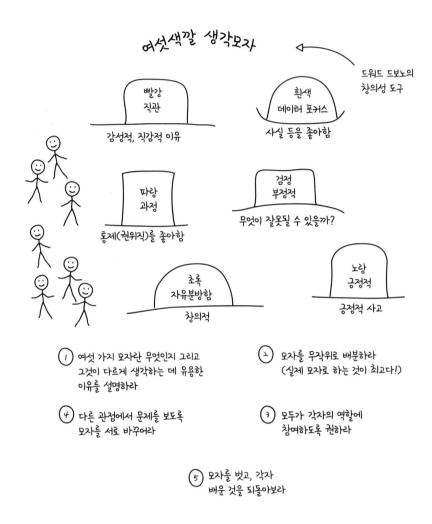

여섯색깔 생각모자

빨강
직관

감성적, 직감적 이유

흰색
데이러 포커스

사실 등을 좋아함

드워드 드보노의
창의성 도구

파랑
과정

통제(권위직)를 좋아함

검정
부정적

무엇이 잘못될 수 있을까?

초록
자유분방함

창의적

노랑
긍정적

긍정적 사고

① 여섯 가지 모자란 무엇인지 그리고
그것이 다르게 생각하는 데 유용한
이유를 설명하라

② 모자를 무작위로 배분하라
(실제 모자로 하는 것이 최고다!)

④ 다른 관점에서 문제를 보도록
모자를 서로 바꾸어라

③ 모두가 각자의 역할에
참여하도록 권하라

⑤ 모자를 벗고, 각자
배운 것을 되돌아보라

6가지 씽킹 모자: 다른 관점에서 해결책 평가하기

QFD

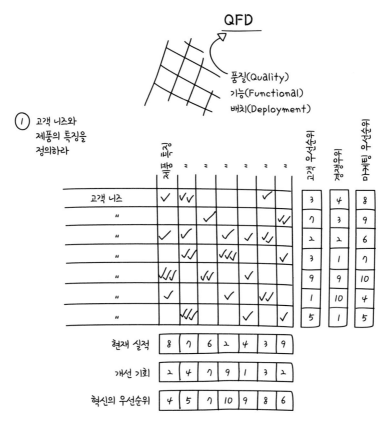

풍질(Quality)
기능(Functional)
배치(Deployment)

① 고객 니즈와
제품의 특징을
정의하라

고객 니즈	제품 특징	"	"	"	"	"	고객 우선순위	경쟁우위	마케팅 우선순위
고객 니즈	✓	✓✓				✓	3	4	8
"			✓			✓✓	7	3	9
"	✓	✓		✓	✓	✓✓	2	2	6
"		✓✓		✓✓✓		✓	3	1	7
"	✓✓✓		✓✓		✓		9	9	10
"	✓			✓		✓✓	1	10	4
"		✓✓✓			✓	✓	5	1	5
현재 실적	8	7	6	2	4	3	9			
개선 기회	2	4	7	9	1	3	2			
혁신의 우선순위	4	5	7	10	9	8	6			

② 고객 니즈와 제품 특징 간 관계가 높은 '짝'을 표시하라

③ 고객 우선순위와 경쟁우위를 평가하라

④ 제품 실적과 개선 잠재력을 평가하라

⑤ 혁신과 마케팅 기회에 우선순위를 매기고 최고의 자원에 집중하라

QFD: 혁신에 집중하기 위해 고객과 제품을 짝짓기

임팩트 존(아이디어 실현과 가치창출)

아이디어의 보호와

가치확충 전략을 확보하라

임팩트 존

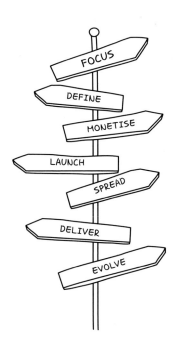

31

론칭(출시)···
새로운 아이디어를
더 빠르게 시장에 내놓기

CREATIVE BOX

'샤워를 해 본 사람이라면 누구나 샤워 중에 멋진 아이디어가 떠오른 적이 있을 것이다.
차이를 만드는 사람은 바로 샤워를 끝내고 나와서,
몸을 말리고, 그 아이디어를 실천에 옮기는 사람이다.'
– 놀란 부쉬넬

◇ ———————— 혁신적 해결책 제시, 신규 시장 진입 혹은 신규 고객 창출은 여러 측면에서 혁신 과정의 끝이라기보다는 진정한 시작이다.

혁신에서는 창의적 아이디어나 제품보다는 그 아이디어를 고객을 위해 실제로 적용하도록 바꾸는, 즉 고객의 삶의 질을 높여주면서, 동시에 회사에도 수익성 높은 수입원을 만들어주는 능력이 더 중요하다. 고객에게 특정 문제에 대한 해결책을 마련해 주고 충분한 혜택을 제공하려면, 그 해결책에 대한 고객의 사용 방식뿐 아니라 구매에 있어 새로운 소비자 태도와 행동이 요구된다. 여기에는 모두 혁신적 제안, 커뮤니케이션, 유통, 가격책정과 인센티브, 영업과 서비스, 그리고 정규 근무시간 외의 지원이 필요하다.

여기에 더해, 새로운 혁신안을 내놓음으로써 한 단계 더 발전된 혁신, 혹은 적어도 큰 변화를 점점 더 구축할 수 있는 경우도 많다. 최초로 하이브리드 엔진을 대중화시킨 차인 토요타의 프리우스는 토요타의 차세대 모델과 개발단계의 출발점일 뿐이었다.

이는 그냥 '내놓는 것'이라기보다는 시장진입을 위해 더 전략적인 역할의 일환이다. 애플이 사용하는 방법, 즉 지속된 혁신을 위해 아이맥, 아이팟, 아이폰 같은 새로운 플랫폼을 부단히 도입하는 것은 모든 기업에 적용될 수 있다.

대부분의 시장진입 전략은 얼리어답터 같이 새로운 것을 가장 쉽고 빠르게 받아들이는 틈새고객을 타깃으로 삼는 것에서 시작한다. 이들은 한 단계 높은 사용 행태를 보이거나(예를 들면 방호복을 위한 긴급 서비스), 이미 시장 출시 전에 접하는 경우가 많기 때문이다.(아이디어, 디자인, 개발과정의 공동 창작자 같은 형태로) 또한 이런 초기 고객들은 혁신안에 대한 긍정적 평판 형성과 리뷰 작성, 여러 사람에게 전파하는 데 중요한 역할을 한다.

에버렛 로저스(Everett Rogers)는 이렇게 단계가 나누어진 제품 출시를 '혁신의 확산'이라고 불렀다. 시간의 흐름에 따라 혁신이 사회체계 구성원 간에 특정한 채널을 통해 소통된다는 것이다. 그는 사람들이 혁신을 S자 형태의 곡선 단계로 받아들인다고 했다. 처음에는 수용하는 사람이 거의 없다가, 수용 속도가 급속히 빨라지면서 주류가 되고, 그 다음에는 점점 느려지는 형태다. 그는 수용자들을 혁신적인 정도, 즉 얼마나 빨리 새로운 아이디어를 받아들이는가에 따라 고객을 5가지 형태로 나누어 설명했다.

1. **혁신 고객:** 처음 2.5%의 수용자들은 모험을 즐기고 교육수준이 높으며, 정보원이 다양하며 위험을 더 많이 감수하는 경향을 보인다. 이들은 기술 자체를 받아들이고 변화의 주도자가 되는 그 아이디어로 동기를 부여받고, 초기에 새 제품이나 서비스에서 나타날 수 있는 여러 문제를 참으면서 기꺼이 사용하려 한다.

2. **얼리어답터 고객:** 그 다음 13.5%의 수용자들은 사회적 지도층이다. 이들은 대중적으로 인기 있고 교육수준이 높으며, 시장의 공상가이다. 그리고 새로운 기술을 받아들이고 사용하여 아주 커다란 목표를 이루고자 한다. 이때의 목표는 이익인 경우가 많다. 이들은 새로운 기술을 받아들이고, 맞춤형 해결책과 지원을 요구하는 데 있어 큰 혜택을 받기 때문에 가격에는 그다지 민감하지 않다.

3. **선발 고객:** 그 다음 34%의 수용자들은 격식 없는 사회적 접촉을 많이 하지만, 점진적인 변화에 더 동기가 유발된다. 이들은 더 이성적이고 신중해서, 최신 유행보다는 인정받은 기술을 지지한다는 확신을 갖고 싶어 하며, 대중의 일부가 됨으로써 자신감을 가진다. 따라서 동료에게서 많은 영향을 받는다.

4. **후발 고객:** 그 다음 34%에 해당하는 수용자들은 회의적이고, 전통적인 가치관을 가지고 있으며, 경제적 수준이 더 낮은 경우가 많다. 따라서 가격에 민감하고 바로 사

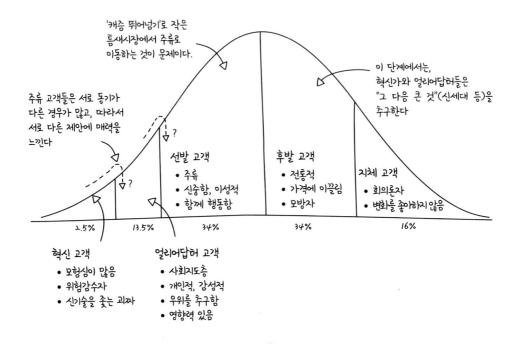

'캐즘 뛰어넘기'로 작은 틈새시장에서 주류로 이동하는 것이 문제이다.

이 단계에서는, 혁신가와 얼리어답터들은 "그 다음 큰 것"(신세대 등)을 추구한다

주류 고객들은 서로 동기가 다른 경우가 많고, 따라서 서로 다른 제안에 매력을 느낀다

선발 고객
• 주류
• 신중함, 이성적
• 함께 행동함

후발 고객
• 전통적
• 가격에 이끌림
• 모방자

지체 고객
• 회의론자
• 변화를 좋아하지 않음

2.5% 13.5% 34% 34% 16%

혁신 고객
• 모험심이 많음
• 위험감수자
• 신기술을 좇는 괴짜

얼리어답터 고객
• 사회지도층
• 개인적, 감성적
• 우위를 추구함
• 영향력 있음

캐즘을 피하면서 새로운 아이디어의 시장 진출을 가속화하기

용할 수 있는 해결책을 원한다. 이들은 우위를 점하기보다는 주류에 뒤처지지 않음으로써 동기를 부여받고, 자신들을 도와줄 자문이나 제품을 싸게 판매하는 할인판매자를 찾는 경우가 많다.

5. **지체 고객:** 마지막 16%의 수용자들은 회의적이며, 연령이 가장 높고 교육수준은 가장 낮아 현상유지에 가장 관심이 많은 사람들인 경우가 많다. 이들은 현재 가진 것에 만족하며 신기술이 자신들에게 실제 어떤 차이를 만들어 줄 수 있는지를 믿지 않는다. 이들은 제품을 구입하지 않으려 할 수도 있다.

하지만 이때 문제점 중 한 가지는 얼리어답터들이 새로운 혁신에 매력을 느끼는 이유가 대부분의 사람들에게 동기를 부여하는 것이 무엇인가?와는 매우 다를 수도 있다는 점이다. 오히려 그런 이유를 더 싫어할 수도 있다. 이들은 다른 경로를 통해 구입하고, 가격에 대한 인식이 다르며, 다른 메시지에 반응을 보인다. 이상적으로는 얼리어답터들이 다른 이들에게 영향을 미치는 것이 좋겠지만, 때로는 특히 소비자 시장에서는 다른 사람들이 모방하고 싶어 하지 않는 사람들이 바로 이들인 경우도 있다.

《캐즘 마케팅(Crossing the Chasm)》에서 제프리 무어(Geoffrey Moore)는 선지자와 실용주의자가 얼마나 다른 기대를 갖고 있는지, 또 '캐즘'은 얼리어답터와 후기수용자들 간에 발생한다는 점을 설명하고 있다. 무어는 이 현상을 특히 기술 시장과 연관을 지으며 많은 좋은 아이디어의 '조기사망(premature death)'라는 말로 표현하지만, 이는 어떤 시장에도 적용될 수 있다.

시장 진입 전략은 다양한 고객에 대한 접근법이 달라서 복잡할 수 있다. 또한 일회성이기보다는 시간을 두고 장기적으로 검토해야 한다. 즉, 혁신안이 시장에 나올 시기가 임박해질수록, 그에 따라 시야도 점점 바뀌어가야 한다. 이 시야는 서로 관련되어 있으면서 다양한, 시간이 흐르면서 발전해 가는 제안으로 뒷받침되고, 더 많은 고객을 참여시키는 추가 유통채널과 미디어도 반영된다. 점진적인 일련의 시장진입 관리뿐 아니라 시장진입을 위한 실제 기법도 매우 혁신적일 수 있다. 전통적으로는 다음과 같은 주요 사건에 근거한다.

- 후원계약으로 맺어짐 – 예를 들면 월드컵
- 업계 모임과 겹침 – 라스베이거스 국제전자제품박람회에 맞추어 출시되는 기술

● 계절적 변동 – 사람들이 선물을 사는 시점에 신중하게 맞춤

새로운 고객을 만나고 싶다면, 가장 영리한 전략은 아마도 검증된 승자에 '업혀' 가는 것이다. 그 대상이 자사의 경쟁사가 아니라 관련된 부문의 승자라면 더욱 이상적이다. 관련 브랜드를 만들거나 합동 프로모션을 통해 그런 기업들과 함께 일하라. 유통 네트워크와 프로모션 활동을 공유할 수도 있을 것이다.

소형차 스마트(Smart)는 미국 시장에 진출할 때 이 전략을 매우 효율적으로 사용했지만, 차를 홍보할 브랜드 네트워크가 부족했다. 중형 소매 체인으로만 협업 대상을 한정하여, 예약 수수료를 내세워 광고를 했는데, 이 수수료는 수많은 지점 중 어디에서나 시승을 하면 환급받을 수 있었다. 보통 차들이 고압적인 푸시 전략을 쓰는 것에 비해, 이는 풀 전략이었으며, 시승에서 구입으로 이어지는 비율은 점점 높아졌다.

무엇보다 가장 중요한 것은, 일단 혁신안을 내놓으면, 이를 유지하고 모멘텀을 구축해야 한다는 점이다. 이때 가장 큰 문제점은 최초에 많은 투자를 하는 바람에 갑자기 아이디어가 고갈되어버리는 것만큼 큰 문제도 없다. 이를 방지하려면 눈덩이처럼 계속 구르면서 페이스, 인기, 판매량을 늘리며 진입 활동을 늘려가고, 다음 아이디어를 생각해낼 준비를 하라.

귀…
'사랑스런 신의 주전자'를 출시하다

귀(Gü)는 입안에서 살살 녹는, 사지 않고는 못 배길 초콜릿 주전자를 만든다.

귀는 브뤼셀 중심가 근처 똥그레거리(Rue des Tongres)에 있는 작은 빵가게, 파티세리에서 제임스 에버딕(James Averdieck)이 만든 놀라운 초콜릿 디저트에서 아이디어를 얻은 것이다. 에버딕은 유제품기업인 생이벨(St Ivel)에서 근무하던 중 이 작은 카페의 푸딩을 너무 좋아하게 되었다.

그는 2003년 귀사의 샘플 상자를 동네 슈퍼마켓에 진열하고 고객들이 여기에 푹 빠지는 것을 보고 자신이 무언가 큰일 냈음을 직감했다. 그는 즉시 제휴 슈퍼마켓과 브랜드를 출시하고 세 가지 제품을 잇달아 내놓았다.

〈더 타임스〉와의 인터뷰에서 그는 자신의 명작을 이렇게 설명한다.

'이 상품은 당도가 조금 낮고, 코코아가 많이 함유된 성인 전용 초콜릿입니다. 벨기에 초콜릿은 보통 코코아 함량이 53%에서 70%죠. 저희 제품은 거의 크림, 초콜릿, 달걀로만 만듭니다. 물론, 약간 내키지 않겠지만 당신을 만족시키는 작은 즐거움입니다.'

그는 트렌드가 저렴한 가격의 대량생산 제품에서 최고급 품질을 가진 개별적인 것으로 바뀌고 있다고 생각했다. 그래서 세인스버리(Sainsbury)와 웨이트로즈(Waitrose) 두 소매업체와 함께, 브라우니에서 초콜릿 트뤼플을 아우르는 다양한 상품을 신속히 개발했다. 그리고 초콜릿을 좋아하지 않는 사람들을 위해, 프뤼(Frü)라고 이름붙인 '과일이 든 자매 제품'을 만들었다.

에버딕의 미션은 진정으로 맛있는 초콜릿을 대표하는 브랜드를 일구어내는 것이다. '우리는 약간의 재미를 곁들인 초콜릿 극단주의를 추구합니다.' 그는 웹사이트에 이렇게 적어 놓았다. 그는 귀 사의 푸딩이 현재 전 세계 어딘가에서 2초에 하나씩 소비되고 있다고 추정한다. 2009년 말 수익은 2,200만 파운드를 넘었지만 여전히 성장의 여지는 많이 남아 있다.

브뤼셀의 이 작은 파티세리는 초콜릿 푸딩 열광을 일으킨 주인공이 바로 그곳이며 3,500만 파운드의 값어치를 하는 기업임을 인식하지 못하고 있을지도 모른다. 3,500만 파운드는 에버딕이 2010년 초에 이 기업을 매각한 금액이다. 영국의 선도적인 달걀 생산업체인 노블푸드(Noble Foods)가 귀를 인수하여 현재 살살 녹는 주전자 푸딩을 더 발전시키려고 노력 중이다.

창의적 대본…
아이디어를 팔고,
스토리를 들려주자

CREATIVE BOX

'우리는 데이터에 기반을 둔 사회의 쇠퇴기에 있다.
정보와 지능이 컴퓨터의 영역이 되면서,
사회는 자동화될 수 없는 유일한 인간 영역에 더 많은 가치를 부여할 것이다.
그것은 바로 감성으로, 이는 구매 결정에서 다른 사람들과
어떻게 협업을 할지에 이르기까지 모든 것에 영향을 미칠 것이다.
기업들은 스토리와 신화의 기반 위에서 번창할 것이다.
기업들은 스토리가 제품보다 중요하단 것을 이해해야 할 것이다.'
– '드림 소사이어티(The Dream Society)'에서 롤프 옌센

⬡ ——————— 무대는 모든 준비를 마쳤다. 조명이 어두워지고, 음악이 시작되자 우리는 설레임과 기대감을 안고 기다렸다. 수천 명의 신봉자, 파트너, 직원, 소비자, 열광적인 팬들이 현장에서, 그리고 수백만 명이 온라인으로 무대를 지켜보며, 스티브 잡스가 무대로 걸어 나오는 순간을 기다리고 있었다.

드디어 그가 등장한 순간, 마치 무언가를 정복한 영웅의 귀환 같았다. 그는 늘 입고 나오는 물 빠진 청바지와 검은색 터틀넥, 그리고 다소 꾀죄죄한 뉴밸런스 운동화를 신고 나왔다. 그리고 그의 처음 몇 마디가 관중들을 광란의 상태로 몰아갔다. 무언가 새로운 모습이 드러나는, 또 한 번의 결정적인 순간이었다. 우리는 이 순간을 위해 몇 달을 기다려왔다. 드디어 그가 청바지 주머니에서 최신 혁신작을 꺼내려 하자, 세상은 깊은 숨을 들이쉬고 경외에 가득 찬 눈으로 바라보았다. 혁신작이 세상에 드러난 순간, 우리는 열렬한 환호를 보냈다.

애플의 CEO를 세계에서 가장 비범한 브랜드 가치를 지닌 스토리텔러로 만든 그 기술은 사람들에게 영감을 주는 방식으로 새로운 아이디어를 판매하려는 사람이면 누구에게나 유용하다. 지난 30년 이상, 잡스는 신제품 발표를 하나의 예술 행위로 변혁시켰다. 그는 전혀 노력을 들이지 않은 것처럼 발표가 자연스러워질 때까지, 여러 시간을 들여 표현을 시처럼 완벽하게 만들고, 삽입할 제스처와 농담을 연습했다. 또한 무엇보다도, 그의 프레젠테이션에는 정보, 교육, 엔터테인먼트라는 세 가지 숨은 의도가 들어 있다. 그에게서 배울 수 있는 교훈으로는 다음과 같은 것들이 있다.

1. 스토리를 만들어라: 그는 프레젠테이션을 마치 한 편의 영화처럼 짠다. 장면, 플롯, 스

토리를 스케치하고 스토리보드를 만든다. 그리고 음악, 비디오클립, 게스트와의 상호작용으로 지루한 순간이라고는 없다.

2. **단순하게 하라:** 그는 복잡한 아이디어를 단순하게 하나의 문장으로 설명해낸다. 맥북에어는 '세상에서 가장 얇은 랩탑'으로 간단히 정의되었다. 그 이외 다른 어떤 것도 덧붙이지 않았다. 그 문장이야말로 그가 모든 사람이 써주기를 바랐던 헤드라인이었다.

3. **적을 소개하라:** 위대한 스토리에는 언제나 영웅과 악당이 있기 마련이다. 그는 애플을 영웅으로 놓고, 경쟁사를 '나쁜 놈'을 설정함으로써 이야기를 시작한다. 진보를 훼방 놓는 IBM, 마이크로소프트, 혹은 노키아와 같은 경쟁사가 고객과 업계에 나쁜 이유를 이야기한다.

4. **이득에 집중하라:** 겉모습에 사로잡히지 말라. 그것보다 고객이 당신의 제품에 관심을 가져야 하는 이유에 집중하라. 겉으로 보이는 모습의 내부에 고객들한테 사로잡을 만한 것은 무엇이 있는가? 이를 테면, 왜 아이폰 3G를 구입하는가? '반값에 속도는 두 배가 빠르기' 때문이다. 그리고 다양한 고객들은 서로 각자에 맞는 이득을 찾으므로, 계속해서 고객들처럼 생각하라.

5. **3의 힘:** 그의 프레젠테이션에는 3가지의 메시지, 3가지의 우선순위, 3가지의 이득이 있는 세 부분이 있다. 3은 중요하지만 단순하며, 인상적이고 기억에 남는다.

6. **꿈을 팔아라:** 그는 컴퓨터와 음악재생기기를 판매하는 것이 아니라, 더 나은 세상에 대한 약속을 판다. 그는 아이팟을 소개하면서, '우리 나름으로 미약하게나마 더 나은 세상으로 만들려고 합니다.'라고 말했다. 그는 자신의 제품에 대해 열정적이지만,

고객에 대해서는 훨씬 더 열정적이다.

7. **독창적인 단어를 사용하라:** 그는 평이한 영어로 말하며, 전문적인 기술 용어보다는 큰 감동을 주는 말을 쓴다. 그는 아이폰을 '놀라울 정도로 빠르며(amazingly zippy)' '믿을 수 없을 만큼 괜찮다(incredibly cool)'라고 표현했다. 초당 몇 킬로바이트니 하는 말은 꺼내지도 않았다.

8. **훌륭한 시각자료를 더하라:** 그의 프레젠테이션은 애플이라는 브랜드의 단순성과 인간성이 반영되어 있다. 중요항목을 구분하는 기호는 없으며, 단지 놀라운 이미지와 '다르게 생각하라(think different)' 같은 한두 마디 정도만이 있을 뿐이다. 그의 메시지는 너무나도 명확하며 시각자료에 의해 의미가 강화된다.

9. **가장 중요한 순간을 맞이하라:** 훌륭한 프레젠테이션에는 언제나 이런 순간이 있다.

'오늘, 우리는 세 가지 혁신적인 제품을 소개하려고 합니다. 첫번째는 터치컨트롤이 있는 와이드스크린 아이팟입니다. 두번째는 혁신적인 휴대전화입니다. 그리고 세번째는 획기적인 인터넷 커뮤니케이션 기기입니다. 아이팟, 휴대 전화, 인터넷 커뮤니케이션 기기…… 이중에 아이팟과 휴대 전화는 이미 가지고 계신가요? 제가 말씀드리는 것은 세 가지 기기가 아닙니다. 모두 하나의 기기입니다.'

그의 말이 끝나자 관중들은 폭발했다.

위든 & 케네디…
나이키의 그냥 하라, 그리고 코카콜라와 함께 하는 삶

이 회사는 나이키에는 '그냥 하라(Just do it)'라는 슬로건을, 코카콜라에는 '코카콜라와 함께 하는 삶(The Coke side of life)'을, 혼다에는 'Grrrrr'을, 그리고 나이키와 사이클 선수 랜스 암스트롱에게는 노란색 리브스트롱(Livestrong) 팔찌를 만들어주었다.

W & K(Wieden and Kennedy)는 커뮤니케이션이란 어떻게 하는 것인지를 정말로 잘 아는 광고대행사임을 여러 번 증명해 보였다. 1982년에 오리건(Oregon) 주 포틀랜드(Portland)에서 설립된 이 회사는 창업자 댄 위든(Dan Wieden)의 자유로운 에너지를 바탕으로 여전히 잘 나가고 있다. 그는 동료들과 고객들에게 정기적으로 '누군가 위험을 무릅쓰는 사람이 없으면 어떤 좋은 아이디어도 나올 수 없다.'는 사실을 상기시킨다.

W & K는 나이키 덕분에 큰 주목을 받았는데, 당시에 나이키는 초창기였지만 1970년대의 조깅 붐을 타고 급속히 성장하며, 이전에 거의 아디다스에서 독점하다시피 하고 있던 전 세계 러닝화 시장에 새로운 바람을 일으키고 있었다. 대부분의 고객들은 5년 정도가 지나면 광고대행사로 인한 수익이 줄어든다고 생각하며, 새로운 시각과 신선한 사고를 찾아 다른 대행사를 찾게 된다. 따라서 나이키 설립자인 필 나이트(Phil Knight)를 시작으로 그 뒤를 이어 30여 년 간 나이키가 W & K와 함께 일해 왔다는 사실은 바로 W & K의 계속되는 창의력을 잘 나타내 주는 것이다. '결승선은 없다(There is no finish line)' 같은 문구에서 이제는 이름조차 붙일 필요도 없는 로고에 이르기까지, W & K는 이 거대한 스포츠기업과 함께 성장해 왔다.

2009년 말, 〈애드위크(Adweek)〉지는 지난 십 년간 최고의 광고 상을 발표했다. 최초로 광고수주액 20

억 달러를 돌파한 W&K가 그 고객들과 함께 많은 부문을 석권했다. 〈애드위크〉는 혼다의 'Grrrrr'를 '지난 십 년 간 최고의 광고'로 뽑았다. W&K 런던지사에서 제작한 90초짜리 이 애니메이션 영상에는 오염을 일으키고 휘발유로 움직이는 엔진을 깔보면서, 더 깨끗하게 연소되며 더 조용한 디젤 엔진을 축하하는 귀여운 동물들이 나온다. 이 광고는 처음에 영국 TV방송용으로 만들어졌지만 다른 매체는 물론이고 전 세계로 퍼져나갔다. W&K에서 만든 2008년 코카콜라의 '그건 내 거야'는 〈애드위크〉가 선정한 '지난 십 년간 최고의 슈퍼볼 스팟 광고'에 뽑혔다. 여기에는 추수감사절 퍼레이드 풍선 한 무리가 부풀어 오른 코카콜라 병을 쫓아가는 장면이 나온다. 이 광고는 온라인에서 가장 많이 회자되는 광고가 되었으며, 30초라는 러닝타임 동안 세심하면서도 창의적으로 충분히 생각할 수 있게 해주면서 코카콜라의 명성에 지대한 영향을 미쳤다.

W&K는 이제 전통적인 광고의 영역을 넘어 확장을 시도하고 있다. 예를 들어, 나이키는 이미 W&K의 〈볼(Ball)〉이라는 제목의 브로드웨이 쇼와 〈파리로 가는 길(Road to Paris)〉이라는 랜스 암스트롱에 관한 영화 제작 사업에 엄청난 투자를 했다. 이는 나이키를 노골적으로 계속해 광고하지는 않으면서(나이키 상표가 암스트롱의 사이클링 키트에서 자주 보이기는 하지만) 소프트셀 전략(감정적으로 소비자의 마음에 호소하는 간접적인 표현방식에 의해서 효과를 얻으려는 판매방식)을 쓰는 것으로, 핵심 고객, 이 경우에는 사이클 애호가들과 더 깊이 소통하고자 하는 것이다. W&K는 최근 록밴드를 고용해 나이키의 새로운 상품인 '6453/프리덤(6453/Freedom)'이라는 노래를 녹음했는데, 이 노래는 일본 차트에서 탑 10에 진입하기도 했다.

위든은 '우리 업계는 진화의 중요한 기로에 서 있다.'고 믿으며, W&K의 새로운 모험이 '자사의 브랜드를 30초짜리 광고의 한계를 넘어서는 다양한 형태의 엔터테인먼트와 결합'시키고자 하는 기업들을 위해 더 많은 도움을 줄 수 있기를 간절히 바란다고 설명한다.

W&K가 추구하는 바는 간단하다. '유익하라. 아름다워라. 시사점을 던져라.'

33

수익 모델…
성공적인 혁신을 위한
비즈니스 모델

CREATIVE BOX

'성공하려면 운이 따르거나, 약간 미치거나, 아주 유능하거나,
혹은 급격히 성장하는 분야를 찾아내야 한다.'
– 에드워드 드 보노

◇———————　아이디어는 당신의 가장 소중한 자산이다. 문제는 그 아이디어의 가

　　　　　　　　치를 어떻게 실현시킬 것인가?이다.

　기업에서는 브랜드, (자산) 관계, 특허, 인재를 더 가치 있는 '자산'으로 여기는 경우가

많지만, 수익 증가를 견인하고, 리스크를 줄이고, 시간이 가더라도 성장을 지속시키면서

한 기업의 운을 바꾸어 놓는 능력은 바로 그런 자산 뒤에 숨겨진 아이디어이다.

　처음에는 전부 확실해 보일 수도 있다. '아이디어를 제품 혹은 서비스로 만들어내고,

그 다음엔 사람들이 그걸 구매하게 만들고……' 하지만 그보다 더 많은 것이 있다. 아이

디어가 원대해질수록 사람들이 무엇을 구매하는가? 뿐만 아니라 어떻게 구매하는가?까

지 수용하게 된다. 따라서 부가가치, 혹은 최소한 인지된 부가가치는 제품에만 있는 것

이 아니라 그들의 경험의 다른 측면에도 잠재적으로 존재한다. 이것이 바로 비즈니스 모

델이 만들어지는 지점이다. 동료들에게 감명을 주기 위해 나온, 하지만 일관된 정의는

거의 없는 바로 그 신비스런 유행어, 비즈니스 모델이란 돈을 버는 방법이다.

　구글은 광고주들에게 자사의 광고를 클릭해 들어가는 건수마다 요금을 부과하는 방식

으로 돈을 벌지만, 사용자들 입장에서 이 서비스는 무료다. HP는 프린터를 판매하여 돈

을 벌지만, 그들의 숨은 전략은 프린터는 싸게 팔고 잉크 카트리지를 꾸준히 판매해서

돈을 버는 것이다. 타타는 공급제휴업체 덕분에 나노를 2,000달러에 판매할 수 있다. 페

덱스는 배송 인프라에 대가를 지불하는 익일배송에 프리미엄 요금을 받는다. 사실, 대부

분의 시장선도기업에는 서로 다른 비즈니스 모델이 있다. 제품과 서비스는 매우 쉽게 복

제가 가능하더라도, 비즈니스 모델은 지속가능한 차별화의 원천인 경우가 많다.

　따라서 아이디어로 돈을 버는 방법을 재고해 보는 비즈니스 모델 혁신은 오늘날 혁신

에서 매우 중요한 측면이다. 이런 혁신은 고객과 가치라는 문제에 대해 '어떻게 하면 고객을 위해 가장 효율적으로 가치를 창출할 수 있을까?'라고, 그리고 어떤 제품과 서비스가 이런 가능성을 잘 이루어줄지, 이를 잘 뒷받침해줄 능력과 자원에는 무엇이 있는지, 또 어떤 재정모델로 수익과 비용을 굴릴지 등에 대해 스스로 주의 깊게 생각해 보는 데서 시작된다. 이를 통해 기업은 가치를 창출한다.

혁신은 비즈니스 모델의 이런 측면 중 일부 혹은 전부에 대해서도 생각해 볼 수 있다.

- 나이키가 나이키위민(Nike Women)으로 여성고객들을 끌어들이려고 했을 때처럼, 고객이 누구인지, 혹은 풀어야 할 문제에 대해 다시 생각해 보기

- 도브가 외적 아름다움에서 내적 자신감으로 사업방향을 바꾸었을 때처럼, 사람들에게 더 많이 인지된 가치를 가진 다른 이점으로 가치 제안의 초점을 바꾸어보기

- BMW가 신세대를 위해 미니쿠퍼를 다시 디자인했을 때처럼, 문제를 해결해 주는 제품과 서비스를 다시 디자인하기

- 보잉이 787 드림라이너를 개발할 때 했던 것처럼, 기업 내부적으로 혹은 외부업체와 제휴를 맺어 다른 방식으로 능력을 제공하기

- 디즈니가 고객, 매체, 지역을 아울러 그러한 것처럼, 수입을 최대화하는 다양한 수익원의 균형을 맞추는 수익형 모델 사용하기

- 힐튼이 객실점유율을 최대화하기 위해 실행한 방법처럼, 고객들에게 무엇에 대해 언제, 얼마의 비용을 부과할 것인지에 대한 가격책정 구조 만들어내기

- 아마존이 대폭 할인가를 제공하면서도 수익을 내기 위해 실행하고 있듯이, 직간접 비용, 규모와 리스크의 균형을 맞추는 비용모델 만들어내기

- 델이 주문제작 컴퓨터 생산을 통해 이루고 있는 것처럼, 개발 속도는 수익과 비용을 관리함으로써 플러스 현금 흐름을 보장한다.
- 에어아시아가 저가항공 시장에서 급속히 성장하기 위해 실행하는 것처럼 이 모두를 효율적으로 이루어 내는 과정 만들어내기

하지만, 지난 십여 년간 기업에서 나온 중요한 혁신사례에 대한 분석을 보면, 비즈니스

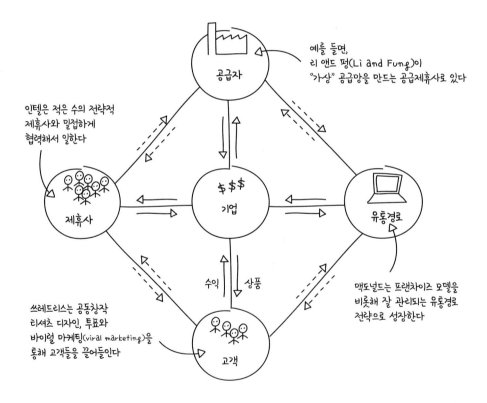

고객을 위해 그리고 상업적으로 더 많은 것을 가능하게 하는 혁신적인 비즈니스 모델 디자인하기

모델과 관련된 것은 거의 없다. 대부분은 제품과 관련된 생산시스템에 집중되어 있다. 하지만 비즈니스 모델을 혁신한 사례는 훨씬 더 커다란 수익이 보장되었다.

새로운 비즈니스 모델 혁신은 신생기업에서 더 빈번하게 일어나며, 대형기업들은 변화에 대한 확신이나 선견지명이 있는 경우가 별로 없다. 기업이 비즈니스 모델을 혁신할 때 반드시 고려해야 할 다섯 가지 상황은 다음과 같다.

- 기존 해결책의 비용이 너무 비싸거나 복잡하여 현재는 고객이 아닌 다수의 잠재고객에 대응하기

- (전통적인 방식으로 비용을 부과해서는 성공하지 못할 것 같은) 새로운 태도와 행동이 요구되는 신기술 론칭

- 더 비싸거나 더 싼 가격 등 매우 다른 가치 제안을 명확히 표현하고 맥락을 재구성함으로써, 해결책에 대한 인지된 가치를 재정의하기

- 시장 신규진입자, 특히 할인판매나 저가판매로 당신의 기존 비즈니스 모델을 무의미하게 만들 이들에 대응하기

- 변화하는 경쟁의 기본 원리에 대응하기. 어쩔 수 없이, 시장에서 수용 가능한 해결책의 정의는 시간이 흐름에 따라 바뀌며, 시장의 핵심 영역을 상품화하게 될 것이다.

이 모든 상황 중에서도, 신규 고객을 만들어내는 비즈니스 모델 혁신안을 이용하는 것이 가장 중요할 것이다. 그리고 프랄라하드(C. K. Pralahad)가 예측했듯이, 또 에어아시아 같은 기업이 보여주고 있듯이, 이는 아마도 프랄라하드의 표현에 따르면 현재 '피라미드의 바닥'에 있는, 5조 달러의 수익을 가져다 줄 20억의 잠재고객에게 가장 의미 있을 것이다.

조르지오 아르마니…
돈 버는 방법을 알았던 디자이너

조르지오 아르마니(Giorgio Armani)는 세계에서 가장 성공한 패션 디자이너 중 한 사람으로, 세월이 흘러도 변치 않는 디자인과 특유의 우아함으로 틈새시장을 개척하고 있다. 그의 회사는 수많은 의류회사보다 훨씬 작지만, 가장 수익이 높은 회사 중에 하나로 손꼽힌다. 대부분의 다른 곳과는 달리, 아르마니는 회사의 크리에이티브 부문과 영업 부문을 모두 이끌었다. 1934년 이탈리아의 작은 도시 피아첸차(Piacenza)에서 태어난 그는, 처음에는 의사가 너무 되고 싶어 2년간 볼로냐대학의 의과대학에서 공부했지만, 피를 보는 것을 매우 싫어해서 도중에 포기했다.

아르마니는 예술, 특히 패션에 대한 자신의 열정을 쫓아 밀라노 최대 백화점인 라 리네센떼에서 쇼윈도 담당자로 일하다가 곧 바이어로 승진하여 자신의 스타일과 디자인 감각을 단련시켰다. 1960년대 초, 그는 니노세루티에 디자이너로 입사해 웅가로와 제냐 레이블에서 일했다.

그의 획기적인 전환점은 1966년 건축가 세르지오 갈레오티(Sergio Galeotti)를 만났을 때 찾아왔다. 디자이너로서 아르마니의 재능에 깊은 인상을 받은 갈레오티는 그만의 레이블을 만들 것을 권했다. 아르마니는 1970년 니노세루티를 나와 자신의 회사를 설립하고, 1974년 자신의 이름을 건 첫 번째 남성의류 라인을 출시했다. 이 디자인이 큰 인기를 끌자 그는 1년 후 아끼던 폴크스바겐 비틀을 판 돈으로 자신만의 레이블을 공식적으로 론칭했다.

1970년대 중반, 사무직에서 일하는 여성들이 많아지기 시작했다. 아르마니는 이런 전문직 시장을 타깃으로 하여 남성의류 소재를 사용한 여성의류 라인을 내놓았다. 이 역시 크게 히트를 쳤다.

아르마니는 단순하면서도 우아한 디자인의 의류를 내놓으면서 고전적인 미니멀리스트 스타일로 유명해졌다. 밝은 색상과 대담한 디자인을 사용한 지아니 베르사체(Gianni Versace) 같은 동료들에 비해, 아르마니는 단순한 컷에 중간색을 선호하여 '패션은 해가 갈수록 급격히 변화하기보다는 서서히 진화해 나가야 한다.'라고 말하기도 했다. 그는 1970년대 후반 약간 낡은 듯하면서 주름이 잡히지만 편안하고 자연스러운 '구조를 갖추지 않은 재킷(unstructured jacket)'을 내놓으며 명성을 날렸다.

일부 논객들(특히 투자자들)이 적당한 후임자가 없는 것에 우려를 표하기는 했지만, 그는 70대의 나이에도 여전히 회사를 이끌고 있다. 어떤 사람들은 이것이 매우 오만함을 보여주는 것이라고 했다. 하지만 이는 어떻게 보면 단점이지만, 또한 그가 패션 트렌드를 이끌 수 있게 했고 그에게 성공할 수 있다는 용기를 준 특성이기도 하다. 2004년 뉴욕 〈스타의 밤(Night of Stars)〉 행사에서 자신의 평생의 성취에 대해 '슈퍼스타상(Superstar Award)'를 받은 그는 이렇게 답했다. "친절한 배려에 감사드립니다. 하지만 제가 사라진다거나, 여러분이 저를 제거할 거라는 상상은 그만두십시오. 이 상은 받겠지만, 저는 계속해서 아이디어를 만들어낼 것입니다."

그는 창의력과 사업수완을 잘 결합해 기업을 일구어 냈고, 자신의 기업과 브랜드와 생사고락을 함께 했다. 수년간 그는 더욱 감당할 수 있는 가격에 아름다운 의류를 선보이는 여러 보급판 컬렉션과 하위 브랜드를 내놓았다.

34

브랜드 제안···
아이디어를 의미 있고
독창적으로 만들기

CREATIVE BOX ————————————————————————

'섹스어필은 당신의 가진 50%와
사람들이 당신에게 있다고 생각하는 50%로 이루어진다.'
- 소피아 로렌

⬡ ——————— 가치 제안은 당신의 브랜드에 기초하건 혹은 특정 제품이나 서비스에 기초하건 간에 당신이 제공하는 무언가보다는 고객이 더 관건이다. 당신이 공급하는 특징이 아니라 고객이 얻을 수 있는 이득, 당신이 책정하는 가격보다는 고객에게 인지되는 가치가 더 중요하다는 것이다.

같은 제품이라도 모든 사람에게 같은 방식으로 판매하는 것보다 다양한 고객에게 다른 방식으로 판매하는 것이 훨씬 더 성공적일 수 있다. 가치 제안을 할 때는 때때로 고객의 기대를 충족시키는 완전히 새로운 제품과 서비스, 혹은 통합된 해결책으로써 기존 제품을 함께 내놓는 상징적인 요소가 필요할 것이다. 이는 타깃 고객에게 매우 중요한 이슈에 기반을 둔 주제로 정확하게 표현되어, 고객을 당신 쪽으로 끌어들이는 것이다.

이런 방식을 이용하면 중요하고 의미 있는 무언가로 고객의 관심을 유발해서 경쟁사의 가격 전략과 같은 훼방에 휘말리지 않게 된다. 그러면 당신은 더욱 개인적이고 가치 있는 해결책을 만드는 위치를 점유하게 된다. 고객은 논쟁의 중심이 당신이 아닌 자신일 때 훨씬 더 관심을 갖는다.

이런 주제는 제품 이상의 맥락을 설정한다. 주제가 더 중요할수록 인식되는 가치는 더 많아지고, 더 높은 수익을 얻도록 가격을 책정할 수 있게 된다. 시간이 흘러도 이어질 수 있는 주제로 더욱 다채로운 관계를 발전시킬 수도 있다. 이런 주제에 대한 인지된 부가적 가치로 인해 할인가격이 아니라 프리미엄이 붙은 가격에 끼워 팔기도 쉬워진다. 이렇게 되면 그 이슈를 둘러싸고 잠재적 커뮤니티를 형성하고 있는 더 많은 고객과 유사한 고객을 끌어들이게도 될 것이다.

제안이란 브랜드를 해석하고 제품과 서비스를 더욱 의미 있게 정확히 표현함으로써 개인, 부문, 시장 레벨에서 특정 고객에게서 의미를 가지도록 하는 것이다. 제안의 개념적 가치는 가격과 대안보다는 상품의 기본 가치, 플러스 다른 기업들이 제공하지 못하는 특별한 혜택으로 표현될 수 있으며, 그 결과 고객에게 경쟁사나 다른 대안이 제공하는 것보다 바라건대 더 나은 순가치를 안겨준다. 이 모든 것이 분명한 것 같지만, 중요한 점은 특징이 아닌 혜택에 주목하는 것이다. 제품이 특징을 설명하고, 제안이 혜택을 설명한다. 그러므로 '24시간 가정 유지보수'는 특징이지만, '가정에서 마음의 평화를'은 그로 인한 혜택이다. '전화로 이용하는 무선 이메일'은 흥미롭지만, '어디서든 고객과 연락할 수 있는'이 더 가치 있는 내용이다.

가치 제안의 주요 부분으로 다음과 같은 항목들이 있다.

- **누가?** 타깃 고객, 그들의 이슈와 동기부여, 그리고 당신이 대하는 고객들의 세계를 바라보는 중요한 통찰력
- **무엇을?** 당신이 제공하는 주요 편익, 이런 편익을 만들어낼 수 있는 일부 제품과 서비스의 주요 특징
- **왜?** 당신이 제공하는 것에 있어 경쟁력 있는 차이. 다른 기업에서 제공하는 것보다 어떤 점에서 더 낫거나 다른가?
- **얼마나?** 제공되는 더 나은 편익, 그리고 그 편익을 얻기 위한 다른 방법과 비교했을 때를 고려하여, 대안에 관련된 가격 포지션
- **무엇은 아닌가?** 고객이 다른 누군가를 포기하고 당신을 선택할 때 생기는 균형, 즉, 당신의 경쟁자와의 구별요소 (비록 이를 전하지 않는다 해도!)

이런 관점들은 모두 당신이 고객(숫자로 나타낼 수도 있지만 보통은 그렇게 하지는 않는다)에게

제공하는 더 나은 가치를 명료화시켜 준다.

물론 이는 고객을 위해 매력적인 방식으로 좀 더 명료화해 공개할 수 있는 내부문서일 것이다. 마케팅 제안의 핵심은 이를 이슈에 따른 주제와 가장 관련된 고객과 연결시켜 주는 것이다. 특정인을 겨냥한 직접 마케팅을 통해 제안을 '푸시(push)'하는 것은 불가능(혹은 바람직)하지 않을 수도 있지만, 타깃 고객들, 예를 들면 어떤 특별행사(컨퍼런스, 전시회), 멤버십 네트워크(협회, 취미), TV프로그램(전문가 이해관계) 혹은 언론(특정 섹션, 특집기사)에서는 관심을 가질 것이다. 따라서 스스로 선택한 고객은 당신에게 '끌려온다(pull)'는 것이다.

제안은 전통적인 광고를 통해 혹은 특정 주제와 관련된 제휴사와의 협업을 통해 전달될 수도 있다. 예를 들면, '홈 바이어(home buyer)'라는 제안은 부동산중개소를 통해 제공되어 고객이 다른 재무 서비스 회사를 접하기 전에 그들을 끌어들일 수 있을 것이다.

그 다음으로 제안은 대화를 통해, 그 주제에 속하는 표준 제품들을 모두 한 자리에 모음으로써, 혹은 때로는 홈 바이어를 위한 특별 가이드북이나 전문 자문, 혹은 고성장 제조사를 위한 독특한 진단 툴과 업계 포럼 같은 특정 '상징적 요소'를 추가하여 충족된다. 이런 상징들은 가치와 차별화를 더하고, 더욱 포괄적이고 수익성 높은 해결책을 모으는 '접착제(동인)'를 제공한다.

그러므로 가치 제안을 통해 표현된 비교 편익의 더 나은 인식을 통해 가격을 올리고, 돈에 상응하는 가치를 유지시키며, 수익성을 직접적으로 개선시킬 수 있다.

테슬라…
고성능이 전부는 아니다

이 회사의 광고카피는 이렇게 시작한다. '제로 배출로 죄책감 제로……'

테슬라모터스는 2003년 마틴 에버하드(Martin Eberhard)와 마크 타페닝(Marc Tarpenning)에 의해 '고성능에다 대단히 효율성이 뛰어난 전기차를 디자인하여 판매한다'는 미션 하에 설립되었다. 이 회사는 실리콘밸리에 기반을 두고 고성능 전기차를 생산하는 작은 기업이었다. 테슬라는 1,000여 명의 직원을 두고 배터리로 움직이는 스포츠카를 주당 25대 정도 생산하고 있으며, 대부분은 개인 소유주가 요구하는 내역에 따라 설계된 맞춤 차량이다.

테슬라의 가장 중요한 목표는 아래의 세 가지 방법을 통해 주류 소비자들이 이용할 수 있는 전기차의 수와 종류를 증가시키는 것이다.

- 전시장과 온라인에서의 판매량 증가
- 특허를 가진 전기부품을 경쟁사에 판매하여 그들이 자체 전기부품 개발을 가속화할 수 있도록 함
- 막중한 책임감을 필요로 하는 차도 빠르고 재미있을 수 있음을 보여주어 다른 자동차제조사에 촉매제이자 긍정적 본보기가 됨

〈뉴요커(New Yorker)〉지 최근호에, GM의 로버트 루츠(Robert Lutz)는 '제너럴모터스에 있는 천재들이 전부 리튬이온 기술은 10년은 더 있어야 한다고 하고, 토요타도 그 말에 동의했다… 그런데 테슬라가 붐을 일으키고 있다. 그래서 나는 이렇게 말했다. "캘리포니아에서 이제 막 생겨나, 자동차 사업에 대해서는 아무것도 모르는 사람들이 운영하는 저런 작은 회사도 할 수 있는데, 어째서 우리는 못하는 겁니

까?" 테슬라는 정체를 뚫어주는 쇠지레였다.'라고 인정했다.

테슬라의 첫 모델인 로드스터는 리튬이온 배터리를 사용하는 최초의 양산차로, 한 번 충전하면 200마일 이상을 달릴 수 있는 차로도 최초다. CEO 엘론 머스크(Elon Musk)에 따르면, 60mph까지 가속하는 데 3.9초밖에 걸리지 않으며, 에너지 효율도 토요타 프리우스의 두 배이다. 또한 기본 가격이 10만 9,000달러로 현재로서는 대중화되기는 힘들다. 하지만 테슬라는 의도적으로 맞춤 모델을 선보이며 '얼리어답터'를 타깃으로 한 다음, 가격을 조금 낮춘 모델을 내놓았다. 아마도 다른 기술기업들이 기기를 출시하는 방식을 보고 배웠을 것이다. 다음 플랫폼인 모델 S는 원래 가격의 절반 정도의 가격으로 2012년 출시되었다.

테슬라는 광고를 하지 않는 대신, 매체, 입소문, 그리고 컨퍼런스와 토크쇼에 나가 관심받기를 즐기는 머스크의 덕을 보고 있다. 테슬라의 로드스터는 2008년 영화 〈아이언맨(Iron Man)〉에 등장했으며 최근에는 블랙베리와 캘리포니아관광청의 광고에서도 멋진 모습을 보였다.

테슬라 차량 오너로는 주지사 아놀드 슈왈제네거(Arnold Schwarzenegger)를 비롯해 영화 제작자와 기술기업 총수들이 있다. 머스크는 이렇게 말한다.

"우리 고객들이 홍보대사가 됩니다. 우리는 어떤 면에서 세계를 구하는 데 일조하는 매우 섹스어필한 제품의 집합 한가운데에 있으니 운이 좋은 거죠."

35

전염성 있는 아이디어…
밈, 바이러스, 그 모든 광고

CREATIVE BOX _____

'우주는 원자가 아니라, 스토리로 이루어져 있다.'
– 뮤리엘 루카이저

나이키를 세운 필 나이트는 '60초 안에 많은 것을 설명할 수 없다. 하지만 마이클 조던을 보여주면 설명할 필요도 없다. 그만큼 간단한 거다.'라고 주장함으로써 스포츠 우상을 지지하는 자신의 열정을 설명한 적이 있다. 몇 마디 말, 상징 혹은 우상은 수천 마디의 말을 뜻할 수 있고, 훨씬 더 기억하기 쉬울 수 있다.

리처드 도킨스(Richard Dawkins)는 우리가 사용하는 언어나 상징, 혹은 우리가 수용하는 행동 등에서처럼 우리 문화에서 유전자의 진화와 비슷한 방식으로 복제와 변화가 일어난다고 주장하면서, '유전자와 비슷한 문화적 진화의 단위'를 설명하기 위해 '밈(meme)'이라는 용어를 만들어냈다. 그는 밈을 뇌 내부에 있는 정보의 단위로 간주하며, 우리는 인기를 끌 것 같은 대중가요에서 새로운 패션 디자인에 이르는 모든 것에서 밈의 구조를 보고 있다.

밈은 브랜드와 제안을 스토리, 상징, 슬로건으로 바꾸는 데 도움이 된다. 스토리와 상징, 슬로건 같은 것들은 사람들의 관심을 끌고, 마음속에 남거나 입소문을 타고, 혹은 이메일이나 문자메시지로 바이러스처럼 빠르게 퍼져나간다. 가치 제안과 커뮤니케이션이 타깃고객에게 도달하고, 가상의 혹은 물리적 네트워크의 힘에 영향을 주고, 구매시점에 사람들의 마음속에 남아있기 위해서는, 밈에 대한 연구가 필요하다.

밈은 더 기억하기 쉽고, 인식하기 쉬우며, 전염성이 강한 기억의 구조물이다.

● **슬로건:** 예를 들면 나이키의 '그냥 하라(Just do it)'

● **색상:** 예를 들면 FT의 분홍색 종이

● **음악:** 예를 들면 인텔의 다섯 음으로 이루어진 벨 소리 혹은 모든 노키아 전화기에서 연주되는 '노키아 튠(Nokia tune)'

- **디자인:** 예를 들면 애플의 반투명한 흰색 컴퓨터
- **숫자:** 예를 들면 푸조의 트레이드마크가 된 모델명 가운데의 '0'
- **냄새:** 예를 들면 싱가포르항공 기내에서 나는 냄새
- **글씨체:** 예를 들면 코카콜라의 글씨와 병 모양

말콤 글래드웰은 티핑포인트를 '임계질량, 한계, 끓는점의 순간'으로 정의한다. 저서 《티핑포인트(The Tipping Point)》에서 그는 자신이 '신비하다'고 하는, 일상생활에 흔적을 남기는 사회학적 변화, 그리고 아이디어와 행동이 어떻게 시작되는지에 대해 탐구하며, 출시한 지 1년도 안 되어 엄청난 유행을 일으킨 크록스(Crocs)와 레이디 가가의 기괴한 행동을 둘러싼 끊임없는 수다 등을 사례로 제시한다.

전염성 있는 아이디어는 세 가지 요소가 어우러질 때 생겨난다.

1. **흡인력 있는 아이디어:** 쉽게 전달되는 아이디어. 기억하기 쉬운 메시지로 지지되고 상징적인 심벌이나 행동으로 대표됨. 앨 고어의 〈불편한 진실(An Inconvenient Truth)〉은 기후변화에 대한 태도를 변혁시켰고, 랜스 암스트롱의 노란색 리브스트롱 팔찌는 패션의 표현뿐 아니라 암 퇴치 운동을 뜻하게 되었다.

2. **의미 있는 맥락:** 시대, 더 광범위한 상황이나 아이디어를 더 의미 있게 만들어주는 사고방식과 함께 가며, 복잡한 상황에 대응하기 위해 단순하게 취해질 수 있는 아이디어. 고어의 슬로건이 나오면서 모든 사람이 기후변화에 관심을 더 많이 가지게 되었으며, 암스트롱이 팔찌를 출시하자 곧 투르 드 프랑스는 알프스를 향했다.

3. **대중 커넥터:** 사람들에게 영향력을 미치는 재능을 천부적으로 타고난 영업사원들처

럼, 서로 잘 연결되어 있고, 다른 이들과 전문지식을 공유하는 상대적으로 적은 수의 사람들에 의해 취해지는 아이디어. 이는 모든 사람이 '여섯 단계만 거치면' 연결되어 있다는 스탠리 밀그램의 콘셉트와도 같은 것이다.

물리적 네트워크와 가상의 네트워크로 인해 퍼져나가는 아이디어가 빠르고, 상호작용하며, 비선형적이게 되었다. 입소문은 고객의 신뢰를 받고 매우 효과적이지만 바이두, 페이스북, 링크드인(LinkedIn), 마이스페이스, 싱(Xing) 등 빠르게 진화하는 사회적, 전문적 네트워크의 세계에서 복제되는 경우에는 그 영향력은 어마어마하다.

이런 현상의 가장 좋은 예가 2008년 미국 대선 당시 버락 오바마(Barack Obama)의 선거운동의 전략이었다. 오바마는 네트워크 기술을 새롭게 이용하여 상대적인 무명으로부터 벗어났다. 그의 선거자금 모금은 대부분 엘리트 계층 만찬에서 나오는 고액수표가 아니라, 수천 명의 일반인이 각자 훨씬 적은 금액을 십시일반으로 모은 것이었다. 그의 메시지는 방송보다는 매일 아침 이메일과 SMS 메시지로 사람들에게 전달되었다. 그리고 그의 지지자들은 토론과 쌍방대화에 활발하게 참여하여, '희망'과 '변화'라는 단순한 주제를 놓고 집결시킬 수 있었다.

데이브 스튜어트…
록스타에서 변화의 전도사로

데이브 스튜어트(Dave Stewart)는 애니 레녹스(Annie Lennox)와 함께 유리스믹스(Eurythmics)의 멤버이며, 그 웬 스테파니(Gwen Stefani), 존 본 조비(Jon Bon Jovi), 믹 재거(Mick Jagger), 유투(U2), 케이티 페리(Katy Perry) 등 의 곡을 써준 작곡가로 매우 유명하다. 그는 전 세계적으로 8,000만 장 이상의 음반을 판매했으며, 칸 영화제에서 최초로 상영된 장편영화 〈어니스트(Honest)〉를 제작했다. 그의 사진은 파리현대미술관과 런 던 사치갤러리에 전시되어 있다.

하지만 그의 경력에서 가장 흥미로운 것은 그 나머지다. 그는 디팍 초프라(Deepark Chopra)와 함께 컨 설팅회사 딥스튜(Deep-Stew)를 설립했다. 그는 광고대행사 로펌(Law Firm)의 크리에이티브 디렉터이며, 패 션 디자이너 크리스천 오디저(Christian Audigier)의 브랜드 기업을 위한 엔터테인먼트 회장이다. 그리고 노 키아의 공식 '변화 에이전트'이다.

스튜어트는 아이디어로 가득 찬 사람이다. 그는 한쪽으로 얽매이지 않은 재능과 경험을 가지고 있으 며, 그 누구보다도 무언가 새로운 것을 생각해낼 만한 사람이다. 또한 록스타의 분위기도 여전히 보여 주고 있다. 그는 자신과 함께 일하는 기업에 대해 신념만 있다면, 최종 수익이 적더라도 기꺼이 자신의 가장 신나는 아이디어를 내준다.

스튜어트는 자신의 창의력으로 가장 창의적인 조직이라도 새로운 방향으로 이끌어 갈 수 있는 완전 히 만개한 변화 에이전트가 되었으며, 칸, 다보스, TED 같은 모임에 고정 참석자가 되었다. 노키아에서 그의 역할은 새로운 인재와 기회를 노키아에 연결해 주는 것이다. 세계에서 가장 큰 휴대전화 제조사인 노키아는 자사 브랜드가 앞서 나가기 위해서는 더욱 매력적인 면을 찾아야 함을 깨달았다. 오비(Ovi) 음악과 게임 플랫폼을 개발한 노키아는 애플과 삼성 같은 라이벌을 뛰어넘고자 했다. 스튜어트는 국제전자제품박람회 무대에 올라 이렇게 말을 시작했다. "우리 모두는 휴대전화가 빈 껍질이란 것을 알고 있습니다." 그 순간, 노키아 임원진들은 걱정스러워 보였다. 그는 말을 이어나갔다. "…그리고 콘텐츠가 그 씨앗이란 것도 알고 있습니다."

그 이후 그는 U₂를 설득해 오비를 통해 새 앨범을 독점 공개하도록 하고, 여러 언어를 구사하는 젊은 캐나다 가수 신디 고메즈(Cindy Gomez)에게서 새로운 스타를 발굴해 내어 노키아의 최초 상주예술가로 만들었다. 스튜어트는 고메즈라는 브랜드를 이용해 음원만 독점적으로 판매하는 것을 뛰어넘어, 게임과 커뮤니티에까지 확장했다. 그가 만든 '댄스 패뷸러스(Dance Fabulous)'라는 모바일게임에는 고메즈가 컴퓨터로 시뮬레이션된 아바타로 등장하는데, 아이튠이 꿈만 꾸던 것을 노키아를 위해 이루어준 것이었다.

그는 샌디에이고에서의 연설을 이렇게 마무리했다.

'기업은 기술로 성공하지 못할 것입니다. 사람들에게 영감을 주고 사람들을 끌어들이는 아이디어의 힘을 통해 성공하게 될 것입니다.'

36

시장 형성…
소용돌이 속에서 승리하기

CREATIVE BOX ─────────────────

'과거를 알고 싶으면, 현재 상태를 보라.
미래를 알고 싶으면, 현재의 행동을 들여다보라.'
−불교 격언

◇ ──────── 혁신안을 시장에 내놓는 것은 시작일 뿐이다. 그 혁신을 성공시키는 것이 진정으로 창의적인 도전이다.

현재, 시장에 나와 있는 혁신안이 아마도 오늘날 가치 창조의 열쇠가 될 것이다. 어떤 방법으로 고객을 끌어들이고, 그들의 태도와 행동을 변화시키고, 업계모델을 새로운 디자인으로 바꾸고, 오랜 전통과 경쟁자들을 방해하는지 잘 살펴보아야 한다. 새로운 아이디어는 이전에 유행과 패션이 퍼지던 방식으로 확산될 수 있다. 기술을 통한 사람들의 연결성, 지역을 탈피한 커뮤니티의 증가, 그리고 최신의, 가장 좋으며, 가장 멋있으며, 가장 작고, 가장 빠른 기기를 가지려는 소비자들의 끊임없는 욕구가 속도를 이끌어낸다.

가장 최신의 다기능 휴대전화이건, 퓨마 운동화의 새 모델이건, 혹은 가장 최신 인터랙티브 게임이건 간에, 일단 한 시장에 들어가면 모든 시장에 들어가는 것이다. 과거에는 영화가 나오면 유럽으로 오기 전에 최대 6개월까지 미국에서 상영되었다. 지금은 LA에서 개봉되고 나면 몇 주 이내에 방콕의 가게에 해적판이 등장하거나 전 세계 어디에 있는 사람이건 온라인으로 이용할 수 있을 것이다.

제품도 비슷하다. 데이터 저장 시장에서 빠르게 반복적으로 일어나는 현상을 보면, 어떻게 커다란 플로피디스크가 더 작은 디스크로 대체되었고, 이 디스크가 CD-ROM으로 대체되었고, CD-ROM은 다시 USB기기로 대체되었는지를 보여준다. 저장용량은 몇 배나 늘어나고, 사이즈는 작아졌으며, 더 싸고 편리해지는 등 각각의 새로운 기기들의 잇점은 엄청나다. 새로운 기기가 일단 시장에서 히트를 치면, 어디에서건 누구나건 그것을 원한다. 그리고 amazon.com에서 클릭 한번만 하면 며칠 내로 배송 받을 수 있다.

선두주자와 후발주자

요즘 시장에 가장 먼저 들어가는 것과 앞선 이들을 따르는 것 중에 어떤 전략이 더 나은 것인지에 대한 논란이 많다. 중거리 경주와 마찬가지로 트랙에서 첫 번째 커브를 제일 먼저 통과하는 선수가 최종 우승자가 되는 경우는 거의 없다. 일반적으로는 선두주자의 한 발쯤 뒤에 따라가는 것이 경주에서 승리하는 데 있어 완벽한 위치라고 한다.

시장 진입 전략에도 비슷한 사고방식이 존재한다. 첫 번째 주자는 개척자의 이미지를 가질 수 있지만, 선두주자의 실수로부터 교훈을 얻어 결과적으로 더 좋은 실적을 내는 것은 코스타스 마키데스(Costas Markides)가 말하는 '재빠른 후발주자'다. 물론 오늘날의 기술시장에서는 반드시 출발점이 있는 것은 아니다. 많은 측면에서, 다른 MP3플레이어들이 업그레이드되지 못하고 정체되어 있었으며 대부분의 사람들은 디지털 음악 다운로드라는 것은 들어본 적도 없었기 때문에, 애플의 아이팟은 선두주자가 될 수 있었던 것이다.

선두주자는 보통 기술 리더십과 오너십 혹은 특허를 통해 이득을 본다. 또한 희소한 자원을 먼저 취하고, 최고의 파트너와 규모의 기회를 얻으며, 고객에게 영향을 미치고, 스스로 개척자의 이미지를 확보할 수 있다. 넷스케이프를 기억하는가? 그래도 스카이프, 이베이, 픽사, 라이브네이션(Live Nation)이 그리 못하고 있는 것은 아니다.

한편 '빠른 2인자'는 선발주자에 편승하고, 교육의 장점을 취함으로써 무임승차하고, 제품 개선에 집중할 수 있다. 또한 초기진입자의 실수에서 교훈을 얻고, 더 값싼 자원을 얻으며, 더 낮은 리스크로 불확실성을 해결하고, 고객의 편에서 약자임을 주장하기도 한

구분	선발주자	후발주자
제트기	드하빌랜드(De Havilland)	보잉
즉석사진기	폴라로이드	코닥
복사기	제록스	캐논
비디오카메라	소니	파나소닉
웹브라우저	넷스케이프	마이크로소프트

다. 거기다 독과점을 피하기 위해 정부지원을 얻을 수도 있다.

다음 표에 나와 있는 시장은 나름대로 모두 혁신가인 선발주자와 후발주자의 사례를 보여주는데, 때로는 선발주자가 어떻게 승리하는지, 또 다른 경우에는 후발주자인 경우가 어째서 더 나은지를 보여주고 있다.

과대광고 극복하기

'관심주기(hype cycle)'는 특정 기술의 진보와 수용을 나타내기 위해 가트너(Gartner)에 의해 개발된 것이다.

1995년 이래로 이 주기(과대광고의 인식주기)는 새로운 기술이 소개될 때 보통 발생하는 전형적인 과잉열정 즉 '하이프(hype)'와 그에 따른 실망을 설명하는 데 사용되었다. 하지만 이 주기의 궁극적인 목적은 실제로 더 유용한 기술을 과잉열정에서 분리하는 것이다.

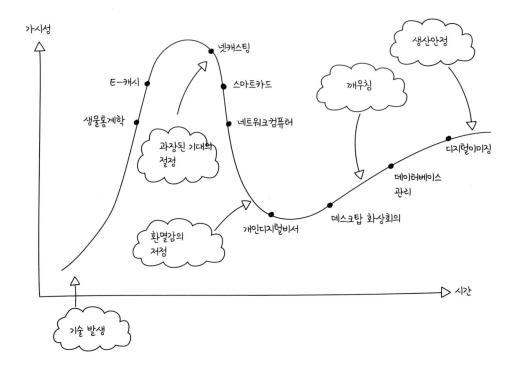

그래프의 곡선은 기술이 언제 어떻게 추상적 기회에서 의미 있는 혁신으로 움직이고, 또 실질적인 이점을 제공하여 과잉열정을 넘어서는지, 그리고 훨씬 더 널리 수용되는지를 보여준다.

가트너의 관심주기에는 다섯 단계가 있다.

1. **기술 발생 단계**(Technology trigger): 기술 개발, 제품 출시, 혹은 지대한 관심을 불러일으키는 다른 사건 이후 첫 단계

2. **과장된 기대의 절정 단계**(Peak of inflated expectations): 엄청난 홍보로 과잉열정과 비현

실적인 기대감이 생겨나고, 성공사례가 몇 가지 생길 수 있다.

3. **환멸감의 저점**(Trough of disillusionment): 기술의 빛이 바래고, 기대를 충족시키지 못하며, 금방 인기가 없어진다. 보통은 언론에서도 이들을 포기한다.

4. **깨우침의 단계**(Slope of Enlightenment): 과잉열정이 사그라지더라도 어떤 기업은 그 이점과 실제 적용 가능성을 염두에 두고 계속해서 그 기술을 발전시킨다.

5. **생산안정 단계**(Plateau of Productivity): 더욱 탄탄해진 기술이 수용되어, 제2, 제3세대로 진화한다. 안정기의 높이는 기술이 광범위하게 적용되는지 혹은 틈새시장에만 적용되는지에 좌우된다.

소용돌이 속에서 승리하기

효율적인 시장 진입, 특히 신흥시장이나 새롭게 정의되는 시장에 진입하려면 '시장 소용돌이(market vortex)'를 일으켜야 한다. 소용돌이란 자신의 포지션을 정립하고, 다른 기업보다 먼저 고객을 끌어들이고, 프로세스의 지속적 추진과 물리적 · 정신적 어려움을 헤쳐갈 수 있는 모멘텀을 만들고, 계속해서 배움을 얻고, 진화해 나가는 것을 말한다. 이런 소용돌이로 원하는 공간을 소유하고 그 영향을 급속히 파급시킬 수 있다. 아이팟, 아이튠즈의 등장, 그에 따른 음악 산업의 변혁을 생각해 보라.

Step 1 시장 조성(market-making): 즉 화이트스페이스를 고객들이 수익성 있게 기꺼이 돈을 쓸만한 성공할 수 있는 시장으로 바꾸는 것이 관건이다. 잠재되어 있는 수요를 깨워야 한다. 고객들에게는 문제와 열망을 이전에 경험해 보지 못했던 방식으로 해결할 새로운 해결책을 받아들일 교육과 용기가 필요하다. 여기에는 새로운 언어와 행동, 그리고 다른 것들에 연연해하지 않는 것도 포함될 수도 있다. 또한 긍정적 과잉열망과 조기에 없어질 과잉열망 간에 주의 깊은 균형도 요구된다.

Step 2 게임체인지(game-changing): 이는 새로운 경계, 표준, 기대가 설정되는 지점을 말한다. 애플이 다운로드가 가능한 음악 시장을 만들었을 때, 혹은 좀 더 일반적으로 음악 시장 전체를 재편했을 때를 돌이켜보라. 초기에 MP3 플레이어가 몇 가지 있긴 했지만, 애플은 전체 프로세스를 용이하게 만들었다. 애플은 아이튠즈의 간단한 99센트짜리 다운로드, 저장된 곡목을 손쉽게 훑어볼 수 있는 클릭휠, 보유하고 있는 모든 곡을 즐길 수 있는 '셔플' 옵션을 만들어냈다.

Step 3 : 시장 형성(market-shaping): 비전을 통해 시장을 개발, 발전시키고, 자신의 운명을 다른 사람들에게 맡기지 않고 스스로 개척해 나가는 진행 중인 도전을 말한다. 이는 리더가 되어 머무르는 것이다. 반드시 가장 큰 리더가 될 필요는 없지만, 가장 사려 깊고 가장 좋은 리더가 되어야 한다. 그리고 계속해서 표준을 정하고, 행동을 형성하며, 시장모델을 진화시켜 나간다. 이는 애플이 매우 뛰어났던 점이다. 관심주기가 깨우침의 단계에 이르면, 이득을 남긴다.

자하 하디드…
아무나 흉내 낼 수 없는 자신만의 궤도를 도는 행성

자하 하디드는 건축계의 디바로 불린다. 하디드는 건축에 대해 누구보다도 원대한 비전이 있을 뿐만 아니라 개성도 그만큼 강하다. 하지만 오랫동안 그녀의 디자인에 대해서는 놀랍지만 실용적이지 못하다는 인식이 있었다. 한 비평가의 말을 빌리자면, '뛰어나지만, 지을 수 없는' 디자인이라는 것이다. 중력을 거스르는 그녀의 아이디어는 눈으로 보기에 직각이 없이 움직임과 자연을 찬양하여, 제도판 밖에서 실제 지어지지 못한 적이 많았다. 그녀가 카디프의 새 오페라하우스를 디자인하면서 예상치 못한 선택을 하자, 위원회는 기가 죽어 위촉건을 취소해 버렸다. 최근에 들어서야, 컴퓨터를 사용한 새로운 시뮬레이션 기술을 도움으로써 자신의 과감한 디자인의 실현성을 고객들에게 확신시켜 주면서 신시내티에서 싱가포르에 이르기까지 세간의 주목을 받는 프로젝트를 수주하게 되었다. 런던에 있는 그녀의 건축디자인회사 자하하디드아키텍츠(Zaha Hadid Architects)에 근무하는 직원만 250명이 넘는다.

바그다드에서 태어나 프랑스 수녀들에게서 교육을 받은 하디드는 20대 시절에 영국으로 건너갔다. 그리고 기묘하고도 놀라운 완공모습(AA) 때문에 '프랑켄슈타인 아카데미'라고도 불리는 AA(Architectural Association)에서 공부했다. 하디드가 자신만의 디자인 언어를 개발하도록 힘이 되어준 사람은 역시 AA에서 그의 스승이었던 네덜란드 건축가 렘 쿨하스(Rem Koolhaas)였다. 1977년 하디드가 학교를 졸업하자, 쿨하스는 신동으로 여겼던 자신의 제자를 '아무나 따라할 수 없는 자신만의 독특한 궤도를 가진 행성'이라 불렀다.

그녀의 졸업 작품인 런던의 헝거포드 브리지(Hungerford Bridge)에 있는 호텔은 카시미르 말레비치(Kasimir Malevich)의 이름을 따서 말레비치의 텍토닉(Malevich's Tectonik)이란 이름이 붙었다. 말레비치는 이런 글을 썼다. '우리는 지구로부터 자유로워질 때, 지지하는 지점이 사라질 때만이 우주를 인지할 수 있다.' 하디드의 건축은 그런 원리를 따라, 은유적으로(그리고 언젠가는 글자 그대로) 땅에서 날아오르는 듯이 보이는 풍경을 만들어낸다. 10년간 하디드는 자신의 환상을 실제 프로젝트로 믿어주는 후원자를 구하지 못해, 강의료만으로 생활을 이어갔다. 그녀의 아방가르드적인 사고는 원래 실용주의자들을 혼란스럽게 만들었다. 하지만 최근 그녀의 작품이 상업적으로도 점점 큰 호응을 얻으면서, 전 세계적으로 인기를 얻고 있다.

그녀는 드디어 자신의 인내와 고집을 보상받고 있다. 강건함, 일편단심이 그녀의 강점이자 약점이다. 고객들은 그녀의 강한 캐릭터에 기가 질려 도망가곤 한다. 지금은 세계에서 가장 인상적인 공연장을 책임지고 있는 카디프 베이 오페라하우스의 감독이 한때 그랬던 것처럼 말이다. 하지만 그녀의 강건함이 결국은 엄청난 유행을 일으키며 빛을 보게 되었다.

하디드는 〈월페이퍼(Wallpaper)〉지에서 언급한 것처럼 '눈과 마음을 신에게 향하도록 들어올리는 어지러운 공간'을 만드는 것이 전문 분야이다. 그녀는 벽, 천장, 앞뒤, 직각과 같이 공간에 대한 오랜 규칙을 거부하며, 이런 것들을 자신이 '새로운 유체, 일종의 공간성'이라고 하는 것으로 재창조해낸다. 이는 현대인의 삶의 혼돈스런 유동성을 구현하기 위해 디자인된 다초점과 파편화된 기하학으로 표현된다.

그녀의 프로젝트 중 최초로 건설된 곳은 독일과 스위스 경계지역에 있는 바일암라인에 위치한 비트라 사무가구그룹의 생산공장 내에 있는 소방서인데, 이 건물은 형식적으로는 성공이었지만 기능면에서는 그렇지 못했다. 소방서비스는 다른 곳으로 이전했고, 그 건물은 의자 박물관으로 바뀌었다.

하지만 인스부르크의 스키점프대와 스트라스부르의 트램역으로 그녀에게 성공의 길이 열리게 되었다. 그녀의 진짜 획기적인 작품은 오하이오 주 신시내티에 있는 로젠탈현대미술관이다. 이 작품은 그녀의 아이디어를 박물관이라는 공간에서 대규모로 실험해 볼 수 있는 기회였다. 그녀가 생각한 것은 각

전시장마다 그에 맞추어진 '부품 미트' 같은 것이었다. 이런 생각으로 탄생한 것이 지상에서 떠다니는 직사각형 튜브에 자리 잡은 미술관이었고, 이 튜브들 사이에는 리본 같은 램프가 공중에 지그재그로 달려 마치 인식하지 못하고 있는 사람들에게 닿기 위해 도보까지 확장된 듯이 '도시의 카펫' 같은 모습을 하고 있다.

그녀는 〈더타임스〉와의 인터뷰에서 자신이 생각하는 런던 올림픽의 상징적인 디자인에 대해 이렇게 말했다.

'2012년 올림픽에 사용될 수상경기장에 대한 아이디어를 생각하던 중에, 건물의 지붕을 떠받치는 형태를 생각해냈어요. 거기서부터 테이블에 대한 아이디어가 나왔고, 그걸 아쿠아테이블이라고 했습니다. 여기에는 얇은 폴리우레탄 막이 씌워진 송진을 기초로 하고, 겉면은 입체감 있고 미끄럽지 않은 실리콘 젤로 하게 됩니다. 그러면 평평하지 않은 위쪽 표면에 안정성을 줄 수 있어요. 실리콘의 감촉을 좋아하지 않는 사람도 있어서, 가장 겉에는 방풍유리 매트를 약간 덮는 것으로 디자인했습니다.'

아쿠아테이블은 24개의 한정판으로 제작되었다. 시험건축물은 하디드의 런던 아파트에 있으며, 저녁식사 시 16명을 수용할 수 있다.

2004년 하디드가 여성 최초로 권위 있는 프리츠커 건축상 수상자로 지명될 때 수상의 이유는 이렇게 시작되었다. '건축가로서 그녀의 경력은 전통적이거나 쉽지 않았다.' 하지만 그녀는 세계에서 가장 흥미롭고 영감을 주는 현대 건축가 중 한 명으로 평판을 굳혔다. 하디드의 환상적이고, 미래적인 아이디어는 확실히 현재의 삶에 미래를 접목시키고 있다.

37

아이디어 보호 장치…
저작권, 트레이드마크, 특허

CREATIVE BOX ————————————————————————————

'단 하나의 아이디어만 가지고 있을 때만큼 위험한 경우는 없다.'
– 에밀 샤르티에

◇ ──────── 아이디어는 당신의 가장 중요한 자산이므로, 타인으로부터 보호하는 것이 매우 중요하다.

점점 발전해 가는 개방적 혁신의 세계에서 이는 매우 역설적인 것이다. 기업들은 모두 고객과 제휴사 혹은 전문가와 학계와 함께 새로운 아이디어를 만들고자 하지만, 그렇게 나온 아이디어들 중에 가장 좋은 아이디어만 보유하고 싶어 한다. 이 때문에 협동 작업을 할 때 긴장감이 형성될 수 있으므로 처음부터 명확히 대처할 필요가 있다.

아이디어는 엄청나게 강력하지만, 가장 가치 있는 것은 그런 아이디어에서 결과적으로 나온 혁신안이다. 이런 혁신안이야말로 고객들을 끌어들이고 경쟁사들이 모방하고자 안달하는 것이다. 기업들은 발견과 혁신안, 이름과 상징, 혹은 문구나 디자인 등 자사의 무형 자산, 즉 '지적 재산권(intellectual property, IP)'를 보호하는 데 혈안이 되어 있다. IP는 수많은 형태의 '합법적 독점'으로 정의될 수 있으며, 일단 법으로 인정되면 소유주는 그 무형 자산에 대한 독점적 권리를 갖게 된다. 가장 일반적인 IP의 형태로는 저작권, 트레이드마크, 특허, 산업디자인권리, 기업비밀 등이 있다.

저작권

저작권은 원작업의 작가에게 일정기간 동안 출판, 유통, 개작물을 비롯한 독점적인 권한을 주고, 그 기간 이후에는 그 작업은 대중의 영역으로 넘어가게 된다. 저작권은 실재적이고, 개별적이며, 매체에서 정해진 아이디어나 정보 가운데 표현 가능한 것이면 어디에든 적용된다. 그리고 국가에 따라 원작자 사후 50년에서 100년간 지속된다. 저작권을 설정하기 위한 정해진 절차가 있는 국가도 있지만, 대부분의 국가에서는 완성된 작품에 대해서는 별도의 등록 없이도 인정된다. 그러나 저작권은 아이디어 그 자체를 보호하는 것은 아니며, 겉으로 표현된 형태나 방법을 보호할 뿐이다. 따라서 미키마우스 이미지와 이름은 복제될 수 없지만, 다른 귀여운 쥐를 만화로 그리는 것은 얼마든지 가능하다.

트레이드마크

트레이드마크(로고-상표, 브랜드명)는 주로 조직에서 그 마크를 표시한 제품이나 서비스가 유일한 원천에서 나온 것임을 확인하고, 또 이런 제품이나 서비스를 다른 것들과 구분 짓기 위해 사용되는 독특한 상징이다. 트레이드마크는 다음과 같은 상징으로 표시된다.

- 트레이드마크는 ®
- 등록되지 않은 트레이드마크는 TM
- 등록되지 않은 서비스마크는 SM

트레이드마크는 보통 이름, 단어, 구문, 로고, 상징, 디자인이나 이미지, 혹은 이런 요소들의 조합이다. 등록마크는 각 지역에서 개별적으로 등록해야 하는 경우가 대부분이다. 등록되지 않은 마크는 좀 더 제한적으로 보호받을 수 있으며, 만들어진 원지역에서만 보호받을 수 있는 경우가 대부분이다.

특 허 등 록

'특허'는 발명가에게 제한된 일정기간 동안 발명품의 공개에 대해 정부가 독점적으로 부여하는 권리이다. 특허 부여 절차, 소유자에게 주어지는 의무사항, 보호의 범위는 국가에 따라 매우 다양하다. 하지만 특허 등록을 신청하려면 그 발명품이 새롭고, 창의적이며, 유용하거나 산업적으로 적용 가능한 것이어야 한다.

많은 국가에서 사업방식과 정신적 행위 같은 특정 분야는 배제된다. 독점권은 주로 다른 이들이 특허를 받은 발명품을 허가 없이 제조, 사용, 판매 혹은 배급하지 못하게 막으려는 것이다. WTO는 특허권을 모든 회원국가에서 이용할 수 있도록 하여, 최소 20년간 보호할 것을 권고하고 있다.

라이브네이션…
음악 경험을 재정의하다

음악산업이 큰 충격에 빠졌다.

마돈나는 워너뮤직과 25년간 맺어왔던 관계를 끝내고, 10년에 걸쳐 라이브네이션과 1억 2,000만 달러짜리 녹음 및 순회공연 계약에 서명한 것이었다. 이로써 마돈나는 새로운 음악부문인 라이브네이션 아티스트의 창립 녹음 가수가 되었다.

라이브네이션의 미션은 라이브 콘서트 경험을 최대화하는 것이다. 핵심 사업은 라이브 콘서트 연출,

마케팅, 판매이다. 로스앤젤레스에 위치한 이 회사는 이미 전 세계 라이브 콘서트 업계 최대 연출자로, 연간 57개국에서 가수 1,500명의 콘서트를 1만 6,000회 진행했으며, 연간 판매되는 티켓은 4,500만 장 이상에 이른다.

가수들은 과거에 음반사와 계약하듯 라이브네이션과의 독점 제휴를 계약한다. 하지만 이 회사는 '음악의 소유자'보다는 프로모터 역할을 한다. 이는 모든 창의적 사업에서와 마찬가지로, 음악 산업의 비즈니스 모델도 바뀌었기 때문이다. 지금은 음악을 판매하는 것보다 상품화하는 것, 그리고 라이브 이벤트와 스폰서십으로 훨씬 많은 돈을 벌어들인다.

라이브네이션은 스타디움 39곳, 극장 58곳, 클럽 14곳, 아레나 4곳, 축제장소 2곳 등 전 세계에서 가장 권위 있는 행사장 150곳 이상을 소유, 운영하고 있거나 예약권을 보유하고 있다. 그리고 이제는 소속 아티스트의 마케팅권에 집중하고 있는데, 여기에는 이름만으로도 대단한 U2, 비틀즈, 키스(Kiss), 제이지(Jay-Z), 샤키라(Shakira), 니클백(Nickelback) 등이 포함되어 있다.

CEO인 마이클 라피노(Michael Rapino)는 자사의 연차보고서에서 라이브 음악 사업을 새로이 개척하기 위한 전략을 이렇게 설명하고 있다.

'우리 회사의 전략은 아티스트와 팬을 연결해 주는 것이다. 이렇게 집중을 하면 라이브음악 행사와 가수에게서 새로운 부수적 수입 원천을 개발함으로써 주주 가치를 증가시킬 수 있을 것으로 본다. 우리는 라이브음악 자산에 계속해서 집중할 것이다. 라이브행사와 우리의 티켓판매 기반을 통해 팬과의 유대를 더욱 강하게 구축하여 사업을 확장할 계획이다. 우리는 라이브음악 경험을 통해 팬들과 기업스폰서를 연결하고자 한다.'

한때 제네시스(Genesis)의 가수였던 피터 가브리엘(Peter Gabriel)은 음반사들이 라이브네이션처럼 스스로를 재발명하여, 단순한 음악의 '소유자'보다는 팬들에게 총체적인 라이브와 온라인 경험을 전달해야 한다고 말한다. 그는 스스로가 온라인상에서 합법적으로 음악을 유통시키는 데 있어 선구자이며, 사용자들이 광고와 함께 혹은 광고 없이 무료로 음악을 스트리밍하거나 다운로드할 수 있는 웹사이트 We7의 공동창립자이기도 하다.

아이튠즈와 다른 디지털서비스가 사람들이 음악을 발견, 구매, 저장하는 방식을 근본적으로 뒤흔들면서, 업계의 나머지 기업들도 새로운 역할을 찾아야 한다. 가브리엘은 BBC와의 인터뷰에서 이렇게 말한 적이 있다.

"음반사에도 아직 여지가 있긴 하지만, 이들은 소유자가 아닌 서비스 업체로서 자신을 재발명해야 합니다. 예전 같이 음반과 그것을 기다리는 구조에도 아직 장점이 있기는 하지만 더 많은 것을 할 수 있습니다. 저는 그 구조가 훨씬 느슨해지고 다양한 형태가 섞여야 한다고 생각합니다."

38

더 멀리 확장하기…
브랜드 라이선스와 프랜차이즈

CREATIVE BOX —————————————————————————

'창의력은 겉으로 보기에 연결되지 않은 것을
서로 연결하는 힘이다.'
- 윌리엄 플로머, 남아프리카공화국 소설가

◇───── 일단 강력한 아이디어를 얻게 되는 순간, 누구나 그것을 최대한 활
용하고 싶어진다.

'인접 시장'은 단순히 지리적으로 가까운 곳보다는 내용적으로 관련 있는 시장을 말한
다. 더 멀리 진력을 다하는 데, 또 서로 다른 환경에 아이디어나 혁신안을 적용하는 데 어
떤 것이 가장 최고의 기회를 제공하는가?를 알아보는 데에 인접 시장을 고심해 보고 평
가할 수 있다.

하지만 지리적으로 시장을 고려할 때에도 사람들은 가까이 보기 전에 먼저 먼 곳을 보
는 경향이 있다. 미국이나 중국을 제패하기 전에, 비슷한 문화, 언어, 혹은 기후를 가진
근처 시장에 진입할 것을 검토해 보라. 관리자들은 근처에 무엇이 있는지 먼저 둘러보지
않고 좁은 시야로 나중의 기회를 보는 경향이 있다. 새로운 기술개발에 수십억 달러를
투자하기보다는, 여성에게 남성 제품을 적용한다든지, 혹은 매일 쓰는 물건을 선물 버전
으로 만들어 본다든지 하는 더 쉬운 방법을 시도해 보라.

인접 시장에는 중요한 유형이 세 가지 있다.

● **인접 범주:** 사업 유형(예를 들면 음료), 제품 유형(예를 들면 주스), 혹은 응용 분야(예를 들면
식사시간)로 정의됨. 당신의 혁신적인 제품을 어떻게 관련 범주에 적용할 수 있을 것
인가? 자연 '스무디' 드링크로 유명한 이노센트는 '벡포츠(veg pots)'로 즉석식품 시
장에 성공적으로 사업을 확장했다.

● **인접 고객:** 부문(예를 들면 십대 소녀), 지리(예를 들면 남부 유럽), 혹은 유통경로(예를 들면 슈
퍼마켓) 등으로 정의됨. 당신의 혁신적인 제품은 어떤 다른 고객에게 의미가 있을 것
인가? 클럽메드는 자사의 고급계층용 '커플'의 휴가상품을 독신자, 가족, 어르신들

에게 각각 다른 제안을 적용했다.

- **인접 능력:** 능력(예를 들면 브랜드 경영), 프로세스(예를 들면 소매), 혹은 자산(예를 들면 배급
권)으로 정의됨. 당신의 제품에 적용된 혁신으로 다른 어떤 것을 할 수 있을 것인가?
태엽 라디오로 유명한 베이겐(Baygen)은 자사의 태엽 방식을 조명, 컴퓨터, 스쿠터
에 적용했다.

성장할 수 있는 기회는 기존 핵심 사업의 전방위에 존재한다. 같은 것을 더 많이 팔려
고 노력하기보다 다른 방식으로 혹은 다른 시장에서 다른 방식으로 해보는 것이 더 쉽고
효율적일지 모른다.

라 이 선 스 와   프 랜 차 이 즈

무형자산과 아이디어의 힘, 그리고 거기서 나오는 모든 것은 물리적으로 필요한 인프라
의 규모를 늘리지 않고서도 그 영향력을 강화시켜 줄 수 있다. 대표적인 것으로 라이선
스와 프랜차이즈가 가장 강력한 콘셉트다. 호텔과 편의점에서는 가장 일반적으로 이용
되는 전략이지만, 다른 부문에서는 상대적으로 흔하지 않다. 개인사업가이든, 소규모 지
역사업가이건, 혹은 글로벌 브랜드이건 간에, 아이디어, 브랜드, 혹은 라이선스를 내주
거나 더 총체적인 형태를 프랜차이즈화하면 비용이나, 리스크, 시간을 많이 들이지 않고
성장할 수 있는 커다란 기회가 주어진다.

터키의 현대 브랜드인 하만(Haman)과 같이 멋진 스파를 만들었다고 해보자. 전 세계
가장 좋은 위치에 스파 네트워크를 어떻게 확장할 수 있겠는가? 훌륭한 사업수행 능력

브랜드소유주 / 모기업	라이선스 업자 / 가맹점
트레이드마크, 제품 혹은 프로세스를 소유하며, 제휴사에게 일정기간 그것을 사용할 수 있도록 허가함/ 영업이익에서 정해진 로열티 수수료를 받는 대가로 합의된 방식으로 자산을 사용함	브랜드의 사용조건 및 가격책정과 홍보를 비롯한 기타 모든 요소를 규정함
브랜드를 사용한 제품이나 체험을 지역에서 내놓기 위해 모든 계약조건을 준수함	지속적으로 브랜드를 홍보하고, 모든 업체의 마케팅과 포장 재료를 인정함
라이선스를 받은 물품을 합의된 지역 내에서 그 지역에 의미 있는 방식으로 홍보 및 판매함	국제적 지원 혹은 영업과 같이 해당 기업에 의미 있는 글로벌 서비스 제공
현지 제휴사는 그 지역에서 판매할 수 있지만, 국제적으로도 판매가 가능함(예를 들면 항공 노선, 로밍전화)	상업모델을 관리하고, 이용이 가능하며, 현지 계좌를 검열할 수 있음
네트워크 내 다른 라이선스 업자들과 모범사례를 공유하고 그들에게서 배울 수 있음	고객 데이터베이스, 단골고객 관리 계획 등 의미 있는 정보를 공유함
현지시장을 활용하고, 글로벌 계획을 현지에서 적용하며, 데이터베이스를 공유함	마케팅, 훈련, 브랜드 업데이트
리뉴얼 등 계속적으로 지원을 제공함	브랜드 소유주에 로열티를 지불함. 보통 발생하는 수익의 일정 비율
마케팅 및 새로운 제품 개발을 통해 해당 브랜드를 계속 지원함	현지제휴사는 다른 라이선스 제품과 서비스를 배급을 얻기에도 유리함

이나 운영 기술을 가진 전 세계 한 곳의 파트너와 일하는 것이 낫겠는가?, 아니면 많은 현지 파트너들과 함께 일하는 것이 낫겠는가? 어떤 명성 있는 호텔이나 레저 브랜드가 자신들의 시설에 이를 추가하는 데 관심이 있겠는가? 그 브랜드는 많은 가정용품(목욕타월이나 의류) 혹은 화장품(비누와 로션)으로 확장할 수 있겠는가? 누가 당신을 위해 이런 브

랜드의 아이템들을 제조, 포장, 배급할 기술을 갖고 있는가?

라이선스는 브랜드 소유주(brand owner)와 라이선스 업자(licensee) 간 합의된(기간과, 다음에 나오는 범주나 영역 모두 합의 대상) 일정 기간에 합의된 범주나 영역에서 맺은 계약에 의거한다. 트레이드마크 라이선스는 미국 기업에서 오랜 역사를 가지고 있으며, 주로 영화, 만화, 그리고 이후에 나온 텔레비전 같은 대중엔터테인먼트의 등장과 함께 시작되었다. 1930년대와 1940년대 미키마우스가 인기를 얻으면서, 장난감, 책, 소비재에 미키마우스를 등장시킨 제품이 폭발적으로 늘어나기 시작했는데, 그 중에 월트디즈니컴퍼니에서 제조한 것은 하나도 없었다.

프랜차이즈도 비슷하지만 이는 좀 더 물리적인 형태와 복잡한 비즈니스 모델에 기초를 두고 있다. 모기업(franchisor)은 최초 수수료와 영업이익의 일정 비율을 받고 보통은 현지 사업자인 가맹점(franchisee)에 자사의 제품, 기술, 트레이드마크를 유통시킬 권리를 부여한다. 모기업은 광고, 훈련, 지원서비스를 통해 시장을 계속해서 지원할 수도 있다. 계약은 보통 5년에서 25년까지 지속된다. 로열티 금액은 부문과 지역에 따라 다르지만, 대부분은 브랜드의 유명세에 따라 결정된다. 호텔사업에서 로열티는 수익의 2%에서 12%까지 다양하다.

이 모델은 1950년대 새로 뚫린 주간(州間) 고속도로를 따라 생겨난 하워드 존스턴(Howard Johnston) 같은 모텔 체인과 함께 급속히 성장했다. 지금은 홀리데이 인, 인터콘티넨탈, W호텔 같은 많은 호텔이 프랜차이즈 모델로 운영되고 있다. 이외에도 레스토랑, 렌터카, 항공사, 편의점, 디자이너 의류 아울렛 등 이 모델을 활용하는 업계는 매우 많다. 그중에서도 맥도널드가 어떤 프랜차이즈 네트워크보다도 가장 많은 파트너를 두고 있어 아마 틀림없이 전 세계적으로 가장 성공한 기업일 것이다.

앞의 표에는 라이선스와 프랜차이즈 계약에 참여하는 양쪽 당사자의 전형적인 책임이 잘 나타나 있다. 이는 상호 기여의 파트너십과 상당한 잠재적 보상을 통한 아이디어 활용, 그리고 아이디어 보호의 중요성을 잘 보여주는 것이다.

보상은 양쪽 당사자에 모두 엄청난 수준일 수 있다. 브랜드소유주는 물리적 성장과 연관된 비용 혹은 리스크 없이 사업 규모를 키울 수 있고, 전문성과 능력이 부족한 부문으로 영역을 넓힐 수 있다. 현지 파트너는 권위 있는 브랜드 이름으로 사업을 운영하며, 최고급 수준으로 기반이 잘 잡힌 사업모델을 활용하며, 글로벌 네트워크의 일원이 될 수 있다.

크리스천 오디저…
글램 록 같은 라이선스 머신

크리스천 오디저는 가장 빠른 성장세를 보이는 패션 스타 중 한 명이다. 그는 맥킨 진(MacKeen Jeans)으로 처음 패션계에 이름을 알렸고, 이후 리바이스(Levi's), 디젤(Diesel), 아메리칸 아웃피터스(American Outfitters)를 비롯한 여러 브랜드에서 디자이너로 일했다. 그의 스타일은 매우 독특해서 '진의 제왕(King of Jeans)'이라고 알려져 있다. 그는 본더치(Von Dutch)의 숨은 원동력으로, 이 브랜드의 이름을 알리는 데 크게 기여했고, 대학생에서 유명 인사들까지 누구나 즐겨 쓰는 '야구모자(trucker hat)' 같은 유행을 만들기도 했다.

이런 경험을 통해 그는 자신만의 패션 제국을 건설하기 위해 라이선스 전략을 사용하기 시작했다. 겨우 5년 정도의 시간이 지난 후, 그는 에드 하디(Ed Hardy), 크리스천 오디저, 이블 크니블(Evel Knievel), 록 패뷸러스(Rock Fabulous), 파코 치카노(Paco Chicano)를 비롯해 60개 이상의 라이선스를 가진 9개의 인기 브랜드를 출시했다. 이렇게 출시된 브랜드는 선두 소매업체와의 파트너십을 통해 유통되었다.

그는 에드 하디의 디자인에 대한 독점권을 받아, '스트리트 쿠튀르의 라이프스타일'을 창조해 내고자 했다. '현대 문신의 대부'로 알려져 있는 하디는 지난 40여 년간 인간의 몸에 가장 화려하고 매력적인 이미지를 만들어내며 전설적인 지위를 구축했다. 그는 자신의 경험에서 아이디어를 찾으며, 미국과 일본 문화, 서핑, 신비주의 등에서 나온 상징들을 섞어낸다. 그의 광범위한 취향과 경험이 미술사에서 느낀 매혹과 합쳐져, 그의 작품에 독특한 성격을 부여했다. 마돈나, 브리트니 스피어스, 카니예 웨스트 같은 유명 인사들이 하디의 디자인을 찾았으며, 이런 디자인들을 나중에 보석과 향수, 스케이트보드, 문구류, 초콜릿과 보드카에서 방향제까지 다양한 상품으로 라이선스가 체결되었다.

오디저는 나이트클럽 분야로도 영역을 넓혔는데, 라스베이거스 트레저아일랜드의 나이트클럽이 바로 그것이다. 글램 록 같은(중성적이고 관능적이며, 화려한 컬러와 패턴을 사용) 그의 스타일이 이 클럽 내부, 벽, 테이블 식기류, 화장실, 그리고 웨이트리스의 의상에까지 확연히 나타나 있다. 이 클럽은 곧 라스베이거스 최고의 번화가 스트립(Strip)에서도 가장 최신 유행을 이끄는 곳 중 하나가 되었다.

시골 아비뇽에서 태어난 이 프랑스 디자이너가 약간의 잡동사니로 미국의 대중심리를 매료시킨 것이 분명하다.

39

결과 도출…
아이디어로 수익 개선하기

CREATIVE BOX

'새로운 아이디어는
바로 나오는 결과로 판단해서는 안 된다.'
– 니콜라 테슬라

맥킨지의 2009년 조사에 따르면, 실적이 좋은 기업들은 다른 것보다 혁신에 의한 도출에 상당한 무게를 두고 있다. 대부분의 기업이 유용한 혁신 도출법을 보유하고 있다고 답했지만, 이들은 주로 제품 혁신에 집중하고 있고, 고실적 기업의 29%와 그 외 기업은 10%만이 자사의 혁신 효율성에 확신을 갖고 있었을 뿐이다.

'측정할 수 있으면 실행할 수 있다.(what gets measured gets done)'라는 옛 속담은 여전히 유효하며, 거기서 더 나아가 '보상받을 수 있으면 실행할 수 있다.(what gets rewarded gets done)'라는 말도 사실이다. 그러므로 혁신안으로부터 찾고자 하는 문화, 관습, 결과물의 종류를 정의할 때에는 타깃, 도출법, 보상이 주요 고려사항이 되어야 한다. 당신은 사람들이 함께 일하기를 바라는가? 혹은 개별적으로 일하기를 원하는가? 사람들이 빨리 결과물을 낼 수 있어야 할까? 아니면 획기적인 커다란 결과물을 내놓아야 할까? 아니면 제품 개선에 대한 것이어야 할까? 혹은 사업모델과 시장구조를 바꿀 만한 혁신안이 되어야 할까?

잘못된 실적 지표, 비합리적인 실적 목표 혹은 아주 불균형적인 '균형성과표(Balanced Scorecard, 사람들, 고객, 재정상태 및 개선 요소를 측정함)'는 기업을 잘못된 방향으로 이끌 것이다. 잘못된 척도에 따라 전략적 결정이 내려지고, 투자가 최적의 수익을 끌어내지 못하고, 사람들은 목표를 달성하지 못하는 자신들의 능력에 사기가 떨어지고, 투자자들은 확신을 잃을 것이다.

그러므로 측정을 제대로 하면 올바른 결정을 내릴 수 있다. 사람들과 자원이 최적지에 집중되어 높은 수익을 거두고, 모든 이가 보상을 나누어가질 수 있다. 예를 들면, 자신의 영역을 어떻게 정하는지에 따라, 시장점유율은 점점 의미가 없어진다. 한 시장에서는 100%의 점유율을 달성할 수 있어도, 다른 시장에서는 0.1%의 점유율밖에 달성하지 못할 수도 있다. 고객에게 변화가 필요해지고, 시장수익이 다양화됨에 따라, 시장들은 모두 같지 않다. 동일하거나 유사한 시장에 있는 기업들은 거의 없다. P&G와 유니레버는 어떤 부문에서는 경쟁사일 수 있지만, 또 다른 부문에서는 서로 아무런 관계가 없을 수도 있다.

이는 큰 그림과 통합된 목표를 주지만, 일상적인 의사결정을 가능하게 하는 데는 그다지 실용적이지 못하다. 적절한 도출법 포트폴리오를 가지고 균형성과표를 개발하려면 우선 그 기업의 '가치 동인(value drivers)'을 기초로 해야 한다. 이러한 동인은 기업에 따라 다르겠지만, 간단히 말하면 다음과 같은 것들이다.

- **투입**(Inputs): 운영비용, 인원수, 제품개발에서 출시까지의 기간과 같이 결정과 행동에 연관되어 있어 직접 관리할 수 있는 요소
- **처리량**(Throughputs): 생산성, 영업성장, 고객유지와 같이 운영의 직접적 결과이며 빠르게 영향을 받을 수 있는 요소
- **산출**(Outputs): 수익성, 투자에 대한 수익, 주가 등 영향을 미치기에는 더 복잡하지만 위의 요소들에 확실히 영향을 받는 요소

대부분의 조직에서는 혁신과 관련된 도출법은 포괄적이고 관계가 적으며, 다른 업무와 관련되어 있지 않은 경우가 많다. 마케팅 담당자들은 고객 인식과 자신들의 업무수행을 통해 얻어지는 매력에만 관심을 가진다. 영업 담당자들은 자신들의 목표달성과 최고

의 고객을 유지하는 능력만 신경 쓴다. 운영을 책임지는 사람들은 생산성이나 고객 만족에만 집중한다. 하지만 아무리 훌륭한 가능성이라도 실현할 수 없다면 사람들을 사로잡는 데 아무런 의미가 없다. 고객이 다시 돌아오지 않는다면 고객만족도 아무런 가치가 없는 것이다.

혁신 도출법

혁신 측정에는 보통 재무실적, 혁신 프로세스의 효율성, 직원의 기여도와 동기, 고객에게 주어지는 이점 등과 관련된 균형성과표에 따라 만들어진 측정 포트폴리오가 필요하다. 도출법에는 다음과 같은 내용이 포함되는 것이 일반적이다.

- 신제품 수익
- 신제품에서 나오는 총수익의 비율
- 총비용에서 R&D가 차지하는 비율
- 제품 개발에서 출시까지 걸리는 시간
- 고객과 직원의 인식과 만족도
- 특허의 수
- 신제품 출시

맥킨지가 연구한 〈혁신 도출법 평가(Assessing Innovation Metrics)〉에 따르면, 혁신 도출법으로는 투자의 효율성을 평가하거나 자원을 배분하기는 거의 불가능했으며, 개인이나 전체의 실적 인센티브와도 거의 관계가 없었다. 따라서 확실히 어떤 방식은 있지만, 기업에서 가장 빈번하게 사용되는 것으로 나타난 (가장 일반적으로 사용하기 위한) 도출법은 아래와 같다.

1. 신제품이나 서비스에 따른 수익 성장
2. 신제품과 서비스에 대한 고객만족도
3. 유통 경로에서 나온 아이디어나 콘셉트의 숫자
4. 영업에서 R&D에 들어간 지출 비용
5. 일정 기간 동안 신제품/서비스로부터의 영업 비율
6. 출시된 신제품이나 서비스의 숫자
7. 신제품이나 서비스에서 투자에 대한 수익
8. R&D 프로젝트의 숫자
9. 혁신에 활발히 참여한 사람들의 숫자
10. 신제품과 서비스에 따른 순익 성장

혁신 실적이 표준화하려는 시도가 있기는 했다. OECD의 '오슬로 매뉴얼(Oslo Manual)'은 기술 제품과 프로세스 혁신을 측정하는 표준 가이드라인을 제시하고 있다. 하지만 〈비즈니스위크〉는 '세계에서 가장 혁신적인 기업'을 선정할 때 재무 실적 도출법(수익, 수익성, 전체 주주 수익)과 기업 총수들이 생각하는 순위를 함께 사용한다.

월풀···
혁신의 소용돌이 속에서 살아남다

1999년, 월풀(Whirlpool)의 CEO 데이비드 휘트먼(David Whitman)은 '모두와 모든 것으로부터의 혁신'을 원한다며, '혁신을 핵심 경쟁력으로 만들어야 한다'고 선언했다. 〈비즈니스위크〉에 자신의 야심을 설명하면서, 그는 혁신에 대한 여섯 가지 도전을 이렇게 설명했다.

- 혁신안은 누구나 낼 수 있어야 한다.

- 제품을 넘어서야 한다.

- 우리의 구조와 문화에 스며들어야 한다.

- 새로운 사업으로서의 기회를 만들어내야 한다.

- 개인적이거나 기능적이어서는 안 된다.

- 지속가능해야 한다.

그는 '혁신의 글로벌 VP'라는 새로운 역할을 제시하며, 사내에서 25명의 관리자로 이루어진 전담팀을 꾸려, 연중 새로운 창의력과 혁신 기술, 프로세스를 개발하도록 했다. 이들 중 일부는 정규 혁신 프로젝트 리더가 되었고, 일부는 사내 부서로 돌아가 혁신 코치가 되었다.

이는 위로부터 이끈 혁신으로, 사내 모든 이에게 영향을 준 총체적인 변화 프로그램이었다. 월풀은 혁신 게시판(도구와 공유지식이 있는 온라인 공간)을 만들고, 혁신 훈련을 전반적으로 확장했으며, 기능간 사고와 아이디어 생산을 장려했다. 새로운 실적 도출법이 이런 새로운 행동을 권장하여, 혁신으로 인한 수익 증가, 새로운 프로젝트와 지적재산권의 숫자, 참여하는 사람과 신규고객 숫자 등에 집중했다.

- 중요한 혁신 프로젝트를 위한 자금을 따로 남겨두어, 새로운 아이디어를 실현하기 쉽게 만들었다.

- 사내에서 사람들을 가로막는 현실적, 심리적 장벽은 사정없이 제거했다.

- 혁신과 프로젝트 관리 실행에 인증을 장려했다.

새로운 인센티브 제도가 개인, 팀, 조직 단위로 도입되었으며, 표창과 보상 계획도 있었다. 최고의 안을 낸 사람들만을 위한 파티, 제휴사와의 프로그램 참여, 빠른 승진 등 어떤 혜택들은 대체로 감성적인 것이었다.

현재 월풀, 메이텍(Maytag), 키친에이드(KitchenAid)를 비롯한 월풀의 브랜드들에는 제품 그룹, 개발팀, 'i-멘토'(최고의 아이디어를 찾아내기 위해 전사적으로 보급된 혁신훈련 직원)에서 계속해서 나오는 아이디어를 걸러내는 구조화된 프로세스가 있다. 나온 아이디어 중 절반 정도가 혁신안 도출 과정에 들어가고, 이 중 10%가량이 시장에 나온다. 월풀은 매달 이 혁신안 도출 과정에서 나올 수 있는 잠재적 영업이익을 측정하여, 현재 수익의 최소 20%에 상당하는 새로운 아이디어를 찾아낸다.

아이디어가 개발 단계에 들어가려면, 다음과 같은 월풀의 혁신 정의를 충족해야 한다.

- 새로운 방식으로 고객의 니즈를 만족시켜야 한다.

- 관련 제품을 위한 플랫폼이 될 만큼 광범위해야 한다.

- 수익을 끌어올릴 수 있어야 한다. 혁신안이 계속해서 나오면 몇 달 내로 결과물이 나올 것으로 기대하며, 더 중요한 안은 3년에서 5년의 시간이 주어진다.

연구 결과는 월풀에서 '기회 지시'라고 하는 문서로 작성되는데, 이 문서는 사내 혁신 전문가와 지역 매니저로 구성된 내부 패널이 검토하게 된다. 이 'i-위원회(i-board)'는 매달 모임을 가지고 잠재력 있는 프로젝트를 검토하고, 예산을 할당하는 역할을 한다.

이 단계까지 올라온 아이디어의 약 40%가 혁신안 도출 과정에 들어가게 된다. 이 단계를 통과하면 다음 장애물인 'i-박스(i-box)'가 기다리고 있는데, 이 단계는 혁신팀원들이 수익, 기술적 가능성, 브랜드와 시장 트렌드와의 연관성 같은 요소들을 매우 구체적으로 설명하게 하여 3쪽짜리 점수표로 만드는 것이다. 여기서는 소비자들의 니즈가 있는지 또 그 콘셉트가 그런 니즈를 기존 제품보다 더 잘 만족시키는지를 확인한다. 그런 다음 i-패널에서 i-박스를 검토하여, 이 콘셉트에 예산을 할당할지를 결정하는 점수를 매긴다.

월풀에서는 언제나 프로젝트를 1,500개가량 보류하고 있지만, 이는 잊혀진 것이 아니라 전체 자원과 우선순위의 문제 때문이다. 매년 월풀은 각 제품 담당팀에 혁신과 관련된 수익의 목표를 설정한다. '우리는 혁신안으로부터 핵심 제품에서 나오는 신규수익을 80%, 영향력이 있거나 핵심으로 확장되는 혁신안에서 15%, 전체 신규 혁신안에서 5%의 수익을 원합니다.' 글로벌혁신 본부장인 모이세스 노레나(Moises Norena)는 이렇게 말한다.

그러면 월풀의 아이디어 평가 방법에서 무엇을 배울 수 있을까?

- **명확한 정의:** 혁신을 간단하고, 구체적으로 정해야, 직원들이 전면에서 새로운 콘셉트를 평가하고 적절하지 않은 것을 걸러내는 데 도움이 된다.

- **없애지 말고, 보류하라:** 한정된 자원, 예를 들면 제휴사 부족 같은 문제로 지금은 가치가 없을 것 같은 콘셉트도 내년에는 혁신안이 될 수 있다. 그런 프로젝트를 없애지 말고, 보류해 두었다가, 매년 모든 콘셉트를 다시 추진할 수 있는지 검토하라.

- **처음에는 가볍게 걸러내라:** 월풀 콘셉트는 프로세스 초기에 혁신의 기본 정의를 충족시켜야 한다. 프로젝트가 진행될수록, 평가 기준이 점점 엄격해진다. 콘셉트가 발전되기 전에 없애버리지 않도록 좀 더 쉬운 요건으로 시작하라.

- **전략을 결합시켜라:** 콘셉트는 혁신적일지 몰라도 너무 곁길로 나가게 되면 기업에서 발전시키

기에 적절하지 않을 수 있다. 아이디어를 평가하는 사람들이 기업의 전략적 목표라는 맥락에서 평가할 수 있도록 하라.

월풀의 혁신 프로세스 모델은 새로운 아이디어 창조를 이끄는 아이디어 생산 기술과 연구활동을 연결시킨다. 월풀은 모든 직원이 회사의 혁신 프로그램 참여하도록 독려하고, 많은 이가 혁신 기술에 대한 훈련을 받는다.

휘트먼이 도입한 이 제도의 결과는 엄청난 것이었다. 2005년까지 월풀의 주가는 항상 높았으며, 매출 143억 달러에 순익이 4억 2,200만 달러까지 올라갔고, 혁신 도출 과정은 33억 달러의 가치가 있는 것으로 생각되었다.(이전 2년간의 10억 달러에 비해) 2006년 판매된 제품의 60%가 최소한 부분적으로 새로운 것이었으며, 영업이익에 10억 달러 가량을 기여했다.

40

임팩트 툴킷 …
아이디어 시장에서의 5가지
필수 아이템

CREATIVE BOX ────────────────────────

임팩트(impect)란 IBM사에서 개발한 컴퓨터에 의한
재고관리 시스템을 의미하는데,
아이디어도 마찬가지로 가치를 창출하기 위해서는
지속적인 관리와 보호 장치가 요구된다.

시 장 진 입

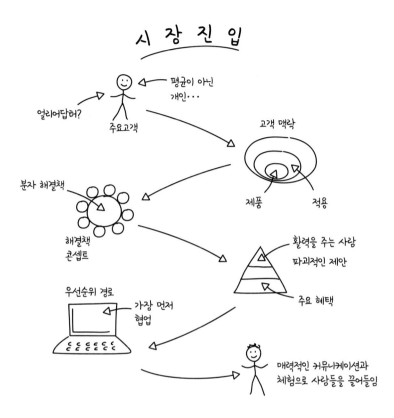

① 전부 고객과 맥락을 명확히 정의하는 데서 시작한다···

② 자신의 콘셉트 중 '큰 아이디어'와 그 특징적인 혜택을 포착하라

③ 적절한 유통경로, 파트너를 찾아라

④ 통합된 영업/서비스/지원/체험을 개발하라

⑤ 각 2차 고객을 위해 이를 실행하라("케즘 뛰어넘기"를 잊지 말 것!)

시장 진입(Market entry): 새로운 혁신안을 빨리 시장에 내놓기

아이디어 판매

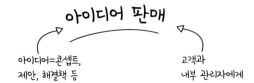

아이디어=콘셉트,
제안, 해결책 등

고객과
내부 관리자에게

고객의 사무실로 걸어가서, 당신의 원대한 아이디어에 대해 말하고 싶은 마음이
굴뚝같겠지만··· 아직은 아니다!···

1. 당신의 고객, 즉 그들의 이슈와
   목표에 대해 이야기하라

2. 도전, 즉 '오 제길' 같은 말이
   나오는 순간에 집중하라

3. 질문, 큰 질문을 제기하라

4. 당신의 원대한 아이디어를 소개하라···

① 고객의 이슈와 목표(당신의
    이슈와 목표가 아니다!)에
    대해 이야기하는 것으로
    시작하라!

② 그런 것들에 대처해야 하는
    이유··· 그리고 당신의
    큰 아이디어가 필요한 이유를
    설명하라!

③ 그림, 그래픽,
    키워드를
    사용하라!

④ 드라마, 그리고 매력적인
    요소를 추가하라!

⑤ 고객들을 참여하게
    만드는 것을 잊지 말라,
    또 당신의 아이디어를
    인간적이고 재미있도록 만들라!

아이디어 판매(Idea selling): 새로운 아이디어와 혁신안에 사람들을 끌어들이기

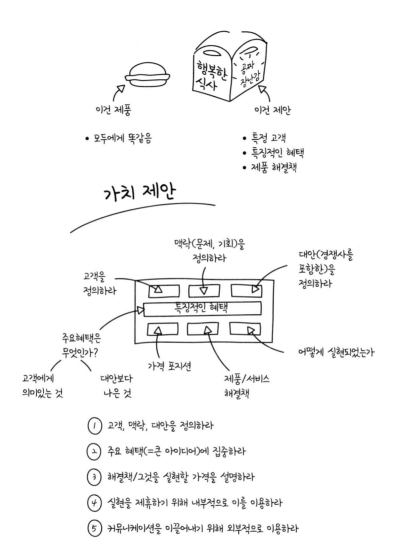

이건 제품

• 모두에게 똑같음

이건 제안

• 특정 고객
• 특징적인 혜택
• 제품 해결책

가치 제안

맥락(문제, 기회)을
정의하라

대안(경쟁사를
포함한)을
정의하라

고객을
정의하라

특징적인 혜택

주요혜택은
무엇인가?

어떻게 실현되었는가

가격 포지션

제품/서비스
해결책

고객에게
의미있는 것

대안보다
나은 것

① 고객, 맥락, 대안을 정의하라

② 주요 혜택(=큰 아이디어)에 집중하라

③ 해결책/그것을 실현할 가격을 설명하라

④ 실현을 제휴하기 위해 내부적으로 이를 이용하라

⑤ 커뮤니케이션을 이끌어내기 위해 외부적으로 이용하라

가치 제안(Value propsitions): 고객에게 특징적인 혜택을 명료화하기

자산 회전

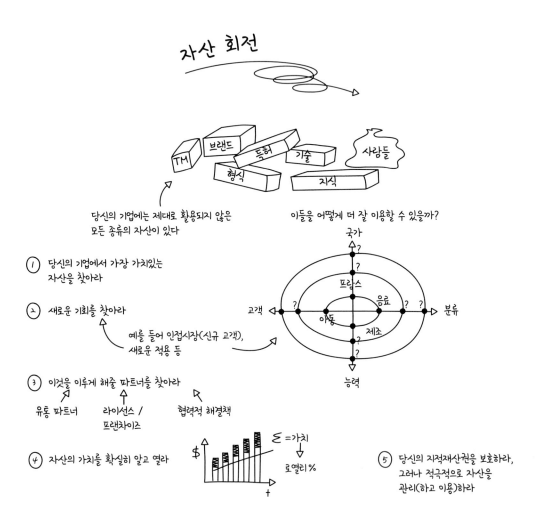

당신의 기업에는 제대로 활용되지 않은 모든 종류의 자산이 있다

TM 브랜드 특허 기술 사랑들 형식 지식

이들을 어떻게 더 잘 이용할 수 있을까?

① 당신의 기업에서 가장 가치있는 자산을 찾아라

② 새로운 기회를 찾아라

  예를 들어 인접시장(신규 고객), 새로운 적용 등

국가
?
?
프랑스
고객 ? 음료 ? ? 분류
아동
제조
?
능력

③ 이것을 이루게 해줄 파트너를 찾아라

유통 파트너   라이선스 / 프랜차이즈   협력적 해결책

④ 자산의 가치를 확실히 알고 열라

$ ∑ =가치 로열티 %

⑤ 당신의 지적재산권을 보호하라, 그러나 적극적으로 자산을 관리(하고 이용)하라

자산 회전(Asset spinning): 당신이 가진 최고의 자산에서 더 많은 것을 얻는 법

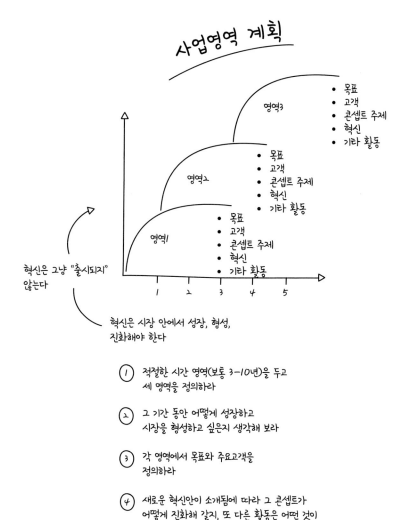

사업영역 계획

영역3
- 목표
- 고객
- 콘셉트 주제
- 혁신
- 기타 활동

영역2
- 목표
- 고객
- 콘셉트 주제
- 혁신
- 기타 활동

영역1
- 목표
- 고객
- 콘셉트 주제
- 혁신
- 기타 활동

1 2 3 4 5

혁신은 그냥 "출시되지" 않는다

혁신은 시장 안에서 성장, 형성, 진화해야 한다

① 적절한 시간 영역(보통 3–10년)을 두고 세 영역을 정의하라

② 그 기간 동안 어떻게 성장하고 시장을 형성하고 싶은지 생각해 보라

③ 각 영역에서 목표와 주요고객을 정의하라

④ 새로운 혁신안이 소개됨에 따라 그 콘셉트가 어떻게 진화해 갈지, 또 다른 활동은 어떤 것이 있는지 나타내라

사업영역 계획(Horizon planning): 시간 흐름에 따른 시장 형성하기와 진화시키기

5

리더의 임무와 역할

혁신의 리더가 알아두어야 할

모든 것

41

창의적 리더…
메디치 효과를 재창조하기

CREATIVE BOX

'우리는 계속 앞으로 나가고, 새로운 문을 열고, 새로운 것을 한다.
우리는 호기심으로 가득하고, 호기심이 계속해서 우리를 새로운 길로 이끌기 때문이다.'
– 월트 디즈니

◇ ——————— 보통 사람들과 달리 비범한 창의력을 지닌 리더들의 DNA에는 어떤 특별함이 있을까? 타고난 재능이든 혹은 경험과 개발에 의해서건, 그들만의 어떤 점 때문에 남보다 뛰어나 보이고, 동료에게 영감을 주며, 마법 같은 기운을 더하는 걸까?

스티브 잡스가 맥월드의 무대 가운데로 걸어 나오자, 현장과 온라인상의 엄청난 관중들은 기대에 가득 차, 그가 어떻게 또다시 세상을 바꾸었는지 이야기해 줄 순간을 기다리고 있었다. 그렇다, 그것은 한 편의 연극이고, 기대다. 또한 이 자리까지 이끌어온 그만의 특징이기도 하다.

레오나르도 다빈치로부터 배우고, 스티브 잡스의 연기를 보고, 제프 베조스(Jeff Bezos)의 말을 들으면… 우리는 무엇이 사람들에게서 창의력을 만들어내는지에 대한 단서를 찾을 수 있을 것이다.

왜? 왜 안 될까? 만약에 그렇다면?

리처드 브랜슨을 처음 만났을 때, 필자는 수없이 질문을 쏟아내는 그를 보고 놀랐다. 필자는 그에 대해 알고 본받을 점을 배우기 위해 그를 만난 것이라고 생각했지만, 오히려 입장이 뒤바뀐 것 같았다. 필자가 생각하는 그의 최고의 기술이 무엇이냐?고 묻자, 그는 이렇게 말했다. '가장 도발적인 질문을 던지는 것이다.' 버진그룹의 회장이자 양심으로서, 그의 역할은 회사의 재무상태, 직원과 프로젝트를 관리하는 것이 아니라, 어렵고, 때로는 어리석으며, 때로는 심오한 질문을 던지는 것이었다. '중요하면서도 어려운 일은 올바른 답을 찾는 것이 아니라, 올바른 질문을 찾는 것이다.' 피터 드러커는 거의 50년 전에 이렇게 썼던 적이 있다.

어느 날, 마이클 델은 '컴퓨터는 그 부품 전체 가격을 합한 것보다 왜 다섯 배나 비싼 걸까?'라는 질문을 던졌고 여기에서 델 컴퓨터가 탄생했다. 그는 당시 컴퓨터 한 대를 열어 분해해 보고는, 600달러어치의 부품이 3,000달러에 팔린다는 사실을 알게 되었다. 그로 인해 전체 사업 모델에 대해 의문을 가지게 되었다.

대부분의 관리자는 어떻게 그것을 실현시킬까?, 어떻게 더 나아지게 만들까?와 같이 '어떻게'의 질문법을 이용한다. 하지만 건설적인 도전이나 가설이라는 더욱 확장된 형태로 더 효율적인 질문, 즉 다음과 같은 질문을 함으로써 혁신을 이끌어낼 수 있다.

- 왜?(Why?)

- 왜 안 될까?(Why not?)

- 만약에 그렇다면?(What if?)

혁신가는 전통, 가정, 심지어 규칙(물론 작가의 기존 지식과 경험에 의해 쓰인)에도 도전한다. 혁신가들은 열띤 논의를 위해 일부러 반대 입장을 취하기를 좋아하며, 때로는 불만스러울 정도로 (하지만 유익하게) 다른 모두가 옳다고 생각하는 것에 반대하기도 한다. 이들은 대안 검토를 장려하며, 새로운 압박을 가하고, 독창성을 계속해서 요구한다.

구글에는 '창의력은 압박을 사랑한다(creativity loves constraint)'라는 말이 있다. 이는 전통을 제한하려는 것이 아니라 다른 방식으로 전통을 확장시키고 집중하려는 것이다. 이 때문에 가끔은 당신이 상자 속에 머물지 말고 억지로 상자 밖으로 나오게 될 때도 있는 것이다. 당신이 제품을 공짜로 나누어 준다면, 어떻게 돈을 벌까? 기존 고객이 없었다면,

어디서 새로운 고객이 나올까? 예산이 절반밖에 없다면, 어떻게 했을까?

모든 기술 중에서도, 질문 던지기는 창조를 위한 훌륭한 출발점이므로 가장 중요한 것임이 분명하다. 그리고 중요한 것은 질문던지기가 그다지 어렵지 않다는 점이다. 우리 중 어느 누구라도 조금만 연습을 하면 '왜?', '왜 안 될까?' 혹은 '만약에 그렇다면?'이라는 질문을 하는 습관을 기를 수 있다. 더욱 창의적인 길에 오르게 되면, 다른 길은 훨씬 더 자연스럽게 따라오게 되어 있다.

작은 검은색 책

최고의 혁신가는 인류학자들이다. 이들은 사람들의 행동을 관찰하는 데 매우 뛰어나다. 인류학자들은 전통적인 시장조사에서 나오는 평균적 결과, 항상 받는 비슷한 질문에 익숙해지는 포커스 그룹, 혹은 평균값과 중간값을 찾는 양적 분석에 의존하지 않는다. 이들은 주류뿐 아니라 주변부도 살핀다. 그리고 정상에서 벗어나거나 새로이 생겨나는 행동양식, 즉 익스트림 유저나 자유사상가처럼 다른 방식을 행하는 사람들 또는 자신이 필요해서 제품을 수용했거나 완전히 새로운 적용 방식을 발견한 사람들을 찾는다.

작고, 흥미로우며, 일상적이지 않은 것들을 찾아보라. 빈 페이지로 된 작은 노트를 가지고 다니면서 최전선의 직원, 고객 혹은 가까운 친구들과 이야기할 때 그 노트를 꺼내라. 대화를 끝낸 후에 노트에는 휘갈겨 쓴 메모, 비화, 관찰사항, 그리고 그림이나 중요하게 발견한 창의적 아이디어로 가득 차 있을 것이다.

세계에서 가장 저렴한 자동차, 나노를 만들어낸 라탄 타타는 뭄바이의 번잡한 거리에서 작은 모터스쿠터 한 대에 일가족 네 명이 함께 탄 모습을 보고서 아이디어를 얻었다. 그 가족은 작은 패밀리 카 한 대를 사는 데 필요한 20,000달러를 구하기는 버거웠고, 인도에 그런 가족이 수백만 명에 달했다. 이에 근거해 타타는 자동차의 크기가 작으면서도 효율적이고, 성능과 스타일도 만족시키며 가격은 2,500달러 이하로 설정했다.

메디치 가문

다빈치가 살던 시대의 메디치 가문처럼, 지도자들은 새로운 아이디어를 만들어내기 위한 퓨전과 교차점을 찾아 연관되지 않은 분야 간 연결을 촉진시킨다. 두뇌는 지식이나 경험으로 연관되어 있는 듯한 아이디어들을 연결하는 융합작용에 의해 작동한다. 우리의 배경이 다양할수록, 우리의 두뇌도 더 많은 연결점을 만들 수 있다. 새로운 지식은 새로운 연합을 발생시키고, 이는 새로운 아이디어를 떠올릴 능력으로 발전된다. 그리고 새롭고 다양한 지식을 더 자주 추가할수록, 우리 두뇌의 저장능력과 연결능력이 발달한다. 그러면 우리는 더욱 창의적이 된다.

피에르 오미디야(Pierre Omidyar)는 1996년 몇몇 일반적이지 않은 연결에 기초하여 이베이를 론칭했다. 바로 네트워크 기술로 가능한 더욱 효율적인 시장 조성에 대한 매혹, 잘 알려지지 않은 페즈(Pez) 보관용기를 모으는 여자 친구의 열정, 그리고 여자 친구가 그런 것들을 찾는 데 도움을 준 지역 신문 광고의 부정확성을 서로 연결한 것이다. 우리 대부분에게 이런 개인적인 활동은 업무와 연관이 없는 듯하지만, 실제로는 가장 중요한 기여가 될 수도 있다.

이와 비슷하게 스티브 잡스도 인도 명상에서 서예, 픽사와의 영화제작, 빠른 자동차에 대한 집착까지 하나에 얽매이지 않는 다양한 관심사가 있었다. 이것들을 개인의 탐닉과 억만장자의 장난감으로 보기가 쉬울 것이다. 우리 모두처럼 스티브 잡스도 자신만의 독특한 지식과 경험을 은행에서 끄집어내어, '창의력이란 사물들을 서로 연결하는 것이다'라는 점을 관찰할 수 있었다.

1만 번을 실패한다 해도…

에디슨은 실험을 하며 이렇게 말한 것으로 유명하다. '나는 실패한 적이 없다. 단지 성공시킬 수 없는 1만 가지 방법을 찾았을 뿐이다.' 하지만 대부분의 관리자와 기업가들은 자신이 속한 시장에서 시제품을 개발하고 새로운 아이디어를 시험해 보며 일한다. 이는 여러 가지 방식으로 일어난다. 카드회사 캐피털원처럼 '테스트하고, 배우고, 테스트하고'의 순서를 끊임없이 반복하여 새로운 변수를 계속 시험해 보거나, 혹은 연관된 추적 장치로 시험 출시의 반응을 알아보는 것을 전문으로 하는 일본의 독보적인 소매 체인인 샘플랩스(Sample Labs)에서 새로운 소비재를 시험해 봄으로써 가능하였다.

아마존을 만들어낸 제프 베조스는 초기에 실험을 시작하여, 아직 아기일 때 아기침대를 빼버렸다. 아마존은 무엇이 되고 무엇이 안 되는지에 대한 하나의 오랜 실험이었고, 계속해서 여러 가지를 시험해 보고 있다. 단순한 서점으로 만족하지 않은 그는 곧 장난감에서 텔레비전까지 모든 것을 판매했다. 아마존의 전자책인 킨들(Kindle)도 또 다른 실험으로, 베조스는 소매업에서 기기제조 혹은 콘텐츠 관리자로까지 진화할 수 있는지를 탐색 중이다. '나는 전 직원에게 가망이 없는 일과 실험을 해보라고 권합니다.' 그는 이렇게 말한다. 마치 자신이 맨해튼 은행가를 박차고 나와, 짐을 꾸려 아마존을 찾아 서쪽으로 향했던 것처럼 말이다.

필자의 경험에 의하면, 최적의 실험 장소는 다른 시장, 즉 다른 지역이나 부문이다. 필자의 경우는 항공사의 아이디어를 철도여행과 소매업에 적용한다거나, 미국 보험 모델을 유럽 시장에, 또는 프랑스의 대형 슈퍼마켓 형태를 아시아에 적용한다거나 하는 식이었다. 물리학 연구실에서 경력을 시작한 필자는 과학에 사용된 실험 원리와 기술이 어느 기업이 사용하든지 매우 단순하고 유용하게 적용될 수 있다는 사실을 알아냈다.

P&G의 라플리는 프랑스에서 역사를 공부하고, 일본의 군 기지에서 소매업 운영을 관리하며 보냈다. 그는 이런 경험이 나중에 P&G의 아시아 헤드가 되고 결국은 CEO가 되는 데 엄청나게 큰 도움이 되었음을 알게 되었다. 그의 다양한 사회문화적 경험이 기업 운영뿐 아니라 혁신을 이끌어내는 데도 큰 힘이 되었던 것이다.

창 의 적 연 결

대부분의 사람은 더 나은 직업을 구하거나 새로운 영업 기회를 찾기 위해 다양한 네트워크를 통해 자신이나 자사의 제품을 판매한다. 하지만 가장 강력한 네트워킹 소스는 아이디어 공유이다. 아이디어를 테스트하는 데에는 네트워크만한 것이 없으며, 이는 다양할수록 좋다. 네트워크는 즉각적인 피드백의 원천으로, 논의 그리고 전체적으로 개선된 아이디어를 확실히 보여준다. 하지만 이는 상호적일 수도 있으며, 그래서 사람들이 이끌리게 되는 것이다. 네트워크는 또한 사람들에게 직접적으로 의미 있는 무언가, 혹은 더 추상적인 무언가에서 찾을 수도 있다.

기업가들은 다양한 배경, 대안적 시각, 다른 종류의 아이디어를 가진 사람들과 네트워크를 구축하는 데 상당한 시간을 들인다. 회사에서 고위직에 있을수록, 혹은 신생기업으로서 외로울수록, 폭넓은 외부 네트워크가 더 가치 있을 수 있다.

다보스(세계경제포럼)이나 TED(기술, 엔터테인먼트, 디자인 모임, 매년 다양한 지역에서 개최됨) 같은 '아이디어 컨퍼런스'는 지식을 확장시키고 새로운 창의적 촉매를 찾는 데 이상적인 플랫폼이다. 대부분의 기업 회의가 여전히 아주 기능적이고, 반복적인 이슈에 초점을 맞추고 있는 반면, TED는 예술, 비즈니스, 학술, 정치 등 모든 분야에서 온갖 아이디어가 모이는 자리다. 탐험가, 식물학자, 피아니스트에게서 영감을 받는가 하면, 연료전지 혁신 씽크탱크, 줄기세포 윤리 논쟁, 실시간 오픈 혁신 연구실에 푹 빠져 있다.

블랙베리는 그런 아이디어 네트워크에서 나온 것이다. 마이클 라자리디스(Michael Lazaridis)는 관중석에 앉아 무선기술을 이용해 자판기의 충전을 알리는 신호를 어떻게 보낼 수 있는지, 혹은 냉동고에 얼음이 떨어졌을 때 스스로 다시 보충할 수 있는지를 설명하는 발표자의 이야기를 듣고 있었다. 우리는 모두 그런 이야기를 들었지만, 리서치인모션(Research in Motion)의 창립자는 그것을 자신만의 사업에 연결시켜, 컴퓨터에 무선 기술을 적용하면 어떤 것이 가능해질지 궁금해 했다. 그때가 바로, 아이디어가 탄생하는 순간이었다.

상하이 탕…
동양의 매력과 현대 패션의 퓨전

"상하이 탕(Shanghai Tang)은 21세기에 즈음하여 폭발하는 중국의 5,000년 전통 중 최고이다." 어느 부유한 중국 기업가의 자제인 데이비드 탕 왕 청(David Tang Wang Cheung)은 영국에서 교육을 받았다. 1994년 홍콩에서 이 브랜드를 론칭한 그는 이렇게 말했다.

상하이에는 이국적인 매력, 제한 없는 기회의 정신, 그리고 위험하다는 느낌도 있었다. 찰리 채플린에서 올더스 헉슬리에 이르기까지 1920년대와 1930년대의 스타들은 크루즈선, 예술로 장식된 호텔, 영화 스튜디오, 아편굴이 있는 분주한 이곳, 중국 항구도시로 몰려들었다. 상하이는 이주해온 러시아인이 미국 기업가를 만나고, 최상의 프랑스 샴페인과 함께 일본 재즈를 즐기는 문화적 도가니였다.

거의 100년이 지난 후, 아시아에서 가장 매력적이고 사치스러운 브랜드 중 하나의 새로운 CEO가 된 라파엘 르 마스네 드 셰르몽(Raphael Le Masne de Chermont)은 자신의 새로운 컬렉션 론칭행사를 보고 있었다. 군중들은 중국의 우아함이 현대적 스타일로 결합된 그의 최신 작품들을 보기 위해 모여 있었다. 스포트라이트가 켜지고, 음악이 흘러나오고, 멋진 아시아인 모델들이 빨간 캣워크를 따라 걸어오며 관능과 독창적인 상하이 스타일을 흘렸다.

이 패션 레이블은 확실히 스타일, 창의력, 부를 총칭하는 스타일로 값싼 생산품과 만연한 빈곤을 빠르게 대체해 가고 있는 새로운 모습의 중국을 대변하고 있지만, 탕과 그의 이름을 딴 브랜드에게는 쉬운 길이 아니었다.

브랜드를 출시한 첫해에는, 백만 명이 매장을 찾았으며, 5년 내에 이 숫자는 400만 명까지 올라갔다. 럭셔리 맞춤 의류에 초점을 맞추어, 상하이 최고 재단사들을 고용한 그는 전 세계에서 오는 방문객들을 타깃으로 기성복으로까지 빠르게 사업을 확장했다. 이는 중국 전통의상과 수공예품에서 나온 것으로, 활력이 넘치는 치파오 '수지원(Suzie Wong)' 드레스에서 남성을 위한 벨벳 라인의 마오 재킷, 은으로 된 밥그릇과 그림이 그려진 랜턴까지 다양했다.

1997년에 탕은 지분의 대부분을 스위스의 사치품 기업으로 몽블랑, 클로에, 던힐, 카르티에를 소유하고 있는 리치몬드(Richemont)에 매각했다. 그는 그 투자를 통해 자신의 브랜드가 서구 자본에 노출되기를, 그리고 가장 시급하게는 메디슨가의 디자이너 레이블에 들 수 있기를 원했다. 그는 보통 현란한 스타일로 매장을 오픈했다. 하지만 미국인들은 그것을 구입하지 않았다. 영업 이익이 낮은데다가 임대료는 높고, 때마침 발발한 아시아의 금융위기, 사스(SARS), 그리고 요구사항이 많은 새 소유주 때문에 그는 위기에 처했다.

2001년 사업을 정상궤도로 돌리기 위해 리치몬드는 르 마스네 드 셰르몽을 영입했다. 드 셰르몽은 미국 시장에 대한 야심찬 사업의 규모를 축소하고, 다른 국제시장에 대한 계획도 대폭 중단시켰다. 그는 다시 중국에서의 사업에 집중했다. 곧 미국인 관광객이 유럽을 방문하는 관광객 수를 넘어서는 등 관광 시장이 급속히 성장했는데, 중국의 사치품 시장 또한 상승할 수 있는 절호의 기회였던 것이다.

그는 무모하고, 자신감이 넘치는 신시내티 출신의 아시아계 미국인 조앤 우이(Joanne Ooi)를 마케팅 및 크리에이티브 디렉터로 채용했다. 우이는 중국의 역사, 문화, 사회에 몰두했다. 그녀는 중국에 매료되어 있었다. 그녀는 기존 제품들의 가격이 지나치게 높으며, 비실용적이고, 현지 사람들의 신뢰를 거의 얻지 못한다고 생각했다.

우이는 상하이 탕을 현대적이고 의미 있는 브랜드로 개조했다. 상하이 탕에는 신빙성과 깊이가 더 필요했다. 그녀는 계절마다 테마를 찾기 위해 중국 문화를 깊이 파고들었다. 미술관, 박물관, 골동품 시장을 돌아다니는 것은 물론이고, 대중문화까지 섭렵하며 영감이 떠오를만한 곳을 찾아나섰다. 의류제품은 고급스럽고 권위가 느껴져야 했지만, 그러면서도 착용감은 뛰어나야 했다. 그녀는 여행자들에게 시시한 것은 전부 버렸다. 그녀는 자신의 디자인이 미묘하고 화려하지만, 청바지와도 쉽게 매치시킬 수 있어야 한다고 주장했다.

상하이 탕은 홍콩의 다채롭고 향수를 자극하는 예술적 콘셉트 매장에서 중국 패션의 현대적 라이프 스타일을 보여주는 곳으로 바뀌었다. 지금은 상하이, 뉴욕, 파리, 런던, LA, 마드리드, 도쿄를 비롯해 39곳의 부띠끄 네트워크를 보유하고 있다. 또한 중국 내에서도 급속히 성장하여 베이징, 항저우, 광저우에 플래그십 스토어를 냈다. 전 세계에 있는 상하이 탕의 디자이너들은 중국 실크에서 최고급 몽골 캐시미어에 이르기까지 고급 소재를 사용해 기성복과 액세서리 등 현대의 중국에서 영감을 받은 컬렉션을 만들고 있다.

르 마스네 드 셰르몽과 그의 팀은 상승세를 타고 있다. 중국 경제가 다시 살아나고 있고 중국인들은 내일이라고는 없다는 듯이 디자이너 패션을 받아들이고 있다. 데이비드 탕도 자신이 중국에서 최초로 중요한 럭셔리 브랜드를 만들어냈다는 사실에 행복해한다.

42

혁신 전략···
유리한 성장을 이끄는 아이디어

CREATIVE BOX ───────────────────────

'궁극적으로, 우리는 세계에서 가장 뛰어난 스포츠 및 피트니스 기업이
나이키가 되기를 바랐다.
일단 그렇게 말을 하면, 초점이 생긴다.
그러면 비행기 날개 끝을 만들거나
롤링스톤스의 다음 월드투어를 후원할 일은 없다.'
─〈하버드 비즈니스 리뷰〉에서 필 나이트

혁신은 기업에서 가장 중요한 어젠다이며, 경쟁우위의 가장 중요한 원천이자 수익성 높은 성장의 견인차이다. 그리고 혁신은 조직에 에너지를 불어넣고 목적의식을 심어준다. 또한 혁신은 고객에게 새로운 관심과 의미를 만들어준다. 혁신은 투자자에게 신뢰와 희망을 더해준다. 그리고 혁신은 창의적 행위의 크나큰 소용돌이를 만들어낸다.

하지만 장·단기적 사업 결과를 실현시키기 위해 조직 내에서 혁신적인 노력을 제휴, 통합, 집중하는 혁신 전략(innovation strategy)을 가진 기업은 거의 없다. 대부분의 기업에는 진행 중인 혁신적 프로젝트가 다수 있지만, 이중 대부분은 기능, 분류, 혹은 시장 내의 혁신이다. 이들은 분산되어 있으며, 전술적인 경우가 많고, 제한적인 지원을 받는다.

모든 이가 혁신을 원하지만, 혁신이 무엇을 의미하는지에 대해서는 의견이 다를 뿐만 아니라 다양한 견해가 존재한다.

- 새로운 제품 출시와 시장점유율 개선
- 더 스마트하게 일하는 방법과 마진 개선
- 매우 기술적이고, 특허를 받을 수 있는 유형의 산출물
- 더 나은 아이디어와 지적 자본을 만들어 내는 창의력
- 사람들의 삶을 더 나아지게 만드는 인간의 진보
- ROI 개선, 성장, 가치 창출의 방법

혁신적인 기업에는 어떤 공통된 요소가 있다. 그들은 혁신을 시장에서 경쟁력 있는 차별화의 가장 중요한 원천, 독특한 제품과 접근법 뒤에 숨겨진 원동력으로 본다. 그들은 투자와 자산에서 얻는 수익률을 개선하는 법을 알고 있어, 그 투자와 자산으로 더 많은

곳에서 더 많은 것을 추구하고, 사업 전략의 중요한 요소로 이를 우선순위로 삼는다. 그들은 최고의 시장 기회와 장기 사업 이익이 가장 많이 남는 영역을 집중적으로 혁신하고자 한다.

예를 들면, 인텔은 끊임없이 자사의 사업 포커스를 이끄는 미래와 문화적 태도에 집중하고 있다. 이 전략은 인텔의 현재와 미래 시장, 고객, 비고객에 대한 깊이 있는 이해에 기초한 것이다. 대부분의 기업은 엄청난 분량의 리서치, 데이터베이스, 트렌드 분석 자료를 보유하고 있지만 그것을 효율적으로 종합하고 적용할 수 있는 기업은 별로 없다. 혁신적인 기업들은 통찰력을 어떻게 해석하고 활용할지에 대해 특별히 초점을 맞추고 있다. 예를 들면, P&G의 '느끼고 연결하는(sense and connect)' 능력은 P&G를 제품중심에서 고객중심으로 바꾼 상징적이고 유형적인 기업 활동이었다.

혁신 전략은 다음과 같은 요소로 구성될 것이다.

- **사업과 시장 전략으로 맞춤:** 사업 목적과 방향에 대한 명확한 정의, 즉 기업의 존재 이유, 기업의 사회 기여, 그리고 기업의 장단기 사업 우선순위 등. 이는 또한 비전(세계가 미래에 어떻게 될 것인가)과 미션(기업이 장기적으로 무엇을 성취하고자 하는가)으로 명료화될 수도 있다. 이 전략은 업계에 따라 3년에서 10년 정도를 포함할 것이나, 혁신은 1년에서 3년 정도의 기간 동안 특정 실적 목표를 가지고 사업 계획을 인식해야 한다. 단, 혁신이 이런 단기적 관점에 너무 치우치지 않도록 주의해야 한다.

- **사업과 제품 포트폴리오의 최적화:** 장단기 목표를 성취하기 위해 사업 범주와 지역, 제품과 서비스의 균형을 잘 맞추도록 하는 것. 대부분의 기업은 자사의 제품 포트폴리오를 통해 생각하며(예를 들면 BCG 성장/점유율 매트릭스를 이용하여, 자사의 도그(dogs),

재원(cash cows), 떠오르는 스타(rising star), 물음표(question mark)가 무엇인지 찾아보기), 좀 더 전략적으로(예를 들면, 안소프의 매트릭스를 이용해 신규시장과 기존시장에 우선순위를 매겨봄) 그리고 자사가 속한 더 광범위한 사업 범주 내에서(디지털 시장을 놓친 코닥이나 인터넷의 힘을 늦게 알아차린 마이크로소프트 등) 바라보는 회사는 적다.

● **혁신의 우선순위 정하기:** 혁신, 혁신이 가장 중요한 시장과 범주, 그리고 더욱 구체적인 고객 부문과 집중할 제품 범위를 구체화하는 것. 더 전략적으로 보자면, 이는 '매출증가'와 '차세대' '게임체인지' 프로젝트 간 균형을 맞추고, 다른 수준의 위험과 보상을 가진 각각을 서로 섞을 필요가 있음을 인식하는 것과 관련된다. 여기에는 시간의 흐름에 따라 유사한 기초 내역으로 개발한 제품 범위를 최적화하는 플랫폼 전략도 포함될 수 있다. '영역 계획'은 단기, 중기, 장기적 관점에서 우선순위를 정하는 데 특히 유용하다. 또한 이런 우선순위를 찾는 능력과 자원을 결정하기도 한다.

혁신 전략은 다른 전략보다 어려운 경우가 종종 있다. 혁신 전략은 부서를 초월하여 이루어지고(고객 혹은 지속가능성 전략과 마찬가지로), 따라서 이해관계자들이 많으며 책임의 소재가 명확하지 않은 경우가 많기 때문이다. 혁신 전략은 본질적으로 '고정되어' 있거나 '새로 생겨날' 수도 있다. 고정된 전략은 불확실성이 거의 없고 위에서부터 추진되는 경향이 있으며, 새로 생겨나는 전략은 좀 더 유연성이 있으며, 새로운 통찰력과 기회에 반응하여 아래로부터의 추진과 위로부터의 추진이 함께 이루어진다. '새로 생겨나는' 전략은 빠르게 변화하는 요즘 대부분의 시장에 더 잘 맞는다.

기술 기업들은 '제품 로드맵'으로 악명이 높다. 제품 로드맵이란 새로운 기술이 언제

시장에 내놓을 수 있을지에 대해 매우 확정적이고 고정된 계획을 말한다. 이 기업들은 보통 R&D와 엔지니어들이 주도가 되어, 시장이 실제 끊임없이 더 좋은 성능의 제품을 원하는지 혹은 다른 요소들이 중요한지에 대해 많은 생각을 하지 않고 기업 내에서 '제품 푸시' 심리를 부추긴다. 예를 들면, 필립스는 이 마초적인 '푸시' 정책이 자사의 가장 큰 문제점 중 하나라는 것을 서서히 깨닫고, 사업과 혁신에 좀 더 고객 중심적인 접근법을, 그리고 고객에게 필요한 것에서 기초한 고객 로드맵에서 나온 '풀' 정책을 도입했다.

이런 혁신을 가능하게 하는 능력과 자원이 반드시 내부에서 나와야 하는 것은 아니다. 혁신적인 기업들은 혼자일 때보다 파트너와 함께 할 때 훨씬 더 성공적일 수 있음을 알고 있어, 다른 기업이 할 수 없는 것을 하기 위한 능력과 전문성을 섞고, 또 단순히 해결책의 구성요소가 아니라 실제 고객의 문제를 해결해 주는 제품과 서비스를 실현한다. 파트너는 종종 일반적이지 않지만 의미 있는 지역을 위한 것이다. 혁신적 협력의 사례로 H&M을 들 수 있다. H&M은 로베르토 카발리(Roberto Cavalli), 카일리 미노그(Kylie Minogue), 빅터 앤드 롤프(Victor & Rolf) 같은 유명인사들과 파트너십을 맺었다.

혁신은 최고의 아이디어를 실제 사업에 적용하거나 새로운 해결책을 빠르고 효율적으로 개발 및 출시하는 데 있어 단순하면서도 효율적인 프로세스와 시스템으로 이루어진다. 이는 분명한 것 같으나, 혁신은 보통 비기능적이며, 사업 간 도전이고, 평상시와 다를 바 없는 사업과 그 지원 프로세스 바깥 영역에 있다. 애플은 조직의 경계와 관료주의가 혁신에 가장 큰 걸림돌임을 인식하고 있다.

레고 …
혁신은 창의적 놀이 훨씬 그 이상이다

'세기의 장난감' 레고는 D4B(Design for Business)를 통해 혁신을 이루는 법을 개혁하고 있다.

덴마크어로 '레그 고트(leg godt)'는 '재미있게 놀다'라는 뜻이며, 이것이 바로 레고가 의미하는 바다. 1932년 올레 키르크 크리스티안센(Ole Kirk Kristiansen)이 플라스틱 블록을 만들어낸 이후, 레고는 세계에서 가장 인기 있는 장난감 중 하나가 되었다. 레고는 작은 목수의 워크숍에서 출발해 이제 세계에서 다섯 번째로 큰 완구 제조사가 되었다.

덴마크 빌룬트에 위치하며 4,500명의 직원이 근무하고 있는 레고 그룹은 현재 창업자의 손자인 키엘드 키르크 크리스티안센(Kjeld Kirk Kristiansen)이 이끌고 있다. 레고사의 목표는 '아이들이 잠재된 자신의 창의력을 탐구하고 거기에 도전하도록 영감을 주는 것'이다. 레고는 아이들이 '놀이를 통해 배울' 수 있도록 도와줌으로써, 즉 아이들의 창의적이고 구조화된 문제해결 능력, 호기심과 상상력, 능숙한 대인관계 기술과 물리적 모터 기능을 개발함으로써 이런 목적을 이루어 내고 있다.

하지만 2005년 레고사는 경영 문제에 직면하기 시작했다. 비디오게임 시장, 디즈니 같은 유행을 따르는 인물들의 파워 전략에 맞서, 저비용으로 생산되는 다른 플라스틱 블록 등으로 고군분투하던 레고는 더욱 다양한 제품 생산으로 맞섰지만 상황은 더욱 악화될 뿐이었다. 3년간 분별없는 창의력을 발휘해 1만 4,000개 이상의 부품을 만들어낸 레고는 구심점이 필요하다는 것을 깨달았다. 그래서 숫자는 적더라도 더 나은 제품의 '클래식' 레고로 되돌아가기로 한 결과, 2,000만 고객을 더 깊이 매료시켰다.

사업과 혁신을 맞추어 나가기

레고의 새로운 디자인 시스템인 D4B는 자사의 전체 혁신 프로세스가 어떻게 운영될지를 새롭게 정의하고 있다. 이 접근법의 주요 구성요소는 사업 전략과 디자인 전략 간 더 강한 연결, 기능 간 더 많은 협력, 창의력과 분석에서 더 많은 도전과 철저함, 공유하기 쉬운 더 일관된 접근법, 그리고 수익성 있는 성장을 이끄는 더 나은 혁신이다.

레고에는 디자이너가 120명 넘게 있으며 이들은 대부분 빌룬트 본사에서 일하지만, 그 외 다른 직원들은 전 세계의 여러 지사, 특히 일본에서 근무하며 아이디어를 현지 취향에 맞추고 새로운 트렌드와 기술을 따라잡는다. 이 팀은 또한 대학, 특히 MIT의 미디어랩과 협력하고 있는데, 여기서 마인드스톰(Mindstorms) 시스템이 탄생했다. 이 시스템으로 더 많은 영역으로 확장하고 자극을 더 많이 받기도 하지만, 더 엄격하고 평가도 많아졌다. 레고는 혁신 'DNA'를 형성하는 새로운 언어와 도구를 받아들이며, 빠른 시제품화를 위한 컴퓨터를 이용한 새로운 시뮬레이터로 빠른 상호작용을 가능하게 한다. 제품 개발에서 출시까지 걸리는 시간도 24개월에서 9개월로 단축되었다. 레고의 초점은 제품 중심에서 고객 중심으로, 또 기업과 고객 체험의 모든 면이 어떻게 혁신의 일부가 될 수 있는지로 이동했다.

D4B에는 세 가지 구성요소가 있다.

- **레고 혁신 모델:** 초기 단계에서 더 많은 협력을 하고, 목표와 자원을 더 많이 조정하며, 더 많은 테스트를 거치고 집중해서 만들어낸 결과를 도출해냄.

- **레고 혁신 로드맵:** 명확히 구조화된 개발 단계, 각 단계와 평가 관문에 일관성을 부여하고, 각 단계 간에 더 강한 연결고리를 만듦.

- **레고 기초 개관:** 긴 문서보다 산출물을 포스터로 시각화하는 단순한 방법을 통해, 더 많은 참여와 비교, 더 나은 결정이 가능하게 함.

이 과정은 시제품화를 위한 'P' 단계와 제조를 위한 'M' 단계로 나뉜다. 관건은 아이디어를 빠르게 눈에 보이도록 하고, 그로 인해 다음 단계에서 더 많은 평가와 집중이 가능하게 하여 모든 자원이 최고의 기회에 집중될 수 있도록 하는 것이다. 'M' 단계 내의 각 'P' 단계는 다음과 같다.

- **P0(포트폴리오 개시):** 사업 목표를 정의하고 사업과 포트폴리오에 걸쳐 해결되어야 할 주요 이슈에 집중함.

- **P1(기회 동결):** 어떤 기회를 활용해 문제로 드러난 이슈를 해결할지 탐색하고, 이 사업과 프로젝트를 하기 위한 재정 상황을 승인함.

- **P2(콘셉트 동결):** 새로이 생겨나는 콘셉트와 이들이 커뮤니케이션에서 고객서비스에 이르는 각 기능에 어떻게 적용될지 이해함.

- **P3(포트폴리오 동결):** 어떤 콘셉트가 프로젝트로 바뀌어야 할지를 결정하고, 개발에 필요한 모든 조건과 기업 상황을 구체화함.

P 사이클은 최장 6개월까지 걸릴 수 있으며, 그 이후에는 프로젝트가 M 사이클로 들어갈지를 결정하게 된다. M 사이클에는 다섯 가지 단계가 더 있다.

- **M1(프로젝트 개시):** 디자이너와 생산관리자가 협업해 콘셉트의 구체적 내용과 이에 대한 마케팅 계획을 다듬음.

- **M2(기업 동결):** 기업 상황이 최종 결정되고 기업에서 필요로 하는 사항을 충족시키기 위한 제품 디자인이 완성됨.

- **M3(제품 동결):** 제품 디자인은 포장, 마케팅, 커뮤니케이션으로 발전하며, 제품 콘셉트와 전체적인 브랜드 제안이 맞추어짐.

- **M4(커뮤니케이션 동결):** 포장과 커뮤니케이션 재료가 최종 결정되고, 공급망이 제조를 준비하도

록 구체화됨.

● **M5(조달 동결):** 공급망이 개발되고, 제조가 시작되며, 제품이 출시됨.

맨 처음, 디자이너들은 상업적 목표에 따라 그런 식으로 구조화된 프로세스가 자칫 창의력을 경직시키지는 않을지 걱정했다. 그러나 디자이너들은 프로젝트를 어떻게 설정하고 승인을 얻을지에 대해 더 이상 생각할 필요가 없다는 것을 알게 되었다. 이제 그들의 창의력이 디자인 그 자체에 더욱 집중되었던 것이다.

D4B 프로세스가 혁신적인 제품을 시장에 내놓는 것을 더 가속화시켰지만, 레고는 미래에 대한 안목을 잃지 않았다. 레고의 '콘셉트 랩(Concept Lab)'은 주류의 혁신 과정과 별개로 운영되며, 15명의 디자이너로 구성되어 좀 더 확장된 기회, 즉, 시장을 새롭게 정의할 더 급진적인 제품에 집중하는 팀이 있다. 콘셉트 랩은 레고의 바람대로 언젠가 우리 아이들의 아이들까지 즐겁게 만들어줄 새로운 아이디어를 좀 더 직관적으로 평가하는, 다른 사이클로 운영된다.

43

창의적 기업문화…
신나고 행복하게 일하기

CREATIVE BOX

'사람들은 스테인드글라스 창문과 같다.
해가 나면 빛나고 반짝이지만, 어둠이 내리면 내부에서 빛이 있을 때만
그들의 진정한 아름다움이 드러난다.'
– 엘리자베스 퀴블러 로스, 스위스 심리학자

◇ ───── IBM은 최근 차세대 기업을 위한 청사진《미래의 기업(The Enterprise of the Future)》을 출간했다. 여기에서의 미래의 기업은 구조나 부문보다는 그 문화로 정의되고, 전례 없는 변화, 부단한 경쟁, 비합리적인 기대에 잘 적응해야 한다.

IBM은 미래 기업은 '변화에 굶주려', 트렌드에 반응할 뿐 아니라 스스로 트렌드를 만들고 이끌어 나가며, 규칙을 새롭게 바꾸고 경쟁에서 이길 기회로서 불연속성과 시장 변화를 포착할 것이라고 말한다. 또한 미래 기업은 자신이 세운 사업 모델에 끊임없이 도전한다는 점에서 '본질적으로 분열적'일 것이다. 그리하여 경쟁의 기초를 흔들고 가치 제안을 변화시키며, 기회가 생겨남에 따라 전통적 접근법을 뒤집고, 스스로 혹은 전체 업계를 개혁한다. 그리고 미래 기업은 고객에게 놀라움을 주고 상호 성공을 위한 혁신을 찾을 수 있도록 깊이 있는 협력 관계를 통해 '고객의 상상력을 뛰어넘을 정도로 혁신적'일 것이다.

창의적 업무 스타일

우리는 몇 시간에 걸친 회의에 또 회의를 하고, 대부분은 정말 중요한 내용보다는 어젠다와 의사록에 관해 이야기하는, 9시 출근, 5시 퇴근인 회사원과는 아주 다른 세계에 살고 있다. 그들은 다른 이들처럼 12개월짜리 계획 사이클과 실적 도출법의 노예였고, 이 점이 다른 이들에게 위로가 되었다. 그들은 다양성이나 변화, 도전이나 긴장을 좋아하지 않았다. 그저 살기 위해 회사에 다녔고, 훗날 지급받게 될 연금이 가장 큰 동기였다.

사람들이 이런 규칙에 얽매여 사는 것이 진정 건전한 것일까? 그 끝없는 회의가 전부 우리에게 도움이 되거나 방해가 될까? 회의가 60분이 아니라 20분에 끝난다면 어떨까? 연금이 정말 젊은이들이 위대한 일을 하도록 하는 열망일까? 우리는 다양하고 흥미로운 사람들을 가능한 많이 원하는 것이 아닐까?

아래 표에는 전통적 조직과 혁신적 조직의 차이가 잘 나타나 있다.

창의적 기업은 위계 중심에서 능력주의로, 관료주의에서 자율성으로 이동하여, 다른 방식으로 바라보고 일한다. 자신들이 친숙한 개성 없는 보통 사람들보다, 깔끔한 것이 아니라 어지러운 것에 친숙하며, 전문가보다는 사상가에 더 가깝다. 하버드경영대학원의 테레사 아마빌레(Theresa Amabile) 교수는 직장에서 창의력을 지원하는 다섯 가지 특성을 다음과 같이 제안한다.

전통적 조직	혁신적 조직
위계적	수평적
전문가 기능	업무에 기초한 프로젝트팀
관료적	관료주의로부터 보호받음
운영 단위	정해진 프로세스
위계적으로 통제됨	관리되는 프로젝트
전략적 기획	유연한 기획
승진과 보너스	자율성과 인정
파워와 지위	정당성이 공유됨
필요에 따라 채용	아이디어와 태도에 따라 채용
복종을 권장함	다양성을 권장함

- **장려** – 특히 정보의 열린 흐름을 통해
- **자유** – 매일의 업무에서의 자율성과 개인의 주인정신
- **자원** – 새로운 것을 탐색할 전문지식, 도구, 재료
- **압박, 푸시와 풀** – 도전과 기대의 형태
- **장애물** – 특히 조직적으로 장벽을 극복해야 할 필요성

구글은 가정을 직장과, 일-라이프스타일로 가져오는 데 새로운 의미를 부여했다. 마운틴 뷰(Mountain View, 구글의 본사가 있는 도시)에 도착하면 그곳에 있는 아무 고급 레스토랑에서나 하루 세 번 무료로 식사를 즐길 수 있다. 그리고 자신이 좋아하는 프로젝트라면 언제든 일할 수 있다. 원하는 만큼 쉬는 시간을 가질 수도 있다. 가끔은 세르게이와 래리와 함께 거리공연을 즐길 수도 있다. 누구보다도 먼저 최신의 멋진 제품을 임대할 수 있다. 일주일에 두 번 새 티셔츠도 나온다.

돈이 문제가 아니다. 그건 너무 이성적이다. 관건은 사람들을 감성적으로 끌어들이는 것이다. 사회를 변혁할 것이라는 명분을 공유하고, 또 많은 에너지를 가지고 있고 높은 실적을 내는 커뮤니티의 성원이 된다는 측면에서, 무언가의 일부가 되는 것이다.

오늘날 사람들은 행복해지고 싶어 한다. 기업의 행복 추구라고 하면 높은 실적을 내는 직장에서는 너무 부드럽고 귀엽게 들린다. 'HAPIE'는 다음의 의미도 있다.

- **겸손한(Humble)** – 진심에서 우러나고, 개인적이며, 총괄적이고, 영감을 주는 리더십
- **적응하는(Adaptive)** – 직원들은 열정적이고, 창의적이며, 변화를 수용함
- **수익(Profit)** – 모든 이해관계자가 상호 이익을 위한 가치 창조를 공유함

- **활기찬**(Invigorated) – 사람들은 서로 공유할 수 있고 매력적인 목적에 의해 에너지를 얻음
- **참여하는**(Engaged) – 팀, 시민, 커뮤니티라는 진심에서 우러난 감정이 있음

인도 마이소르에 있는 인포시스테크놀로지 사업장에서도 마찬가지다. 수천 명이 새로운 인도 중산층의 꿈을 공유하는 신청서를 이메일로 보낸다. 기술 선도기업인 이 회사는 매우 사람 중심적이며, 배움, 지원, 혜택에 대해 관대하다. 이곳이 광대한 저임금 노동력의 땅이라 생각할 수도 있겠지만, 그렇지 않다. 인포시스 사업장에는 커다란 흰색 돔이 있다. 이곳은 안내창구나 임원용 거처가 아니라, 96개의 침실이 있는 직원용 호텔 주위에 있는 푸드코트 네 곳이다. 최신 시설을 갖춘 체육관, 수영장, 볼링장이 함께 운영되고 있다.

상하이에는 인재를 위한 경쟁이 훨씬 더 치열하다. 일례로, 시스코의 현지 운영부장은 책상 뒤에 커다란 지도를 붙여놓고 빨간 점으로 직원 한 명 한 명을 표시해 놓았다. 직원들의 업무나 실적이 아니라, 그들이 사는 곳을 표시해 셔틀버스를 더 많이 운영하고 회사가 일하기에 가장 가깝고 쉬운 장소로 만들어줄 수 있도록 하기 위한 것이다.

오락실, 낮잠을 잘 수 있는 휴게실, 미디어라운지, 직원들이 애용하는 빈백과 벽에 걸린 자전거 등 기업 '테마파크' 이야기도 끝이 없다. 하지만 이는 단지 사교성과 웰빙이 중요해서가 아니다.

그렇다면 무엇이 정말 조직에 에너지를 불어넣는가? 스탠턴 매리스(Stanton Marris)는 기업이 참여와 실적을 이끌어내는 조직의 에너지를 구축하는 데 도움을 주는 전문가다.

이들은 간단한 5단계 접근법을 사용한다.

- 솔직해지고, 큰 전략적 도전을 공유함
- 개방적이고, 모든 이해관계자로부터 의견을 구함
- 자유롭게 풀어주고, 현지팀에 기여할 자유를 줌
- 지지가 되어 주고, 지속적이고 일관된 관심을 보여줌
- 초점을 유지하고, 진행상황을 점검하며, 큰 그림을 고수함

명확한 것 같은가? 당연히 명확하지만, 21세기의 관리자에게는 꼭 그렇지만은 않을 수도 있다. 잭 웰치라면 자료파일을 보고 머뭇거릴 것이다. 창의적 조직에 생명을 불어넣고, 안팎으로 지속되는 논란을 만들어내는 요소들이 몇 가지 더 있다.

- **개인적이며 유연함** – 역할과 혜택에서 근무시간과 위치까지의 모든 것
- **파트너와 네트워크** – 외부세계에 다가감으로써 아이디어를 자극하고 확장시킴
- **신뢰와 권한부여** – 규칙은 거의 없고, 근무시간 기록표도 없으며, 허가가 아닌 용서를 구함
- **수평적이고 접근 가능함** – 의사결정이 위계에 의해 이루어지지 않음, 누구든지 자유롭게 의견을 낼 수 있음
- **팀과 협력** – 도전과 보상을 공유하고, 열심히 일하며, 다른 이들과 상호작용을 함
- **자원과 도구** – 컴퓨터든, 전화든, 문구류든, 일을 위한 최고의 도구
- **배움과 지원** – 동료 파트너, 멘토와 함께 나누는 업무와 개인적 관심사
- **건강과 복지** – 건강에 신경 쓰는 근무환경, 음식, 체력, 충분한 휴식, 언제든지 이용할 수 있는 의료진, 근무스타일은 빠르게 변화하여, 최고의 인재들이 주인 의식을

갖고 자신의 일에 몰두하여 업무 포트폴리오를 개발하며 정해진 부문과 기능에서 만 국한되어 일하지 않는다. 최고의 인재들은 무한히 옮겨 다닐 수 있다. 가상 인재 네트워크가 생겨나 자신들의 공통 이익을 추구하고 가장 흥미롭고 가장 가치 있는 프로젝트를 집단적으로 협상할 수 있음

기업들은 그들의 전통적인 유인책이나 빨리 출근하게 하고, 학력이나 학벌에 근거하거나 연계 방식(인적 관계)에 의해 창출하였던 요인들을 재고할 필요가 있다.

페라리 …
마라넬라에서 엔초의 정신을 재창조하다

1919년, 이탈리아에서 노새를 몰던 한 사람이 자동차에 대한 열정을 마음껏 발휘하기로 결심했다. 그는 밀라노에 있는 작은 자동차 제조사인 CMN사(Costruzioni Meccaniche Nazionali)의 테스트드라이버가 되었다. 10년 후, 그는 자신만의 사업체를 차릴 준비가 되었고 세계 최고의 경주용 자동차와 사람들이 가장 갖고 싶어할 스포츠카를 생산할 회사를 설립했다. 오늘날 엔초 페라리(Enzo Ferrari)의 이름은 속도, 매력, 성능과 동의어가 되었다.

몬테카를로에서 몬차까지, 전 세계 포뮬러1 그랑프리 경주로라고 하면 바람이 휘날리는 경주로 주변으로 늘어서 있는 제조사들을 이끄는 껑충 뛰어오르는 말 로고가 있는 빨간 차들이 먼저 생각난다. 이 빨간 차들은 어떤 다른 차보다도 많이 우승을 거머쥐며 전 세계 챔피언들이 선택한 차이기도 하다. 하지만 포뮬러1 트로피들과 이 회사가 지난 60년간 수상한 다른 상들과 함께 새로운 상이 나온다. 아마도

엔초가 어떤 그랑프리 우승보다도 자랑스러워했을 상이다. 이 상은 최고의 기술과 엔지니어링에 대해 주는 것이 아니라, 페라리가 3,000명의 직원들을 관리한 것과 영감을 준 것을 높이 사서 수여한 상이다.

2001년, 페라리의 회장인 루카 디 몬테체몰로(Luca di Montezemolo)는 '포르물라 우오모(Formula Uomo)'라고 하는 페라리 직원들의 삶과 일을 개선하는 사내 정책을 도입했다. 이 프로젝트에는 2억 달러의 예산이 할당되었고, 이 정책의 도입 소식은 그 자체로 직원들의 사기에 엄청난 영향을 끼쳤다. 이 프로젝트는 페라리의 경주 야망과 성공에서 영감을 받은 것이었다. 포뮬러1 챔피언십은 1,000분의 1초가 승자와 패자를 가를 수 있고, 또 그런 짧은 시간이 판매되는 자동차 한 대 한 대에 대한 선호도와 인지된 가치에 직접적으로 영향을 주는 곳이다. 이런 포뮬러1 챔피언십에서 계속해서 선두를 지키고 싶다면, 업무 관행과 실적에서도 최전선에 서야 함을 페라리는 인식했다.

'포르물라 우오모'에는 다음의 세 가지 기본 영역이 들어간다.

- 직장과 구조
- 전문적인 훈련과 국제적 성장
- 개인과 가족의 혜택

이 정책은 페라리의 사업과 그 미래의 중심에 직원들이 있도록 하여, 모든 수준에서 직원들이 더 넓은 의미에서 '인간의 능력'을 강화하고, 특히 사업 전반에 걸쳐 창의력을 자극할 수 있도록 고안된 것이다. 혜택 중 일부는 외부세계와 직접 관계된 것으로, '피날리 몬디알리(Finali Mondiali)'와 같은 사내 행사와 신차 발표회 참여, 다양한 그랑프리 대회의 VIP 좌석, 스포츠그룹, 여러 제휴사의 할인 혜택 등이 있다. 개인 서비스에는 직원과 자녀를 위한 건강검진, 전문가 예방의학 교실, 웰빙 프로그램 등이 있다. 현재 전 직원의 88퍼센트가 새롭게 진행 중인 훈련 활동에 참여하고 있으며, 이 모든 것은 전통적 형태나 혹은 더 비공식적인 형태로 자발적으로 이루어지는 것이다.

한편, 크리에이티브 클럽은 가장 인기 있는 제도 중 하나로, 화가와 조각가, 음악가와 작가, DJ와 연기자들이 폭넓게 모여 새로운 기술과 관점을 소개하는 것이다. 이는 사람들로 하여금 더욱 급진적이고 혁신적으로 생각할 수 있게 해준다. 고위 관리자, 엔지니어, 영업사원, 물류담당자 등 모두가 함께 어울려 퍼즐의 세계에 대해 배우거나, 나이트클럽 DJ와 삶의 큰 이슈에 대해 이야기한다. 이는 장벽을 허물어 호기심을 유발시키고, 다른 관점에서 생각하게 해주며, 새로운 방식으로 협력할 수 있게 된다. 부추기는 사람도 없고, 힙합의 세계와 섬세하게 조정된 엔진 사이를 억지로 연결하지도 않는다. 새로운 에너지와 행동양식을 다시 일의 맥락으로 전환해내는 것은 자연스러우며, 특히 페라리의 주요 문제가 일반인들의 꿈에 대한 것일 때는 더욱 그렇다.

하지만 페라리의 새로운 정신을 진정으로 상징하는 것은 새로운 사옥이다. 직원들만을 위한 고급 주택단지인 마라넬로빌리지(Maranello Village)의 개발과 함께, 직원들은 이제 원한다면 마법왕국에서 밤낮을 보낼 수 있다. 스포츠카 업체인 페라리에서 자전거도로라니 이상할 수도 있겠지만, 공장에서 4킬로미터밖에 떨어져 있지 않은 두 곳은 자전거도로로 연결되어 있다. 여기에는 스튜디오 22실, 방 2개짜리 42실, 방 3개짜리 58실이 있으며, 각각은 모든 가구가 갖추어져 있다.(전부 빨간색으로 된 것은 아니다!) 이 마을에는 또 피트니스 센터, 레스토랑, 바가 있으며, 물론 특별한 가격에 많은 상을 받은 차들을 위한 실내외 주차장도 많이 갖추고 있다.

완전히 달라져 높은 실적을 내게 된 페라리는 2007년에 유럽에서 가장 일하기 좋은 직장으로 뽑혔으며, 여전히 포뮬러1 챔피언십을 차지했다.

44

혁신 프로세스…
NASA에서 네트워크 혁신까지

CREATIVE BOX ─────────────────────────

'천리길도 한걸음부터'라는 속담에,
나는 '그리고 로드맵'이라는 말을 추가할 것이다.'
- 세실 스프링거

⬡ ————— '신제품 개발(new product development, NPD)'에는 '제품'이라는 단어가 들어가지만, 당연히 혁신은 제품뿐 아니라 여러 가지 형태를 취할 수 있다. 하지만 대부분의 기업은 혁신의 포커스와 아이디어를 상업적 해결책으로 발전시키는 과정으로써 눈에 보이는 대상에만 집중해 왔다.

물론, NPD를 매우 엄격하고 통제된 과정으로 바꾸어 일관성, 속도, 효율성을 개선하는 것은 매력적인 일이다. 그렇지만 그런 과정을 세세하게 구체화하는 것과 조직 내 사람들에게 그들의 창의적 재능을 사용하고 관습을 뛰어넘고, 이전보다 급진적으로 다른 무언가를 창조할 수 있는 공간을 제공해 주는 것 사이에는 적절한 공통점이 있다.

항목	HP 데스크젯5000 프린터	폴크스바겐 골프(차)	보잉 777
부품 숫자	35개	10,000개	130,000개
개발 기간	1.5년	3.5년	4.5년
개발팀	100명	850명	6,800명
개발 비용	50,000달러	10억 달러	30억 달러
판매 가격	365달러	19,000달러	1억 3,000만 달러
연간 판매량	1,500,000	250,000	50
평생 판매	3년	6년	30년
평생 판매 비율로서의 개발 비용	3%	3.5%	1.5%

하지만 대부분의 발전은 복잡하고 중요한 도전으로, 많은 아이디어, 수백 명의 사람들이 필요하며 완성하는 데에는 수년이 걸린다. 하지만 잠재적으로 수십 년에 걸친 영향력이 있다.

로켓 선

NASA는 기업, 특히 3M 같은 전통적인 혁신 리더들의 제품 개발의 발전에 엄청난 영향

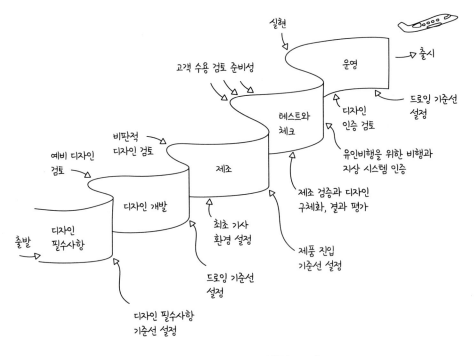

대규모 개발을 위한 NASA의 혁신 프로세스

을 미쳐 왔다. 1960년대 NASA는 대규모의 복잡한 프로젝트를 관리하기 위해 '단계별 프로젝트 기획'을 도입했다.

이 시스템에서는 분석, 정의, 디자인, 운영의 네 단계를 통해 점검항목 검토가 함께 사용되어 문제와 실수에 대하여 가능한 빨리 대처할 수 있도록 해준다. 피터 모리스(Peter Morris)가 《프로젝트 관리(The Management of Projects)》에서 그려낸 것처럼, NASA의 프로세스는 축소된 규모로 '스테이지 게이트(stage gate)' NPD 프로세스를 위한 청사진으로 오늘날에도 여전히 일반적으로 사용되고 있다.

물론, 기업은 자사의 개발이 상업적 성공을 가져다 줄 것임을 확신해야 하며 적은 비용과 시간을 들인 브랜슨의 우주여행상품 개발은 상업적으로 접근할수록 기술적 결과가 어떻게 더 개선될 수 있는지 보여준다. NASA의 접근법과 비교하면, 기업은 보통 전체적인 개발 전략으로 시작해서 아이디어 생산과 평가에 더 많은 시간을 들이고, 그렇게 나온 해결책이 효율적으로 시장에 출시되고 적용될 수 있도록 해야 한다.

스 테 이 지   게 이 트

《신제품으로 승부하기(Winning at New Products)》의 저자 로버트 쿠퍼(Robert Cooper)는 아마도 대부분의 기업이 사용하는 프로세스를 개발하는 '스테이지 게이트'라는 아이디어를 정의하는 데 가장 영향력 있는 전문가일 것이다. 그는 NPD 프로세스를 더 광범위하게 다음의 세 가지 주요 단계로 구분했다.

  Stage 1. **사전개발:** NPD 전략의 개발, 아이디어 생산, 선발과 평가, 사업 분석

Stage 2 개발과 테스트: 개발, 시제품화, 조정

Stage 3 상업화: 시장 기획, 시장 진입, 관리, 개선

그가 권하는 것은 상업화의 측면에 더 집중하는 것이었다. 제품을 출시하는 것으로 끝나는 것이 아니라, 고객의 문제를 해결하는 출발점으로 삼으라는 것이다.

쿠퍼는 이 프로세스에 창의적 사고를 수용하고, 무언가 새로운 것을 실현해내기 위해 유연성이 더 많이 필요함을 깨달았다. 그는 스테이지 게이트 모델에 4F를 추가했다.

- 겹칠 수도 있는 유동적인 단계(Fluid stage that might overlap)
- 항상 흑백논리의 결정을 내리지는 않을 희미한 문(Fuzzy gates that might not always make black and white decisions)
- 사업 우선순위와 최고의 기회에 집중(Focus on business priorities and best opportunities)
- 유연하게 머무름(Staying flexible)

사실 각 개발 단계에는 과정의 측면뿐 아니라 팀 구성과 문화의 측면에서 서로 다른 접근법이 필요할 수 있다. 지엔과 버클러(Zien and Buckler)는 혁신의 세 가지 '협역문화(microcultures)'를 관찰했다.

- **희미한 사전단계:** 실험적이고 혼란스러움, 모호하고 불확실함, 구조가 결여되어 있지만 개개인이 자리를 잡고 프로젝트에 영향력을 미칠 훌륭한 기회
- **제품 개발과정:** 훈련되고 집중됨, 정량적이고 통제됨, 팀워크를 통해 나온 명확히 정의된 과정에 의해 지지됨
- **시장 운영:** 명확하고 상업적, 이 업무는 개발된 제품을 효율적으로 생산하고 출시하

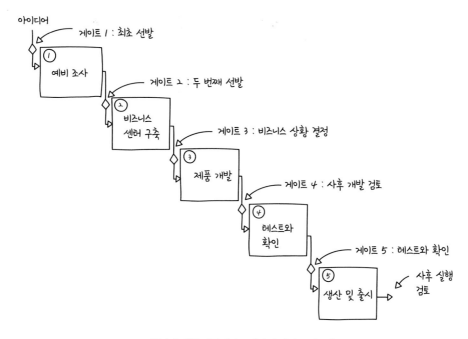

아이디어

게이트 1 : 최초 선발

① 예비 조사

게이트 2 : 두 번째 선발

② 비즈니스 센터 구축

게이트 3 : 비즈니스 상황 결정

③ 제품 개발

게이트 4 : 사후 개발 검토

④ 테스트와 확인

게이트 5 : 테스트와 확인

⑤ 생산 및 출시

사후 실행 검토

혁신에 대한 전통적인 스테이지 게이트 접근법

며, 시장에서 성공하도록 하는 것으로, 중요한 사람들이 필요함

어떤 규모의 혁신이든 비슷한 과정이 따른다. 하지만 다른 단계를 통해 이러한 혁신이 작동하는 방식은 예상되거나 요구되는 혁신의 규모에 따라 다르다. 아래 표에 잘 나타나 있다.

점진적인 혁신은 단기간의 영향력으로 주로 표준화된 과정에 따라 기존 통찰력에 기반을 두어 개발된다. 반대로 획기적인 혁신은 시장에 나오는 데 훨씬 긴 시간이 걸리지

구분	점진적인 혁신	획기적인 혁신
기간	단기 1–2년의 영향력 1년 내에 개발됨	장기 3–10년의 영향력 1–3년 내에 개발됨
통찰력	진화함 체계적 예상됨	불연속성 어디에서나 예상치 못함
해결책	발전적 전통적 피상적	파괴적 불연속적 게임체인지
과정	형식적 확실성 스테이지 게이트	조사가 필요함 불확실성 즉흥적임
팀	기능 소유자 부서 간 팀 사용하는 기술	고위급 후원자 전담팀 생각하고 활용하는 기술
자원	기능적 전통적 '평소 일'의 일부	파트너와 네트워크 다양한 인재 외부의 일반 기업
경영사례	제자리걸음 비용과 수익 정의 합의되고 예산이 정해짐	획기적인 성장 가치 창조를 위한 목표 단계에 따라 예산이 정해짐

만, 더 지속적인 영향력이 있다. 해결책은 더 독창적이고 파괴적일 것이며, 이를 개발하는 과정도 그래서, 시장에서 뿐 아니라 기업 내부적으로도 상당한 즉흥력과 리더십이 필요하다.

혁 신 2 . 0

시간이 흐르면서, NPD는 더욱 역동적이게 되었다. 선형적이고 연속적인 것에서 평행적이고 통합된 것으로, 릴레이 경주에서 되먹임 루프와 연결점이 더 많은 팀 게임으로 바뀌었다. 또한 더 나은 아이디어를 만들어내기 위해 혁신의 전면에 더 집중하는 것 외에도, 제품 출시 후 시장에서 일어나는 일, 즉 시장 내 혁신도 중요하다.

NPD의 발전단계는 다섯 단계로 요약될 수 있다.

- **기술과 제품 푸시:** 기술에 기초한 R&D를 강조하는 공정 과정, 새로운 가능성의 등장이 중심

- **고객과 시장 풀:** 마케팅과 고객 통찰력을 강조하는 공정 과정, 가능성보다는 수요가 중심

- **푸시와 풀:** 푸시와 풀의 균형을 맞추는 되먹임 루프가 있는 연속적 과정, 창의적인 짝짓기 과정이 됨

- **개방적이고 협력적:** 함께 일하는 파트너와 고객을 비롯한 합동팀이 있는 평행적인 과정

- **네트워크가 이루어짐:** 광범위한 파트너, 혁신 교환, 크라우드소싱과 공동 창작이 사

용되는 개방적 구조의 평행적 과정

'혁신 2.0'은 누군가의 말처럼 문제해결에 대한 협력적 접근법이 가장 중요하다. 최고의 아이디어가 어디에서나 등장할 수 있고, 아이디어가 기업의 새로운 거래 통화가 되며, 혁신적 해결책이 네트워크나 일대일 관계를 통해 확산되고, 작은 회사가 큰 기업과 동등하게, 때로는 유리하게 되는 상황이다.

3M …
혁신 기업 따라잡기

1969년, 닐 암스트롱이 3M의 합성재료로 만들어진 밑창이 달린 우주부츠를 신고 인류 최초로 달에 착륙했다. 2000년, 마이클 존슨은 3M에서 개발한 24캐럿짜리 금으로 된 3M 스카치라이트 반사 소재로 만든 신발을 신고 올림픽 400미터에서 우승했다.

3M은 스스로를 '혁신기업'이라고 설명한다. 미네소타광산제조회사가 전신이었던 3M은 계속해서 수익 성장세에 있다. 3M에서 생산되는 5만 5,000개의 제품은 그 분야도 보건, 안전장비, 전기제품, 산업 시장까지 다양하다.

3M의 직원 76,000명은 '고객이 성공하도록 돕는 실용적이고 독창적인 해결책'을 만들어내는 데 주안점을 두고 있으며, 계속해서 광범위한 기술을 통해 혁신을 추구하도록 장려한다. 여기에는 모든 직원이 매주 근무시간의 10%를 기발한 아이디어를 '고안'하는 데 쓰도록 하고, 수익의 30% 이상이 신제품에서 나오도록 하는 것이 포함된다.

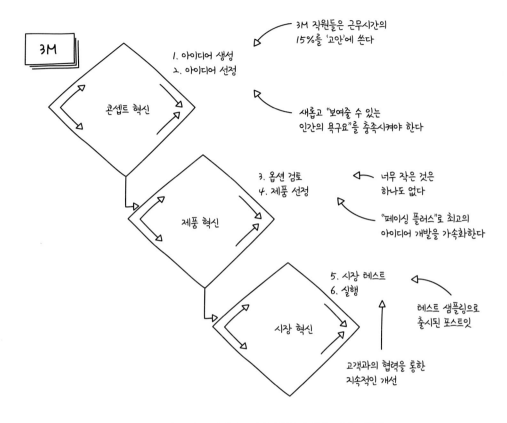

3M 직원들은 근무시간의
15%를 '고안'에 쓴다

1. 아이디어 생성
2. 아이디어 선정

콘셉트 혁신

새롭고 "보여줄 수 있는
인간의 욕구요"를 충족시켜야 한다

3. 옵션 검토
4. 제품 선정

제품 혁신

너무 작은 것은
하나도 없다

"페이싱 플러스"로 최고의
아이디어 개발을 가속화한다

5. 시장 테스트
6. 실행

시장 혁신

테스트 샘플링으로
출시된 포스트잇

고객과의 협력을 통한
지속적인 개선

3M의 콘셉트, 제품, 시장 수준에서의 혁신에 대한 3단계 접근법

3M은 혁신에 오랜 역사를 가지고 있어, 새로운 해결책에 투자할 뿐 아니라 시장과 고객 행동도 변혁시킨다. 이렇게 해서 아이디어 상품이 실용적이고 수익성도 있도록 한다. 3M의 혁신 과정은 콘셉트, 제품, 시장 혁신에 대한 통합적이고 평행적인 접근법으로 구성된다.

교회 예배 도중 찬송가책을 떨어뜨리는 바람에 중요한 페이지를 표시한 종잇조각들까지 떨어뜨린

성가대 소년 이야기는 매우 유명할 것이다. 포스트잇은 이런 관찰에서 탄생되었고, 지금은 어느 사무실에서나 필수적인 제품으로 놀라울 만큼 다양한 색깔, 크기, 형태로 이용할 수 있다.

그렇다면 3M은 어떻게 그 오랜 기간 동안 창의성을 유지하고 있는 걸까?

1. **기업 전체가 혁신에 헌신해야 한다:** 이는 재정적인 문제임을 보여주는 한 가지 확실한 방법. 2005년, 3M은 연구개발에 12억 4,000만 달러를 썼는데, 이는 212억 달러였던 수익의 6%이다. 그중에서 5분의 1은 기초조사에 들어갔으며, 이는 상업적 적용과는 아무런 관계가 없는 것이었다. 3M은 전략적 혁신에 장기적으로 투자하는 것이 유기적이고 수익성 있는 성장을 유지하는 비결이라고 본다.

2. **기업문화가 살아 있어야 한다:** 3M은 지난 40년간 평균 5년에 한 번씩 CEO가 바뀌었지만, 윌리엄 맥나이트의 철학은 계속해서 계승되었다. '좋은 사람을 채용하고 그들이 자신만의 방식으로 자신의 일을 하도록 하라. 그리고 실수에 대해 관용을 보여라.' 신입사원은 3M의 역사에 몰입하게 된다.

3. **혁신에는 광범위한 기술이 기초가 되어야 한다:** 3M은 기술 42가지에서 선도적인 노하우를 보유하고 있다고 한다. 그래서 연구자들이 한 영역에서 아이디어를 가져와 다른 영역에 적용할 수 있다. 예를 들어, 3M의 과학자들은 내구성이 더 뛰어난 연마재, 더 반사가 잘 되는 고속도로 표지판, 그립이 더 단단한 골프장갑을 만들기 위해 레이어드 플라스틱 렌즈(layered plastic lenses)에 숨겨진 기술을 사용했다.

4. **계속해서 서로 대화하라:** 연구자들 간 공식 및 비공식 네트워킹과 협력을 장려함. 3M의 과학자들은 1951년 기술포럼(Technical Forum)을 만들었고, 지금까지도 R&D 직원 9,700명이 매년 모여 다른 사람들이 어떤 작업을 하고 있는지를 누구나가 볼 수 있다. 각 연구실에서도 나름의 컨퍼런스,

웹캐스트, 블로그를 운영한다.

5. **당근과 채찍을 활용하라:** 3M에는 이중 진로단계(dual-career ladder)가 있어서 경험이 풍부한 연구자들은 관리자가 되지 않고도 계속 승진할 수 있다. 또한 동료들에 의해 뽑힌 후보 중 선정된 수백 명의 직원들에게 매년 혁신의 성과에 대해 표창을 하며, 상위 20명의 '초과달성자'와 그 배우자에게는 3M의 전사적 워크숍에서 4일간의 휴가를 부여한다.

6. **평가와 도출법이 중요하다:** 3M은 R&D 투자에서 수익이 나는지 판단하기 위해 자사의 수익 중 얼마나 많은 부분이 과거 4년 동안 나온 제품들에서 나온 것인지를 즉시 파악할 수 있다. 경영진은 어떤 연구실에서 목표를 달성하고 있는지 어떤 연구실에서 목표에 미달되고 있는지를 평가할 수 있다. 이는 혁신 프로세스에 확신을 주며 해가 가더라도 모멘텀을 지속시켜 준다.

7. **고객들과 연결을 통해 호흡을 유지하라:** 직원들은 고객의 니즈를 파악한 뒤 연구실로 돌아가 가치 있는 제품을 생각해낼 수 있도록 고객들과 많은 시간을 보낸다. 사용자들을 일대일로 관찰하고 그들의 이야기를 들음으로써, 연구자들은 제품을 넘어서는 더 큰 이슈, 예를 들면 주문, 사용, 보관 혹은 폐기 등의 측면에서 더 큰 문제가 있음을 알게 되기도 한다.

45

창의적인 사람들…
공상가, 보더크로서, 게임체인저

CREATIVE BOX ──────────────────

'아무도 보고 있지 않는 것처럼 춤추어라.
아무도 듣고 있지 않는 것처럼 노래하라.
한 번도 상처받지 않은 것처럼 사랑하라.
지구상의 천국에 있는 것처럼 살아가라.'
– 마크 트웨인

미하이 칙센트미하이(Mihaly Csikszentmihalyi) 박사는 저서 《문제발견과 창의적 프로세스(Problem Finding and the Creative Proces)》에서 어떤 사람들이 창의적인지에 대해 탐구하며 이렇게 말한다. '어떤 형태의 창의력을 갖기 쉽게 만드는 신경학적 생리 현상이 있을 수는 있지만, 매우 창의적이기 위해 특정 능력이 필요한 것 같지는 않다.' 하지만 그는 창의력에는 일반적으로 호기심과 관심, 그리고 서로 정반대인 것처럼 보일 수도 있는 성격이 여러 가지 섞여 있어야 한다고 말한다.

- **다양하면서도 집중됨** – 정해진 틀 밖에서 생각하면서도 한 곳에 집중하기
- **에너지와 태만** – 아이디어를 이끌어내면서도 이를 다시 생각해봄
- **내성적이면서 외향적** – 자신과 타인을 이해함
- **남성적이면서 여성적** – 이성적이고 감성적이며, 집중력을 갖추되 직관적일 것
- **열정적이면서 무심함** – 자신이 하는 일을 사랑하지만 한 발 물러설 수 있을 것
- **반항적이면서 전통적** – 현 상태에 도전하지만 과거를 기반으로 둠

창의적인 사람들은 공상가이며(잡스와 다빈치처럼) 현 상태에 도전하고(뱅크시와 젠스트롬처럼), 도발적이고(레논과 주커버그) 급진적이다.(하디드와 루탄) 그들은 새로운 시각을 제공해주며(피카소와 마에다처럼) 표현력이 풍부하고(칸딘스키와 스튜어트), 여흥(보데커와 카월)과 단순함(아르마니와 칼프란드)을 더해 준다. 그들은 상상력이 풍부하고(디즈니와 야마우치) 끈질기며(에디슨과 다이슨), 상업적이고(마돈나와 타타) 비범한 사람들이다.(아인슈타인과 스탁)

창의력과 혁신은 개인보다는 팀으로 이룰 때 더 성공한다. 한 사람이 칙센트미하이가 말한 모든 특성을 갖기는 힘들지만, 팀이라면 문제없이 할 수 있다. 디자인회사 시모어 파월(Seymour Powell)의 리처드 시모어(Richard Seymour)는 '팀은 항상 혼자인 천재를 이

긴다'고 말한다. 그러므로 당신의 혁신팀에서 추구하는 수많은 역할에는 다음과 같은 것
들이 있다.

- **공상가** – 가능성을 찾는다
- **잡역부** – 실현가능성을 찾는다
- **기업가** – 일을 실현시키고 싶어한다
- **디자이너** – 어떻게 만들지를 생각한다
- **기술전문가** – 사람들과 계속 접한다
- **우스움** – 사람들에게 계속해서 에너지를 불어넣는다
- **경제학자** – 그것이 돈이 될 것임을 확신한다
- **보통사람** – 실제로 사람들과 접촉한다
- **예술가** – 아이디어를 훌륭한 그림으로 바꾼다
- **스토리텔러** – 아이디어를 멋진 스토리로 바꾼다
- **조력자** – 다른 사람들을 모두 함께 끌어모은다

사람들의 행동양식과 역할을 이해하는 데 가장 안정적으로 확립된 접근법으로 벨빈의
방식과 마이어스 브릭스의 방식 두 가지가 있다. 이 접근법들은 팀워크의 모든 측면에
이용될 수 있지만, 특히 기업에 적용이 가능하다. 벨빈은 팀과 팀 내의 역할에 중심을 둔
반면, 마이어스 브릭스는 개인과 개인의 성격을 중심으로 보고 있다. 양쪽 모두, 혁신을
이루려면 팀원들의 구성이 좋아야 한다고 본다.

팀 역할과 중요성

메러디스 벨빈 박사는 팀 역할을 '특정 방식으로 행동하고, 기여하고, 다른 사람들과 상호관계를 맺으려는 경향'으로 정의한다. 그녀는 팀 내 사람들의 행동양식을 아홉 개의 군으로 나누고 각각에 이름을 붙였다. 이 아홉 군은 어느 하나만 더 낫고 중요할 것 없이 모두가 중요하다. 각 팀 역할에는 특정한 강점과 허용되는 약점이 있다. 사람들은 한 가지 이상의 역할을 하기도 하며, 따라서 이 접근법은 성격 유형을 정하고자 하는 것은 아니다. 아홉 가지 역할은 아래 표에 나와 있다.

벨빈의 기술은 관찰자뿐 아니라 각 개인의 선호 행동에 대한 스스로의 관점에서 하는 다면평가에 의거해 개인의 행동양식을 평가하며, 자신의 행동을 동료들의 행동과 비교해 어떻게 보는지도 대비시킨다. 개인적으로 필자는 팀에서 프로젝트를 성공적으로 수행할 수 있는 방법과 관련해, 결과물을 함께 발견하고 논의하는 경우, 이 방법이 실제로 가장 도움이 됨을 알았다.

성격 유형

마이어 브릭스 성격 유형 검사(Myers-Briggs Type Indicator)는 칼 융(Carl Jung)의 심리 유형 이론에 기초한 것인데, 칼 융은 인지 기능에는 사고와 감정을 관할하는 '이성적'(판단) 기능과 감각이나 직관을 관할하는 '비이성적'(인식) 기능의 두 쌍이 존재한다고 했다. 융은 이런 기능들이 내향적 혹은 외향적 형태로 표현된다고 했다.

팀 역할	프로파일	장점	단점
회장	차분함, 자신감, 통제됨	목표에 집중한다, 기여를 장려한다	평균적 지성과 아이디어
회사원	보수적, 성실함, 예측 가능함	훌륭한 조직, 현실적이고 근면한 근로자	유연하지 못함, 새로운 아이디어에 대해 확신이 없음
셰이퍼(shaper)	에너지가 넘침, 해결책을 찾고 싶어함, 설득가	아이디어, 타성, 비효율성에 도전함	쉽게 자극받음
플랜트(plant)	혁신적, 독립적, 정통이 아님	상상력, 지성과 지식	공상에 빠져 있음, 세부사항에 관심 없음
자원조사가	열성적임, 호기심 많음, 커뮤니케이터	새로운 것을 탐색함, 도전에 반응함, 훌륭한 네트워크 구축가	처음 매혹을 느낀 뒤로 급속히 흥미를 잃음
감독자, 평가자	신중함, 편견이 없음, 지적임	판단과 재량, 냉정함	영감을 주지 못함, 다른 사람에게 동기를 부여하지 못함
팀워크 강화자	사회적, 신뢰를 줌, 외교적	반응을 잘 함, 팀워크를 부추김	결단성이 없음, 분쟁을 좋아하지 않음
조정자	자신감, 안정적, 성숙함, 대표자	큰 그림을 봄, 다른 사람의 능력을 알아봄, 다른 이들이 집중할 수 있도록 도움	다른 사람을 조종할 수 있음, 스스로 거의 아무것도 하지 않음
완성자, 종결자	질서 있음, 양심적, 일관됨, 완벽주의자	마지막까지 일을 마무리함, 세부사항을 보는 눈	사소한 세부사항을 걱정함, 물러서기를 꺼림, 위임할 수 없음

이사벨 브릭스 마이어스와 그의 어머니 캐서린 브릭스는 융의 이론에 나타나 있는 네 개의 상반되는 쌍 각각에 대한 기본적 선호도를 알아내기 위해 각 유형에 정의를 내렸다. 그리고 이를 16개 성격 유형으로 체계화했다.

- **지향:** 외부세계에 집중하기를 좋아하는지, 혹은 자신만의 내부세계에 집중하기를 원하는지에 대한 것으로, 외향적(extraversion, E)과 내향적(introversion, I)으로 나눔. 외향적인 사람은 행동지향적이고 폭넓은 관계를 원하는 반면, 내향적인 사람은 사고지향적이고 깊이를 추구한다. 외향적인 사람은 좀 더 잦은 상호작용을 원하지만, 내향적인 사람은 더 실질적인 상호작용을 선호한다.

- **정보:** 자신이 얻는 기본 정보에 집중하는 것을 선호하는지, 혹은 그것을 해석하고 의미를 부여하는 것을 선호하는지에 대한 것으로, 감각(sensing, S)과 직관(intuition, N)으로 나뉜다. 감각적인 사람들은 현재 가지고 있고 유형적인 정보를 신뢰하려고 하지만, 직관적인 사람들은 더 추상적이거나 이론적인 정보, 패턴, 미래의 가능성을 좋아한다.

- **결정:** 논리와 일관성으로 결정하는 것을 선호하는지, 아니면 사람들과 특별한 환경을 통해 결정하는 것을 선호하는지에 대한 것으로, 사고(thinking, T)와 감정(feeling, F)으로 나뉜다. 사고를 선호하는 사람들은 편견이 없는 입장에서 논리적으로 일을 결정하는 경향이 있다. 감정을 앞세우는 사람들은 상황을 강조하고, 일에 관련된 사람들의 요구사항을 고려하여 결정을 내린다.

- **구조:** 명확성과 절대적인 것을 선호하는지, 아니면 새로운 정보와 선택지에 대해 개방적인 것을 선호하는지에 대한 것으로, 판단(judging, J)과 인식(perceiving, P)으로 나

년다. 외부세계와 연관이 될 때, 판단을 선호하는 사람들은 결정을, 인식을 선호하는 사람들은 정보를 이용한다. 외향적인 사람들은 J인지 P인지가 지배적 기능을 나타내지만, 내성적인 사람들에게 있어서는 부가적 기능을 나타낸다.

일련의 진단용 질문을 이용해 각 카테고리에 대해 나타난 선호도에서 네 가지 문자로 표현되는 성격 유형을 나타낼 수 있다. 기업에서 가장 일반적인 유형은 ISTJ와 ESTJ형(감각, 사고 유형, 외향적이기보다는 약간 더 내성적)이고, 그 다음으로 많은 유형이 ENTJ와 INTJ형(직관, 사고 유형, 내성적이기보다는 외향적)이다.

케네스 앨린슨(Kenneth Allinson)은 그의 저서 《디자인의 와일드카드(The Wild Card of Design)》에서 다른 직업과 그들의 유형 프로파일의 예를 보여준다. 예술가들은 보통 INFJ형이고, 디자이너들은 ENFJ형이며, 엔지니어들은 ISTJ형, 기업총수들은 ESTJ형이다.

창의적 스타일

마이클 커튼(Michael Kirton)의 적응 – 혁신(KAI) 툴은 사고 스타일, 특히 사람들의 창의성, 문제해결 및 의사결정 방식에 초점을 맞춘 것이다.

- 적응자는 보수적인 성향이 강하고 정말 바뀌어야 할 때만 바뀔 것이다.
- 혁신가는 더 독창적이며 변화와 혁신을 이루고 싶어 한다.

이 도구는 매우 적응력이 뛰어남(낮은 점수)에서 매우 혁신적임(높은 점수)까지의 척도를 이용해 개인적인 능력보다는 스타일을 측정하는 것이다. 그래서 독창성, 세부사항에 대한 주의, 규칙 준수에 각 구성요소가 더해져 KAI 총점이 나온다. KAI 점수는 팀의 구성

적응자	혁신가
정해진 대로 문제를 인식	문제의 정의에 도전
상황을 더 나아지게 만듦	다른 방식으로 일을 함
문제 해결	문제 발견
시도되고 테스트를 거친 접근법을 사용	전통과 가정에 의문 제기
개선을 통해 문제를 줄임	촉매제, 무의미함, 큰 변화
설정된 구조에서 효율적 관리자	구조화되지 않은 상황을 통제
효율적, 철저함, 적응을 잘 함, 조직화됨, 정확함, 신뢰할 만함	기발함, 창의적, 독창적, 독립적, 전통적이지 않음
혁신가란 거슬리고, 훈련되지 않았으며, 민감하고, 혼란스럽다고 생각함	적응자는 순응적이고, 소심하며, 유연하지 못하고, 확정적이며, 타성에 젖어 있다고 생각함

원들이 어려운 문제와 다양한 유형에 대처하는 능력을 나타낸다.

팀 리더에게서는, 그룹 내에서 적응자와 혁신가 간 균형을 잡는 데 도움을 줄 수 있다. 두 유형 간의 차이가 다음 표에 나타나 있다.

혁신은 어떤 성격 유형에서나 생겨날 수 있으며, 특히 팀 내에서 여러 유형이 섞여 있을 때에는 더욱 그렇다. 기억이라는 것이 아이디어 확장, 미래 여행을 통해 생각하는 것뿐 아니라 아이디어가 수익을 낼 수 있도록 실현시키는 문제와 연관될 때 이는 특히 중요해진다. 특히 오늘날 혁신에는 외부세계와 모종의 외향적인 연결, 새로운 패턴과 가능성을 다루는 직관, 아무도 생각하지 못했던 것을 생각하는 능력이 필요하지만, 무언가를 실현시키는 데 집중하면서도 변화에 대하여 어느 정도 개방적인 자세도 필요하다.

차이 구어치앙…
올림픽의 화약 예술가

구어치앙은 무언가를 터뜨리면서 경력을 쌓아왔다.

그는 2008년 베이징올림픽에서 전 세계 그 어떤 작품보다도 장관을 연출한 불꽃놀이를 제작한 것으로 가장 유명하다. 그는 개막식과 폐막식의 불꽃놀이를 디자인하고 조율했다. 바로 중국이 바라건대 새로운 세계 질서에서 중국이 등장하는 전환점이 되는 데 가장 중요한 시점이었다. 그가 이런 작업을 위해 선택된 것을 보면 그에 대한 존경과 신뢰를 알 수 있는 것이다.

차이는 그런 야외행사 작업을 전문으로 한다. 그의 실내회화에도 종종 불꽃놀이가 등장하며 역동적인 설치작품의 일부로 동원되기도 했다.

전 세계적으로 차이의 예술적 불꽃놀이 플롯은 엄청난 인기를 누려 왔다. 그는 최근 필라델피아미술관 전면부에 부착된 커다란 꽃 구조물에서 60초짜리 폭발작업을 책임지기도 했다. 바로 이어 그는 미술관 내부에서 자신이 '불로 만들어진 강처럼'이라고 묘사한 좁고 구불구불한 금속 침대에 펼쳐진 실크 위에 화약을 뿌려 그린 그림에 점화했다.

이 폭발작업으로 그와 그의 팀원들이 유행이 지난 베틀에서 20개의 태피스트리를 만들어 내는 실시간 예술작품 창작이 시연되었다. 〈99개의 황금 보트(99 Golden Boats)〉라는 어마어마한 또 다른 화약 드로잉 작품도 전시되어 있다. 많은 사람들이 독특한 장관을 찾아왔을 뿐이지만, 그는 이런 것들이 모두 시간과 기억의 의미에 관한 것이라고 말한다.

차이는 푸젠성(Fujian)의 동남부 도시로 대만에 가까운 지역인 취안저우(Quanzhou)에서 자랐다. 이 도시는 중국 불꽃놀이가 많이 만들어지는 지역이므로, 그의 창의력에 영향을 준 것이 분명하다. 예술가로서 어린 시절 고향에 대한 몸짓으로, 또한 자라면서 느꼈던 사회적 억압에 대한 반응으로 1980년대 이래로 화약을 사용해 작업을 하고 있는 그는 이런 작업을 통해 자유를 느낄 수 있다고 말한다.

46

혁신 벤처…
더 빨리 시장에 내놓는 법 찾기

CREATIVE BOX ————————————————————

'이 세상에 올라탄 사람들은 자리에서 일어나 자신들이 원하는 환경을 찾는 사람들이다.
만약 그런 환경을 찾지 못한다면, 그런 환경을 만들어라.'
– 조지 버나드 쇼

◇ ────── 미국의 역사를 살펴보면, 과학적 혁신은 공적 부문과 사적 부문의 느슨한 파트너십으로 구성되어 있다. 여기에는 벨연구소(Bell Labs), RCA연구소(RCA Labs), 제록스 같은 유서 깊은 기관과 NASA와 미국 국방성 산하 첨단연구사업청(Defense Advanced Research Projects Agency, DARPA)이 포함되었다. 각 조직에서는 순수 연구와 함께 상업적 측면에서 잠재력이 있는 프로그램이 개발되었다.

영리 프로젝트는 일시적 성공만 이루어냈지만, 더 중요한 획기적 결과를 낸 것은 계속 진행중인 기본 연구였다. 예를 들면, 벨연구소는 팩스 전송, 광기전 태양전지(태양빛에너지를 전기에너지로 바꾸는 전지), 트랜지스터, UNIX 운영시스템, 무선통신방식 등 여러 가지 중요한 단계를 이루어냈다. 이와 비슷하게 DARPA는 1969년 인터넷을 처음 만들어냈으며(20년 후 팀 버너스리의 도움으로 월드와이드웹으로 진화함), 제록스 파크는 이더넷(여러 대의 컴퓨터로 네트워크를 형성하는 시스템)과 개인용 컴퓨터를 가능하게 만든 그래픽 인터페이스를 개발했다.

하지만 그런 기초 연구는 이제 하향세다. 이는 예산이 감축되고 단기적 영리 프로젝트에 재배분되었으며, 전과 달리 국가의 지원을 받는 아시아 연구기관들이 과학연구를 상당 부분 맡게 된 것과 동시에 명예가 실추되었으며, 그에 따라 그 기관들이 급부상하게 되었기 때문이다.

한편 기업들은 연구에 대한 좀 더 응용된 접근법, 그리고 그것을 상업적으로 적용시키는 것을 가속화하는 데에 집중했다. 새로운 기업의 자세가 기업의 가장 전통적인 측면에까지 영향을 미치자, 기업 벤처링(business venturing), 개발 인큐베이터, 가속장치가 주로 닷컴 붐을 타고 갑자기 우후죽순처럼 생겨났다.

아래 표에 여러 종류의 혁신의 특징이 요약되어 있다.

유형	목표	자금	장점	단점
내부 발전	신규 혹은 개선된 제품이나 서비스	기능적 예산	증대되는 혁신	기능과 전통에 의해 제한됨
내부 벤처	신제품, 새로운 기업(아마 최대한 오래 가는)	정해진 예산	좀 더 급진적인 혁신	일반 사업에서 독립하고자 함
합작 벤처	공유하는 파트너와 함께 개발한 신제품	각 파트너로부터의 투자	새로운 영역에 다가가는 좀 더 급진적인 혁신	파트너와 협업하고 타협해야 함
외부의 벤처 육성 지원 기업	새로운 기업 (보통 최대한 오래 감)	기존 기업으로부터 (그리고 아마도 다른 이들로부러) 투자받음	급진적 혁신	동떨어지고 위험할 수 있음
외부 벤처	새로운 기업(내부로 다시 흡수되는 경우가 많음)	기존 기업으로부러 투자받음	급진적 혁신	새로운 벤처가 기업으로 재통합될 수 있음
인수합병	다른 기업을 인수하여 구조에 통합시킴	기존 기업으로부러의 투자	증대되거나 급진적인 혁신	통합 이슈가 경영진을 사로잡는 경향이 있음

혁신의 아이콘, 벤처

벤처라는 것이 더 장기적으로 보았을 때 기업 내의 기업가 활동을 수용하는, 개발이 진행 중인 혁신이었지만, 1990년대 후반 많은 대기업들이 닷컴 붐을 타고 '기업벤처'를 육성하였다. 어떤 기업 내의 벤처는 그 기업이 새로운 시장에 들어가고 기존 자산을 새로운 방식으로 활용할 수 있게 해준다. 벤처는 나름의 방식으로 발전할 여지를 얻고, 기업의 유기적으로 성장하는 것을 제한하는 많은 한계와 전통을 답습하지 않도록 모기업과 분리되어 있다.

네 가지 전형적인 벤처의 유형은 다음과 같다.

- **신규 기업 벤처(New business ventures):** 아이디어, 특허, 여유자원을 판매 혹은 라이선스를 줌으로써 자본으로 만든다. 1997년에 설립된 루슨트뉴벤처스(Lucent New Ventures)는 핵심기업에서 즉시 필요로 하지 않거나 지원받지 못한 지적재산권과 기술을 상업화시키는 데 집중했다.

- **핵심 기업 벤처(Core business ventures):** 벤처 식의 접근법을 사용해 기존 기업의 활동을 개선시키고자 한다. 쉘의 '게임체인저(GameChanger)'는 쉘의 조사 사업부문 기술적 예산의 10%를 벤처방식으로 쓴다는 의도로 만들어진 것이다.

- **파트너 벤처(Partner ventures):** 기업이 기업의 핵심 사업에 성장을 자극하는 데 도움을 줄 수 있는 보완적 아이디어와 기술을 가진 공급자, 고객, 배급자 혹은 다른 파트너에 투자하는 경우이다. 인텔 캐피털(Intel Capital)이 이런 방식의 한 예다.

- **사모 벤처(Private equity ventures):** 기업이 자산과 네트워크를 활용하기 위해 사내 사모

기업을 설립하는 경우이다. 노키아벤처파트너스(Nokia Venture Partners)는 자사의 각 이해 영역의 신생기업에 주도적인 투자를 한다.

벤처는 수많은 성과를 만들어낼 수 있다.

- **스핀아웃**(Spin-outs): 기업이 자사의 아이디어나 활동을 판매 혹은 라이선스를 주는 경우, 예를 들면 푸르덴셜이 만들어 매각한 에그(Egg)
- **스핀업**(Spin-ups): 기존 조직 내에서 수익성 있는 수입을 만들기 위해 새로운 기업이 만들어지는 경우, 나이키가 지속성 있는 벤처로 개발한 나이키 컨시더드(Nike Considered)가 그런 예임
- **스핀인**(Spin-ins): 새로운 기업이 평가를 받고 핵심기업으로 들어오는 것으로, 베스트바이가 인수한 엉뚱한 IT 지원 인력 긱 스쿼드(Geek Squad)를 들 수 있음
- **사모**(Private equity): 기업이 자사의 투자에 대한 수익을 추구하는 경우, PA컨설팅(PA Consulting)의 일부인 PA 벤처스(PA Ventures)가 예가 될 수 있음

인큐베이터

인큐베이터(incubator)란 다양한 자원과 서비스를 통해 기업의 성공적인 발전을 가속화하기 위해 고안된 시설이나 과정을 말한다.

인큐베이터는 서비스를 전달하는 방식, 조직 구조, 서비스를 제공하는 고객의 유형 등의 형태로 다양하다. 기본적인 기업의 지원 외에, 회계 지원, 대출이나 보증, 학계와 비즈니스 파트너에의 연결, 벤처 캐피털, 멘토링도 지원할 수 있다. 그리고 내부에 있는 경우

와 외부에 있는 경우, 때로는 두 형태가 섞인 경우도 있다.

신생기업과 설립 초기 단계의 기업에 집중한다는 측면에서 인큐베이터는 기업, 정부나 대학에서 아주 작은 회사까지 포괄하는 대규모 프로젝트인 경우가 많은 연구 및 기술 센터와는 차별된다. 대부분의 연구 및 기술 센터는 기업 지원 서비스를 제공하지 않는다. 하지만 이는 기업 인큐베이션 프로그램의 가장 중요한 특징이다. 그러나 많은 연구 및 기술 센터에는 인큐베이션 프로그램이 포함된다.

2009년 스탠퍼드대학교의 연구에 따르면 인큐베이션 프로그램을 통해 생긴 기업이 그렇지 않은 기업보다 더 오래 사업을 지속했다. 미국에서는 2만 7,000개 이상의 기업이 인큐베이션 프로그램의 지원을 받아 10만 명 이상의 고용 창출 효과를 내고 연간 170억 달러의 수입을 달성했다.

레이드 호프만…
실리콘밸리에서 가장 많은 연결고리를 가진 사람

스탠퍼드대학교를 졸업할 당시 레이드 호프만(Reid Hoffman)의 처음 계획은 교수가 되는 것이었다. 그는 변화하는 사회의 본질과 그 안에 있는 사람들의 정체성에 흥미를 느꼈다. 그러다 그는 학계에서 보통 50~60명 정도밖에 읽지 않는 책을 인용한다는 걸 알고, 세상에 더 큰 영향을 미치는 방법을 찾아야겠다고 결심했다.

나파밸리(Napa Valley)의 와인양조장인 잉글누크(Inglenook)로 시작한 그는 애플을 거쳐 후지쯔로 옮겨

일하다가, 자신의 첫 회사인 socialnet.com을 공동 창립했다. 그는 또한 페이팔의 설립이사회에 참여하여 사업과 기업 개발을 관장하는 이사까지 되었다. 2007년에는 전문가 네트워크인 링크드인(LinkedIn)을 설립하고, 첫 4년간 CEO로 일하다가 회장이 되었다.

그는 '실리콘밸리를 통틀어 가장 많은 곳에 연결된 사람'이라고 불려왔으며, 많은 '2세대 웹 기업가들'에게 멘토 역할을 하고 있다. 투자를 계속하고 있는 그는 자신이 새로운 기업에서 무엇을 찾고 있는지 알고 있다. 그는 눈이 휘둥그레지는 신제품이나 현금을 벌어다 줄 보물을 찾기보다는, 다음과 같은 세 가지 질문에 대한 답을 찾는다고 techcrunch.com에 말했다.

- **'어떻게 대중에게 다가갈 것인가?'** 호프만은 부동산에서는 '위치, 위치, 위치'가 항상 문제이며, 고객 웹기반 기업에서는 언제나 '유포, 유포, 유포'가 관건이다. 그는 사람들이 당신을 발견할 수 있도록 논란 위로 떠오르는 것이 가장 큰 도전이라고 보며, 유튜브의 마이스페이스 사용과 캠퍼스 학생들 중 80%가 60일 내에 페이스북을 수용한 점을 예로 든다.

- **'당신의 독창적인 가치 제안은 무엇인가?'** 그는 무언가를 찾는 혁신은 경쟁자보다 뛰어나지만 사용자를 소외감을 느끼게 하는 데는 그다지 진보적이지 않으며, 기존에 이미 존재하는 것을 단순히 새롭게 포장하거나 주목시키려는 것은 아니다. '이곳은 데이트 사이트지만, 어르신들을 위한 곳입니다…'라는 것은 그에게 전혀 혁신이 아니다. 그는 사용자들이 스스로 헤드라인을 정하는 딕(Digg) 같이 범주를 바꾸는 아이디어, 혹은 아이튠즈 플러그인으로 음악 감상을 추적하는 Last.fm 같은 것을 찾는 것이다.

- **'당신의 기업은 자본 대비 측면에서 얼마나 효율적일까?'** 가장 중요한 이윤의 측면에서, 그는 현금 흐름이 끊기면 기업이 망한다는 것을 직접 체험으로 알고 있다. 초기 자금을 운용하는 것도

중요하지만, 이를 다음 단계에까지 지속하는 것도 반드시 필요하다. 그는 타이프패드(TypePad) 같은 '인텔리전트 스케일링(intelligent scaling)'을 찾는데, 타이프패드는 2차 자금 확보 없이도 사용자를 1,000만 명까지 늘렸다. 신생기업에서는 아이디어가 대단해 보일 수 있지만, 그는 미래 자금 확보를 어떻게 할 것인지 생각하는 것이 더 중요하다고 주장한다.

일반 대중, 독창적 가치, 안정적인 자금 확보의 세 가지 요소가 제자리를 잡고 나야, 비로소 신생기업은 어디서 돈을 벌 수 있을지 생각해 볼 시간을 갖게 된다. 그가 말하는 공식은, 훌륭한 제품으로 고객층을 구축한 다음, 이를 통해 어떻게 이득을 얻을 수 있을지 생각해 내는 것이다.

47

창의적 네트워크…
장소와 파트너의 창의력

CREATIVE BOX ————————————————————

종족이든, 네트워크든, 부족이든, 가족이든, 그것을 무엇이라 부르든 간에,
당신이 누구든지 간에, 그것을 필요로 할 것이다.
– 제인 하워드(Jane Howard), 영국 소설가

⬡ ———— 《핫스팟: 왜 어떤 팀, 직장, 조직은 에너지로 넘치는가(Why Some
Teams, Workplaces, and Organizations Buzz with Energy-and Others
Don't)》의 저자 린다 그래튼(Lynda Gratton)은 이렇게 말한다.

'활기가 넘치는 곳(Hot Spot)에 있으면 언제나 알아차릴 수 있다. 기운을 얻게 되고 원기
왕성하게 살아있는 기분이 든다. 뇌는 아이디어로 넘쳐나고, 주위 사람들이 당신의 기쁨
과 흥분을 공유하게 된다. 이 에너지는 뚜렷하게 느껴지고, 밝게 빛난다. 이때가 바로 당
신과 다른 사람들이 항상 알고 있었던 것이 더 명확해지고, 가치를 더하는 것이 더욱 실
현가능성이 높아지는 때이다.'

그래튼은 조직 내에서 사람들이 활기차게 되는 창의적인 장소에 주목하고 있지만, 핫
스팟은 좀 더 광범위하게 창의력이 자라날 수 있는 물리적 공간, 도시, 지역의 측면에서
생각될 수도 있다. 르네상스 시대 베니스와 밀라노처럼, 이런 장소들에서는 한 장소에
모여드는 인재들의 어마어마한 다양성으로부터 에너지를 얻게 된다. 다빈치가 살던 시
대에는 예술가, 공예가, 철학가들이 이들을 지원한 귀족들과 함께 모이던 자리가 그런
공간이었다. 요즘은 학계, 기술자, 엔지니어, 디자이너, 마케터와 이들을 지원하는 벤처
자본가들의 모임이 핫스팟이 될 수 있다.

이런 모임 중에는 선도적인 대학 주변에 밀집해 있거나 기업 '생태계'의 일환으로 특
별히 만들어진 혁신 센터와 지식 허브에 위치하는 것도 있다. 단순히 서로 찾아가는 경
우도 있다. 하지만 이런 경우에도 물리적인 모임 이상의 무언가가 필요하다. 문화와 환
경도 필요하다. 서부 캘리포니아 지역의 태양과 서핑, 차에 올라타고 파도를 타거나, 스
타벅스나 파네라브레드(Panera Bread) 매장에서 창의적인 유형에 부딪혀 보는 능력, 또는

힘들고 창의적인 하루의 끝에 레이크 타호(Lake Tahoe)가 바라다 보이는 오두막으로 돌아가는 것들이 모두 그런 창의적인 생태환경의 좋은 예다. 창의적인 사람들은 창의적인 장소로 모여드는 경향이 있다.

실리콘밸리에서 방갈로르까지

실리콘밸리는 캘리포니아 북부의 먼지투성이 오렌지 과수원에서 출발되었다. 이곳에는 골드러시 시절부터 개척자의 전통을 간직하고 있었지만, 스탠퍼드 대학의 기술 리더십, 그리고 태양과 커다란 파도가 주는 느긋하고 열정적인 라이프스타일 덕분에 다시 그런 전통이 나타났다. 마운틴뷰와 서니베일(Sunnyvale) 같은 도시에는 농부나 자유로운 영혼을 가진 젊은이들이 소유한 목조주택이 점점이 퍼져 있었다. 도시의 이름은 그 지역의 수많은 실리콘칩 혁신가들과 그곳에 모여든 제조사들 때문에 생긴 것이었다. 그 뒤를 따라 실리콘칩을 사용하는 기술기업들, 그리고 약간의 영감을 원하는 사람들과 벤처 자본이 들어왔다. 대부분의 칩 제조사들이 대거 옮겨왔지만, 이 지역은 기업가, 엔지니어, 벤처자본가들이 많았던 까닭에 계속해서 선도적인 하이테크 허브로 기능하고 있다.

인도의 방갈로르에는 1,500억 달러에 달하는 인도의 기술 수출의 33%를 담당하고 있는 기술기업들이 대규모로 모여 있어 인도의 실리콘밸리라고 불린다. 방갈로르의 기술산업은 인도소프트웨어기술파크(Software Technology Parks of India, STPI), 방갈로르국제기술파크(International Tech Park, Bangalore, ITPB), 전자도시(Electronics City)의 세 가지 집단으로 나뉜다. 인포시스와 위프로(Wipro) 같은 기업들, 인도에서 두 번째, 세 번째로 규모가 큰 소프트웨어 기업들이 이곳에 위치하고 있다. 거대기업 유나이티드브루어리즈(United Breweries)도 있다. 생명공학업체도 매우 뛰어나서, 인도 기업의 50% 이상을 차지한다. 하지만 새로운 성장과 함께 방갈로르에는 독특한 문제가 나타나게 되었다. 바로 도시의 인프라 개선을 요구하는 기술업체들과 주로 교외 카마타카(Kamataka) 사람들에 의해 선출된 주정부 간에 때때로 이데올로기의 충돌이 발생한다는 점이다.

핀란드 오타니에미(Otaniemi)는 노키아 덕분에 유명한 도시지만, 이곳에도 역시 이동성 기반 소프트웨어와 웹웨어, 나노기술과 마이크로전자공학 등 다른 최첨단 기술 클러스터들이 많이 있다. 기업, 연구소, 대학들이 긴밀하게 커뮤니티를 이루고 세계 최고의 연구를 진행하여 협력적 R&D와 영리를 추구하는 협력을 한다. 일본에는 간사이과학도시가 교토와 오사카 사이에 자리잡고 있는데, 이곳은 특히 창의적 예술, 과학, 리서치의 발전을 도울 뿐 아니라, 신산업과 신문화 창조에 박차를 가하기 위해 조성된 곳이다.

이런 고에너지 허브들은 최고의 인재, 가장 부유한 투자자들, 그리고 가장 발전된 기업들을 유인한다. 보통은 조깅코스나 커피숍에서 아이디어가 생겨나고, 파트너십이 맺어지며, 거래가 성사된다. 하지만 창의적 문화뿐 아니라 이런 허브에도 구조가 존재하고 있다. 이들은 가장 큰 혁신의 생태계 안에서 일하며 때로는 거꾸로 되기도 한다. 생태계는 기업들이 모든 것을 스스로 할 필요는 없으며, 자신들이 해야 할 많은 활동을 더 싸게, 더 빠르게, 더 잘 할 수 있는 다른 기업을 찾을 수 있다는 인식에서 나왔다. 이 생태계에는 연구자, 기술자, 공급자, 디자이너, 제조자, 포장업자, 배급자, 광고사, 변호사, 회계사가 포함되었다.

시스코시스템즈(Cisco Systems)는 이 생태계 모델을 실제적으로 활용한 최초의 기업 중

하나였다. 시스코는 '가장 잘 하는 것을 하고 나머지는 다른 이들이 하도록 두어라'라는 모토를 걸고 자사의 핵심 특허 제품과 사업전략을 제외한 모든 기능에 대해 파트너십을 맺었다. 이런 유연성으로 시스코는 업계와 함께 발전하고 과도한 비용이나 위험 없이 규모를 늘릴 수 있었다. 시스코의 '로컬리 글로벌(locally global)' 사업모델은 기술업계에서 가장 존경받는 모델이 되었으며, 많은 곳에서 이 모델을 모방하기도 했다.

혁신적인 국가들

창의적 허브라면 특정 지역 그리고 관련 인재들이 집중되는 것을 먼저 생각하게 되지만, 한 국가도 혁신을 위한 비옥한 토양이 될 수 있다. 보스턴컨설팅그룹에서 뒷받침하는 '글로벌혁신지수(Global Innovation Index)'는 한 국가의 혁신의 정도를 측정하는 지표다.(아래 표를 참고할 것) 국가들 간 순위를 매기기 위해 이 연구에서는 다음 두 가지를 모두 측정한다.

- 혁신투입, 정부정책과 재정정책, 교육정책, 혁신 환경 등이 포함됨
- 혁신산출, 특허, 기술이전, 기타 R&D 결과, 노동생산성과 주주총수익 같은 기업실적, 그리고 혁신이 기업이주와 경제성장에 미치는 영향 등이 포함됨

순위	국가	총점	혁신투입	혁신산출
1	한국	2.26	1.75	2.55
2	미국	1.80	1.28	2.16
3	일본	1.79	1.16	2.25
4	스웨덴	1.64	1.25	1.88
5	네덜란드	1.55	1.40	1.55
6	캐나다	1.42	1.39	1.32
7	영국	1.42	1.33	1.37
8	독일	1.12	1.05	1.09
9	프랑스	1.12	1.17	0.96
10	호주	1.02	0.89	1.05
11	스페인	0.93	0.83	0.95
12	벨기에	0.86	0.85	0.79
13	중국	0.73	0.07	1.32
14	이탈리아	0.21	0.16	0.24
15	인도	0.06	0.14	−0.02
16	러시아	−0.09	−0.02	−0.16
17	멕시코	−0.16	0.11	−0.42
18	터키	−0.21	0.15	−0.55
19	인도네시아	−0.57	−0.63	−0.46
20	브라질	−0.59	−0.62	−0.51

출처: 보스턴컨설팅그룹

IBM⋯
더 나은 지구를 위한 이노베이션잼

'1년 전쯤, 우리는 이 지구가 어떻게 하면 더 스마트해질 것인지에 대한 글로벌 대화를 시작했다⋯ 세상을 움직이게 만드는 시스템과 프로세스, 즉 아무도 컴퓨터라고는 생각하지 않을 것들, 자동차, 가정용 기기, 도로, 파워그리드, 의류, 농업과 수로 같은 자연 시스템에도 지능이 결합되고 있다.

인터넷을 통해 연결된 수조 개의 디지털 기기들이 방대한 정보의 바다를 만들어내고 있다. 그리고 시장의 흐름에서 사회의 맥동까지, 이 모든 정보가 지식으로 변환될 수 있다. 지금 우리에게는 컴퓨터의 힘과 그것을 이해하는 고급 분석능력이 있기 때문이다. 이렇게 만들어진 지식으로 우리는 비용을 절감하고, 낭비를 줄이며, 그리고 기업에서 도시까지 모든 것에 있어 효율성, 생산성, 품질을 개선할 수 있다.

위 내용은 IBM의 웹사이트에 설명되어 있는 '더 스마트한 지구(Smarter Planet)'를 위한 비전이다. 이는 단지 말뿐인 것이 아니라, IBM이 스스로 혹은 고객을 위해 실제로 하고 있는 일이기도 하다. IBM은 전세계 다른 어떤 기업보다도 많은 특허를 등록했다. 2009년에는 3,125건이 넘었는데 이는 주당 60개에 이르는 수치로, 토마스 에디슨도 놀랄 만한 실적이다.

물론 IBM은 오래전 소비자가전에서 탈피하기로 결정하고, 모든 산업의 전문가를 보유한 아이디어 기업이자 아마도 가장 다양하고, 많은 실적을 내는, 혁신기업이 되기로 했다. 최근의 획기적인 실적으로는 컴퓨터칩 제조에 자가조립 나노기술 프로세스 개발이 있는데, 이 프로세스를 통해 전선 사이 진공을 형성하여 더 적은 에너지를 소비하면서도 신호가 더 빠르게 이동할 수 있도록 했다. 또한 조류독감과 같은 신생 전염병이 어떻게 돌연변이를 일으킬지 예측하는 도구를 개발하여 제약사들이 효과적인 백신을 만들도록 해주었다. 그리고 뉴욕 허드슨 강 주변에 설치된 수천 개의 센서에서 얻은 데이터를 분석하여 강의 오염도를 측정하고 변화를 예측하는 시스템도 있다.

또 인상적인 것은 새로운 아이디어를 찾기 위한 IBM의 부단한 노력이다. 그러한 노력 뒤에는 매우 큰 생각하기 이벤트인 '이노베이션잼(InnovationJam)'이라는 과정이 있다. 2003년, CEO 샘 팔미사노(Sam Palmisano)는 IBM의 창의력을 찾아낼 수 있는 방법을 찾고 싶었고, 30만 명 이상의 직원들뿐 아니라 수만 명의 파트너와 고객들의 참여를 독려했다. 그 결과 기업 역사상 가장 대규모의 온라인 이벤트가 진행되었다. 팔미사노는 가장 장래성이 있는 제안에 1억 달러를 투자하기로 약속했다. 15만 명 이상의 IBM 직원들과 전 세계 100개국 이상에서 수많은 파트너가 72시간 동안 진행된 이 행사에 참여했다.

그리고 주제별로 온라인 코멘트를 조사하기 위해 이클래시파이어(eClassifier)라는 복잡한 문자분석소프트웨어로 이 토론을 분석했다. 첫 번째 세션에서는 3만 7,000가지의 아이디어가 나왔고, 몇 주 후 이루어진 두 번째 세션에서는 최고의 아이디어 50개를 개선시키는 데 집중했으며, 이를 통해 투자금을 확보한 10개의 새로운 프로젝트가 탄생했다. 이 프로젝트들은 전국의 대중교통 시스템을 통합할 수 있는 방법, 그리고 현실세계의 수익을 끌어올릴 수 있는 방법으로 어떤 3D가상세계에서든 한 아바타로 모두 적용될 수 있는 플랫폼 개발 같은 도전에 집중했다.

뒤이어 열린 연례 이노베이션잼은 더 큰 진전을 이루었다. 다음해에는 5만 2,000명의 직원들이 모여 72시간 동안 쉬지 않고 새로운 사례에 집중했다. 이들은 앞서 확인한 가치 수행을 뒷받침하기 위해 실행 가능한 아이디어를 찾는 데 집중했다. 메인 세션이 끝난 후에는 새로운 잼레이팅(JamRatings) 이벤트를 진행하여 참가자들이 주요 아이디어를 선택할 수 있도록 했다.

팔미사노는 전 세계 리더들에게 자신이 이끄는 기업과 업계에서 중대한 변화를 이끌 수 있는 아이디어를 접하게 되는 과정을 설명하며, 이렇게 해서 얻는 이득이 엄청나다고 말했다. 이들은 최고의 기회,

모범사례, 획기적인 비즈니스 모델에 대해 알게 되었다. 이들은 글로벌인재 관리에서 신세대 고객을 만족시키는 일, 필수적인 신기술 개발까지 자신들이 접하는 주요 이슈들에 관해 아이디어를 공유했다. 그리고 이제 IBM이 혁신을 이용해 더 나은 지구를 만들어가는 기업이자 기술리더로 인식하게 되었다.

이노베이션잼은 IBM이 비슷한 규모의 기업 중에서는 감히 시도해 본 적이 없을 만한 실험을 기꺼이 하려 했음을 잘 보여주었다. IBM은 일반적인 경우와 달리 다수의 신생 사업에 엄격한 잣대로 걸러내지 않고, 각 팀에게 나름의 직관적 방향을 설정하도록 했다. 이노베이션잼은 다른 기업에도 영감을 주어 비슷한 행사가 개최되었다. IBM에서 라이선스를 받아 진행하고 지원을 받는 경우도 많았는데, '빅블루 (Big Blue)'를 리더로 삼아 기업들과 파트너십을 통해 네트워크 전체에서 협력적 혁신을 강화했다.

팔미사노는 참가자들이 새로운 것에 눈을 뜨고 영감을 받아가기를, 그리고 우리가 지금까지 이야기했듯이 자신이 속한 기업을 지금 현재 상태에서 앞으로 몇 년 후 번창할 수 있도록 나아가야 할 방향으로 움직이기 위한 과학적이고 실용적인 아이디어로 무장되어 돌아가기를 바랐다.

혁신 관리하기…
사람, 프로젝트, 포트폴리오 관리하기

CREATIVE BOX

'변화와 진보는 별개다. 변화는 과학적이지만,
진보는 윤리적이다. 변화는 의심의 여지가 없지만, 진보는 논쟁의 문제다.'
– 버트란드 러셀

◇ ———————— 스타우드호텔(Starwood Hotel)에는 파격적인 W호텔과 고객 경험의 모든 영역을 비롯한 전 사업영역에 걸쳐 창의력과 혁신 도출을 담당하는 CCO(Chief Creative Officer)가 있다. 한편, 스스로를 '아이디어컴퍼니(The Ideas Company)'라고 칭하는 광고대행사 사치 & 사치(Saatchi & Saatchi)에는 CIO(Chief Edias Officer)를 두고 있다. 자사의 고객이 가장 가치 있게 생각하는 것이 바로 아이디어라는 점을 알고 있어서다. 그리고 쉘에는 CIO(Chief Innovation Officer)가 있어, 시나리오 기획과 50년 이상을 내다본 장기 리서치 및 훈련 프로그램을 담당한다.

혁신을 관리하는 것은 기능적 혹은 부서(팀) 간의 도전, 또는 특정 프로젝트 책임이나 일상적인 업무의 일환도 될 수 있다. 어떤 조직에는 혁신 담당 관리자가 지정되어 있지만, 구글 같은 곳은 특별히 책임을 맡은 사람이 없고 모든 직원이 혁신을 담당하기도 한다.

혁신 관리에는 다양한 수준에서의 업무가 필요하다.

- **제품과 포트폴리오 관리:** 출시부터 성장, 성숙을 거쳐 수요 하락까지 제품(그리고 서비스도 마찬가지)의 '수명'을 관리하는 것. 제품의 수익성을 최대화하기 위해 단계별로 다양한 마케팅 전략이 필요하다. 수요가 하락하는 제품은 혁신을 통해 부활시키거나, 사업을 더 잘 할 수 있는 제3자에게 판매 혹은 라이선스를 줄 수 있다. 제품 포트폴리오의 균형을 맞추려면 기존 제품의 수요가 하락할 때를 맞추어 대체 상품이 적절한 타이밍에 성장하도록 하여, 고객들에게 지속적으로 공급되고 브랜드를 드러낼 수 있도록 해야 한다.

- **프로세스와 사례 관리:** 조직 내 각 파트의 프로세스를 잘 정리하고 개발하며, 다양한

니즈에 적절하게 수정하여, 기업 내 창의력과 혁신을 이끌어내는 능력을 관리하는 것. 사례는 지속적인 기획 템플릿을 통해 뒷받침되지만, 좋은 사례는 기업 전체에서 업무 사례를 공유하고 영역 간 도구와 기술을 모방함으로써 장려된다. 또 인트라넷을 활용한 업무흐름 소프트웨어로 강화되기도 한다. 문화적으로는 또 직장 디자인, 환경, 역할모델을 통해 장려되기도 한다.

- **상품 제조 과정과 실적 관리**: 보고, 검토, 실적 목표 및 보상에 대한 구조화된 접근법을 통해 기업 내 혁신의 발전 정도를 관리하는 것. 제조 과정 관리는 혁신 프로젝트의 포트폴리오 관리, 프로젝트에 들어가는 투자와 자원의 적절한 분배, 그리고 프로젝트 내 시너지 혹은 모방을 피하고 제품 출시 기간을 단축시키는 방법을 찾는 것이다. 혁신, 그리고 기업의 더 많은 노력을 이끌어내는 데는 다음과 같은 것들이 필요하다.

  - 신제품으로부터의 수익 비율과 같은 아웃풋 산출법
  - 신규 제안 숫자와 같은 처리량 기준
  - 개발 중인 혁신안으로 인해 예상되는 장래 현금 흐름에 대한 예측 가중치

- **직원과 프로젝트 관리**: 프로젝트와 담당 직원들을 관리하는 데는 몸소 나서는 팀 리더십과 프로젝트 관리 역할이 더 필요하다. 이는 빈번하게 반복되는 주기로서 설정, 기획, 실행, 검토 및 종료 등의 전통적인 단계를 따를 것이다. 물론 혁신 프로젝트를 제품 개발에 집중하여 생각하기는 쉽다. 하지만 전후관계가 똑같이 혹은 더 중요하다. 아이디어 생산과 창의적 디자인 프로세스가 먼저, 시장 확산과 수용 과정이 나중이다. 유통채널, 소매상품화, 커뮤니케이션 미디어, 영업 기술, 가격 구조, 계속되

팀내 역할	책임	능력
혁신 챔피언	혁신을 중요한 것으로 만들기, 혁신 전략 결정, 기업 전략에 영향력 미치기, 혁신 포트폴리오 관리, 주요 이니셔티브 발의	CEO나 이사급, 환상을 가지고 있는 커뮤니케이터, 존경과 수락, 아이디어 보호와 양성
프로그램 리더	주요 이니셔티브의 리더, 처음부터 끝까지 관리, 파트너십 개발, 기능 간 영향력 미치기, 시장 출시 책임	사업 전반의 경험, 프로그램 관리, 과정을 이해함, 영향력을 행사하는 사람, 커뮤니케이터
혁신 코치	프로젝트팀 지원, 전문지식 전달, 더 나은 사례 장려, 통찰력과 아이디어를 연결, 훈련과 개발	혁신 전문가, 훈련과 촉진, 모범 사례 수집, 변혁의 주도자
창의적 촉매자	새로운 관점 도입, 새로운 통찰력과 아이디어 추가, 현 상태에 도전, 급진적 창의력 추가, 혁신적인 것을 상징화	상상력이 풍부하고 창의적임, 네트워크 형성자이며 조직에 능함, 확신에 차 있고 자신감 있음, 재미도 추구
미래 탐사자	새로운 기회를 찾음, 기술을 쫓아감, 미래 시나리오 구축, 외부와 내부를 연결, 사람들이 앞선 생각을 하도록 도움	호기심 많고 탐구정신이 강함, 모호함도 잘 받아들임, 복잡성을 이해함, 내외부의 네트워크를 조직

는 서비스와 지원 같은 영역에서 혁신을 이루는 것이 제품 자체보다 고객에게 더 많은 영향을 주는 경우가 많다.

혁신팀

혁신팀의 구조는 혁신에서 예상되는 복잡성의 정도에 따라 결정된다. 여기서 복잡성이란 기술적 어려움, 조직 내 정책, 시장 야망의 측면에서의 복잡성을 말한다. 그러나 중요한 역할이 많이 등장한다. 이사회의 수준에서 프로그램을 옹호 혹은 후원하는 사람, 직접 나서서 이끌어가는 지도자, 혁신의 전문지식을 전해줄 사람, 그리고 통찰력과 아이디어를 더해줄 사람들이 그런 역할을 맡는다. 앞의 표에 이런 역할들이 요약되어 있다.

팀을 앞서 논의한 혁신의 정도에 맞추어 나가면서, 우리는 팀 내에서 필요한 다양한 역할, 특정 능력과 지식 유형 그리고 성격을 탐구할 수 있다. 또한 팀원들이 풀타임으로 여기에 전력을 다할 것인지 혹은 자신의 본래 기능적 역할을 수행하면서 파트타임으로 모여야 할지도 생각해 볼 수 있다.

- 혁신 증대를 위한 팀은 대부분 기존 조직 기능을 유지하면서, 혁신 활동을 위해 파트타임으로 협력하여 달성하게 된다. 중요한 필요조건으로는 기술적 전문지식과 기존 제품 및 서비스에 대한 깊이있는 지식, 자원, 프로세스와 표준화에 대한 집중, 정치적 권력에 대한 욕구가 없어야 할 것 등이 있다.
- 차세대 혁신을 위한 팀은 기업 내 기능부문 간에 이루어져 더 많은 아이디어를 받아들이고, 전체 고객 경험에 대응하며, 다양한 분야에서 혁신을 이룰 능력을 보유해

야 한다. 역시 파트타임으로 하면 조직의 힘, 리더십과 통제를 더 강하게 유지하게 된다. 그러나 기능별 부서 간 구성원으로 이루어진 팀은 어쩔 수 없이 충성도와 우선순위에서 차이가 날 수밖에 없다.

● 획기적 혁신을 위한 팀은 전체적으로 인력을 차출하지만 혁신업무에만 풀타임으로 일할 수 있는 전담팀이 필요하다. 그리고 자율성이 필요하며, 잠재적으로 핵심 사업의 일반적인 요구와 인센티브와는 별개로 운영될 수 있다. 그러나 이들은 시간이 흐르면 모기업에서 분리되어 나올 수도 있다.

최고의 혁신 프로젝트팀에는 무언가 획기적인 특징이 있다. 이들은 보통 다해 봐야 10명 안팎의 인원으로 구성되며, 기업 전체에서 자원한 사람들로 구성되어 있다. 그리고 프로젝트의 처음부터 끝까지 풀타임으로 해당 프로젝트에서만 일을 하며, 보고는 혁신 담당 임원에게만 한다. 또한 다양하고 흥미로운 배경을 가진 사람들로 구성되어, 함께 놓고 보면 마케팅, 운영, 기술 및 재무 등 모든 주요 기능을 다 포괄하고 있다. 이들은 서로 밀접하게 협업하며, 공유하는 목표와 보상, 효율적인 의사소통, 그리고 검토, 아이디어, 토론을 위한 정기적인 모임을 가진다. 기업 내에는 이들에 대한 확실한 지원과 권한이 주어지고 있으며, 팀은 프로젝트 전반에 걸쳐 중요한 이해관계자들을 책임지고 모두 끌어들인다.

구글…
구글플렉스에는 창의력이 살아있다

'구골(googol)'은 10의 100제곱을 뜻하는 수학용어. 이는 아마도 구글이 가진 엄청난 야망 그리고 시장과 마케팅 전반에 점점 크게 미치는 영향력을 상징할 것이다.

구글에는 단순하지만 힘겨운 미션이 있다. 바로 '세상의 정보를 조직해 내고 이를 누구나 접근가능하며 유용하게 만드는 것'이다. 구글의 공동창업자 래리 페이지(Larry Page)는 이를 '완벽한 질문과 자동응답기, 즉 당신이 의미하는 바를 정확히 이해하고, 당신이 원하는 것을 정확히 돌려주는 것'이라 표현한다. 1,000만 명 이상의 사용자를 보유하고, 100억 곳의 웹페이지를 검색하는 구글은 이제 전 세계에서 가장 선도적인 검색엔진으로 확고하게 자리 잡았다.

최고의 직장

별로 놀라지 않을 사람은 없을 것이다. 5,000명 정도의 직원 중 매년 이직률이 겨우 2%에 불과하고, 그 얼마 되지 않는 자리에 50만 건의 구직신청서가 접수된다는 사실을 안다면 특히나 그렇다. 더 중요한 것은 '최고의 직장'을 조사하는 사람들이 구글의 마운틴뷰 본사를 평가하러 왔을 때, 여기가 정말 최고의 직장이라고 결정을 내렸다는 점이다.

구글 내에 있는 고급 레스토랑 11곳 중 한 군데에 앉아 있으면, 무엇 때문에 구글을 그렇게 대단한 곳이라고 하는지 곰곰이 생각해 보게 될 것이다. 그 이유는 아마도 직원들이 배우고, 성장하고, 여행하고, 또 정말 환상적인 하루를 보낼 수 있게 해주는 구글만의 수많은 혜택일 수도 있다. 어쩌면 하루 세 의 무료 식사나 무제한의 병가, 체력 단련시설, 그리고 매년 27일간의 유급휴가가 이유일 수도 있다. 혹은 좀 더 전통적인 면을 보자면, 무료 와이파이 사용이 가능한 통근버스, 사내 의료시설, 자동차와 자전거 수리점, 점심시간 외국어 수업일 수도 있다. 기업문화 조사단은 이렇게 설명한다.

"무료 점심과 다문화적인 캠퍼스 같은 환경이 조직의 성공과 수익에 기여한다고 증명할 수 있는 실질적인 데이터는 없습니다. 우리가 증명할 수 있는 것은 구글이 엄청난 속도로 성장하고 있다는 것입니다. 직원잔류율이 높고, 마찰은 적으며, 수익은 높죠. 사람들은 누구나 구글에서 일하고 싶어하고 채용 공고가 났을 때 지원자는 어마어마하게 많습니다.(하루에 약 1,300건 정도)"

하지만 구글은 무서운 속력으로 일처리를 하고 성장하는 조직이기도 하다. 지속적으로 신제품을 개발하고, 신규시장에 진입하며, 포트폴리오를 늘려가고 있다. 구글의 한 직원은 이렇게 말했다.

"구글은 대단한 기업이고, 제가 구글에서 일하는 것이 자랑스럽습니다. 직원복지도 아주 훌륭하고 제가 다녀본 곳 중 가장 참신한 근무환경이죠. 제품, 아이디어, 우리가 가진 창의적 태도가 계속해서 저를 놀라게 하고 제게 영감을 줍니다."

사악해지지 말자

1998년에 세르게이 브린(Sergey Brin)과 래리 페이지가 구글을 설립했을 때, 이들은 더 나은 사업방식이 있을 거라는 신념이 있었다. 자신들의 스탠퍼드대 기숙사보다는 확실히 더 나을 수 있을 거라고 생각했다. 기숙사방은 설립 당시 이들의 글로벌 본사보다 두 배는 넓었다. 두 사람은 '사악해지지 말자(Don't be evil)'를 모토로 삼고 항상 창의적 기업은 직원들의 재능을 끄집어내려면 존경과 지지로 직원들을 대해야 한다고 믿었다.

초창기부터 두 사람은 기업의 성공은 근본적으로 세계 최고의 기술자들과 기업인들을 끌어들이고 유지할 수 있는 능력에 있다는 것을 알았다. CEO 에릭 슈미트(Eric Schmidt)는 이 일을 최우선적인 책무로 부여받았다. 이 일이 잘 되면, 운영과 재정 측면에서의 성공은 자연스레 따라올 것이라는 믿음에서였다. 슈미트는 '아주 똑똑하고, 창의적이며, 기업가 정신을 갖춘 사람들', 즉 편협한 시각을 가지지 않고 모가 나지 않은 기술 인재들을 찾아 이들의 개인적 발전과 실적을 지원하는 데 엄청난 노력을 쏟는다. 그는 또한 스트레스를 풀어줄 재미있는 일을 만들어주고, 협력을 증진하며, 창의적 해결책을 이끌어내도록 최선을 다하고 있다.

그렇다면 구글에서 근무하는 사람들은 또 어떤 것을 경험하게 될까?

- TGIF는 매주 전체적으로 직원들이 함께 모이는 자리로, 창립자들이 함께 하는 경우도 있다. 이 시간은 신입사원을 환영하고, 회사의 주요 활동에 대해 정보를 업데이트하며, 가장 중요하게는 웹을 통해 전 세계로 방송되는 무제한 질의응답 시간을 갖는 자리다.

- 구글 아이디어(Google Ideas)는 구글 직원들의 아이디어를 추가, 연결, 토론하는 웹사이트다. 어떤 아이디어라도 낼 수 있다. 동료들은 0점(위험함)에서 5점(지금 바로 실행)까지로 아이디어를 평가한다.

- 직업개발프로그램이 직원 1인당 연간 8,000달러 예산으로 제공되며, 기술훈련이든 1년 과정의 MBA 프로그램이든, 본인에게 필요하다고 생각되는 것이면 전 세계 어디에서든 찾아서 이수할 수 있다.

- '20% 프로젝트'는 모든 구글 직원들이 업무 이외의 것들, 엉뚱하다고 생각되는 아이디어, 혹은 업무와 완전히 관계없는 분야에서 진행되는 발전 등에 참여하는 데에 20%의 시간을 쓰도록 장려하는 것이다.

- 파운더스어워드(Founders Award)는 사내에서 매우 권위 있는 상이다. 이 상은 구글에 막대한 가치를 창조해낸 팀에게 주어지는 것으로, 정해 놓은 회사 지분을 받게 된다. 작년에는 4,500만 달러어치의 지분을 11개 팀에서 나누어 가졌다.

● 커뮤니티 활동은 구글에서 매우 중요하다. 여성과 소수집단이 학교나 가정에서 기술을 수용하도록 하는 것이 주요 다양성 이니셔티브로, google.org를 통해 구글의 기술을 자선 목적으로 활용한 프로젝트에 9,000만 달러가 기부되었다.

● '구글리니스(Googleyness)'란 구글이 직원들에게 원하는 특별한 특성이다. 소규모 팀과 빠르게 변화하는 환경에서도 일을 잘 해낼 수 있고, 모나지 않은 성격이면서도, 독특한 관심사와 재능, 구글과 더 나은 세상을 만드는 데 대한 열정을 받칠 수 있는 사람을 말한다.

'세상의 정보를 체계화하는 것'이 세계에서 가장 흥미로운 일인 것 같지는 않지만, 구글은 진정 놀랍고 영감을 주는 일터다.

49

게임 체인지…
창의적 혁명과 X 프라이즈

CREATIVE BOX

'독서를 많이 할수록, 더 많은 것을 알게 될 것이다.
많이 배울수록, 더 많은 장소에 가게 될 것이다.'
– 닥터 수스

◇ ──────── DNA의 이중나선구조를 발견한 노벨상 수상자 제임스 왓슨(James Watson)과 유전체학의 선구자 크레이브 벤터(J. Craig Venter)는 최근 콜드스프링하버연구소로부터 인간게놈 염기서열 분석의 창시에 대한 공로로 이중나선상(Double Helix Awards)을 수여받았다. 이들은 또한 인류 최초로 자신의 유전 정보를 완전히 해독한 사람들이다.

왓슨은 수락 연설에서 사람들이 자신의 유전자 구성 정보를 다루는 법을 정부가 통제해서는 안 되며, 유전적으로 코드화된 생활방식이 어떻게 등장할지 두고 보는 것은 개인과 혁신적인 시장의 세력에 맡겨두면 된다는 자신의 생각을 말했다.

한편, 벤터는 지구상 최초의 인공 생명체를 만들어내는 순간을 목전에 두고 있다. 그는 이미 한 게놈에서 다른 게놈으로의 정보 이식에 대해 발표했다. 그는 그런 발전이 안전하고 윤리적으로 정착될 경우, 모든 것을 다 바꿀 수 있을 것이라고 믿는다.

많은 획기적인 혁신들이 우리 삶과 주변 세계에 엄청난 영향을 미쳤다. 인쇄기, 전기, 페니실린과 항생제, 이메일, 우주여행… 이런 혁신들은 모두 우리 삶을 더 나아지게 만드는 방식들로, '전체 구도를 확연히 바꿀 수 있는(game changing)' 혁신들이다. 이는 혁신을 위한 너무나 이상적인 목표인 것 같지만, 필자가 믿기에 혁신이 궁극적으로 이루어야 하는 인간의 근본적인 욕구충족과 그 궤를 같이한다.

그것은 그 혁신안으로 수익을 냄으로써 혹은 혁신으로 인해 가능해지게 된 것을 통해, 우리의 삶, 다시 말해 개인의 생활양식과 복지, 능력, 성취도를 개선하는 것과 관련된다. 또한 다른 이들의 삶을 개선하고, 빈곤을 퇴치하며, 교육과 건강을 향상시키는 것이다. 그리고 지역별 커뮤니티와 먼 곳에 사는 사람들을 지원해 주고, 우리와 지구를 함께 사용할 90억 인구, 그리고 우리의 미래 후손들을 위한 환경을 개선하는 것이기도 하다.

새로운 게임 체인지

흔히 고객 감동을 위한 고객의 니즈를 바탕으로 게임체인지를 기업 혁신의 기초로 활용하게 되는데, 우리가 알고 있는 게임체인저(game changer)의 의미는 기존의 판을 뒤흔들어 시장의 흐름을 통째로 바꾸거나 어떤 일의 결과나 흐름 및 판도를 뒤집어 놓을 만한 결정적인 역할을 한 사건, 사람, 서비스, 제품을 뜻한다. 추종자가 아니라 게임의 룰을 바꾸는 시장 창조자로 불가능한 미래를 설정하여 시장의 판도를 바꾸고 기업과 조직원이 함께 혁신에 가까울 정도로 폭풍 성장한 사례로써 마이크로소프트의 윈도, 애플의 아이폰, 마크 저커버그의 페이스북 등을 들 수 있다.

그렇다면 전체 판도를 바꾸어버릴 만한 잠재력 있고 중요한 혁신안을 이끌어내는 방법은 무엇일까? 우주선이나 오염원을 배출하지 않는 차는 어떻게 만들까? 어떻게 동물 친화적인 육류를 만들거나 달 탐사 로봇을 착륙시킬까? 최근의 성공 사례에 비추어 보면, 그 답은 상을 주면 되는 것으로 보인다. 다른 사람들이 당신을 대신해 그런 일들을 해줄 것이다.

X프라이즈는 X프라이즈재단과 그 후원자들이 정한 특정 목적을 최초로 이룬 팀에게 1,000만 달러 이상의 상금과 함께 주어지는 상이다. 이 상의 궁극적인 목적은 인류에게 잠재적으로 이득이 되는 혁신안을 자극하는 것이다. X프라이즈는 과거의 성취를 기리기 위해 상금을 수여하거나 연구자금을 직접 지원하기보다는, 우리의 경쟁심과 기업가 정

신을 활용하는 것이다.

워런 버핏이 소유한 보험사 프로그레시브(Progressive)의 후원을 받는 오토모티브 X프라이즈(Automotive X Prize)에는 1,000만 달러의 인센티브가 걸려 있다. 그리하여 지구온난화와 치솟는 휘발유 가격의 도전에 대처하기 위해 연비는 매우 높고, 오염물질은 적게 방출하는 실용적인 차량을 만들어낼 수 있다고 생각하는 전 세계 혁신가들을 끌어들이고 있다.

참가팀에는 1차 예선 준비기간으로 1년이 주어지는데, 이 예선에서는 자신들이 만든 차량의 연비가 75mpg를 넘을 수 있음을 증명해 보여야 한다. 그 다음 해에는 미국 전역의 도시에서 10차 시기에 걸쳐 마지막 결전을 펼치게 되는데, 이 과정은 웹 링크를 통해 생중계되었다. 결선에서는 최소한 100mpg의 연비를 지속적으로 달성해야 하는데, 이는 요즘 출시되는 평균 차량의 평균 연료 소비량인 32mpg의 3분의 1에 불과한 수준이다.

주요 부문 수상을 위해서는 평범한 구매자들에게 어필할 수 있고 연간 1만 대의 생산계획이 가능하도록 적절한 가격, 안전성을 갖춘 4인승 차량이 되어야 한다. 이 기준을 만족시키고 10번의 경주에서 최고기록을 내는 팀이 상을 수상하게 된다.

이 대회의 집행위원장인 돈 폴리(Don Foley)는 〈더타임스〉와의 인터뷰에서 이렇게 말한다. "우리는 과학 프로젝트, 실험실에서 이루어지는 실험, 혹은 대부분의 사람들이 구매할 수 없는 독점적인 최고급 제품을 원하는 것이 아닙니다. 우리는 잡지 표지에서나 근사하게 보이는 차량을 원하지 않습니다. 사람들이 지금 바로 사러 가고 싶어할 만한 초고효율 차량을 원하는 것입니다."

상(당근)의 힘

X프라이즈재단은 1996년에 '경쟁을 통한 혁신'을 자극한다는 미션을 가지고 상업우주여행 전문가인 피터 디아맨디스(Peter Diamandis)에 의해 설립되었다. 이는 대중의 상상력을 사로잡고 상업 항공여행 발전을 촉진한 1920년대 아마추어 비행대회에서 영감을 받은 것이었다.

첫 번째 상인 안사리 X프라이즈는 2004년 버트 루탄에게 수여되었다. 그는 항공기 엔지니어로 그가 만든 우주선이 현재는 버진 갤럭틱에 채택되어, 마이크로소프트의 공동창립자인 폴 알렌(Paul Allen)이 후원하는 프로젝트팀에 들어갔다. 이들은 세 사람을 태울 수 있는 우주선을 2주 만에 두 번 발사해 지구 밖 60마일 이상 비행하는 데 최초로 성공한 팀이 되었다.

현재 달 탐사와 유전학 분야에서 X프라이즈가 진행 중이다. 3,000만 달러짜리 구글 X프라이즈는 최초의 달 착륙용 민간부문 로봇에 주어질 예정이다. 워런 버핏의 보험사 프로그레시브에서 내건 1,000만 달러짜리 X프라이즈는 초고효율 자동차에, 그리고 아르콘(Archon)에서 진행중인 1,000만 달러짜리 상이 DNA를 즉시 읽어낼 수 있도록 하는 프로젝트에 걸려 있다.

이밖에도 인센티브를 내건 혁신안의 파워를 수용한 조직이 많다. 과학자 안드레이 바트케(Andrzej Bartke)는 최근 실험실 쥐가 1,819일 동안 살게 하는 데 성공해, 인간수명 연장 방법을 찾는 것을 목적으로 하는 므두셀라재단(Methuselah Foundation)으로부터 엠프라이즈(Mprize)를 받았다. PETA(People for the Ethical Treatment of Animals)는 실험실에서 인공육류를 만들어 2012년 6월까지 상업화에 성공하는 이에게 100만 달러의 상금을 내걸고 있다.

X프라이즈는 앞서서 주도해 나가고, 능력을 최대한 발휘시키며, 상상력을 사로잡는다. 이들은 기술개발의 득을 보면서, 정부 관료제나 민간 부문의 열망으로부터 혁신안을 발표한다. 또한 사람들이 다른 방식으로 생각하게 만들고, 최고의 아이디어가 실현되게 만든다. 그리고 사람들이 미처 가능하리라 생각지 못했던 것에 눈을 뜨게 해주고, 이것이 상업화되면 전체 판도에 지대한 영향을 주는 혁신안이 되는 것이다.

이는 영국해협 횡단비행에 최초로 성공한 루이 블레리오(Louis Blériot)가 받은 1,000파운드처럼 과거의 유명한 상과 비슷한 것이다. 이들은 혁신에 대한 영웅주의, 큰 정부와 글로벌 지구촌 시대에 잃어버린 분위기를 다시 끌어올리고 있다.

니클라스 젠스트롬…
부단히 노력하는 기업가이자 게임 체인저

니클라스 젠스트롬은 말주변이 뛰어나고, 기술 중심으로 생각하는 스웨덴 출신 기업가로, 규칙을 깨는 것을 좋아한다. 1990년대에 그는 유럽의 선도적인 저가 통신사인 스웨덴의 텔레2(Tele2) 설립에 일조했다. 이 회사는 탄탄한 경쟁사들을 물리치고 유럽 24개국에서 3,000만 명 이상의 고객을 끌어들였다. ISP 겟투넷(GEt2Net) 론칭과 운영, 그리고 everyday.com 포털사이트의 CEO를 비롯하여 기업 운영과 관련된 전통적인 수많은 역할을 거친 후, 그는 덴마크의 사업파트너 야누스 프리스(Janus Friis)와 함께 무로 P2P 음악 다운르드 서비스인 카자아(Kazaa)를 출시했다. 아이튠즈가 아직 나오지 않았던 시절, 이 서비스는 음악산업계에 엄청난 충격이었다. 얼마 안 되는 가격에 카자아를 매각한 젠스트롬은 다음 벤처 회사로 소프트웨어 기업인 졸티드(Joltid)를 설립했다. 졸티드는 P2P 솔루션을 개발 및 판매하고, 유사한 네트워킹 기업의 성능을 최적화해 주었다. 다음으로 그는 세계 최초의 보안 P2P 네트워크로 브랜드가 있는 제휴사들의 디지털 콘텐츠에 대한 홍보, 유통, 지불을 통합한 알트넷(Altnet)을 세상에 내놓았다.

하지만 젠스트롬과 프리스가 지금까지 가장 큰 성공을 거둔 벤처는 P2P 네트워크로 유지되는 인터넷 전화 회사인 스카이프다. 스카이프에 완전한 이름을 붙이자면 '인터넷 프로토콜을 통한 목소리' 기업 정도가 될 것이다. 스카이프는 카자아에서 개발된 기술을 활용해 인터넷을 통해 한 컴퓨터에서 다른 컴퓨터로 무료로 음성과 영상통화를 제공했다. 몇 가지 무료 소프트웨어를 개인 PC에 다운로드받은 후 연락하고자 하는 다른 스카이프 사용자 이름을 클릭하면, 전 세계 어디라도 등록된 사용자와 원하는 만큼 오랫동안 대화할 수 있다. 전 세계 젊은 세대와 소규모 기업에서는 빠른 속도로 이 서비스를 받아들였다. 이는 말 그대로 완전히 업계 판도를 바꾸는 서비스였다. 초기에는 품질이 엉망이었지만, 지금은 유선전화와 비슷한 수준의 품질로 개선되었고, 수신상태에 좌우되는 휴대전화보다 품질이 좋은 경우도 종종 있다.

2005년에 스카이프는 총액의 두 배가 될 수도 있는 실적 기반 보너스의 잠재력까지 더하여 26억 달러에 이베이에 인수되었다. 그해 말, 스카이프에 등록된 사용자는 7,500만 명에 이르렀고, 이 숫자는 2009년 말에는 5억 2,500만 명까지 늘어났다. 2009년 사용자 숫자 중 5% 정도가 온라인 접속 상태에 있으며, 사용자 간 통화시간은 1,000억 분 이상에 이른다. 스카이프에서 다른 네트워크로 전화를 걸면 최소 요금이 부과된다. 다른 통신사와의 통화도 2009년에는 120억 분을 넘어섰으며, 7억 5,000만 달러의 수익을 냈다. 기존 네트워크 방식의 대안으로 버튼 하나만 눌러 사용이 가능한 휴대전화로 스카이프를 사용하는 사람도 5,000만 명이 넘는다.

이후 스카이프에 이어 온라인 영상 유통 서비스인 주스트(Joost)가 나왔다. 주스트는 현재 포화상태인 다운로드 및 스트리밍 시장에서 다른 업체들과 경쟁하고 있다. 젠스트롬과 프리스는 현재 런던에 있는 벤처 캐피털펀드인 아토미코벤처(Atomico Ventures)를 운영 중이며, 이를 통해 음악사업인 Last.fm과 무선 라우터(네트워크에서 데이터의 전달을 촉진하는 중계 장치) 제조사인 폰(Fon)을 비롯한 신생기업 15군데 이상에 자금을 지원했다.

스웨덴의 이 끈질긴 게임체인저는 태어날 때부터 혁신적이지는 않았다. 그는 자신을 두고 스톡홀름과 웁살라에서 자라면서 열심히 공부한 '모범 어린이'라고 설명하곤 한다. 경영학과 컴퓨터학과에서 학위를 받으면서 그는 기술혁신에 눈을 돌렸다. 그는 또한 세계경제포럼의 일환인 차세대리더(Young Global Leaders) 멤버이이며, 젠스트롬자선재단(Zennström Philanthropies)을 설립해 기후변화와 인권 등의 이슈에 대응하고 사회적 기업가를 지원하고 있다.

50

남겨진 과제…
우위 찾아내기

CREATIVE BOX

'내일은 오늘 그것을 준비하는 자들에게 속한 것이므로…'

– 아프리카 속담

◇ ——— 제프 베조스는 '역사를 만들고' 싶어 하고, 스티브 잡스는 '우주에 종
소리를 울리고자' 한다. 니클라스 젠스트롬이 믿는 것은 '산만해질
것, 하지만 세계를 더 나은 곳으로 만들기 위해서'이다. 혁신가들은 무언가를 바꾸고, 현
상태에 도전하고, 위험을 감수하며, 변화를 실현시키고 싶어 한다. 이들은 또한 현실적인
행동을 이끌어낼 용기를 가진, 재능 있고 창의적인 사상가들이다.

창의적인 사람들은 주변 사람들에게서 기회와 최고를 찾으며 행복해 하고 긍정적이
다. 이들은 무엇이 아닌지, 대신 무엇이 있고 무엇이 있을 수 있는지를 엿본다. 이들은 자
신만의 세계로 해석해 내고 다른 사람들의 해석에 의존하지 않는다. 이들은 새로운 것을
찾아내고, 문제를 해결하며, 더 나은 삶을 만드는 것을 즐긴다. 스스로에게 질문해 보라.

- 반고흐는 아무도 자신의 그림을 사주지 않는다고 해서 자신에게 재능이 없다고 생
  각한 적이 있는가?
- 에디슨은 5,000번이나 실패를 했다고 해서 자신의 아이디어를 포기했는가?
- 아인슈타인은 특허사무실 직원으로서 상대성이론에 대한 논문을 쓰면서 어리석어
  보일 것을 두려워했는가?
- 디즈니는 첫 직업인 신문편집자로 일하다 해고당한 후 자신의 꿈을 포기했는가?
- 포드는 절대 이루지 못할 거라 다른 사람들이 말했다고 해서 자동차에 대한 자신의
  아이디어를 포기했는가?
- 피카소는 수도승의 삶을 보낼 때 아무도 자신을 알아보지 않기를 바랐는가?
- 유누스는 방글라데시의 농부들이 가진 돈이 없다고 해서 그들로부터 등을 돌렸는
  가?

● 마돈나는 우아하게 나이들기를 선택하여 자신을 재능을 포기했는가?

아니다!

이 책에 소개된 아이디어, 접근법, 도전 중에는 명확해 보이는 것도 있지만, 당신의 기업에서 이루기에는 훨씬 더 어려워 보이는 것도 있다. 하지만 오늘날 이런 원리를 그대로 받아들여서, '미래 여행'을 통해 혁신을 이루고, '우리에게 주어진 과제' 이를 실현시키는 기업들이 많아지고 있다.

● 오투(O2)에는 외부 트렌드를 읽어내서 이를 모바일 커뮤니케이션을 위해 기업이나 고객의 맥락에서 어떻게 적용할 수 있을지를 찾는 트렌드스카우팅(trend-scouting) 팀이 있다. 이 팀은 1년에 한 번 최고이사회와 회의를 열어 아이디어를 탐색하고 선정한다.

● 바스프(BASF)는 시나리오 플래닝을 이용해 '인구노령화'를 출발점으로 삼아 집중하여, 다른 기업 직원들과 협업하여 2020년에는 노령층에게 어떤 삶이 다가올까?를 논의하고, 내부직원들과 그 잠재적 영향력에 대해 검토해 보기로 했다.

● BMW는 기존 공급자와 잠재적 공급자가 새로운 아이디어를 내놓을 수 있는 온라인 포럼인 가상혁신센터를 만들고, 제품이나 프로세스에 집중하여, 파트너들 간 더욱 공개적으로 경쟁을 많이 할 수 있도록 했다.

● 의료기기 업체인 콜로플라스트(Coloplast)는 더욱 급진적인 제품과 서비스 개발을 위해 의사와 간호사로 구성된 패널을 활용해, 전통적인 리서치 서베이를 이용할 때보다 훨씬 더 깊은 통찰력을 얻는다.

- 뱅앤올룹슨은 새로운 아이디어를 명료화시켜 가능한 빨리 시제품으로 만들어내는 일을 하는 혁신허브를 만들었다. 여기서는 고객들과 함께 그 시제품을 더 발전시키고, 단순히 아이디어를 만들어내기보다는 해결책을 개선한다.
- 디자인 및 혁신 컨설팅 회사인 IDEO는 다양한 배경을 가진 사람들, 즉 예술가, 과학자, 음악가, 의사들을 채용해, 다르게 생각하고 일하여 매우 다른 해결책을 만들어낼 수 있는 팀을 조직했다.

미쳐라

놀라운 결과는 공식에서 나오는 경우가 거의 없다. 아인슈타인과 피카소, 잡스와 버핏처럼, 대단한 결과를 이끌어내는 무언가 특별한 것이 있다. 아마 최고의 실적을 내는 기업들 중에는 다음과 같은 것들을 이루도록 영감을 주는 곳이 있을 것이다.

- **그라피티 벽**: 벽에 자신의 견해와 아이디어를 표현하게 해서 사람들의 목소리와 마음을 표현하는 장소로 만들어라. (3M)
- **실버 네트워크**: 은퇴한 직원들과 계속 연락을 취하여, 그들의 능력, 연락처, 시간과 경험을 활용하라. 직원들이 은퇴할 때는 금시계보다는 랩탑을 선물하라. (인텔)
- **촉매제 키트**: 언제 어디서나 새로운 아이디어를 자극하고 혁신적 해결책을 명료화하기 위해 필요한 모든 자료, 기기, 도구를 활용하라. (IDEO)
- **사내 바보**: 언제나 모든 결정과 행동에 도전할 준비가 되어 있고 그런 자세를 긍정적 활동으로 여겨서, 당신이 내놓은 최고의 아이디어를 건설적으로 비판하는 사람

이 되어라. (Googie)

- **극단적 측정:** 단순히 직접 경쟁자가 아니라, 가장 최고의 비교사례를 잣대로 해 자신이 하는 모든 것을 강박적일 정도로 평가해 보라. (포드)
- **계획을 능가하라:** 최전선의 팀이 계획된 것보다 더 저렴한 비용으로 더 빠르게 일을 할 수 있다면, 수익을 그들과 공유하라. 즉 그들에게 보너스를 지급하거나 일찍 퇴근시켜라. (홀푸드)
- **액션미팅:** 검토회의가 겉만 번지르르한 결재활동이 되지 않도록 하라. 회의는 아무런 제약이 없는 토론과 혁신 세션이 되도록 하라. (P&G)
- **팀 보너스:** 매시간 개개인의 모든 활동을 측정하려 하지 말고 협력을 장려하고, 전체의 결과에만 근거해 보너스를 지급하라. (이곤 젠더(Egon Zehnder))
- **동료의 압박:** 누가 최고의 팀장이 될 것인지 알 사람이 누구이겠는가? 당연히 팀원들이다. 그러므로 상급자보다는 동료들이 누구를 보스로 둘 것인지 결정하게 하라. (프레타망제(Pret A Manger))
- **가치 공유:** 높은 실적을 통해 사내 지분을 얻고, 수익공유보다는 지분을 장려하고, 최고의 직원들이 주인의식을 갖게 하라. (마이크로소프트)

하지만 가장 중요한 우위를 점하는 데는 바로 당신이 중요하다.

지금까지 주로 마케팅 대가의 기업적 속성에 주목해 왔지만, 실적은 결국 사람들에게서 나오는 것이고, 영감을 받은 기업 내 개인이 자신의 삶과 복지 전반에서 그런 에너지를 끌어내는 것이다.

더 원(The One)

마라톤 세계기록 보유자인 폴라 래드클리프(Paula Radcliffe)는 처음 출전한 세 번의 마라 톤에서 믿을 수 없는 성공을 거두고, 이전 세계 기록을 거의 4분이나 앞당긴 것을 공 다 섯 개에 비유한다. 그녀는 매주 150마일씩 훈련을 하고, 자신의 능력을 넘어서는 웨이트 를 들어올리며, 매번 달린 후에는 혈액 흐름에 자극을 주기 위해 얼음같이 차가운 욕조 에 뛰어들며 한계선을 극단까지 밀어붙였다. 하지만 이 모든 것들이 2004년 아테네 올 림픽 마라톤에서 완주를 하지 못하며 물거품이 되어버렸다.

능력은 되지만 운이 없었다고 합리화하면서, 그녀는 인생이 건강, 가족, 친구, 성실, 직 업의 공 다섯 개로 저글링을 하는 것과 같다고 깊은 생각에 빠졌다. 직업을 나타내는 공 은 고무로 만들어졌지만 다른 공들은 부서지기 쉬운 것이다.

고무공으로는 높이, 더 높이 던져 올리며 위험을 무릅쓸 수 있다. 떨어뜨리더라도 결국 다시 튀어 오르기 때문에 더 높이 던지려 할 것이다. 보통 이 고무공은 장기적 손상으로 고생하지 않는다. 다른 공 네 개는 한 번 떨어뜨리면 손상되고 결국 산산이 부서질 수도 있기 때문에 세심하게 돌봐주어야 한다.

기업에서와 같이 스포츠에서도 선수들은 계속해서 그런 직업 공의 위험을 감수하며 더 높이 공을 던지고 미지의 세계에 자신을 던져, 경쟁자들보다 우위를 점하고 최고를 위해 노력하며 잠재력을 깨달아간다. 래드클리프 자신은 좋을 때와 나쁠 때 다섯 개 공 이야기를 사용했다. 전 세계가 자신의 놀라운 세계기록 달성 경기에 열광할 때도 균형과 겸손을 유지하고, 실패를 넓은 시각으로 바라보고 자신을 다시 끌어올린 것이다. 래드클리프의 경우는 겨우 몇 달 만에 뉴욕시 마라톤에서 우승한 후, 그 다음 해에 세계 챔피언이 됨으로써 평판을 재구축했다.

혁신가들과 마찬가지로 기록을 갱신하는 선수들은 일반적인 한계를 뛰어넘고 자신을 끊임없이 채찍질하여, 다른 사람들은 불가능하다고 하지만 가능한 것을 발견하고 자신의 운명을 스스로 성취한다.

더 원스 (The Ones)

전설적인 광고맨 리 차우(Lee Chow)는 아마도 애플의 가장 유명한 광고문구인 다음 글을 쓴 적이 있다. 이 글은 미래를 내다보고, 세상을 더 나은 곳으로 만들 멋진 방법으로 원대한 아이디어를 실현시키는 비전과 용기가 있는 모든 이들에게 바치는 것이다.

'여기 광적인 사람들이 있다.

'부적응자. 반란자. 문제유발자. '부적격자.

사물을 다른 방식으로 보는 사람들.

'이들은 규칙을 좋아하지 않는다. 그리고 현 상태는 전혀 존중하지 않는다.

'그들을 칭찬할 수도 있고, 그들에 반대할 수도 있고, 그들의 말을 인용할 수도 있고,

그들을 믿지 않을 수도 있고, 그들을 찬미하거나 비방할 수도 있다.

'유일하게 할 수 없는 것 한 가지는 바로 그들을 무시하는 것이다.

그들은 모든 것을 바꾸기 때문이다.

'그리고 발명한다. 상상한다. 치유한다.

탐구한다. 창조한다. 영감을 준다.

인류가 앞으로 나아가게 한다.

'아마도 그들은 미쳤을지도 모른다.

'당신은 텅 빈 캔버스에서 다른 무엇을 볼 수 있으며 예술작품을 볼 수 있는가?

혹은 조용히 앉아서 결코 쓰여진 적 없는 노래를 들을 수 있는가?

혹은 화성을 바라보고 진행 중인 실험을 볼 수 있는가?

'어떤 사람들은 그들이 미친 사람이라고 하지만, 우리는 천재라고 한다.

세상을 바꿀 수 있다고 생각할 만큼

미친 사람들은

정말로 그렇게 하기 때문이다.'

'Here's to the crazy ones.

'The misfits. The rebels. The troublemakers.

'The round pegs in the square holes.

The ones who see things differently.

'They're not fond of rules. And they have no respect

for the status quo.

'You can praise them, disagree with them, quote them,

disbelieve them, glorify or vilify them.

'About the only thing you can't do is ignore them.

Because they change things.

'They invent. They imagine. They heal.

They explore. They create. They inspire.

'They push the human race forward.

'Maybe they have to be crazy.

'How else can you stare at an empty canvas and see a work of art?

Or sit in silence and hear a song that's never been written?

Or gaze at a red planet and see a laboratory on wheels?

'While some see them as the crazy ones, we see genius.

Because the people who are crazy enough

to think they can change the world,

are the ones who do.'

에필로그

현대 사회는 불확실성의 시대다. 각 분야의 전문가들이 제시한 미래 예측은 어김없이 빗나가고 있으며 기업의 경영환경은 악화일로를 걷고 있다. 저마다 기업의 혁신을 도모하여 경영환경을 개선하고 창의적인 제품개발에 올인하지 않는다면 무한경쟁시대에 낙오자가 되고 말 것이다. 그럴수록 변화하는 환경에 어떻게 대처할 것인지 진지하게 검토하고 마땅한 대응전략을 마련하는 것이 급선무이다. 이러한 불확실성이 가속화되는 미래에 대한 대비책으로써 시나리오 씽킹(scenario thinking)을 염두에 두어야 한다.

시나리오 씽킹이란 미래를 예측할 뿐만 아니라 발생 가능한 미래의 상황에 실제로 어떻게 대처할 것인지 미리 생각해둠으로써 결단력과 판단력을 높이려는 사고법이다. 따라서 '미래에 발생 가능성이 있는 상황'이 시나리오가 될 것이며, 이에 대처하고 해결하기 위한 일련의 사고과정이 시나리오 씽킹 프로세스이다. 아울러 미래는 예측하기 어렵다는 전제 하에 미래에 발생할 수 있는 여러 가지 상황에 다차원적으로 대비하자는 것이다.

불확실성의 시대로 대변되는 오늘날의 기업환경에서 리스크는 그만큼 커졌고 기업전략의 수명은 그만큼 짧아졌다. 그렇다면 이런 상황에 어떻게 대비해야 하는가? 여기서 대비한다는 것은 '능동적으로 미리 대처하고 실행한다'는 의미이다. 그러나 그보다도 먼저 당면한 문제에 대한 인식이 선행되어야 된다. 인식하지 못하면 행동으로 옮길 수 없기 때문이다.

현대 사회에서 변화된 환경을 인식하는 도구의 하나로 시나리오 플래닝(scenario planning)이 있다. 시나리오 플래닝은 미래예측학에서의 한 분석기법인데 기업의 전략적 사고와 의사결정 과정을 함에 있어서 시나리오 플래닝에 주목해야 한다. 하지만 시나리오 플래닝에서는 '환경'과 '우리'를 분리해서 생각해야 한다. 따라서 여기서 말하는 시나리오란 '변화된 환경을 설명하는 최적의 스토리'로 볼 수 있다.

본서에서 제시한 크리에이티브 씽킹(창의적 사고, creative thinking)은 과거의 경험을 바탕으로 문제해결이나 의사결정 과정에 가장 효율적인 결과를 도출하기 위한 혁신적인 기법으로써 트리즈(TRIZ, 창의적 문제해결을 위한 체계적인 방법론)와 아시트(ASIT, 문제해결과 아이디어발상법)가 널리 활용되고 있다.

크리에이티브 씽킹 과정에서 가장 핵심적인 요소로 급부상하고 있는 디자인 씽킹(design thinking)은 기업 의사결정 과정에서 필요한 아이디어 도출과 아이디어 실현을 위한 프로세스 필수과정이다. 디자인 씽킹은 고객의 니즈를 발견하고 문제해결을 위한 방법을 찾는 도구다. 이러한 방식은 열린 생각을 시작하는 단계에서 요구되는데 아이디어의 원활한 교류를 통해 가장 최적의 방법을 찾도록 노력해야 한다.

우리가 크리에이티브 씽킹을 통하여 창의적 문제해결 능력을 향상시킨다면 기업의 현재와 미래를 보장받을 수 있게 되는데, 우선적으로 크리에이티브 씽킹을 활성화하려면 우리의 고정된 생각의 프레임부터 바꿔야 한다. 즉 하던 대로 해서는 더 나아지지 않을 거라는 판단을 선행해야 한다.

개인이나 기업의 입장에서 변화를 두려워하거나 현실에 안주하려는 막연한 기대심리는 미래예측이 불확실한 시대에는 치명적인 결과를 낳게 될 것이다. 우리가 열린 생각으로 일정기간 동안 꾸준히 긍정적인 마인드를 추구하는 순간, 우리의 삶에 작은 변화를 가져올 수 있다. 기업도 마찬가지다.

이 책은 당신에게 아주 특별한 책이 될 것이라 확신한다.

발명가, 디자이너, 창의적인 리더가 꼭 알아두어야 할 아이디어 착상에서 신제품 론칭까지의 50가지 스킬을 담아낸 혁신가이드북이다.

현대인의 삶을 편리하게 만들어준 것은 창의적인 천재들의 혁신적이고 창의적인 아이디어에서 비롯되었다. 본서에서는 레오나르도 다빈치의 7가지 재능(창의력 혁신코드)을 구체적으로 살펴보고, 오늘날 현대 사회에서 〈크리에이티브 지니어스〉를 기반으로 혁신적인 아이디어를 무기로 '무에서 유'를 일구어낸 기업 사례를 살펴봄으로써 인류발전의 가속화를 한층 더 촉진시킬 수 있을 것이다.

특히 아이디어의 착상에서부터 신제품의 개발하기까지의 전단계를 구체적이고 실전적으로 제시하였으므로 아이디어의 실현과정을 단계적으로 조망할 수 있을 것이며, 신제품의 출시에 따른 가치창출을 달성하기까지의 단위 영역의 세부적인 전략과 리더의 임무와 역할까지도 파악할 수 있는 기회를 제공하게 될 것이다.

불가능에 도전하는 당신을 응원하며, 이 책을 끝까지 통독해 주심에 감사드린다.

Be inspired! You will succeed.

2019년 6월
상상이 현실이 되는 순간,
성공이 보인다

Idea Note

크리에이티브 지니어스

2019년 8월 25일 초판 1쇄 발행
2021년 11월 15일 초판 3쇄 발행

지은이   피터 피스크
옮긴이   김혜영
감수   김영식
편집기획 이원도
영업   이장호, 공유석
디자인   이창욱
교정   이혜림, 이준표, 김대원
발행처   빅북
발행인   윤국진
주소   서울 양천구 목동 중앙북로 38 롯데캐슬위너 107동 1504호
등록번호 제 2016-000028호
이메일   bigbook123@hanmail.net
전화   02) 2644-0454
전자팩스 0502) 644-3937
ISBN 979-11-960375-7-4   03320
값 25,000원